Meinolf Dierkes · Klaus Zimmermann
Ethik und Geschäft

MEINOLF DIERKES
KLAUS ZIMMERMANN
(Hrsg.)

ETHIK UND GESCHÄFT

DIMENSIONEN UND GRENZEN UNTERNEHMERISCHER VERANTWORTUNG

Frankfurter Allgemeine
ZEITUNG FÜR DEUTSCHLAND
GABLER

CIP-Titelaufahme der Deutschen Bibliothek

Ethik und Geschäft : Dimensionen und Grenzen unternehmerischer Verantwortung / Meinolf Dierkes ; Klaus Zimmermann (Hrsg.). – Frankfurt am Main : Frankfurter Allg. Zeitung ; Wiesbaden : Gabler, 1991
ISBN 3-409-19164-X
NE: Dierkes, Meinolf [Hrsg.]

Satz: Publishing Studio Rohé und Schulz, Dreieich-Buchschlag
Druck: Wilhelm & Adam, Heusenstamm
Buchbinderei: Fikentscher, Darmstadt

Printed in Germany
ISBN 3-409-19164-X

Vorwort

Nach einer Analyse der neu erschienen Bücher für Führungskräfte (Horst Dohm in *Frankfurter Allgemeine Zeitung* vom 15 Oktober 1990) sind „Unternehmenskultur", „ganzheitlich", „Ethik" und „umweltbewußtes Management" die Schlagworte der beginnenden neunziger Jahre. Verständlicherweise haben weder die Herausgeber noch die Autoren dieses Bandes etwas gegen ein Eintreffen dieser Prophezeiung: Die „ethics of business" ist eben auch das „business of ethics" – und das ist gut so, denn auch das ist eine Komponente sozialer Marktwirtschaft. Nur gibt diese spezifische Form der Wirtschaftsordnung, wie sie in den letzten Jahrzehnten entwickelt wurde, heute zu einigen Sorgen Anlaß. Gerade wir haben als Beobachter „vor Ort" den durch vieles bestätigten Eindruck, daß in den neuen Ländern der Bundesrepublik Deutschland die „pure" Marktwirtschaft das neue Kultwort zu werden scheint. Relativierungs- und Läuterungsprozesse marktwirtschaftlichen Handelns, wie wir sie beispielsweise festgemacht am Stichwort Unternehmensethik in der „alten" Bundesrepublik erlebt haben und erleben, sind dort offensichtlich (noch) nicht im notwendigen Maße in Bewegung gekommen. Es würde uns also besonderes erfreuen, wenn dieses Buch den Verantwortlichen dort Anregungen geben würde, über das Soziale und auch Ökologische einer Marktwirtschaft intensiver als bislang nachzudenken.

Ähnliches gilt auch für die Notwendigkeit unternehmensethischen „Nach"denkens über Waffenlieferungen, Lieferungen von Komponenten von Waffensystemen und zivil wie militärisch gleichermaßen nutzbaren Produktionsanlagen in Spannungsgebiete. Das Umfeld des Golfkrieges hat dies wiederum sehr deutlich gemacht. Nicht alles kann und sollte gesetzlich geregelt werden. Nur, „where the law ends", um mit Chris Stones bekannten Buchtitel zu sprechen, muß eine ausgefeilte Ethik des Unternehmensverhaltens greifen. Und da bleibt noch vieles zu tun.

Die in diesem Band zusammengefaßten Artikel wollen zu einem solchen Nachdenken Anregungen und Hilfen geben. Sie beruhen teilweise auf Beiträgen, die für das 16. Politische Vorstandsseminar der Deutschen Versicherungswirtschaft im Februar 1990 vorbereitet und intensiv diskutiert wurden – eine Veranstaltung, die von den Herausgebern inhaltlich und organisatorisch strukturiert und von Meinolf Dierkes moderiert wurde. Wir sind den Referenten sehr verbunden für die Überarbeitung ihrer Beiträge auf der Basis der Diskussionen. Die überarbeiteten Referate wurden für diesen Band durch speziell verfaßte Originalbeiträge ergänzt, die aus unserer Sicht zur Sicherung einer Gesamtschau der Thematik sinnvoll und notwendig sind.

Unser Dank gilt ebenso denjenigen, die weitere spezielle Beiträge für diesen Band beigesteuert haben. Sie haben wesentlich mitgeholfen, aus den Eckpunkten eines Seminars eine, so hoffen wir, thematisch runde Sache zu machen.

Die Präsentationen und Diskussionen anläßlich des Kamingesprächs zu „Ethik und Technik" wurden zu kürzeren und aufeinander bezogenen Beiträgen zusammengefaßt – sie bilden in der Komposition dieses Buches eine Art diskurshafte Einführung in den speziellen Anwendungsaspekten von Unternehmensethik, exemplifiziert an der Verantwortung für Technik und Umwelt. Sie bilden aber eben auch eine Art spielerisches Intermezzo, ausgezeichnet durch Verve und Lebendigkeit, in denen die Autoren die anstehenden Fragen dabei zwangsläufig aus ganz unterschiedlichen Blickwinkeln behandeln, die durch die verschiedenen Erfahrungsbereiche, die disziplinären Orientierungen und natürlich auch die persönlichen Wertsysteme gegeben sind. Unsere Skizze der fünf Facetten des Themas wird also von ganz unterschiedlichen Standorten mit ganz unterschiedlichen Scheinwerfern beleuchtet und – so hoffen wir – auch dadurch zu neuen Einsichten führen.

Wir danken darüber hinaus insbesondere Herrn Dr. Peter Frey, Vorsitzender des Vorstands der Bayrischen Rückversicherung AG, für seine tatkräftige und kontinuierliche Unterstützung der von uns betreuten Seminarreihe und speziell dieser Veröffentlichung. Redaktion und Editing der Texte lag in den bewährten Händen von Thomas Kollande-Emigholz, dem wir ebenfalls danken; ohne seine Unterstützung würde das Buch noch nicht und wohl auch nicht in dieser Form vorliegen.

Berlin, Hamburg, im Mai 1991

Meinolf Dierkes
Klaus Zimmermann

Inhalt

1. Kapitel

Unternehmensethik: Mehr Schein als Sein?

von Meinolf Dierkes und Klaus Zimmermann

Die Umweltfrage war ein erstes Indiz, die Diskussion um die sozialen Auswirkungen von Technik ein zweites: Wir sind mitten in einer grundsätzlichen Auseinandersetzung um die Ordnung unseres Wirtschaftslebens und die Zumutbarkeit von Risiken der modernen Industriegesellschaft. Dabei wird immer stärker eine neue Unternehmensethik gefordert – dies nicht nur wegen vieler negativer Folgen des Wirtschaftens, sondern auch wegen auffälliger Leistungsdefizite und Überlastungserscheinungen des Staates. Unternehmensethik wird daher immer stärker als Ergänzung und Korrektiv zu Politik und Markt empfunden. Aber: Wie weit unternehmerische Verantwortung gehen kann, was eine Begrenzung der konfliktrelevanten Wirkungen des Gewinnprinzips bedeutet, wie sie im Spannungsfeld von Individual- und Institutionen-ethik durchsetzbar ist und wie dies unsere Wirtschaftsordnung verändert, wird allzu selten thematisiert.

Unternehmensethik: Zum Auf und Ab eines Konzepts

Über Unternehmensethik zu sprechen, ist offensichtlich wieder einmal ebenso modern wie auch modisch. Die Fülle an Veranstaltungen, Vorträgen und Veröffentlichungen, aber auch Erklärungen aus den Chefetagen der Wirtschaft in den letzten Jahren macht dies überdeutlich: Kein Wirtschaftsteil einer Zeitung, die etwas auf sich hält, mag mehr ohne Ethik-Serie auskommen; Institute entstehen, die sich mit nichts anderem als Ethik und Managementausbildung beschäftigen. Es werden Lehrstühle für Wirtschaftsethik gegründet und finanziert, was, wie jeder wissenschaftspolitisch Interessierte weiß, bei der Unbeweglichkeit und Innovationsarmut unseres Universitätssystems schon auf einen fortgeschrittenen Reifegrad des Themas schließen läßt. Ethik ist eben modern – und die Diskussion über Spezialethiken wie Umweltethik, Medizinethik, Technikethik und auch Unternehmensethik zu einem gewissen Anteil sicher auch modisch. Das mag abschätzig klingen, doch läßt sich ohne weiteres feststellen, daß viele Wortmeldungen zu diesen Themenfacetten schiere Rhetorik sind und mit realem Verhalten in Leben und Unternehmen kaum Verbindung aufweisen. Wir sehen es jedoch durchaus als positiv an, schafft doch das Modische an der Ethikdiskussion über die breite Auseinandersetzung auch breiteres Bewußtsein für die hier entstehenden Fragen, insbesondere zur Stellung und Funktion von Ethik, sowie zur Notwendigkeit oder auch Unmöglichkeit ethisch orientierten Unternehmensverhaltens in einer marktwirtschaftlichen Ordnung.

Dabei ist die Diskussion um Unternehmensethik keineswegs so neu wie die Aufmerksamkeit glauben machen könnte, die das Thema augenblicklich erfährt. Auf dem Hintergrund der früheren Auseinandersetzungen um die gesellschaftliche Rolle und Verantwortung des Unternehmens Anfang des Jahrhunderts und in den dreißiger Jahren vor allem in den USA sind seit dem Zweiten Weltkrieg drei neuere Entwicklungen hervorzuheben, die als Grundlagen und Anstöße für die heute wieder kulminierende Auseinandersetzung um Unternehmensethik angesehen werden müssen:

- zum ersten die Diskussion um die eher personenbezogene Verantwortung des Unternehmers und Managers in der Mitte der fünfziger Jahre. Die Veröffentlichung eines Kodex für ethisches Unternehmerverhalten durch den damaligen US-Handelsminister Luther Hodge ist hier exemplarisch für die damalige Orientierung des Themas zu sehen.

- zum zweiten die Auseinandersetzung um die soziale und ökologische Verantwortung des Unternehmens zum Ende der sechziger, Anfang der siebziger Jahre. Sie hebt sich durch die Orientierung auf die Institution des Unternehmens und deren Verantwortung von der früheren Personen- und Individualorientierung ab und hat in Form empirischer Forschung und konkreter Konzepte wie Sozial- und Ökobilanzen die Entwicklung breit voran getrieben.

- zum dritten die aktuelle Diskussion, die inhaltliche Felder wie Umwelt und Technik stärker noch als ihre Vorläufer betont, die die Fragen der Unternehmensethik mit dem Konzept von Unternehmenskultur verknüpft, die aber auch bis jetzt unseres Erachtens über Rhetorik, Hinweise auf die Bedeutung des Themas und Schaffung von Netzwerken von Interessierten in Wissenschaft und Praxis noch nicht wesentlich hinausgekommen ist.

Offensichtlich weisen Ethikdiskussionen eine starke zyklische Komponente auf. Bestimmte Elemente werden stärker betont oder treten neu hinzu, andere verschwinden aus der Diskussion: Umwelt- und Technikethik spielten auch schon an der Schwelle der siebziger Jahren eine Rolle, werden aber heute viel stärker akzentuiert mit einer besonderen Schwerpunktsetzung auf die Technikverantwortung des Unternehmens. Anders verhält es sich beispielsweise mit der sozialen Verantwortung des Unternehmens gegenüber den Mitarbeitern: Einst ein zentrales Thema der siebziger Jahre, spielt sie in der aktuellen Diskussion nur noch eine geringere Rolle – sie ist gewissermaßen aus ökonomischer Einsicht in die Knappheit qualifizierter Arbeitskräfte aus der Besonderheit ethischer Diskurse in die Normalität des alltäglichen Geschäftsgangs hinübergewechselt.

Trotz dieser Nähe zu der Diskussion der siebziger Jahre wäre jedoch die Einschätzung falsch, die aktuelle Ethikdiskussion sei insgesamt gesehen und im historischen Zusammenhang nur eine wenig innovative Variante der letzten Welle. Sie muß aus zwei Gründen zu kurz greifen: Zum einen werden auch „alte" Komponenten jeweils auf neue Felder fokussiert, so etwa der umweltethische Aspekt auf die Frage der „Fernverantwortung" oder der technikethische Aspekt auf die Gentechnologie, zum anderen würde die immanente Logik von sozialen Lernprozessen übersehen – unser Problemverständnis entwickelt sich stufenweise; jeder Zyklus der Ethikdiskussion hat somit eine andere Individualität, und sei es nur deshalb, weil er sich auf der Grundlage fortgeschrittenen Wissens abspielt. Zyklische Bewegungen wie in der Ethikdiskussion akkumulieren in öffentlicher Auseinandersetzung und wissenschaftlicher Forschung Erfahrungen in inhaltlicher Hinsicht; sie bilden einzelne Schichten von Erkenntnissen, die insgesamt über die Zeit hinweg unser Wissen zur Lösung von Problemen vergrößern.

Unternehmensethik: Die Diskussion muß konkret werden

Wenn man auf dieser Basis heute über Unternehmensethik diskutiert und dem Vorwurf selbstzuverantwortender Innovationsarmut entgehen will, dann stellt sich vor diesem Hintergrund die Aufgabe, mehr zu tun, als auf die Bedeutung des Themas hinzuweisen und eine Steigerung ethikbewußten Handelns in der Wirtschaftspraxis zu fordern. Es geht vielmehr darum, den Stand des Wissens und die Möglichkeiten seiner Umsetzung konkret zu erarbeiten. Fünf Punkte erscheinen dabei wesentlich:

1. *Unternehmensethik ist im Hinblick auf die Beziehungen zwischen personaler und institutioneller Ethik zu spezifizieren.* Gibt es gegenüber der Verantwortung des Unternehmers oder Managers ethische Anforderungen an die Institution Unternehmen per se? Es erscheint gefährlich, wenn nicht sogar unfair, ausschließlich die personenzentrierte, individuelle Ethik zu betonen und

dabei zu übersehen oder zu verdrängen, daß jeder mit institutionellen Zwängen leben und in diesen Zwängen entscheiden und handeln muß. Das Stichwort der Fernverantwortung beispielsweise weist darauf hin, daß ethisches Verhalten auch eine Zeitdimension aufweist, also mit Langfristdenken zu tun hat. Wenn amerikanische Unternehmen vierteljährlich über Gewinne und Verluste berichten müssen und die Hälfte der Anteilseigner institutionelle Investoren sind, die in erster Linie an kurzfristigem Wachstum ihres Fondsvermögens interessiert sind, dann erfährt der fernverantwortlich denkende Manager nur eine ausgesprochen geringe Unterstützung durch seine Aktionäre. Das hat zur Konsequenz, daß die Fernverantwortung des einzelnen wie der Institution in der Praxis vielfach zur Illusion wird.

Wenn eine solche Entwicklung durch Ethik verhindert werden soll, dann ist es folgerichtig erforderlich, unter dem Etikett der institutionellen Ethik auch über Fragen des Funktionierens von Finanzmärkten oder über Unternehmensverfassungen zu diskutieren – Aspekte, die gerade in diesem Zusammenhang zunehmend wichtiger werden und verstärkte Forschung verdienen. Institutionelle und personale Ethik können aber auch in einem weiteren Rahmen und in einer gesellschaftstheoretischen Perspektive gesehen werden: Ethische Normen können ja funktionell in einem gewissen Maße als harmoniesichernde Regeln interpretiert werden. Da aber der Personen und Institutionen viele sind, besteht auch immer die Gefahr, daß sich die diversen Ethiken widersprechen, was destabilisierend für Person und Institution wirken kann. Welcher Zusammenhang besteht also generell zwischen Ethik und Stabilität? Und wie könnte man Destabilisierungstendenzen personell und institutionell begegnen?

2. *Unternehmensethik ist im Hinblick auf mögliche generelle Anforderungen an ethisches Verhalten von Unternehmen im Sinne der institutionellen Ethik zu konkretisieren.* Hierzu gibt es ältere Ansätze, die man nutzbringend wieder aufgreifen kann, gerade weil sie hierzulande nicht oder zumindest nicht ausreichend beachtet worden sind. So hat das Committee for Economic Development, New York, bereits 1971 versucht, in drei konzentri-

schen Kreisen darzustellen, was wir gemeinhin als institutionelle oder auch als sozial-ökologische Verantwortung der Unternehmen definieren:

- Der innerste Verantwortungsbereich umfaßt die Erfüllung der ökonomischen Funktion des Unternehmens sowie die Einhaltung der Gesetze. Es ist nachgerade erstaunlich, wie wenig in der aktuellen Ethikdiskussion diese Forderung betont wird, das Unternehmen müsse seine Aufgaben anständig erfüllen – in Anbetracht des beträchtlichen Umfangs an Wirtschafts- und Umweltkriminalität offensichtlich keine Selbstverständlichkeit.
- Der zweite Verantwortungsbereich bezieht sich auf die Berücksichtigung negativer sozialer, ökologischer, kultureller und politischer Folgen der Unternehmenstätigkeit.
- Der dritte, äußere Kreis der Verantwortung ist der umfassendste. Er fordert die Übernahme von Mitverantwortung des Unternehmens bei der Lösung auch von solchen gesellschaftlichen Problemen, die tendenziell durch das einzelne Unternehmen nicht oder nur wenig verursacht wurden, wie beispielsweise Integration von Minoritäten oder Beseitigung von Jugendarbeitslosigkeit oder Integration von Frauen ins Management.

Zu diskutieren wäre, ob diese Anforderungen zureichend sind und ob darüber Konsens besteht. Wenn dies so ist, wo liegen dann die Grenzen einer Verantwortung des Unternehmens? Gerade in Anbetracht der inflationierenden Vorstellungen und Forderungen in bezug auf Unternehmensethik, also bei zunehmendem Anspruchsverhalten, sollten Unternehmen dem gesellschaftlichen Umfeld in ihren Leitbildern klarmachen, auf welchen Gebieten sie Forderungen aus der Gesellschaft aufnehmen können und wollen und wo nicht. Auf welche Forderungen externer Art sollte das Unternehmen also eingehen, ohne gleich „auf jeden Zug aufzuspringen"? Wie praxisnah können ethische Grundsätze in Leitbildern operationalisiert und von hehren Formeln heruntergebrochen werden? Welche Modifikationen und

Mutationen ergeben sich auf dem langen Weg vom guten Vorsatz zur täglichen Praxis? Wenn solche Verformungen dominierend wären: Wie sinnvoll und relevant sind dann überhaupt ethische Leitsätze, und wäre nicht ein inkrementales Vorgehen, weil praxisnah, der bessere Weg?

3. *Unternehmensethik ist, und dies wird zunehmend als wichtig angesehen, in den Zusammenhang zur Unternehmenskultur zu stellen.* Wir haben zwischenzeitlich gelernt, in welch großem Maße die Organisationskultur die Wahrnehmung, das Denken und das Verhalten von Unternehmen bestimmt. Wenn Ethik in alltägliches Denken, Entscheiden und Verhalten stärker Eingang finden soll, dann müssen solche Aspekte konkret in den Leitbildern der Unternehmen angelegt, in den Anreizsystemen belohnt und durch das Management vorgelebt werden. Sie müssen damit integraler Bestandteil der Alltagskultur des Unternehmens werden. Ist diese Sichtweise allgemein akzeptiert, dann bedarf es gemeinsamer Anstrengung von Wirtschaftspraxis und Wissenschaft, Wege zu finden, über die ethische Dimensionen in die Organisationskultur integriert werden können.

4. *Unternehmensethik ist mit Blick auf das Leben und Arbeiten in einem multikuturellen Werteraum zu konkretisieren.* Je mehr unsere Unternehmen „grenzüberschreitend“ operieren – nicht nur durch den Verkauf von Produkten und Leistungen, sondern auch bezogen auf die Beschäftigung und die Integration von Menschen fremder Länder und Kulturen hier und dort –, um so mehr werden wir mit der Erfahrung konfrontiert, daß die ethischen Normen eines Kulturraums mit denen eines anderen nicht deckungsgleich sind – das was hier richtig und gut ist, mag dort falsch und böse sein. Der Lösung dieser Konflikte kann man sich heutzutage nicht mehr mit Negation oder Ignoranz entziehen. Dies verhindert die zunehmende Internationalisierung der Lebensstile, eine zunehmende Transparenz sowie die wachsende Aktivität sozialer Bewegungen in den Heimatländern multinationaler Unternehmen. Wie kann also die Ethik eines Unternehmens entwickelt werden, das in vielfältigen und sehr unterschiedlichen kulturellen Kontexten und damit Wertesystemen

operiert? Gibt es eine spezifische Ethik internationaler Unternehmen? Welche besonderen Anforderungen kommen in engerer europäischer Sicht auf die Unternehmensethik durch den Prozeß der Schaffung des gemeinsamen Europäischen Binnenmarktes zu?

5. *Unternehmensethik muß in zunehmendem Maße Komponenten einer Technikethik einbeziehen.* Alle Umfragen und öffentlichen Diskussionen heute machen deutlich, daß der Stellenwert von Technik immer höher angesetzt wird, sowohl was den Nutzen als auch, was die Risiken betrifft; Unternehmen werden immer stärker zur Verantwortung gezogen für die Folgen, die bei der Entwicklung und Nutzung von Technik auftreten oder zu erwarten sind. Ethische und effizienzorientierte Aspekte können sich hier vermischen und sind keineswegs immer, aber in bestimmten Fällen durchaus deckungsgleich, wie man am technischen Leitbild des ressourcenschonenden Langzeitautos zeigen kann: Verzinkung von Blechen steigert die Lebensdauer, schafft aber zusätzliche Recyclingprobleme. Aus ethischer Sicht könnte man daher durchaus von einer Herstellerverantwortung des Produzenten für den gesamten Lebenszyklus des Produkts ausgehen, also auch von der Verantwortung, das Problem der Resteverwertung zu lösen. Aber auch umweltpolitische Effizienzargumente würden dies nahelegen: Der Hersteller ist über sein Produkt am besten informiert, ist die intelligenteste Institution für dieses Problem und hat auch die Zeit – es ist ja ein Langzeitauto –, um technische Verfahren der Trennung von Stahl und Zink und ökonomische Verfahren der Verwertung zu entwickeln.

Ein solcher Fall der Deckungsgleichheit von Ethik und Effizienz dürfte aber eher die Ausnahme sein, so daß im Regelfall des Konflikts die Frage zu beantworten ist, inwieweit ein Unternehmen für welche Folgen der Entwicklung und Nutzung von Technik einzustehen hat – Grundfragen der Umweltverantwortung und der Produkthaftung des Unternehmens. Es wäre auch die Frage zu klären, inwieweit von Unternehmen Technikfolgenabschätzungen durchgeführt werden sollten – einiges würde sogar für eine Verpflichtung zur Technikfolgenabschätzung sprechen, deren Ordnungsmäßigkeit im Hinblick auf Stand der Technik, des Wissens und der Methodik von einer geheimhaltungsverpflichteten Institution testiert werden könnte.

Wir meinen und hoffen, mit diesen fünf Punkten die wesentlichen Fragen und Facetten der aktuellen Diskussion des Themas umrissen, wenn auch naturgemäß nicht hinreichend und umfassend skizziert zu haben; jedenfalls denken wir, daß dies die Felder sind, die heute und in den nächsten Jahren wissenschaftlich vertieft und in öffentlichen Diskussionen erörtert werden sollten, wenn der Vorwurf gegen die heutige Ethikwelle, eine schlichte, wenn auch akzentvariierte Wiederaufnahme einer vorherigen zu sein, gegenstandslos werden soll.

Wir sind aber überzeugt – und hoffen, der Leser wird es nach der Lektüre auch sein –, daß die in diesem Band versammelten Beiträge einerseits zur Klärung des Diskussionsstandes beitragen, andererseits aber genügend Innovationseffekte im Denken und vielleicht auch im Handeln freisetzen können, so daß eine gewisse Anstoßwirkung in der oben beschriebenen Richtung erzielt wird.

Wir sind weiterhin aus guter Erfahrung der Meinung, daß es für Interessierte mit knappem Zeitbudget – damit aus Interessierten Leser werden – immer hilfreich ist, auf kurz gefaßte Skizzen der wesentlichen Argumentationslinien der Autoren zurückgreifen zu können. Dies wird im folgenden geschehen – und abschließend abgerundet werden durch einige zugegebenermaßen sehr subjektive Lernergebnisse der Herausgeber.

Unternehmer und Unternehmen in ethischer Verantwortung?

Volker Hauff steckt eingangs aus der Sicht des Politikers den Rahmen und die Ziele ethischer Verantwortung von Unternehmen ab und diskutiert die Bedeutung der sozialen und ökologischen Anforderungen an Unternehmen unter den veränderten gesellschaftlichen Bedingungen einer postindustriellen Gesellschaft. Diese Verantwortung leitet sich für ihn aus der Erkenntnis ab, daß der Mensch eben nicht nur ein soziales, sondern auch ein ökologisches Wesen ist.

Ebenso wie es in der Vergangenheit der Sozialpolitik des Staates und der Tarifpartner bedurfte, um inhumanen Auswirkungen des kapitalistischen Industriesystems entgegenzuwirken, bedarf es heute zur Sicherung der Humanität in der Zukunft einer Ergänzung der Sozialpolitik um eine bewußte Ökologiepolitik. Die ökologische Verantwortung der Unternehmen ergibt sich nach Hauff ebenso wie die soziale Verantwortung aus der Einsicht, daß in der entwickelten Industriegesellschaft die Ziele einer Unternehmung nicht ausschließlich auf die Erwirtschaftung von Gewinnen reduziert werden können und dürfen, sondern daß den Unternehmen – wie anderen Institutionen auch – die Verantwortung für die Bewältigung heutiger und zukünftiger gesellschaftlicher Aufgaben zukommt. Diese Einsicht hat sich bereits bei vielen Firmen durchgesetzt und auch zum Konzept der „Corporate Identity" geführt.

Insbesondere in bezug auf die Bewältigung ökologischer Probleme gibt Hauff unter Verweis auf die komplexe Natur dieser Materie einer unternehmerischen und marktwirtschaftlichen Lösung den Vorzug vor staatlichen Regelungen; seiner Meinung nach sind ökologische Probleme jedoch nur dann lösbar, wenn man sie in ihrer Verschränkung mit sozialen Entwicklungen betrachtet. In diesem Sinne erläutert er exemplarisch die neuen Herausforderungen an die soziale und ökologische Verantwortung von Unternehmen unter den Bedingungen des sich abzeichnenden postindustriellen Werte- und Strukturwandels.

Hinsichtlich der sozialen Dimension unternehmerischer Verantwortung sieht er vor allem den betrieblichen Umgang mit einem sich wandelnden Arbeitsverständnis sowohl unter zeitlichen als auch unter inhaltlichen und sozialen Gesichtspunkten:

– Die zunehmende Bedeutung der Freizeit aufgrund der Ausdehnung der arbeitsfreien Zeit und verlängerter Ausbildungszeiten stellt an den einzelnen neue Ansprüche in bezug auf eigenständige, sinnvolle und kreative Gestaltung. Die hieraus resultierende Erweiterung des Erlebnishorizonts überträgt sich zunehmend auch auf die Arbeitswelt; Arbeit soll nicht mehr ausschließlich dem Gelderwerb dienen, sondern zugleich auch Freude machen und Sinn stiften.

- Der Bedeutungsgewinn der Freizeit und die hiermit einhergehende Zuwendung zu postmateriellen Werten führen zu höheren Ansprüchen an die Gestaltung der Arbeitszeit. Die Arbeitszeit wird sich in Zukunft stärker in ein Gesamtlebenskonzept einpassen müssen; Teilzeitarbeit und flexible Arbeitszeiten sowie eine stärkere Berücksichtigung der außerbetrieblichen Aktivitäten der Mitarbeiter, wie beispielsweise Kindererziehung, werden in steigendem Maße gefordert werden.
- Die zunehmende Ausdifferenzierung der Lebensstile und Wertesysteme in unserer Gesellschaft im Verbund mit der Entwertung traditioneller Sozialisations- und Kommunikationsinstanzen (zum Beispiel der Familie) gefährden die gesellschaftliche Solidarität über Alters- und Sozialgruppen hinweg. Dem Unternehmen als Ort des Aufeinandertreffens unterschiedlicher Alters- und Sozialgruppen, als Ort gruppenübergreifender sozialer Kommunikation, kommt deshalb zukünftig im Hinblick auf das Eröffnen neuer sozialer Horizonte, der Weitergabe von Lernergebnissen sowie der Erfahrung von „Gesellschaft" allgemein eine erhöhte Bedeutung zu.

Diese Entwicklungen stellen eine große Herausforderung an die soziale Verantwortung und Kreativität der Unternehmen dar, da sie weit über die bisherige Definition von „Humanisierung der Arbeit" hinausgehen; sie bieten den Unternehmen jedoch gleichzeitig die Chance für eine produktivere Nutzung des „Humankapitals", dessen Bedeutung in Zukunft weiter steigen wird.

Im Kontext dieses postindustriellen Werte- und Strukturwandels ergeben sich nach Hauff hinsichtlich der ökologischen Verantwortung von Unternehmen einige wichtige Konsequenzen: Neben dem beschriebenen Wertewandel erzeugen längere Ausbildungszeiten und wachsende Freiräume einen neuen zeitlichen Horizont; sie erlauben dem Menschen eine stärkere Distanz zu kurzfristigen Zielen, während die Zukunft an Gewicht gewinnt – aber auch, unter den sich abzeichnenden ökologischen Gefahren, die Angst vor ihr. Ein Unternehmen aber, das diese veränderten Werthaltungen in seiner Unternehmenspolitik nicht antizipiert, sich also als unsensibel im Hinblick auf ökologische Gefährdungen erweist, wird in der Zukunft mit Problemen zu rechnen haben: Zum einen wird es Schwierigkeiten haben, gute Mitarbeiter zu gewinnen, da die neuen gesellschaftlichen Grundhaltungen auch die Wertvorstellungen der zukünftigen Führungskräfte bestimmen werden; in diesem Sinne wird zur „Corporate Identity" eines Unternehmens zukünftig auch der ökologische Standard gehören und ökologische Verantwortung zur modernen Unternehmensphilosophie. Zum anderen werden auch die Geschäftspartner, die Lieferanten und Käufer sowie die öffentliche Meinung den Ruf eines Unternehmens noch stärker als bisher unter der Kategorie „Umweltfreundlichkeit" bewerten; in diesem Sinne wird die Haltung des Unternehmens zur Umwelt entscheidend seine Zukunftschancen bestimmen.

Hauff sieht durchaus die ökonomischen Probleme, die mit einer Ökologisierung der Produktion verbunden sind, verweist jedoch auch auf die mit dem Ökologisierungsprozeß verbundenen wirtschaftlichen Chancen. So zeigen Beispiele aus Japan, daß ökologische Produktion langfristig auch ökonomische Vorteile bietet, da sie Kosten spart und die Wettbewerbsfähigkeit des Unternehmens sichert, sofern bereits vor dem Erlaß staatlicher Auflagen Maßnahmen zum Schutz der Umwelt ergriffen werden; darüber hinaus wird das betriebliche Risiko minimiert, im Sinne des Verursacherprinzips für Folgelasten haftbar gemacht zu werden. Und letztlich schafft die Ökologisierung der Gesellschaft völlig neue Absatzfelder und sichert damit das ökonomische Wachstum.

Guy Kirsch betrachtet das Thema „Unternehmensethik" speziell hinsichtlich des Zusammenhangs von Ethik und der Stabilität von Institutionen. Dabei ist, wie er zeigt, das Vorausurteil, Ethik und Stabilität würden sich zwangsläufig bedingen, mehr als voreilig: Einerseits können ethische Normen ohne stabile Institutionen ihre verpflichtende Kraft nur selten behalten, andererseits führt aber auch die Gefährdung institutioneller Stabilität häufig zur Rückbesinnung auf ethische Normen.

Ethik wird von Kirsch als das Streben nach einem „guten Leben", nach „buona vita" begriffen: Wie jemand mit sich, anderen Menschen, den Lebewesen und den Dingen dieser Welt umgeht, bestimmt den Gütegrad seines Lebens. Der Begriff Ethik steht also für jene Normen, die es den Menschen erlauben, auf Dauer mit sich und ihrer gesellschaftlichen und natürlichen Umwelt in Einklang zu leben – und da sich diese Umwelten fortlaufend ändern, kann Ethik auf der Ebene praktischer Umsetzung nur als dynamischer Diskurs über Verhaltensmaximen begriffen werden.

Dieser dynamische Prozeß sichert Realitätsnähe, ist aber mit teilweise prohibitiven Kosten der Findung realitäts- und situationsbezogener Ad-hoc-Regeln verbunden, die nur um den Preis der Aufgabe von Lebensnähe gesenkt werden können. Um überhaupt Handeln zu ermöglichen, werden also dem Situationstypus entsprechende Ex-ante-Regeln die der individuell-konkreten Situation angepaßten Ad-hoc-Regeln ersetzen müssen – und dies nach einem Optimierungskalkül von Vor- und Nachteilen beider Regeltypen. Die Gesamtheit solcher Ex-ante-Regeln, die den Einklang des Menschen mit sich, untereinander, den Lebenwesen und Dingen sichern sollen, also ein gutes Leben („buona vita"), wird von Kirsch als Institution begriffen – Institutionen sind also organisatorisch verfaßte und mithin verselbständigte Ethiken und verdanken ihre Existenz den hohen Kosten der fallweisen Festlegung von Ad-hoc-Regeln. Es ist also zwingend geboten, ethische Normen per Institution ex ante festzulegen – und eine gute Herrschaft („buon governo") läßt sich ohne Bezug zu einem guten Leben nicht definieren, ein gutes Leben ohne gute Herrschaft nicht realisieren.

Setzt man die Qualität des Lebens als Maßstab für die Qualität der Institution, dann ergibt sich zwangsläufig, daß Herrschaft ohne ein gutes Leben nicht zu halten ist; Institutionen, in denen es sich schlecht lebt, sind auf Dauer destabilisiert,

- wenn der Einklang des einzelnen mit sich nicht oder nur unvollkommen gegeben ist; Inhumanität der Institution führt um der

Humanität des einzelnen Mitglieds willen zu seiner Abwendung,

- wenn der Einklang des einzelnen mit anderen Menschen im Rahmen aller natürlicherweise gegebenen Interessengegensätze durch unfaire Regeln und Verfahren, die einzelne a priori zu Verlierern machen, gestört ist,
- wenn der Mensch nicht in Frieden mit seiner Umwelt (den Lebewesen und Dingen) lebt, einerseits, weil er seine Umwelt zerstört, und andererseits, weil er den Gaben der Umwelt in ihrem Reichtum und ihrer Fülle nicht gerecht wird.

Zweifellos aber sind Einschränkungen zu machen zu dem Satz, daß nur dem guten Leben dienende gute Herrschaft auf Dauer stabil ist. So kann zum einen Stabilität trotz schlechter Herrschaft dadurch gesichert werden, daß die Folgen eines Institutionenversagens externalisiert, also auf andere Menschen oder Lebensbereiche verlagert werden. Es liegt zum zweiten auf der Hand, daß, wenn Institutionen organisatorisch verselbständigte Ethiken sind, die Trägheit der Institutionen in einer sich wandelnden Welt kontraproduktiv sein kann, ebenso aber auch die Dynamisierung von Institutionen um jeden Preis – Wandel in Kontinuität wird hier also zur stabilitätssichernden Maxime. Zum dritten aber sind Institutionen räumlich, sachlich und zeitlich in ihrer Reichweite begrenzt, und der Pluralismus der Begrenztheit von Institutionen gefährdet zwangsläufig die Stabilität einer jeden; daß sich beispielsweise die Normen einer Unternehmensethik spannungslos in ein Set von dem guten Leben des Menschen dienenden Regeln einfügen, ist eine Illusion, wie auch generell verschiedene Ethiken nicht in all ihren Elementen kompatibel sein müssen.

Den Stabilitäts-Gefahren eines solchen Widerspruchs kann einerseits wieder mit dem Export der Folgen begegnet werden, es gibt aber auch die Möglichkeit, institutionsinterne und -externe Normen nebeneinander gelten zu lassen, wobei der Anteil institutionsintern festgelegter Ex-ante-Normen möglichst klein gehalten wird, damit externe Normen nicht als Sprengsätze wirken können, sondern als Katalysatoren der Fortschreibung institutionsinterner Normenensembles. Gute, dynamische und stabile Institutionen sollten sich eben nicht nur durch Transaktionskosten sparende, aber lebensferne Ex-ante-Regeln konstituieren, sondern auch durch die Gewährung von Freiräumen, in denen Transaktionskosten intensive, aber lebensnahe Ad-hoc-Regeln formuliert werden können – eine solche Balance zu finden, sichert ein langes Leben der guten Institution und dem Menschen ein gutes Leben.

Franz Böckle untersucht am Beispiel des Umgangs mit gesellschaftlichen Risiken, ob und inwieweit ethische Kategorien wie Verantwortung zur institutionellen Bewältigung derartiger Probleme beitragen können. Einleitend werden von ihm daher grundsätzliche Überlegungen zum Verantwortungsbegriff angestellt, wobei er Hans Jonas' Konzept der Fernverantwortung, die Ansichten zum Charakter moderner Technik und die sich daraus ableitenden Handlungsgrundsätze diskutiert.

Dieser Verantwortungsbegriff, so Böckle, impliziere eine neue Dimension von Verantwortung; es sei nicht mehr die abstrakte Verantwortung des Individuums für den „guten Willen“ und vor seinem „Gewissen“ gemeint, sondern Verantwortung sei als ein konkretes handlungsleitendes Prinzip in einer konkret verfaßten Gesellschaft zu verstehen. Da der einzelne im Rahmen der Gesellschaft jedoch nicht nur Individuum, sondern zugleich auch Träger diverser Rollen sei, könne nur im Rahmen dieser solidarischen Einbindung sinnvoll vom Übernehmen und Tragen von Verantwortung geredet werden.

Böckle geht anschließend auf die Frage der ethischen Bewertung von Risiken ein. Im Hinblick auf die Risikobestimmung im Bereich technologiepolitischer Entscheidungen könne unter ethischen Gesichtspunkten nur der Frage nachgegangen werden, was den Gesellschaftsmitgliedern von den Entscheidungsträgern an Risikobereitschaft zugemutet werden kann. In diesem Sinne sei zunächst zu klären, wie derartige Risiken zu bestimmen seien. Böckle behauptet, daß die in der Versicherungswirtschaft gebräuchliche Bestimmung des Risikos durch das Produkt aus Eintrittswahrscheinlichkeit und Schadensumfang im Hinblick auf die Technikfolgenabschätzung so ohne weiteres nicht anwendbar sei, da zum einen die Eintrittswahrscheinlichkeit nicht exakt bestimmbar sei, und es zum anderen im Hinblick auf die Einstufung der Schadensgröße sowohl innerhalb einer Gesellschaft, als auch im Vergleich verschiedener Gesellschaften enorme Unterschiede gebe, die auf die unterschiedliche Wahrnehmung von Risiken und eine unterschiedlich hohe Risikobereitschaft zurückzuführen seien.

Hieran entzündet sich nach Böckle die gesellschaftliche Kontroverse im Hinblick auf die Bewertung und Handhabung von gesellschaftlichen Risiken durch Großtechnologien. Dabei würden sich zwei Extrempositionen gegenüberstehen:

- Die eine folge Hans Jonas und fordere den Verzicht auf Entwicklung und Anwendung einer bestimmten Technik, bis ein mögliches Überwiegen negativer Spätfolgen ausgeschlossen werden könne (Prädominanz der Negativprognose); sie erhebe damit ethische Grundsätze zum alleinigen Bewertungsschema von Risiken.
- Die andere Position stelle auf die technokratische Beherrschung von Risiken ab, indem mit den Mitteln soziotechnischer Planung und nach Kriterien optimaler Funktionalität der gesellschaftlichen Teilsysteme unbeabsichtigte negative Folgen des technischen Fortschritts verhindert werden sollen; aus dieser Sicht seien ethische Handlungsgrundsätze in einer Gesellschaft, die auf dem System der funktionalen Differenzierung beruht, wirkungslos und damit obsolet.

Böckle selbst lehnt beide Extrempositionen ab:

- die erste, weil sie dem methodischen Fehler unterliege, daß sie eine in der Zukunft mögliche Katastrophe als real unterstelle und dadurch den Faktor der Eintrittswahrscheinlichkeit ausblende; in letzter Konsequenz würde diese Handlungsweise zur Lähmung der Gesellschaft führen, da alles potentiell Gefährliche verboten werden müsse, bis seine faktische Ungefährlichkeit bewiesen sei. Eine solche einseitige Orientierung an der Schadensbegrenzung sei jedoch nicht geeignet, die vielschichtigen Abhängigkeiten unserer modernen Welt angemessen zu reflektieren.

- die zweite, weil seiner Meinung nach der gesellschaftliche Umgang mit Risiken in einem „allumfassenden Risiko-Nutzen-Entscheidungsalgorithmus“ nicht hinreichend faßbar sei, da eine Abwägung der Chancen und Risiken ohne die Wertung von Zielen und die Festlegung von Prioritäten nicht möglich sei; hierzu eben bedürfe es der Ethik.

Der Autor ist vielmehr der Meinung, daß nur eine Verbindung beider Sichtweisen in der Lage sei, eine sinnvolle und gesellschaftlich wünschenswerte Risikobewertung durchzuführen. Es bedürfe zum einen der Wissenschaft, um die vielfältigen Interdependenzen zwischen den verschiedenen gesellschaftlichen Aktivitäten aufzuzeigen; im Rahmen der Ethik seien dann die Vernünftigkeit der wertenden Entscheidungen zu beurteilen und die Wertzusammenhänge in ihrer Komplexität bewußt und verstehbar zu machen.

Lutz von Rosenstiel diskutiert die ethischen Fragen, die sich vor allem für anwendungsorientierte Unternehmensforschung in den Verhaltenswissenschaften, speziell Organisationspsychologie und -soziologie, stellen. Unternehmen werden hierbei als offene soziale Systeme, ausgerichtet nach Zweckmäßigkeit und Zielbezogenheit, gesehen; ethische Prinzipien sind in diesem Zusammenhang von Relevanz sowohl zur Regelung struktureller Konflikte innerhalb der Unternehmen als auch bei der Gestaltung von Außenbeziehungen. Ethische Fragen berühren aber auch den Verhaltensforscher: weniger in der Grundlagenforschung als bei der Forschung mit Anwendungsbezug, wo über den Import von Fragestellungen aus Anwendungsfeldern auch die Nützlichkeit der Ergebnisse gefragt ist, und erst recht bei der Anwendung in der Praxis, wo Stellung zu beziehen ist im Hinblick auf den personalen und zeitlichen Anfall des Nutzens und die Frage der Kostenträgerschaft.

Grundsätzlich ist der wissenschaftliche Gegenstand des Organisationspsychologen und -soziologen das Erleben und das individuelle wie soziale Verhalten des arbeitenden Menschen im sozialen System; wie in anderen empirischen Wissenschaften auch vollzieht sich der Forschungsprozeß in der Abfolge von Beschreibung, Erklärung, Prognose und Kontrolle. Die ethischen Fragen stellen sich hier vor allem in der konkreten Umsetzung in anwendungsorientierte Forschung: Nach der Beschreibung des Ist-Zustandes ist zu klären, was man möchte – und die Werte der Forscher müssen nicht unbedingt mit denen der Entscheidungsträger übereinstimmen. Die Frage nach der Überführung von Ist in Soll produziert als Antwort Veränderungswissen und damit Macht, deren Ausübung gegenüber unwissenden Menschen ethisch besonders problematisch ist. Auch die praktische Intervention, also die Anwendung des Veränderungswissens, ist ethisch relevant, beispielsweise wenn Anreizsysteme zur Leistungssteigerung eingeführt werden, die mit negativen Nebenwirkungen verbunden sind. Ethische Probleme treten also sowohl im Forschungsprozeß als auch in der Anwendung der Ergebnisse im Unternehmen auf – im letzteren Fall konkret festzumachen an intra- und interpersonalen Konflikten, die sich aus den rollenhaften Ausschnitten der Gesamtpersönlichkeit im Unternehmen sowie einer Vielzahl von Interessengegensätzen ergeben. Strikte ethische Gebote sind zur Verhinderung extremer Entscheidungen durchaus legitim, unterhalb dieser Schwelle aber kann ein starres System von nicht relativierbaren Handlungsregeln allzu schnell mit sich selbst in Konflikt geraten – Abwägungsprozeduren sind also auch unter verhaltenswissenschaftlicher Perspektive der Normalfall gelebter Unternehmensethik.

Wo liegen nun die wertkonfliktbeladenen Felder der Verhaltenswissenschaften und ihrer Anwendung in Unternehmen, wo ist also abzuwägen?

Ein *erster* Punkt bezieht sich auf die Auswahl der Fragestellungen: Die Frage danach, was wissenwert ist, wird in der anwendungsorientierten Forschung häufig verbogen in Richtung darauf, was nützlich ist; jedenfalls zielen Untersuchungen der Organisationspsychologie und -soziologie in der Unternehmensinnenwelt nur selten auf die Hebung des kritischen Bewußtseins der Mitarbeiter, in der Außenwelt kaum auf die Förderung des Verbraucherschutzes, um so mehr dagegen auf die Verwendung des Veränderungswissens zur internen und externen Beeinflussung; der ethische Konflikt dadurch, daß Forschung häufig einseitig den Unternehmensinteressen dient, ist also offenbar.

Die Auswahl der Bewertungskriterien ist ein *zweiter*, ethisch relevanter Aspekt. Die empirischen Wissenschaften machen Aussagen darüber, was ist und wird – was wünschenswert ist, ist eine ethische Frage. Grundsätzlich sind die Verhaltenswissenschaften durch ein Ursache-Folge-Denken ausgezeichnet, wobei unter ethischem Aspekt hier der Mensch im Vordergrund steht – sozialpolitische oder ökologische Kriterien interessieren mithin kaum; aber selbst ein Stichwort wie „Humanisierung der Arbeit“ wird eng interpretiert und allein die Arbeitszufriedenheit als Bewertungskriterium gewählt. Doch auch die zur Zeit stattfindende Öffnung zu einem Multikriteriensystem hin ist nicht ohne Probleme, denn die Beziehung der Kriterien untereinander ist häufig voller Widersprüche und Spannungen; gerade hier könnte also Unternehmensethik konkretisierend helfen.

Ein *dritter* Punkt bezieht sich auf das Aufzeigen von Ursache-Wirkung-Beziehungen. Die Auswahl der zu analysierenden Beziehungen wird von den Unternehmen selektiv vorgegeben, und ebenso unterliegen die Ergebnisse anwendungsorientierter Forschung nicht selten der Zensur. Daraus ergeben sich dann zwangsläufig Konflikte – nicht nur zwischen Personen mit unterschiedlichen Interessenlagen, sondern auch in der Person des Forschers selbst.

Durchschaubarkeit wäre als *vierter* ethisch relevanter Aspekt zu nennen. Nicht selten ergeben sich nützliche Ergebnisse, wenn Untersuchungspersonen Methoden und Ziele nicht durchschauen, wenn der zu Beeinflussende Wirkmechanismen und Wirkziele nicht kennt; hier stellen sich also deutlich ethische Probleme bei der Eignungsdiagnostik, Personalführung, Mitarbeitermotivation, Werbung und Verkaufsförderung – und das wohl auch dann, wenn partnerschaftliche und ehrliche Beziehungen in den Unternehmensgrundsätzen beschworen werden.

Die Verbreitung verhaltenswissenschaftlicher Erkenntnisse beschreibt einen *fünften* Punkt von ethischer Relevanz: Mit der Publikation werden die Wirkungen von Erkenntnissen für den Forscher unkontrollierbar – soll er Wahrheit verschweigen, weil er Konsequenzen daraus fürchtet?

Ein *sechster* Punkt bezieht sich auf die Nutzung verhaltenswissenschaftlichen Wissens in der Praxis. Grundsätzlich ist jede auf Verhaltensstabilisierung oder -modifikation gerichtete Maßnahme Machtausübung – wie diese Machtausübung legitimiert ist, ist eine ethische Frage; aber auch weniger grundsätzlich stellt sich die Frage nach einer Ethik beeinflussenden Handelns, speziell, wenn es wissenschaftliche Erkenntnisse ausbeutet.

Eine Zuflucht vor all diesen Fragen in rigider Reglementierung zu suchen, ist eine Scheinlösung, denn aufgrund der Vielfältigkeit unerwarteter Ereignisse wird gerade die Einhaltung der Regeln zu ethisch kaum zu verantwortenden Konsequenzen führen; Sensibilisierung für Probleme, Überwindung der Problemblindheit, Beteiligung der Betroffenen und Offenheit für den Dialog sind stattdessen gefragt und Basis für tragfähige Abwägung und ethisch vertretbares Handeln.

Unternehmensethik: Von Konzepten zur Alltäglichkeit?

Nino Kumar und *Insa Sjurts* zeigen in ihrem Beitrag zunächst, inwieweit „Multinationale Unternehmen“ (MNU), also auf der Grundlage von Direktinvestitionen in mehreren Ländern Geschäftsaktivitäten entfaltende Unternehmen, Besonderheiten und spezifische Konfliktfelder aufweisen: Sie bewegen sich immer im Spannungsfeld der Strategien der lokalen Anpassung und der Globalisierung mit den daraus folgenden Konflikten, die aus den divergierenden Anforderungen des Gesamtunternehmens und aus dem Heimatland sowie den Anforderungen aus dem Gastland herrühren.

Die Notwendigkeit von Ethik generell führen die Autoren dabei auf die Existenz negativer externer Effekte zurück und setzen sich im einzelnen mit der Hypothese auseinander, daß diese negativen externen Effekte letztlich nur ein Ausfluß unvollkommener Anreizsysteme und mangelhafter Institutionen seien – und Ethik daher instrumentell obsolet wäre. Speziell in bezug auf multinationale Unternehmen weisen sie aber nach, daß gerade hier die Bedingungen für einen Interessenabgleich über den Markt ausgesprochen ungünstig sind und ein ausschließlicher Rekurs auf die „invisible hand“ des Marktes wohl ins Abseits führt.

Auch die Steuerungsfunktion der Rechts- und Wertesysteme wird skeptisch gesehen, abgesehen davon, daß das Erlaubte nicht notwendigerweise auch gerecht sein muß. Die Steuerungsdefizite bei multinationalen Unternehmen bestehen im wesentlichen darin, daß

- der gesetzgebungstechnische Dualismus von unbestimmten Rechtsbegriffen und geringer Steuerungseffizienz einerseits, zielgenauer, aber unübersichtlicher Einzeltatbestandsregelung andererseits bei der Regelung des Verhaltens von multinationalen Unternehmen verstärkt wird, da die Gastländer in der Regel an Informationsmängeln (bezüglich der Entscheidungskompetenzverteilung von Mutter- und Tochtergesellschaften) leiden, andererseits aber auch aus psychologischen Gründen rechtsetzend aktiv werden müssen,

- hierdurch Vollzugs- und Präventionsdefizite hervorgerufen werden, die sich zusätzlich durch das Phänomen der „organisierten Unverantwortlichkeit“ (diffuse Entscheidungsprozesse) oder durch allzu großes Vertrauen in die Kompetenz der Zentrale des multinationalen Unternehmens verstärken,

- die Rechtsentwicklung den durch technischen Fortschritt bewirkten sozialen Veränderungen hinterherhinken muß, was insbesondere für die Entwicklungsländer als Gastländer gilt.

- Wertesysteme zunächst noch nichts über die ethische Qualität aussagen und dazu bei allzu großen Distanzen wohl eher konfliktfördernd wirken werden.

Diese ethisch relevanten Konfliktkonstellationen untersuchen die Autoren in einem dreidimensionalen System von Recht, Wertsystem und Ethik, wobei sie nach Heimat- und Gastland differenzieren:

- Konfliktpotentiale in bezug auf Recht und Ethik in den Heimatländern der multinationalen Unternehmen lassen sich bei den Konfigurationen legal/unethisch (Beispiel: Siemens-Engagement beim Bau des Cabora-Bassa Staudamms) sowie illegal/ethisch (Beispiel: korruptive Zahlungen an progressive, demokratische Politiker) festmachen;
- Konfliktpotentiale bei Recht und Ethik mit Bezug zu den Gastländern erscheinen bei denselben Konfigurationen – legal/unethisch (Beispiel wiederum Cabora-Bassa, aus der Sicht der Freiheitsbewegung), illegal/ethisch (Beispiel: Verstoß von BMW gegen Apartheids-Gesetze in Südafrika).
- Eine dritte Konfliktebene bezieht sich auf für multinationale Unternehmen typische Divergenzen der Rechtssysteme von Heimat- und Gastland: Problembereiche sind hier bei legal (Heimatland)/illegal (Gastland) sowie illegal (Heimatland)/legal (Gastland) zu identifizieren; ein Beispiel für den ersten Fall wäre das Streikverbot in Malaysia, für den zweiten Fall die Produktpolitik mancher Pharmaunternehmen, Medikamente im Ausland herzustellen und abzusetzen, die im Heimatland verboten sind.
- Die vierte Konfliktebene konstituiert sich aus Divergenzen der Wertsysteme zwischen Heimat- und Gastland: Als Beispiel für das Konfliktfeld wertsystemkonform (Gastland)/wertsystemwidrig (Heimatland) kann die Korruption gelten, für die umgekehrte Konstellation die kulturvariante Einstellung zur Rolle der Frau und zur Frauenbeschäftigung.

Zur Lösung solcher Konflikte werden die Konzepte der „good corporate citizenship" und der „dialogischen Unternehmensethik" diskutiert. Das erste Konzept fordert, daß die multinationalen Unternehmen den Zielen ihrer Gastländer verpflichtet sein sollten – da aber diese Ziele selbst die ethische Prüfung keinesfalls immer bestehen müssen, gilt das dann zwangsläufig auch für das Verhalten der multinationalen Unternehmen. Dialogische Unternehmensethik schreibt nicht bereits ex ante die Präferenz für ein bestimmtes Rechts- und Wertsystem fest, sondern sagt, daß über die ethische Vorziehenswürdigkeit rechtlicher Regelungen oder Wertvorstellungen im Dialog der Konfliktparteien nach den besseren Gründen und nicht nach faktischen Gegebenheiten zu entscheiden ist. Ob dieses Konzept bei ethisch relevanten Konfliktkonstellationen von multinationalen Unternehmen praktikabel ist, wird bezweifelt:

- Die inhaltlichen Schwierigkeiten der Normenbegründung im interkulturellen Kontext werden um so gravierender, je divergenter die Kulturen und Wertsysteme sind, in denen die multinationalen Unternehmen tätig sind.
- Methodisch von der Normenbegründung her gilt, daß dialogische, herrschaftsfreie Verständigung über Normen der Struktur von multinationalen Unternehmen nicht affin ist, da sie durch ein Übergewicht an Macht der Muttergesellschaft im Heimatland ausgezeichnet sind (strukturelle/personale Steuerung; partikularistische Interessenlagen).

Die methodischen und inhaltlichen Schwierigkeiten der Formulierung einer Unternehmensethik von multinationalen Unternehmen sind also beträchtlich, aber selbst wenn es eine solche ethische Selbstverpflichtung gäbe, wären ihre Erfolgsaussichten nicht sehr positiv zu beurteilen – ein Arrangement mit den lokalen Bedingungen erscheint ökonomisch allemal vorteilhafter. Aber dennoch: Wenn die Einhaltung von Normen mangels länderübergreifender Gesetze nicht kontrolliert und sanktioniert werden kann, ist eine auf Konsens beruhende ethische Selbstverpflichtung mehr als nur zweite Wahl.

Ulrich Steger stellt zunächst noch einmal die eingangs bereits aufgeworfene Frage, ob die Diskussion um Unternehmensethik vielleicht nur eine Modeerscheinung sei, gewissermaßen eine um Absolution von den Sünden der Reagonomics und des Thatcherismus flehende Bewegung, zumal signifikante Frustrationserscheinungen mittlerweile augenfällig seien.

Ausgangspunkt seiner Überlegungen ist dabei die Theorie der externen Effekte, die er in Verbindung mit der sozialen Verantwortung des Unternehmens bringt. Unübersehbar ist nämlich der Trend in allen modernen Industrieländern, die Unternehmen in immer größerem Ausmaß für die negativen externen Effekte ihrer Aktivitäten verantwortlich zu machen – ein Indiz hierfür ist die Verlagerung von der Verschuldens- zur Gefährdungshaftung. Natürlich ist es Aufgabe des Staates, über den Internalisierungsgrad externer Effekte zu befinden und den rechtlichen Rahmen zu setzen; für die Wirtschaft ist es aber darüber hinaus von Belang, von wem in welchem Ausmaß die Öffentlichkeit die Verhinderung oder Beseitigung negativer externer Effekte erwartet. Es ist also keineswegs so, daß alles wirtschaftliche Handeln innerhalb des staatlich vorgegebenen legalen Rahmens auch immer ethisch legitim ist – Einhaltung von Gesetzen ist eine notwendige, nicht aber hinreichende Bedingung ethischen Handelns. Unabhängig davon, daß die Bedeutung der Wirtschaft für die Gestaltung technischer und sozialer Entwicklungen die der Politik immer mehr übersteigt, kann Ethik aus diversen Gründen in wichtigen Bereichen der Wirtschaft nicht an Politik und Rechtsetzung delegiert werden:

- Eine antizipative Normsetzung des Staates bezüglich einer ethisch kompatiblen Technikgestaltung ist mangels vollkommener Voraussicht ausgeschlossen und ein zeitlicher Verzug zwischen technischer Entwicklung und Rechtsetzung die zwangsläufige Folge.

- Gesetze und gerichtliche Grundsatzentscheidungen arbeiten mit einer Vielzahl von unbestimmten Rechtsbegriffen, die im individuellen Fall weit interpretierbar sind.

- Arbeitsteilung in Gesellschaft und Organisationen verdeckt den Zusammenhang von Entscheidung und Folgen; was auf einer Entscheidungsstufe ethisch legitim ist, muß es auf einer anderen nicht sein, und mit einer solchen Trennschärfe wäre staatliche Regelung wohl überfordert.

Wenn also die Frage nach den ethischen Dimensionen wirtschaftlicher Entscheidungen nicht durch den Staatsverweis zu beantworten ist, dann stellt sich die Anschlußfrage nach den metaökonomischen Begründungen von Unternehmensentscheidungen und der Rolle der Ethik dabei. Steger weist dabei darauf hin, daß

- Entscheidungen, deren Ergebnisse und Folgen in gewissem Ausmaß immer unsicher sind, nicht in der Wahl zwischen ethisch und unethisch bestehen, sondern Abwägungen zwischen unterschiedlichen Zielen sind, die in variierendem Umfang realisiert werden und jeweils ethisch legitim sind,
- ethische Begründungszusammenhänge so abstrakt sind, daß sie zumeist nicht auf konkrete Unternehmensentscheidungen heruntergebrochen werden können,
- unterschiedliche ethische Konzeptionen auch unterschiedliche Schlußfolgerungen bezüglich konkreten Unternehmenshandelns zulassen,
- Wirtschaftsethik sich traditionell an überschaubaren, stabilen Gemeinschaften orientiert und offenbar nur schwer in Richtung auf vernetzte Systeme globalen Ausmaßes mit unsicheren Ergebnissen entwickelt werden kann,
- ethische Forderungen häufig die individuellen Akteure überfordern, beispielsweise dann, wenn Interessen zukünftiger Generationen berücksichtigt werden sollen,
- die Organisationsbedingungen ungeklärt sind, unter denen individuelle Ethik von Mitarbeitern und Unternehmensethik vereinbar sind.

Wenn nach Stegers Meinung diese Aspekte eher die tendenzielle Fruchtlosigkeit der aktuellen Ethikdiskussion belegen, so betont er doch dezidiert die Funktionen von in der Unternehmenskultur verankerten Werten und Normen, deren kommunikative Vermittlung Verhaltenssicherheit in komplexen und dynamischen Umwelten sichern soll. Allgemeine Verständigung aber darüber zu erreichen, ob diese Normen dann ethisch sind, dürfte schwieriger sein als eine Negativabgrenzung; unethisches Verhalten bestünde dann in der einseitigen Belastung Dritter mit negativen externen Effekten der Unternehmenstätigkeit. Auf dieser Basis ließe sich dann eispielhaft eine (prozedural orientierte) Schnittmenge von gutem Management und nicht unethischem Verhalten herausarbeiten:

- Normen und Werte der Unternehmen müssen im Hinblick auf die Prüfung der Vereinbarkeit mit gesellschaftlich konsensfähigen Normen klar und eindeutig formuliert werden;
- Strategien müssen gegenüber den Bezugsgruppen des Unternehmens transparent begründet werden;
- die Gefahr des Machtmißbrauchs sinkt mit dezentraler Organisation und partizipativem Führungsstil;
- langfristiges Denken fördert die Einbeziehung externer Effekte;
- Technologieentwicklung ist auf fehlerfreundliche Systeme auszurichten;
- Offenheit für legitime Ansprüche Dritter (Bezugsgruppen-Konzept) ist zu gewährleisten.

So wie „kommunizierte Ethik" nach außen hin Verhaltensunsicherheit abbaut, so bewirkt der Prozeß nach innen Verhaltenskoordination, vermittelt also den Managern Orientierung über die normativen Dimensionen ihrer Entscheidungen, die auf den besten verfügbaren, vernünftigen Gründen beruhen sollten. Aus dieser Sicht kann auch die „Disziplinierungsfunktion" der Ethik gegenüber der Ökonomie zugunsten einer Integration abgebaut werden – was aber auch impliziert, daß die Ökonomie als Wissenschaft ihr Defizit in der Analyse von Normen, ihrer Funktionen, Begründungen und Implikationen für wirtschaftliche Entscheidungen abarbeitet.

Der Beitrag von *Daniel Barben* und *Meinolf Dierkes* ist auf zwei grundsätzlich zu unterscheidenden Ebenen angelegt. Einerseits versuchen sie, Ethik von einem Standpunkt außerhalb der Ethik zu bestimmen und zu beobachten, aus welchem Grund, wie, zu welchem Zweck und mit welchen Folgen über Ethik kommuniziert wird. Andererseits soll eine eigene Position in der Ethik gefunden werden, von der aus ein leistungsfähiger Ansatz entwickelt werden kann gegenüber den Problemen, für deren Behandlung die Instanz Ethik angerufen wird. Das ganze sich um „die Ethik“ rankende verwirrende Bedeutungsgeflecht aufzulösen, ist dabei eines der zentralen Anliegen.

Ersten Aufschluß über die reale Funktionsbestimmung von Ethik in der Wirtschaft ergibt eine historische Betrachtung: Angesichts der von verschiedenen gesellschaftlichen Akteuren in großer Breite vorgebrachten Kritiken an den Lasten ökonomischer Wachstums- und Modernisierungsprozesse sowie gegenüber den Risiken großtechnischer Systeme wurde Ethik ein Medium (unter anderen), in dem die öffentliche Kritik artikuliert und von den Entscheidungsträgern des Wirtschaftssystems aufgegriffen und behandelt wurde. Dabei wurde Ethik ein Medium der Reflexion, in dem über die Folgen von Entscheidungen, ihre Zurechnung auf die verantwortlichen Positionen sowie über die Normen und Werte, auf die hin eigene und eigenbestimmte verantwortungsvolle Handlungsweisen zu entwickeln sind, nachgedacht werden kann. Ethik ist folglich ein ganz spezifisches Medium, mit eigenen Bezugspunkten und Fragen: Sie bezieht sich insbesondere auf die normative Dimension des Lebens, auf Fragen der Art, welches Handeln als „gut“ geltende Werte befördert, welche Verhaltensweisen normativ noch zu rechtfertigen und welche als „schlecht“ zu verwerfen sind. Der Wirkungsbereich der Ethik ergibt sich also in zwei Seinsbereichen: als ein Sonderbereich des Denkens, in dem über die guten Werte, die das Handeln anleiten sollen, verhandelt wird, und als der Praxis selbst inhärente Momente, die ethischen Kriterien entsprechen oder bestimmte Werte repräsentieren. Der Ethik kommt also eine doppelte Existenzform zu: Als Spezialphilosophie ist sie Reflexionstheorie der Moral; als Gefüge von Normen und Werten wirkt sie als moralische Dimension des Alltagshandelns.

Wenn es vielfältige Problemlagen sind – durch das Wirtschaftssystem hervorgebracht, diesem zugerechnet oder darauf zurückwirkend –, die die Verbindung von „Ethik“ und „Wirtschaft“ zu einer Wirtschafts- oder Unternehmensethik befördern, bleibt die Frage, was die allgemeinen Bestimmungen von Ethik bedeuten, wenn man sie auf den Kontext der Wirtschaft bezieht. Was ist überhaupt unter „Kontext der Wirtschaft“ zu verstehen? Wie wirken sich die unterschiedlichen Verständnisse des Wirtschaftssystems auf die mögliche Relevanz und Bedeutung der sich auf dieses beziehenden Ethik aus? Es ist nach Ansicht der Autoren also nicht in erster Linie „die Ethik“, die „die Wirtschaft“ bestimmt, sondern umgekehrt diese, die jener den funktionalen und praktischen Status zuweist. Wenn man der Meinung ist, daß die Marktwirtschaft in ihren Grundstrukturen, Prinzipien und Wirkungen selbst ethisch ist, erübrigt sich eine die Marktwirtschaft komplettierende, über eine Sozialphilosophie des Marktes hinausgehende Wirtschaftsethik. Wenn man die Auffassung vertritt, die Marktwirtschaft habe an sich entweder nichts mit Ethik zu tun oder sei in ihren Wirkungen unethisch, kann man in drei Richtungen weiterdenken: Man kann

- ein anderes ökonomisches Leitsystem an die Stelle des marktwirtschaftlichen setzen;
- das marktwirtschaftliche System von Anforderungen ethischer Normativität freistellen und es allein Anforderungen größtmöglicher Effizienz unterstellen, wobei es allenfalls durch wirtschaftssystemexterne Einrichtungen von Ethik und Moral ergänzt wird;
- marktwirtschaftliche Prozesse als gestaltbar annehmen in dem Sinne, daß sie mit ethischen Zielsetzungen kompatibel gemacht werden können – sei es durch strukturelle Modifikationen staatlicherseits, sei es als ethisch angeleitete Veränderung der Unternehmenstätigkeit.

Diese letztere Sichtweise beleuchten die Autoren eingehend, da sie daran ihre eigene Auffassung von Ethik mitsamt praktischen Realisierungsvorschlägen knüpfen. Vier wesentliche Gesichtspunkte werden herausgearbeitet:

- daß die ökonomische Rationalität des Marktes gegenüber gesellschaftlichen und ökologischen Anforderungen beschränkt ist;
- daß daher die Steuerung marktwirtschaftlicher Dynamik durch qualitativ anspruchsvolle Zielsetzungen ergänzt werden muß;

- daß, schon aufgrund gesellschaftsstruktureller Voraussetzungen, der Staat nicht die Position eines Allgemeinverantwortlichen einnehmen kann, sondern daß die Unternehmen Selbstverantwortlichkeit entwickeln müssen, um Probleme antizipativ zu vermeiden, statt sie zu externalisieren;
- daß es im bestandserhaltenden Interesse der Unternehmen selbst liegt, langfristig tragfähige Entwicklungsoptionen zu erschließen.

Vor diesem Hintergrund wird klar, daß ein ethischer Ansatz dann völlig unzureichend ist, wenn er sich auf gute Vorsätze und abstrakte Gemeinplätze beschränkt – wobei selbst dies für ein Unternehmen unerwartete Folgen haben kann, wenn hierdurch Maßstäbe der Beurteilung der Unternehmenstätigkeit vorgegeben und somit Widersprüche zwischen Wort und Tat einklagbar werden.

Ethik wäre ja leicht zu realisieren, wenn die Einsicht in die Notwendigkeit zu verbessertem Unternehmenshandeln genügen würde, das Überleben des Unternehmens nicht so eng an den Markterfolg gekoppelt wäre. Die Erzielung von Gewinn beziehungsweise die Vermeidung von Kosten und die Verwirklichung von Ethik umreißen ein weites Spannungsfeld: wenn das Gewinnstreben nicht als Ethik ausgegeben werden kann, wenn die Gewinnerzielungsabsicht ethisches Handeln erzwingt, wenn die Gewinnrealisierung ethisches Verhalten zuläßt oder wenn sie es verhindert. In diesem Beitrag kommt es darauf an zu zeigen, daß die Unternehmenskultur zum einen derjenige Ort ist, wo diese Konfliktlinien im Unternehmen miteinander verknüpft sind, und zum anderen das unternehmensinterne Medium, in dem nachhaltig Möglichkeiten ethisch guten Handelns eruiert und implementiert werden können und müssen.

Auf allgemeineren Überlegungen zur Bedeutung des Kulturellen in Unternehmen beruhen Vorschläge, wie die Unternehmenskultur so gestaltet werden kann, daß die Praktizierung von Ethik nach innen und außen möglich wird. Als sehr spezifisches Verfahren, dessen erfolgversprechende Implementation wiederum von unternehmenskulturellen Voraussetzungen abhängig ist, wird das Konzept der Technikfolgenabschätzung im Hinblick auf die spezielle Verantwortung der Unternehmen für die Folgen neuer Technik als Beispiel diskutiert. Weiterhin wird als Methode, eine langfristig angelegte und sozio-kulturell integrierende Zielorientierung zu gewinnen, die Erstellung von breit angelegten Unternehmensleitbildern in partizipativ und transparent strukturierten Verfahren vorgeschlagen. Dabei heben die Autoren hervor, daß die Wahrnehmung von Ethik an Macht und Einfluß gebunden ist und demnach ein geeignetes Medium darstellt, dem Wandel Richtung zu geben bei Aufrechterhaltung der grundlegenden Kompetenzverteilung. Ethik ist erst und genau dann wertvoll, wenn sie praktisch wirksam wird bei der Lösung gegebener Problemlagen und bei der Beförderung zukunftsorientierter sozialer und ökologischer Ziele.

Unternehmen in der Technikverantwortung?

Ein besonderer Abschnitt gilt hier zunächst der aktuellen Diskussion um „Ethik und Technik“, die auch von anderen Autoren dieses Bandes aufgenommen wird, aber nicht in der hier gewollt pointierten und kontroversen Form von Statements mit gegenseitigem Bezug – die ideologischen, interessenbezogenen und auch sehr persönlichen Berührungs- und Konfliktpunkte eines Wirtschaftswissenschaftlers (Strümpel), Politikers (Fischer) und Unternehmensvorstands (Weise) in bezug auf dieses Thema treten teilweise drastisch hervor, wenn auch ein erstaunlich breiter und stabiler Grundkonsens fast stärker ins Auge fällt als die Gegensätze der Positionen.

Burkhard Strümpel versucht zunächst, die Frage nach der Verantwortung für Technikfolgen aus der Sicht der Wirtschaftswissenschaften zu akzentuieren. Nach seiner Ansicht wird den Studenten der Ökonomie das Denken in Kategorien der sozialen Verantwortung geradezu systematisch ausgetrieben, dies einfach dadurch, daß im Idealbild der Marktwirtschaft die volle Identifikation mit sozialer Verantwortung durch die dem System eigenen Anreize und die Pflicht zum Handeln innerhalb der Gesetze gegeben ist. Sozialverantwortung ist also kein selbstverständlich zur Natur der Marktwirtschaft gehörendes Konzept, geschweige denn der Wissenschaft von der Marktwirtschaft. Es verwundert daher nicht, daß die Wissenschaft bei der Regelung von Konflikten relativ fruchtlos und steril geblieben ist. So hat der Glaube an die Selbstheilungskräfte des Marktes innovative Anstöße lange blockiert, und wenn sie doch aufkamen, dann von außen aus der praktischen Politik oder dem Konflikt von Arbeit und Kapital, letzteres insbesondere mit Bezug auf die Tarifpartnerschaft in der Bundesrepublik und begleitet von traditionellem, patriarchalisch-paternalistischem Denken auf Unternehmerseite – Stichwort: Sozialer Frieden als Produktionsfaktor. Ein analoges Bewußtsein vom „ökologischen Frieden als Produktivfaktor" hat sich bisher noch nicht in vergleichbarer Form entwickelt – hier ist noch Lernarbeit auf Unternehmensseite zu verrichten.

Man kommt diesen notwendigen Lernprozessen besonders nah, wenn man die Ebenen der Weltbilder, der Handlungsprogramme und der Branchenkulturen unterscheidet. Auf der Ebene der Weltbilder finden wir das Schlagwort der ökologischen Herausforderung, häufig assoziiert mit Weltfremdheit und Systemveränderung, aber eben auch den Bereich neuer Werte, mit dem sich Unternehmen auseinandersetzen müssen. Handlungsprogramme als zweite Ebene sind immer unvollkommen, man kann sie aber auch bewußt so anlegen, daß sie, ohne anzuecken, unter hochaufgehängten Weltbildern hindurchlaufen können – sie können Geschäftigkeit im Sinne der Umwelt demonstrieren, müssen aber im Sinne dieser Weltbilder damit keineswegs sozial innovativ und ökologisch sonderlich relevant sein. Auf der Ebene der Branchenkulturen ergeben sich gerade im Hinblick auf die letzten beiden Eigenschaften breite Differenzierungen, die sich auf unterschiedliche industrielle Traditionen und Lern- und Sozialisationsmuster der dort Beschäftigten zurückführen lassen – und dies kann bis zu „grünen" Subkulturen in der Industrie gehen.

Insgesamt aber ist für Strümpel die notwendige Richtung dieser Lernprozesse klar: Ganzheitliches Denken vom Problem her ist gefordert – und damit auch eine Krise des Sachzwangarguments als Ausdruck partikularistischen Denkens.

Joschka Fischer geht das Thema in seiner unverwechselbaren Weise provokativ an und fragt, ob der offensichtliche Triumph der Marktwirtschaft nicht doch mehr bedeute als „nur“ den Sieg eines Wirtschaftssystems, also gewissermaßen eine Art Restaurierung der Situation vor 1917, dem Jahr der Oktoberrevolution. Er sieht als Folge dieser Entwicklung eine Gewichtsverschiebung von Wirtschaft und Politik, im Extrem die Abdankung der Politik als gesellschaftlicher Ziel- und Rahmensetzung zugunsten des betriebswirtschaftlichen Erfolgs. Er zeigt dies am Beispiel energiepolitischer Entscheidungen, die, so Fischer, im wesentlichen in den Vorstandsetagen der Energiewirtschaft und nicht in staatlichen Instanzen getroffen werden. Wenn man das als Unternehmer aber gut, weil funktionierend, fände, dann allerdings habe man wesentlich mehr übernommen als nur die Verantwortung für die Gewinnerzielung, dann habe man eine gesellschaftliche Steuerungsfunktion übernommen, also eine Funktion der Regelung öffentlicher Angelegenheiten, mithin der Politik. Ob die Wirtschaft aber dieser Verantwortung nachkommen könne, wird bezweifelt – sie sei eben keine Veranstaltung zur sittlichen Erbauung und letztendlich dem Gewinn auf Gedeih und Verderb verpflichtet; damit würde dann auch die Regelung der vormals öffentlichen sozialen und ökologischen Angelegenheiten kollidieren; dies könnte unser aller Ruin sein.

Das heißt aber nicht, daß Fischer auf der anderen Seite das Hohelied der praktizierten Politik und praktizierenden Politiker sänge – seine drastischen Bemerkungen zeigen eher in die entgegengesetzte Richtung. Er weist aber mit seinem Beispiel der Daimler/MBB-Fusion auch deutlich darauf hin, daß schon der Hauch der Weltgeschichte wehen mußte, um die Manager der Wehrtechnik vom Rüstungswahn zu Konversionsdenken zu bringen. Allgemein gewendet stellt er darum die Frage, warum solche Überlegungen zu Alternativen aus eigenem innovativen Antrieb, aus sozialer und ökologischer Erkenntnis, aus Verantwortung für das Ganze ganz offensichtlich nicht möglich seien – und das bei einer Überfülle an notwendigen und sinnvollen Projekten, mit denen sich auch Geld verdienen ließe. Er fragt, warum die Wirtschaft in diesem Sinne die Verantwortung nicht übernehme, und zeigt solche Verantwortungsfelder explizit am Beispiel der Automobil- und Chemieindustrie sowie der Gentechnologie auf, letztlich gipfelnd in der Überzeugung, daß uns nicht das Prinzip Hoffnung und der blinde Optimismus, alles werde schon gutgehen, zu Taten ermächtigen, sondern allein die Erfahrung.

Dennoch stellt Fischer keineswegs in Frage, daß das Industriesystem unser Schicksal ist – aber eben ein gestaltbares Schicksal. Die Marktwirtschaft sieht er als das effizienteste von den bekannten Systemen an, energisch und vernünftig gesetzte Ziele zu realisieren, wobei Vernunft für ihn auch das Ergebnis der Produktivkraft „politischer Widerstand" ist. Bei allem Bekenntnis zur Marktwirtschaft sieht er allerdings beträchtliche Defizite bei der Wirtschaft, ohne die ein ökologischer Umbau nicht zu realisieren ist; hier scheint ihm zumindest auf den Vorstandsetagen noch traditionelles, industrialistisches Denken, verbunden mit Hin- und Zurückhaltung, vorzuherrschen. Die große Herausforderung beim ökologischen Umbau von Wirtschaft und Gesellschaft erkennt er zwangsläufig in der Institutionalisierung eines Steuerungssystems, das es den Unternehmen reizvoll erscheinen läßt, an der Spitze der umwelttechnischen Innovation zu marschieren; was er von den Unternehmern selbst aber fordert, ist, endlich politikfähig zu werden und neues Denken um sich greifen zu lassen – also im ureigensten Interesse Politik wieder „instand zu setzen".

Eberhard Weise wendet sich eingangs gegen Joschka Fischers These von der Abdankung der Politik zugunsten der Wirtschaft. Zwar habe die Marktwirtschaft im „Wettbewerb" der Systeme gesiegt, doch sei es keineswegs so, daß die Systemkonkurrenz nunmehr in ein Monopol übergegangen wäre, ganz im Gegenteil hätte es niemals eine echte Konkurrenz zwischen den Marktwirtschaften und den sozialistischen Planwirtschaften gegeben, da letztere vor allem mangels Innovationsdynamik a priori chancenlose Verlierer gewesen seien. Da aber der Zusammenbruch des Sozialismus somit „folgenlos" im Sinne von Fischers These sei, wären auch andere Folgerungen in Zweifel zu ziehen – vor allem die der Gewichtsverschiebung zwischen Politik und Wirtschaft. Daß also speziell durch diesen Zusammenbruch der Wirtschaft neue Verantwortung zuwachse, bestreitet Weise; er bestreitet aber nicht, daß sich die Wirtschaft insgesamt ihrer Verantwortung stellen muß.

Mit Blick auf die Gentechnologie und damit den Zusammenhang von Ethik und Technik weist er vor allem die Unterstellung kurzfristiger Gewinnerwartung für diesen Bereich zurück – gerade hier seien überhaupt nur langfristiges Denken und langfristige Erwartungen möglich; langfristiges Denken und Handeln impliziere dabei auch, im gesellschaftlichen Diskurs die richtigen Instrumente zu entwickeln, um mit Technologien und ihren Gefahren umgehen zu können, genauer: sich bestimmter Verfahrens- und Verhaltensweisen zu enthalten.

Er beklagt ebenso wie Fischer, daß die Politik diesen Ansprüchen an Langfristigkeit nur selten genügt, betont aber auch, daß die Bundesrepublik mit ihrem politischen System doch eigentlich gut gefahren sei, jedenfalls weit besser als andere Länder. Langfristige Ausrichtung bedeute für auf Märkten operierende Firmen in erster Linie Kundenorientierung, also Sicherung langfristig zufriedener Kunden, aber, da Unternehmen nicht im luftleeren Raum agieren, auch in konstruktive Diskussionen mit anderen Interessengruppen einzutreten und dabei gerade mit jenen, die ökologische Ziele verfolgen. Dennoch sei das Überleben von Unternehmen letztlich davon abhängig, ob und wie sie die Nachfrage befriedigen können – der Konsument ist der Souverän in einer Marktwirtschaft. Den Wünschen der Kunden nachkommen zu müssen, sei aber unvermeidlicherweise manchmal auch mit Risiken verbunden; vor allem in der Chemieindustrie sei allerdings die ethische Komponente schon immer sehr stark gewesen, keine vermeidbaren Risiken einzugehen. Risikoabwägung sei aber ursächlich eine Gratwanderung zwischen Aktivitäts- und Unterlassungsrisiken, es müßten alltäglich Entscheidungen gefällt werden, beispielsweise zwischen dem Nutzen eines Arzneimittels, früher verfügbar zu sein und viel Leid zu ersparen, und dem Risiko der Inkaufnahme bisher unbekannter Nebenwirkungen – Entscheidungen, bei denen Weise ein geeignetes Forum für einen öffentlichen Dialog willkommen wäre.

Aus dieser Sicht muß sich auch die Position des Kunden als Souverän in der „freien" Marktwirtschaft, damit aber auch die Möglichkeit, moralische Verantwortung für die Existenz eines Produkts und seiner Folgen abzuwälzen, reduzieren: Nur das herstellende Unternehmen habe die umfassende Information und, indem es dem Kunden ein Produkt in die Hand gebe, auch die volle Verantwortung. Marktwirtschaft habe also eine wesentliche ethische Komponente, und gerade die Chemieindustrie sei zu einem offenen Dialog bereit. Dies gelte auch für die Diskussionen zur Konstituierung einer ökologischen Marktwirtschaft – in deren Rahmen die Wirtschaft bei Vorgabe vernünftiger und verläßlicher Rahmenbedingungen verantwortungsbewußt zur Lösung der Probleme beitragen werde.

Zeigen diese Kommentare die verschiedenen Facetten des Themas „Ethik und Technik" und die differierenden Sichtweisen und Schwerpunkte des Wissenschaftlers, Politikers und Wirtschaftlers auf, so gehen die Autoren *Martin Pfaff*, *Dieter Jaufmann* und *Ernst Kistler* in ihrem Beitrag der Frage nach, ob die häufig genannte These von der besonders geringen Technikakzeptanz oder, drastischer ausgedrückt, der Technikfeindlichkeit der Deutschen empirisch haltbar ist; zusätzlich werden Modifikationen dieser These, wie beispielsweise die der besonders hohen Ablehnung des technischen Fortschritts in der bundesdeutschen Jugend oder die ablehnende Haltung gegenüber der Mikroelektronik, auf ihren empirischen Gehalt untersucht.

Da zur empirischen Absicherung solcher Hypothesen Ergebnisse demoskopischer Untersuchungen herangezogen werden, unternehmen die Autoren den Versuch, die hierzu vorliegenden demoskopischen Studien einer vergleichenden Sekundäranalyse zu unterziehen. Im Rahmen dieser Methodik wird zum einen untersucht, ob sich eine negative Einstellung zur Technik in der Bundesrepublik generell feststellen läßt, zum anderen wird geprüft, wie sich die Einstellung der Deutschen zur Technik im internationalen Kontext ausnimmt.

Die Ergebnisse der Analysen können in den folgenden Punkten zusammengefaßt werden:

- Hinsichtlich der Einstellung zur „Technik" im allgemeinen kann trotz erheblicher Niveauunterschiede der Einzeluntersuchungen für die Bundesrepublik folgender Trend festgestellt werden: Ab Mitte der sechziger Jahre bis 1982/83 sank der Anteil der Bürger, die der Technik und dem technischen Fortschritt grundsätzlich positiv gegenüberstehen, danach stieg ihr Anteil wiederum an. Der Rückgang bis 1982/83 ging jedoch nicht einher mit dem Anwachsen der Bevölkerungsgruppe, die der Technik ablehnend gegenübersteht, vielmehr wuchs die Gruppe derjenigen, die eine ambivalente Haltung zur Technik einnehmen. Diese Entwicklung kann nach Ansicht der Autoren nicht als Indiz für eine zunehmende Technikfeindlichkeit gewertet werden; sie belegt stattdessen, daß die in der Vergangenheit dominierende vorbehaltlos-unkritische Bejahung der Technik lediglich einem kritisch-abwägenden Urteil gewichen ist.

- Es verwundert daher auch nicht, daß sich die gesellschaftliche Akzeptanz von besonders umstrittenen Technologien, wie beispielweise der Kernenergie und der Gentechnologie, in den letzten Jahren deutlich verringert hat. Ähnlich verhält es sich mit dem Themenkomplex „Technischer Fortschritt und Arbeitsplätze": Eine zunehmende Zahl von Befragten vertritt in den letzten Jahren die Ansicht, daß der technische Fortschritt zwangsläufig zum Verlust von Arbeitsplätzen führt.

- Im internationalen Vergleich unterscheidet sich das Niveau der allgemeinen Technikakzeptanz in der Bundesrepublik nicht wesentlich von dem der Mehrzahl der übrigen Industrieländer; lediglich in den USA kann von einem optimistischeren Klima gesprochen werden. Pikanterweise ist insbesondere in Japan, dessen Wirtschaftserfolg in der bundesdeutschen Öffentlichkeit unter anderem der außerordentlich positiven Technikeinstellung der Japaner zugeschrieben wird, die Anzahl derjenigen, die vorbehaltlos positiv zur Technik eingestellt sind, am geringsten; auch in Japan überwiegt also eine ambivalente Haltung gegenüber der Technik.

- Die zunehmend ablehnende Haltung, die die Deutschen zur Kernenergie und Gentechnologie einnehmen, unterscheidet sich im wesentlichen nicht vom Gesamttrend in der Europäischen Gemeinschaft.
- Eine ländervergleichende Betrachtung der Einstellung zur Mikroelektronik ergab, daß die Einstellung der Bundesdeutschen im Vergleich zu Ländern wie Spanien, Italien und Norwegen pessimistischer ist, sich jedoch von der der Japaner nicht wesentlich unterscheidet. Die Autoren sehen hierin keinen Beleg für eine besonders ablehnende Haltung der Deutschen, sie verweisen vielmehr darauf, daß Deutsche wie Japaner aufgrund der fortgeschritteneren technologischen Entwicklung dieser beiden Länder mehr praktische Erfahrungen mit der Mikroelektronik sammeln konnten und dadurch eine realistischere Einstellung zu dieser Technik entwickelten.
- Hinsichtlich der Einstellung der Jugend zum technischen Fortschritt wird darauf verwiesen, daß in einer internationalen Studie, bei der Jugendliche danach befragt wurden, auf welche Bereiche/Gegebenheiten sie in ihrem Lande stolz seien, nur Japaner, Amerikaner und Deutsche „Wissenschaft und Technik" an zweiter Stelle von elf möglichen positiven Items nannten, während in anderen Industrieländern der Stolz auf „Wissenschaft und Technik" weit hinter anderen Aussagen rangierte; nach Ansicht der Autoren ist dieses Ergebnis nicht mit dem gängigen (Vor-)Urteil der vermeintlichen Technikfeindlichkeit der bundesdeutschen Jugend in Einklang zu bringen.

Pfaff, Jaufmann und Kistler kommen also insgesamt zu dem Ergebnis, daß der Vorwurf einer besonders geringen Technikakzeptanz der Deutschen sowohl hinsichtlich der länderspezifischen Trends wie auch im internationalen Vergleich empirisch wohl nicht haltbar ist.

Die Technikakzeptanz ist aber nur eine Facette des Lebens in einer Risikogesellschaft, mit dem sich *Georges Fülgraff* in seinem Beitrag beschäftigt, speziell dabei im Hinblick auf die Rolle und Aktivitäten des Unternehmens. Er stellt zunächst Ulrich Becks Konzept der „Risikogesellschaft“ vor, wobei er insbesondere dessen Thesen zu den politisch-gesellschaftlichen Konsequenzen, die sich aus der Existenz einer Risikogesellschaft ergeben, diskutiert.

Fülgraff wendet sich dabei nicht gegen die Grundaussagen Becks, Not sei hierarchisch, aber Smog demokratisch und die Risikogesellschaft sei eine katastrophale Gesellschaft, in der der Ausnahmezustand der Normalzustand sei; er wendet sich aber dezidiert gegen dessen instrumentell-operativen Vorstellungen, die seines Erachtens einen Ausstieg aus der Argumentation zu leicht machen. Insbesondere glaubt er eine weitgehende Unkenntnis der wissenschaftlichen Methoden und Aussagekraft der Verfahren zur Abschätzung von Risiken feststellen zu können und setzt sich mit Becks Etikettierung der Grenzwertfestlegung als „faulem Zauber“ auseinander, wobei er Grenzwertfestlegungen als politische und damit auch interessengeleitete, aber eben demokratische Kompromisse über die Vertretbarkeit von Risiken auf der Basis wissenschaftlicher Abschätzung verteidigt.

Darauf aufbauend lotet der Autor den Grad der Zumutbarkeit von (Modernisierungs-)Risiken für die Bevölkerung aus. Grundsätzlich werden aus seiner Sicht derartige Risiken nur dann akzeptiert, wenn ihnen ein entsprechender Nutzen auf anderen Gebieten gegenübersteht; die Abwägung von Risiken und Nutzen richtet sich dabei nach individuellen Präferenzordnungen und Wertehierarchien sowie dem Grad der individuellen und kollektiven Wahrnehmung von Nutzen und Risiken. Fülgraff konstatiert, daß aufgrund wachsender Ausdifferenzierung von Präferenzen und Wertehierarchien ein gesellschaftlicher Konsens über die Zumutbarkeit von Risiken nicht mehr gegeben und die Akzeptanz von Umweltrisiken rückläufig ist, da weite Teile der Bevölkerung den vermeintlich oder tatsächlich mit den Risiken verbundenen wirtschaftlichen Nutzen nicht mehr als rechtfertigenden Grund anerkennen. Er folgert daraus, daß Wissenschaft, Wirtschaft und Politik sich dieser geänderten Bewußtseinslage stellen müssen und diese in ihr Handeln einzubeziehen haben. Für die Umweltpolitik bedeutet dies, daß die Vermeidung von Umweltrisiken ihr Ziel sein müsse und nicht ihre Begrenzung durch Verschärfung von Grenzwerten.

Daraus ergeben sich zwangsläufig für die Unternehmen neue Herausforderungen, konzentriert auf die Frage, wie sie auf die verminderte Bereitschaft der Bevölkerung, Risiken zu akzeptieren, reagieren sollten. Nach Ansicht des Autors sollten die Unternehmen Umweltschutz nicht länger als eine von der Politik auferlegte Fessel betrachten, sondern als eine Aufgabe und Herausforderung zur eigenständigen und originären Mitverantwortung für die Umwelt. Als Ausdruck dieser veränderten Einstellung zur Umwelt und zum Umweltschutz verlangt er eine Unternehmenspolitik, die er mit dem Begriff „proaktives Handeln“ umschreibt. Charakteristikum einer solchen Unternehmenspolitik ist ein antizipierendes Handeln der Unternehmen im Sinne einer Abschätzung und Vermeidung zukünftiger Probleme, Gefahren und Schäden für die Umwelt, die durch die unternehmerische Tätigkeit ausgelöst werden könnten, so daß idealiter eine staatliche Intervention nicht mehr erforderlich wird; damit ist „proaktives Handeln“ staatlicher Umweltpolitik systemar vorgelagert.

„Proaktives Handeln“ und staatliche Umweltpolitik sollen sich in diesem Konzept allerdings gegenseitig ergänzen, indem die Umweltpolitik „proaktives Handeln“ der Unternehmen unterstützt. Hierzu wäre in der Umweltpolitik ein Prioritätenwechsel notwendig – von der Dominanz einer reaktiven Umweltpolitik, die in der Regel nicht die Vermeidung von Umweltrisiken mit Hilfe integrierter Technik, sondern den Einsatz von „End-of-Pipe“-Techniken fördert, hin zu einer „präventiven“ Umweltpolitik. Eine derartige Politik habe Anreize zu geben, die die Vermeidung von Umweltrisiken wirtschaftlich interessant machen; dabei sollte der Freiwilligkeit und Selbstkontrolle, dem Wirken des Wertewandels und der Lernfähigkeit der Unternehmen grundsätzlich der Vorrang vor ordnungspolitischen Maßnahmen eingeräumt werden.

Freiwilligkeit ist Fülgraffs Ansicht nach jedoch keine hinreichende Bedingung für proaktives Handeln: Ordnungsrechtliche und ökonomische Instrumente des Staates könnten ebenfalls zu einer Verbreitung proaktiven Handelns beitragen; im Gegensatz zu anderen Konzepten beinhaltet proaktives Handeln somit die Institutionalisierung eines iterativen Lernprozesses von Wirtschaft, Politik/Verwaltung und Forschung.

Als spezifische Instrumente proaktiven Handelns werden von ihm unter anderen genannt:

- die jährliche Veröffentlichung von Umweltbilanzen der Unternehmen,
- die Verpflichtung zur Darlegung von antizipativ vorgenommenen Umweltverträglichkeitsprüfungen für Produkte und Produktionsverfahren,
- die Erstellung und Veröffentlichung von Produktlinienanalysen noch vor der Markteinführung eines Produktes, in denen das Produkt, die einzelnen Inputstoffe und Produktionsschritte im Hinblick auf die Gesamtbelastung der Umwelt untersucht werden,
- staatliche Rahmenbedingungen, die die Forschung und Entwicklung umweltentlastender Innovationen direkt anregen,
- finanzielle Anreize zur gezielten Förderung innovativer Vermeidungstechniken,
- die Einbeziehung von ergriffenen Umweltschutzmaßnahmen bei der Leistungsbewertung von Management und Ingenieuren.

Handelt das Unternehmen dementsprechend in diesem Kontext und unter diesen Rahmenbedingungen, so kann es einerseits das Risiko einer kurzfristigen Produktionsumstellung als Reaktion auf Umweltauflagen minimieren und andererseits wesentliche Schritte zur Entwicklung eines positiven Unternehmensbildes in der Öffentlichkeit tun.

Ist Georges Fülgraffs Beitrag im besonderen Maße aktivitäts- und instrumentbezogen, so wird im abschließenden Beitrag dieses Bandes von *Horst Tippelt* und *Klaus Zimmermann* versucht, Unternehmensethik in einer umfassenden systemischen Perspektive als Vermittlungsergebnis von Zweck- und Wertorientierung zu interpretieren. Den Ausgangspunkt nehmen die Überlegungen an einem empirischen Beispiel: Es wird anhand der Nutzung von integrierten Umwelttechnologien (ressourcensparenden und emissionsvermeidenden Prozessen), die umweltethisch die vorzuziehende Lösung sind, gezeigt, daß zum einen der Verbreitungsgrad dieser Technologien sehr niedrig ist, er zum zweiten überwiegend durch betriebswirtschaftliche Faktoren (Zweckorientierung) erklärbar ist, so daß für genuin unternehmensethische Entscheidungen (Wertorientierung) nur ein geringer residualer Bereich verbleibt. Existiert also eine Unternehmensethik, und aus welchen Gründen sollte sie existieren?

Daß über Unternehmensethik heute so vehement diskutiert wird, zeigt jedenfalls, daß offensichtlich ein Bedürfnis danach existiert, das teilweise wenigstens aus offenbar gewordenen Steuerungsdefiziten des Staates erklärt werden kann: Zum einen zeigen die Erfahrungen des „sozialdemokratischen Jahrzehnts", daß die Machbarkeitseuphorie dieser Zeit letztlich von Fehlsteuerungen, Vollzugsdefiziten und mangelnder Normerfüllung frustriert wurde, zum anderen, daß sich in dieser Nische von politischem Wollen und frustrierten Erwartungen basisdemokratische Kräfte in Form der Bürgerinitiativbewegung etablierten, wobei dies auch als ein Versuch zu sehen ist, einer unzureichenden Prozeßethik der repräsentativen Demokratie entgegenzusteuern.

Diese Nische bietet unter den Schlagworten von Selbsthilfe und Selbststeuerung gesellschaftlicher Systeme auch Platz für eine Diskussion über eine verstärkte Verantwortungsübernahme der Wirtschaft gegenüber der Gesellschaft, nicht zuletzt aufgrund klarer Gewichtsverschiebungen von der Politik hin zur Wirtschaft. Das Handlungspotential der Unternehmen ist allerdings nicht isoliert, sondern nur kontextbezogen getrennt nach Handlungsbedarf und Handlungsfähigkeit abzustecken: Hier zeigt es sich, daß zum einen nach objektivem (Umweltschädigung/potentielle Destabilisierung sozialer Systeme) und subjektivem Handlungsbedarf (Wahrnehmung und Werte/Legitimierbarkeit von externen Effekten) zu unterscheiden ist, zum anderen die Handlungsfähigkeit nach den Strukturen der Märkte differenziert, aber auch durch psychologische Faktoren und Organisationsphänomene eingeschränkt wird. Wenn also nach dieser Analyse ein klarer „bias“ unternehmensethischen Verhaltens zugunsten von Großunternehmen festzustellen ist, ist auch die Frage von Relevanz, ob „big technology“ in „big corporations“ auch eine spezifische Ethik der Großtechnologie erfordert, und welche Kräfte und Tendenzen in eine solche Richtung wirken. Im Gegensatz zu Technik wird von den Autoren bei der Etablierung einer Technologie die gesellschaftliche Reorganisation als Bedingung postuliert, und es werden den kontroversen Technologien im wesentlichen drei Attribute attestiert, die sie kontrovers machen: die Existenz von sozialen und ökologischen Risiken, Potentiale zur Ausübung von Herrschaft und eine mangelnde Reversibilität der Technologie selbst beziehungsweise ihrer externen Effekte.

Zur Auslotung von Handlungspotentialen und -zwängen im Unternehmen wird dann danach gefragt, wann ein Unternehmen Entscheidungen zur Entwicklung und Anwendung einer kontroversen Technologie hinsichtlich Risiko oder externen Effekten nicht treffen wird: Es zeigt sich, daß im wesentlichen drei Steuerungsarten von Bedeutung sind – Steuerung durch staatliche Regulierung, Konsumentenverhalten beziehungsweise durch Präferenzen der Unternehmensbeschäftigten/Kapitalgeber.

Auf dem Hintergrund des zunehmenden Auseinanderfallens der Einheit von technischem und sozialem Fortschritt in der Wahrnehmung der Bevölkerung werden diese Einwirkungsmöglichkeiten auf die Technologieentscheidung in ihrer ethischen Dimension untersucht und vor allem hinsichtlich der Rolle des Staates ein sehr ambivalentes Bild gezeichnet: Zum einen wäre ohne den Staat die Existenz einer Reihe kontroverser Technologien gar nicht möglich gewesen, zum anderen erscheint eine Lösung der Probleme der Risikoproduktion durch den Markt allein auch kein gangbarer Weg zu sein; welche neuen und konkret umsetzbaren ethischen Prinzipien das utilitaristische Prinzip dazu bei Technologieentscheidungen ersetzen sollen, bleibt nach einem Blick in die Literatur auch einigermaßen unklar, so daß die Autoren im weiteren den eher prozessualen Aspekt, die Kommunikation zwischen gesellschaftlichen Teilsystemen zur Vermittlung zwischen Wert- und Zweckorientierung, betonen.

Hier wird aber sehr deutlich herausgestellt, daß es wohl in erster Linie die „Sprache der Preise" ist, also umweltbewußtes und risikofeindliches Verhalten auf Seiten der Bürger und Konsumenten beziehungsweise auch staatliche Normsetzung und entsprechende Instrumentierung unter dem Druck der Öffentlichkeit, die ethisches Verhalten in Unternehmen fördert und unterstützt; die Wirkung der „fünften Kolonne" der Träger neuer Werte in Unternehmen wird solange als eher zweitrangig eingestuft, wie keine auch gelebte leitbildhafte Absicherung dieser neuen Werte von der Spitze her erfolgt. Trotz aller Ambivalenz wird also durchaus noch eine aktive Rolle des Staates bei der Beeinflussung unternehmensethischer Entscheidungen gesehen, zumindest insoweit, wie eben die Sprache der Preise als Kommunikationsmittel benutzt wird beziehungsweise der Druck der Öffentlichkeit derart präsent ist, daß die notorische Kurzsichtigkeit des politischen Systems korrigiert und kompensiert wird. In diesem Gesamtkontext hat Unternehmensethik, die bei aller Wünschbarkeit der Diskussion ihren reflexhaften Charakter – bezogen auf Wertstrukturen und -veränderungen in der Gesellschaft – nicht verleugnen kann und insoweit auf Normalgröße reduziert gesehen werden sollte, durchaus ihren Platz unter den Steuerungsmechanismen moderner marktwirtschaftlich organisierter Gesellschaften: Sie kann durch Absicherung in Grundsätzen und Leitbildern die Kommunikation mit den anderen gesellschaftlichen Teilsystemen erleichtern, und sie kann Wege zu ökologisch und sozial verantwortungsbewußtem Verhalten öffnen, wenn nötig auch anweisen. Dies ist keinesfalls wenig und keinesfalls gering zu achten, sondern ein sehr anspruchsvolles Programm, setzt es doch einen hohen Grad an Offenheit und Lernfähigkeit des Unternehmens voraus.

Unternehmensethik: Perspektiven und Projektionen

Diese hier kurz skizzierten Beiträge bieten eine reiche Fülle von Anknüpfungspunkten für die weitere Diskussion – sie bieten reichlich Lernchancen, wenn der Wille dazu gegeben ist. Was aber blieb offen? Wo liegen die Hauptfragen für den weiterführenden Diskurs? – Wir sehen unsere Aufgabe in diesem abschließenden Punkt der kommentierenden Einführung nicht darin, einen vollständigen Katalog der verbliebenen offenen Fragen im einzelnen vorzulegen – es geht uns eher um ein Mosaik aus einigen wichtigen und daher auch nicht flächendeckenden „Merk"-Steinen, die ihre Existenz einigen Gedanken zur Unternehmensethik aus übergeordneter Perspektive verdanken, zum Teil aber auch der Lust an Spekulationen und Projektionen zuzuschreiben sind.

Zum ersten: Die gegenwärtige Diskussion um Unternehmensethik scheint uns deutlich zu dokumentieren, daß Reichweite und Eingriffstiefe menschlichen Handelns in allen Lebensbereichen derart angewachsen sind, daß Moral und Ethik als Regulative eine neue Bedeutung erlangen; die offensichtlichen schädlichen Nebenwirkungen menschlicher Aktivitäten, aber auch die Überkomplexität sozialer Entwicklungen, deren Steuerung den demokratischen Prozessen zunehmend entgleitet, sind wohl die Hauptursachen für diese neue Nachdenklichkeit über Moral und Ethik. Es wäre daher ein vorschnelles Urteil, die Ethikdiskussion heute allein als Strategie der Wirtschaft und der Unternehmen zur Vergrößerung ihrer Freiräume zu sehen; aber selbst wenn dies so wäre, so sprächen doch Effizienzargumente eine deutliche Sprache zugunsten einer solchen Freiraumforderung: Interventionen des Staates sind um so teurer hinsichtlich ihrer direkten Kosten, aber auch in bezug auf die Kosten von Fehler und Irrtum, je detaillierter sie sind – Forderungen, der Staat solle nicht überall und mit Einzelentscheidungen in die Wirtschaftsprozesse eingreifen, haben von daher ihre Berechtigung und können zur Zügelung politisch-bürokratischen Regelungsdrangs nur hilfreich sein. Es kommt hinzu, daß in den Unternehmen mehr und besser Wissen über neue Entwicklungen vorhanden ist als in anderen Institutionen – Technik ist hier das auf der Hand liegende Beispiel. Es gibt also gute und vernünftige Argumente – im besonderen in Form einer Kombination des Bezugsgruppen-(stakeholder-) wie auch des Effizienzarguments –, bei den Institutionen der Wirtschaft, also schwergewichtig bei den Einzelunternehmen, eine breitere Verantwortung anzusiedeln. Dies bedeutet dann aber keineswegs eine Verwirrung der Verantwortlichkeiten, sondern ist ein Element und ein Ansatzpunkt in dem Prozeß der Fortentwicklung unseres marktwirtschaftlichen Systems, hier fokussiert auf die Neuabgrenzung der Verantwortlichkeiten zwischen Markt und Staat.

Daß ein solcher Prozeß der Fortentwicklung längst im Gange ist, zeigen Überlegungen zum Design einer ökologisch-sozialen Marktwirtschaft deutlich auf, die ja gerade darauf zielt, ökologische Ansprüche, die der Pflege und Ordnung der „invisible hand“ aus marktkonstitutionellen Gründen entzogen waren, in Marktprozesse zu integrieren – die zur Zeit stattfindende Diskussion über Unternehmensethik muß also auch als ein Element unter mehreren im Prozeß der Fortentwicklung marktwirtschaftlicher Ordnung gesehen werden.

Dieses Argument findet seinen direkten Anschluß in unserem *zweiten Punkt*, der ebenfalls mit den Vorstellungen und Bedingungen einer marktwirtschaftlichen Ordnung, wenn sie funktionsfähig sein soll, zu tun hat. Man muß dazu gar nicht auf das Schlagwort von „small is beautiful“ rekurrieren, um zu verstehen, daß in den Grundprinzipien des Wettbewerbs in einer marktwirtschaftlichen Ordnung eine starke ethische Komponente konstitutionell eingebaut ist. Die in der Volkswirtschaftslehre häufig als Maßstab der Allokationseffizienz bemühte Marktform der vollständigen Konkurrenz bietet bei aller Restriktivität ihrer Prämissen eine überaus sympathische Eigenschaft: Aufgrund der atomistischen Strukturen auf beiden Marktseiten ist der einzelne Anbieter ein „price-taker“ und ausschließlich in der Lage, sich über die Menge anzupassen; man kann es auch anders sagen: Der einzelne Marktteilnehmer ist machtlos – dies in dem Sinne, daß kein A einen B durch Drohung oder Sanktion dazu bringen kann, etwas zu tun, was B aus wohlverstandenem Eigeninteresse eigentlich nicht tun würde. Die ethische Komponente ist evident – die Freiheit und Unbeeinflußbarkeit der Entscheidungen des einzelnen Unternehmers ist konstitutiv in diesem Modell.

Es sind aber noch weitere Implikationen dieses Modells zu nennen, die vielleicht nicht so auf der Hand liegen, auf jeden Fall aber zu wenig beachtet werden: Die Zukunft ist immer unsicher; eine lange Reihe heuristischer Methoden, die Zukunft sicherer zu machen durch Prognose, mag hier graduell helfen – sie kann es aber offensichtlich dort nicht, wo es um Produkte und Dienstleistungen geht, die die potentiellen Nutznießer noch gar nicht kennen, da sie ihr Bedürfnis erst im Umgang mit diesem Produkt oder dieser Dienstleistung erkennen. Das einer marktwirtschaftlichen Ordnung adäquate Verfahren der Zukunftssicherung ist daher der Wettbewerb – und der Wettbewerb selbst ist ein Such- und Entdeckungsverfahren, das Experimentieren als unternehmerisches Handeln voraussetzt.

Experimente können aber gut oder schlecht ausgehen, sei es, weil die Konsumenten das Produkt nicht wollen, sei es, weil den Anbietern Fehler und Irrtümer unterlaufen. Für den einzelnen Unternehmer mag das ein Problem sein, vielleicht auch ein Existenzproblem, für die Volkswirtschaft und die Gesellschaft ist es ein Segen, denn der Wettbewerb als gnadenloses Sanktionsinstrument gegenüber individuellen Fehlleistungen und falschem Experimentieren belohnt die Guten und bestraft die Schlechten zum Wohle des Ganzen. Damit diese segensreiche Wirkung aber eintritt, muß der Wettbewerb „funktionsfähig" sein, und das kann er unter bestimmten Bedingungen auch, wenn er nicht atomistisch strukturiert ist. Auf jeden Fall aber ist die Pluralität des Experimentierens die conditio sine qua non: Nur wenn eine Pluralität von Unternehmen mit ihren Vorstellungen auf dem Markt experimentiert, hat der Konsument die Chance und die Freiheit der Wahl, nur dann ist er auch der Souverän der Wirtschaft. Diese Anforderung der Pluralität des Experimentierens mit gutem oder schlechtem Ausgang impliziert aber auch eine weitere Eigenschaft einer marktwirtschaftlichen Ordnung: ihre hohe Korrekturfähigkeit und ihre Fehlerfreundlichkeit. Der Lohn des guten Experimentierens in Form von Gewinn und die Strafe für schlechtes Experimentieren in Gestalt von Verlust bieten innerhalb des Marktsystems die Anreize, offensichtlich fehllaufende Initiativen schnell zu korrigieren, erfolgreiche Initiativen zu verstärken, und die Kenntnis von Erfolg und Mißerfolg hebt Methoden und Richtungen des Experimentierens über Lernprozesse auf höhere Niveaus.

Fehlerfreundlich ist dieses Verfahren in zweierlei Hinsicht: Der einzelne kann die Fehlerhaftigkeit seines Experiments durch Konsumentenreaktionen schneller erkennen als in anderen Systemen, und für die Volkswirtschaft insgesamt werden die sozialen Kosten fehlerhaften Experimentierens – und dies gilt auch und besonders für negative externe Effekte und technische Risiken – minimiert durch die relativ geringe Gewichtigkeit des einzelnen fehllaufenden Experimentiervorgangs, dies eben aufgrund der Prämisse der Pluralität des Experimentierens mit dem daraus folgenden „small is less dangerous“. Wenn man Ethik – Guy Kirschs Argumentation in diesem Band folgend – als Streben nach einem guten Leben begreift, dann sind diese beiden Eigenschaften der marktwirtschaftlichen Ordnung – Korrekturfähigkeit und Fehlerfreundlichkeit aufgrund von Pluralität – auch von einer ethischen Dimension, denn sie dienen dem guten Leben. Eine strikte Wettbewerbspolitik zur Sicherung von Pluralität würde dann nicht nur eine effizienzorientierte, sondern auch ein ethische Begründung finden. Abweichungen von dieser Pluralitätsmaxime lassen diese ethischen Dimensionen einer Marktwirtschaft verkommen – sie führen zu Macht auf der Anbieterseite, entmachten den Konsumenten als Souverän, verringern somit den Zwang zur Korrektur, verlängern die Lebensdauer letztlich fehlerhafter Experimente, führen damit auch zu höheren sozialen Schäden und Risiken und begünstigen Tendenzen zur Instrumentalisierung des Staates zugunsten von Partikularinteressen nach dem Motto „was gut für General Motors ist, ist auch gut für die Vereingten Staaten“ – General Motors und die USA sind hier ohne weiteres substituierbar.

Auf der Basis dieser Pluralität des Experimentierens ist aber noch eine andere eingebaute Ethik-Komponente der Marktwirtschaft erkennbar – gewissermaßen eine spezielle Verteilungsethik in dem Sinne, daß ein Gewinner nicht immer ein Gewinner und ein Verlierer nicht immer ein Verlierer sei: Gesetzt, die Bedingung der Pluralität wäre erfüllt und das betrachtete Unternehmen wäre ein erfolgreicher Experimentierer, dann wissen wir aus organisationskultureller Forschung, wie tendenziell schwierig bis außergewöhnlich Lernen im Unternehmen unter diesen Bedingungen ist. Üblicherweise werden Firmen ja mit einem spezifischen Erfolgsrezept groß, dieses Erfolgsrezept wird breit internalisiert und zu einer Kultur ausgebildet und prägt und schärft das Denken und Handeln der Mitarbeiter in der durch den Erfolg bestätigten Richtung; der Erfolg aber trägt den Kern des Mißerfolgs in sich gerade dadurch, daß man so erfolgreich ist, in Strukturen und Aktivitäten gewissermaßen versteinert, laterales Denken vernachlässigt und im Experimentieren nachläßt. Lernen geschieht dann oft erst durch Krisen oder Katastrophen – letzteres bedeutet im Griechischen nicht umsonst „Wendezeiten" –, und diese Lernzeit ist auch die Stunde des Wettbewerbs und der Konkurrenz, denn andere Unternehmen, die nicht durch Erfolg begünstigt waren, haben intensiver und breiter gesucht und neue Erfolgsrezepte gefunden, die nun ihnen einen Aufschwung bescheren; der Gewinner wird zum Verlierer und der Verlierer zum Gewinner. Dies ist die immanente Verteilungsethik wettbewerblicher Marktprozesse – die Marktwirtschaft und der Wettbewerb tragen neben anderem auch dazu bei, die Erfolgsrezepte der Vergangenheit zu beerdigen und einen steten Wechsel zwischen der Gewinner- und Verliererseite zu garantieren.

Der Zusammenbruch des real existierenden Sozialismus ist nicht zuletzt dem Fehlen dieser ethischen Komponenten zuzuschreiben: einem Mangel an Pluralität des Experimentierens, einer gegen Null tendierenden Korrekturfähigkeit und Fehlerfreundlichkeit des Systems, dem quälend langen Weitertragen alter Erfolgsrezepte der Vergangenheit mangels eines systemisch angelegten Bestattungsunternehmers namens Wettbewerb und der Chancenlosigkeit der Verlierer, auch einmal Gewinner zu sein.

Zum dritten: Wenn es so einige der Marktwirtschaft immanente ethische Kriterien gibt – nennen wir sie einmal Ordnungs-Ethik –, dann wäre in einem weiteren Punkt noch einmal auf den Dualismus von indiviueller und institutioneller Ethik zurückzukommen, insbesondere auf die Frage, ob und in welchem Maße es eine von den Individualethiken abgehobene Institutionenethik eines Unternehmens geben kann, und wenn, aufgrund welchen Mechanismus. Die Beiträge dieses Bandes liefern hierzu reichhaltige Anknüpfungspunkte, die wir hier durch eine weitere Variante vermehren möchten.

Unternehmen haben Leitbilder – Leitbilder, wie sie die Welt sehen, wie sie miteinander leben wollen und was angemessene Verhaltensweisen sind; es geht in der Regel hier nicht um Niedergeschriebenes, gewissermaßen unternehmensgesetzlich Kodifiziertes, es geht vielmehr um das wie selbstverständlich Gelebte, es geht um ihre Kultur. Solche in der Kultur verankerten Leitbilder haben eine Geschichte, eine Morphologie: Die Gründergenerationen hatten, wenn sie erfolgreich waren, umfangreiche Rückkoppelungsprozesse und -mechanismen institutionalisiert, sie verfügten über Sensibilität für die Reaktionen von Bezugsgruppen, sie lernten aus diesen Reaktionen und veränderten so die Wertvorstellungen späterer Unternehmergenerationen, aber auch die ihrer Umwelten. Dieser Prozeß vollzog sich von Generation zu Generation; der Gesamteffekt all dieser Lernprozesse formt die Kultur und leitet so das Denken und Handeln heute – ein zu großer Konservativismus wird durch die glückliche Eigenschaft des Menschen, vergessen zu können, vermieden, weiter zurückliegende Lerneinflüsse werden in der so gestalteten Kultur geringer gewichtet als näherliegende.

Im Rahmen dieser Kultur handeln Individuen auf der Basis ihrer individuellen Ethik, aber institutionell festgelegt werden Bezugsgruppen und Verantwortungsfelder, dies nicht in einem mechanistischen Sinne, sondern beeinflußt durch die historisch gewachsene Kultur des Unternehmens mit den darin enthaltenen ethischen Wertungen – in diesem Rahmen treffen Individuen ihre ethisch begründeten Entscheidungen, die dann wieder in die Geschichte des Unternehmens eingehen, seine Kultur mitprägen und Basis für zukünftiges Entscheiden und Verhalten sind. So gesehen gibt es durchaus eine definierte institutionelle Ethik des Unternehmens – gewissermaßen die durch Erfahrung abgeschliffenen, mit der Zeit geronnenen und amalgamierten Individualethiken der Unternehmensgeschichte. Die heutigen Individualethiken kommen dann ins Spiel, wenn es um die Interpretation der Leitbilder und Grundwerte geht, die aufgrund ihrer Funktionalität notwendigerweise abstrakterer Natur sind, gleichgültig, ob sie in Leitsätzen niedergeschrieben sind oder nur in den Köpfen der Menschen existieren.

Leitbilder und Grundwerte, die Kulturen von Unternehmen werden alltäglich neu interpretiert durch das, was Menschen sagen, und wichtiger: durch das, was sie tun; Leitbilder und Grundwerte werden durch Verhalten von Menschen repräsentiert, sie werden aber auch deutlich durch Symbole, Mythen und Rituale von Institutionen als gewissermaßen verselbständigten Identifikationspunkten, generiert aus historischen Lernprozessen des Unternehmens und seiner Umwelt an- und miteinander.

Gibt es also eine institutionelle Ethik? Wir meinen, mit diesem Kulturmodell gezeigt zu haben, daß es sie gibt – sie kann nicht gänzlich unabhängig von individuellen Ethiken sein, aber sie hat einen gewissen Unabhängigkeitsgrad von dem, was Individuen denken und wie sie isoliert handeln würden.

Wenn wir über Ethik von Unternehmen nachdenken, wenn wir über Grundwerte von Unternehmen diskutieren, dann kommen wir *zum vierten* auch nicht umhin, diese Themen in einen Bezug zu aktuellen Unternehmensphilosophien zu stellen, also den Vorstellungen über Wesen und Zusammenhänge des Unternehmens und der Welt, über gültige Werte und Grundsätze der unternehmerischen Entscheidung und Unternehmensführung. Wir haben diesen letzten Abschnitt unserer einführenden Gedanken nicht umsonst mit „Perspektiven und Projektionen" überschrieben und auf manch Spekulatives hingewiesen – dies mag als Vorwarnung an dieser Stelle genügen. Es scheint uns also so, als könnte man zur Zeit zwei grundsätzlich konträre Unternehmensphilosophien unterscheiden, die – und deshalb sind sie hier von Relevanz – ebenfalls durch grundsätzlich konträre ethische Positionen ausgezeichnet sind: Wir möchten die eine Philosophie als das StarWars-Leitbild, die andere als das Biotop-Leitbild bezeichnen, und bitten vorsorglich um Nachsicht für den Mangel an wissenschaftlicher Distinguiertheit dieser Arbeitsbezeichnungen.

Ein typisches Unternehmen des StarWars-Leitbilds ist stark hierarchisch organisiert und orientiert. Es ist Anhänger der Überzeugung, daß es keine zweiten Sieger gibt; es ist ausschließlich in Märkten aktiv, wo es das beste sein kann. Es zieht Mitarbeiter mit ähnlichem Profil magisch an und beschäftigt auch nur solche; ihr Denken und Handeln ist ausschließlich auf das Unternehmen und seine Ziele fokussiert. StarWars ist ein Etikett – ein Etikett für High Tech, globalen Wettbewerb, weltumspannende Strategien, Zielfokussierung mit einer Intensität, die man üblicherweise einem religiösen Orden in seiner Determiniertheit und Ausschließlichkeit zuschreibt.

Das Biotop-Leitbild ist anders: Ein Unternehmen dieses Typs ist wenig hierarchisch, es betont Arbeitsgruppen anstelle von traditioneller Hierarchie; es hat eine stark dezentralisierte und flexible Struktur, sein Zielkatalog ist breiter gefächert, es ist daher auch durch eine hohe soziale und ökologische Sensibilität ausgezeichnet. Es scheint auch so, als würden Organisationen des Biotop-Typs besser und sensibler von Frauen geführt werden können als von Männern, denen offensichtlich die Pfadfinder- oder Bundeswehr-Art der Führung im StarWars-Modell affiner ist.

Wenn es nun akzeptiert wird, daß diese beiden Modelle trotz ihres skizzenhaften und auch vorläufigen Charakters die Realität zureichend beschreiben, dann implizieren sie auch unterschiedliche Folgerungen hinsichtlich der Unternehmensethik, also bezüglich der Verantwortung, die Unternehmen dieses Typs zu übernehmen gewillt sind.

Das StarWars-Modell entspricht in dieser Hinsicht Milton Friedmans Credo „the business of business is business". Geht man auf das Modell der konzentrischen Kreise des Committee for Economic Development zurück, so ist der erste Kreis angesprochen – die Verantwortung des Unternehmens gegenüber der Gesellschaft besteht darin, ökonomisch effizient und erfolgreich zu arbeiten sowie die Gesetze einzuhalten. Und damit ist es dann auch schon getan: Nach dieser Unternehmensphilosophie ist nicht zu erwarten, daß Verantwortung wesentlich breiter definiert werden wird.

Das Biotop-Modell hat dagegen andere Implikationen: Zwar ist das Geschäft des Unternehmens auch hier aus Überlebensgründen letztlich das Geschäft, jedoch tritt dieses Ziel neben andere, das Unternehmen ist offen gegenüber Anforderungen aus einem breiten Spektrum von Bezugsgruppen und dementsprechend ist auch die Verantwortung, die ein Unternehmen dieses Typs zu übernehmen gewillt ist, viel breiter definiert.

Das StarWars-Modell als typische Philosophie von Giganten läßt, wenn es vorherrschend ist, die der Marktwirtschaft eigenen Vorzüge der Korrekturfähigkeit und Fehlerfreundlichkeit verkümmern, es verlangt ein hohes Maß an Staatsintervention, während im Biotop-Modell alle positiven Eigenschaften der Marktwirtschaft aktiviert und die Staatstätigkeit reduziert wird. Welches der Modelle einem selbst sympathischer ist, ist zunächst einmal irrelevant – die Zukunft und die lange Frist werden zeigen, welches erfolgreicher sein wird –, daß sie jedenfalls das Ausmaß gesellschaftlicher Verantwortung von Unternehmen höchst unterschiedlich bewerten und die Prävalenz eines Typs auch Implikationen für das Verhältnis von Markt und Staat, für das Verhältnis von Freiheit und Gängelei hat, dürfte offensichtlich sein. Aber vielleicht ist unsere Sympathie für das eine oder andere Modell so irrelevant doch nicht: Die Globalisierung der Unternehmensstrategien kann ja durchaus dazu führen, daß – schneller als uns lieb ist – Unternehmen des StarWars-Typs weltweit dominieren und kein Weg zurück führt, wir also dann vielleicht in einer wirtschaftlichen (und gesellschaftlichen) Umwelt leben müssen, die uns nicht gefällt; dies zu verhindern, wäre die Aufgabe und das Ziel einer Globalisierung der Ordnungsdiskussion, die neben Überlegungen und Initiativen zur Fortentwicklung der Marktwirtschaft auf nationaler oder europäischer Ebene zu treten hat. Auf der anderen Seite kann das Biotop-Modell einer erweiterten Unternehmensverantwortung keinen Freibrief zu rechtfertigungslosem Handeln implizieren – da Kontrolle besser ist als Vertrauen, genügen keine ethischen Floskeln; das

Unternehmen hat eine klare und eindeutige Informationspflicht, der es mit von ausgewiesenen und öffentlich verpflichteten Experten testierten Sozial- und Ökobilanzen genauso nachzukommen hat wie bei der Information über wirtschaftlichen Erfolg oder Mißerfolg.

Zum fünften und abschließend: Ist Unternehmensethik mehr Schein als Sein? Ist Unternehmensethik vielleicht eher die Bezeichnung eines Problems denn einer Lösung? Es wäre vermessen, in Anbetracht der weltweiten Diskussion hier eine endgültige Antwort erwarten zu wollen. Freundlich formuliert erscheint uns Unternehmensethik eher als ein diskursives Problem, unfreundlicher formuliert allzu häufig als ein geborenes Sujet für Sonntagsreden von Unternehmensvorständen und Politikern, geeint in vermeintlich höherem und frommem Geiste und vereint in folgenloser Geistreichelei. So wie das Prinzip Verantwortung hat ja auch das Konzept Unternehmensethik ein wesentliches Manko – es ist folgenlos, wenn es nicht ordnungspolitische Konsequenzen hat.

Daß über Unternehmensethik so breit diskutiert wird, zeigt zunächst nur, daß etwas nicht „in Ordnung" ist – und man bringt es nicht in Ordnung dadurch, daß man ethische Grundsätze gebetsmühlenhaft wiederholt, sondern dadurch, daß sich Grundsätze in der alltäglichen Praxis bewähren, also auch umsetzbar sind, und das können sie nur sein, wenn sie auf eine geeignete Ordnung von Strukturen und Prozessen treffen; was von Unternehmensethik dann in der Unternehmenspragmatik wirklich übrig bleibt, zeigt, wie gut das Design dieser Ordnung gelungen ist. Zu den Elementen einer solchen Ordnung zählt zuvorderst die Zeitorientierung von Entscheidungen: Ein von (Fern-)Verantwortungsethik getragenes Unternehmenshandeln findet seine pragmatische Entsprechung im langfristigen Unternehmensinteresse – dieses Ziel-Bewußtsein wird aber folgenlos bleiben, wenn nicht das Sein in Form von Verfassungen, Strukturen und Abläufen in Richtung auf dieses Ziel gestaltet, „geordnet" wird, und dazu bietet nicht die Ethik, sondern bieten Betriebswirtschaftslehre, Organisations- und Verhaltenswissenschaften die konkreten Hinweise. Diese reale Ordnung des Seins ist der Schlüssel zu unternehmensethischem Verhalten: Sie muß Anreize bieten, zu lernen, aufmerksam zu sein, zuhören zu wollen; sie muß durch ein dichtes Netz von Rückkoppelungsschleifen ausgezeichnet sein; sie muß responsiv sein in bezug auf soziopolitische und kulturelle Umfelder; sie muß einladend, nicht abwehrend gegenüber Provokativem und vermeintlich Närrischem sein – und sie muß sich, um dynamisch zu sein, auch selbst in Frage stellen können. Die Ordnung, die unternehmensethisches Verhalten absichert, ist auch die Ordnung, die Lernfähigkeit maximiert.

Nur unter einem derart reduzierten Anspruch – wir haben unsere Zweifel, ob es wirklich ein reduzierter ist – wird Unternehmensethik lebbar und erlebbar.

2. Kapitel

Unternehmer und Unternehmen in ethischer Verantwortung?

Die Überschrift zu diesem Kapitel ist zu Recht in Frageform gehalten: Es ist zunächst einmal unklar, welche Art von Verantwortung Unternehmen in welchen gesellschaftlichen Bereichen übernehmen sollten und ob es überhaupt eine Ethik der Institution „Unternehmen" gibt oder geben kann. Es ist ebenfalls nicht a priori zu sagen, an welchen ethischen Grenzen sich „Herrschaftswissen" in Unternehmen orientieren sollte und welche Beziehungen sich generell zwischen Ethik und der Stabilität von Institutionen, also auch Unternehmen, identifizieren lassen. Franz Böckle, Volker Hauff, Guy Kirsch und Lutz von Rosenstiel geben Antworten auf diese grundsätzlichen Fragen nach den Möglichkeiten, Funktionen und Grenzen von Ethik.

Soziale und ökologische Verantwortung von Unternehmen

von Volker Hauff

Von der sozialen zur ökologischen Frage

Mit den Worten sozial und ökologisch verbindet das Thema zwei Begriffe, die bis vor wenigen Jahren unverbunden waren. Dafür gab es gute Gründe: Soziale Verantwortung gehört zum Menschen, seit es ihn gibt; ökologische Verantwortung ist eine neue Einsicht, und die Menschheit ist auf sie schlecht vorbereitet.

Zwar berichten Anthropologen von einer ökologischen Ethik bei Stämmen, die wir heute primitiv nennen. Danach darf niemand der Natur etwas nehmen, ohne ihr dafür etwas zurückzugeben. Aber in geschichtlichen Zeiten hat sich der Mensch kaum als ökologisches Wesen verstanden. Stattdessen betrachtete er die Erde als ein unerschöpfliches Reservoir seiner Nutzenmehrung. Auch schlimmer Raubbau in Gesellschaften, die wir Hochkulturen nennen, hat darin keinen Sinneswandel gebracht. Erst seit einem halben Jahrhundert, im Angesicht drohender Selbstzerstörung, wissen wir, daß der Mensch ein ökologisches Wesen ist und eine ökologische Verantwortung hat. Gleichzeitig sehen wir, daß die Welt des Sozialen und die Umwelt und Natur zusammengehören: Der Mensch war von Anbeginn ein sozialökologisches Wesen – wenn auch eben für eine lange Zeit seiner Existenz auf einem Auge blind.

Bald wird uns diese Wortverbindung aber so geläufig sein wie eine andere, die uns längst vertraut ist: der Begriff „sozialökonomisch". Die Parallele ist deutlich: Wie jede Ökonomiepolitik eine Sozialpolitik enthält, so wird in Zukunft jede Politik, die unsere soziale Mitwelt gestaltet, auch unsere ökologische Umwelt betreffen und umgekehrt. Für diese Einsicht haben uns Kapitalismus und Industrialisierung die Augen geschärft. Beide bedürfen flankierender Maßnahmen und einer gewissen Bändigung in der Verantwortung für ihr menschliches Antlitz.

Der Sozialstaat sorgte im Verbund mit gewerkschaftlicher und unternehmerischer Tarif- und Sozialpolitik dafür, daß im Faktor Arbeit zugleich der Mensch mit seinen sozialen Bedürfnissen gesehen wurde. Die ungeheure Produktivität in der Wirtschaftsordnung der Marktwirtschaft lieferte die Mittel für diese moderne Realisierung von Humanität.

Heute bedarf die industrielle Produktion aber einer ebenso wichtigen Ergänzung und Bändigung. Ökologiepolitik sorgt wie Sozialpolitik für menschenwürdige Verhältnisse.

Aber die ökologische Lage hat sich im Vergleich zur sozialen Lage als Ansatzpunkt der Sozialpolitik um vieles verschärft. Es geht nicht allein um die Humanität der lebenden Generationen, sondern um Leben und Würde noch nicht geborener Menschen, um ihr Glück oder Unglück. Diese Einsicht verlangt eine neue ethische Maxime. Hans Jonas hat sie so formuliert: „Handle so, daß die Wirkungen deiner Handlungen nicht zerstörerisch sind für die künftige Möglichkeit von Leben."

Ein Zweites kommt hinzu: Konnte mit Blick auf die klassische Sozialpolitik jeder Staat in einer gewissen Autonomie agieren und seinen eigenen Weg zu Wohlstand und Wohlfahrt wählen, so verlangt Ökologiepolitik internationale Kooperation. Schadstoffemissionen wandern über Tausende von Kilometern, ein Reaktorunfall vergiftet die Lebensbedingungen in Staaten unterschiedlichster Regime, militärischer Allianzen und ökonomischer Paktsysteme, und die Wasserqualität von Rhein und Donau, Nord- und Ostsee hält sich nicht an Dreimeilenzonen. Jedes Land trägt mit an der Verantwortung für das Antlitz der Natur als der Bedingung menschenwürdiger Existenz.

Ökologische Gefahren sind prinzipiell so unterschiedlich wie die Gifte, die produziert und bei Produktionsprozessen freigesetzt werden. Der Staat kommt mit seinen Gesetzen deshalb häufig, wenn nicht geradezu regelmäßig zu spät und ist im Vergleich zur Sozialpolitik auf dem Felde ökologischer Vorausschau in einer ungleich schwächeren Position. Entsprechend größer ist die Verantwortung der Unternehmen.

Das Bewußtsein ökologischer Verantwortung ist in den letzten Jahren dramatisch gestiegen und wächst weiter: Je jünger und besser ausgebildet die Menschen sind, desto sensibler nehmen sie ökologische Probleme wahr. Anstelle „demonstrativen Konsums“ üben sie sich in „demonstrativer Vernunft“: Man zeigt sein ökologisches Problembewußtsein auf Schritt und Tritt und erzwingt mit dieser neuen Statusdemonstration umweltfreundliches Verhalten auf allen Ebenen des Verbrauchs, des Verkehrs und des Verzehrs.

Mehr als fünf Millionen Bundesbürger sind in Umweltverbänden und Umweltinitiativen organisiert. Die Medien verstärken diese wachsende Sensibilität, indem sie über spektakuläre Fälle von Umweltgefährdung berichten. Längst hat sich auch die Wissenschaft des neuen Themas angenommen.

Das aktuelle Stichwort heißt „Technikfolgenabschätzung“. Ein umfassendes Theorie- und Forschungskonzept soll auch das Ökologiethema in den Griff bringen, die Probleme an der Quelle packen und umfassende Perspektiven erlauben. Der Staat fördert diese neue Disziplin in der richtigen Erkenntnis, daß er auf keinem Politikfeld so ahnungslos ist wie auf diesem. Außerdem ist keines perspektivisch so teuer: Die jährliche ökologische Schadensbilanz wird für 1986 auf über 103 Milliarden DM geschätzt.

Ökologische Probleme sind aber nur zu verstehen und zu lösen, wenn man sie in ihrer Verschränkung mit sozialen Entwicklungen sieht. Die folgenden Punkte sollen diese These, allerdings beschränkt auf die Unternehmensebene, fundieren. Der Ausgangspunkt ist die soziale Verantwortung, die wohl nicht nur nach subjektiver Einschätzung in der Folge tiefgreifender gesellschaftlicher Veränderungen in ein neues Stadium getreten ist.

Neue Bewertung von Arbeit: Die soziale Verantwortung des Unternehmens

Im Zentrum dieser Wandlungen steht das Arbeitsverständnis. Das Verhältnis von Arbeit und Freizeit war bisher eines von kompensatorischer Ergänzung: Die freie Zeit am Tage, am Wochenende und im Jahr bedeutete vornehmlich Pause, Entspannung und Erholung. Inzwischen entwickelt sich die arbeitsfreie Zeit für immer mehr Menschen zu einer Welt eigenen Sinnes. Der Feierabend, das Wochenende und der Urlaub bieten Freiräume, die auf eigenständige Gestaltung warten. Zusammen mit immer länger werdenden Ausbildungszeiten, welche die jungen Menschen den Zwängen der Arbeitswelt entheben und ihnen eine „theoretische" Existenz erlauben, führen diese Erfahrungen freier Zuwendung und eigener Initiative zur Ausbildung neuer Maßstäbe auch für die Arbeitswelt. Arbeit soll nicht nur Geld bringen, sondern auch Freude machen.

Diese Entwicklung bedeutet einerseits eine Verschärfung, andererseits Druck in Richtung auf Umgestaltung der betrieblichen Situation. „Humanisierung der Arbeit" bedeutet heutzutage mehr als eine menschenfreundlichere Ausgestaltung des Arbeitsplatzes unter gesundheitlichen, sozialen und ästhetischen Gesichtspunkten. Immer mehr Mitarbeiter erwarten bei ihrer Einstellung vom künftigen Arbeitgeber zunächst die Frage: „Was würden Sie gern tun, wie würden Sie gern arbeiten?" Das beginnt bereits in den Assessment Centers, und es hat sich herumgesprochen, daß bei Einstellungsgesprächen mit Akademikern der Examensdurchschnitt eine immer geringere Rolle spielt im Vergleich zu anderen Schwerpunkten: der Motivation, der Initiative, der Kreativität.

Unter diesem Gesichtspunkt gewinnen die Examensarbeit und das Wahlpflichtfach an Bedeutung. Vor allem wird der Freizeitbereich mit in die Prüfungsfelder einbezogen – unter der Frage nämlich, ob der Bewerber in diesem Bereich zu kreativer Initiative, zu einer lebendigen Motivation fähig ist; man vermutet wohl zu Recht, daß man einen motivierbareren Mitarbeiter bekommt, wenn man ein Arbeitsfeld findet, das ihn auch anspricht.

Arbeit wird sich in Zukunft stärker in ein gesamtes Lebenskonzept einpassen lassen müssen. Das gilt mit Sicherheit für die Einrichtung der Arbeitszeit. Wenn ein Ehepaar Kinder will, wird es Teilzeitarbeit und flexible Arbeitszeiten wünschen. Ähnliches gilt in zunehmendem Maße für die persönliche Karriere: Wenn ein Abteilungsleiter nur um den Preis vieler Auslandsjahre Direktor werden kann, wird er mit Rücksicht auf die berufliche Situation seiner

Frau und die Ausbildung seiner Kinder auf diese Karriere eher verzichten.

Die neue Bewertung von Arbeit gilt bereits als meßbar für den bisher unbestritten höchsten Anreiz: den des finanziellen Entgelts. Wenn eine interessante Arbeit mit einer langweiligeren, aber besser bezahlten zur Wahl steht, entscheidet man sich immer häufiger für die erstere. Es wird noch viel sozialer Phantasie und betriebswirtschaftlicher Kreativität bedürfen, um dem Faktor Arbeitsfreude innerhalb der Lebensfreude den ihm zustehenden Platz einzurichten. Der „menschliche Faktor" wird immer wichtiger, und ein Unternehmen ist gut beraten, wenn es dieser Tatsache früh genug Rechnung trägt.

Auf dieses neue Verständnis humaner Arbeit warten besonders die Frauen. In der Bundesrepublik arbeitet nur knapp die Hälfte von ihnen in einem Beruf, in Schweden hingegen 80 Prozent. Der Unterschied beruht zum großen Teil auf die besseren Bedingungen in den schwedischen Unternehmen: Es gibt Betriebskindergärten, gleitende Arbeitszeit und Teilzeitarbeit sowie einen Führungsstil, der spezifisch weibliche Formen des Umgangs und der Arbeitserledigung nicht zurückdrängt, sondern ermutigt und zu nutzen weiß.

Führungskräfte werden in aller Welt immer stärker nach ihrer Fähigkeit ausgewählt, Mitarbeiter zu motivieren, anstatt sie funktional einzuplanen und einzusetzen. Auch hier haben Frauen bessere Gaben, und zwar auf allen betrieblichen Ebenen.

Wer dieses Reservoir nutzen will, muß günstige Bedingungen dafür schaffen. Die Unternehmen können hier vorangehen in der Einrichtung von Umfeldbedingungen, die es Frauen leicht machen, gleichzeitig einen Beruf und Kinder zu haben. Man weiß aus vielen Umfragen, daß die Kombination von Mutter- und Berufsrolle für Frauen die glücklichste Lebensweise darstellt. Von dieser Verbindung profitieren zugleich die Unternehmen, unsere Gesellschaft und unsere Demokratie: sie bekommen selbständige und selbstbewußte Menschen, wohingegen Frauen, die nicht aus ihrem Hause herauskommen, für ihr Leben buchstäblich eingeschränkt bleiben und diese Mängel an ihre Kinder weitergeben.

Brüche im Generationenverbund: Die sozial-ökologische Verantwortung

Es gibt aber noch eine weiteres Feld sozialer Verantwortung, das besondere Beachtung verdient. Der Generationenverbund droht heute auseinanderzureißen: als Lebenswelt und Lebensstil, als Wertewelt, als Tradition von Wissen und Erfahrung, als Solidarität von alt und jung, als gegenseitige Hilfsbereitschaft.

„Trau keinem über Dreißig!", diese mißtrauische Maxime droht sich heute auf immer jüngere Altersgruppen auszuweiten. Unsere Jugend lebt weithin unter sich; kleinste Altersgruppen bestätigen sich in ihrer Lebensweise und Wertewelt. Die Familie liefert dazu kaum noch Gegengewichte, sie ist zu klein, um die ganze Alterspyramide zu repräsentieren. Das Ein-Kinder-System produziert zwar nicht, wie lange angenommen wurde, nur Egoisten. Ein Einzelkind ist sogar mehr als ein Geschwisterkind darauf angewiesen, von fremden Kindern akzeptiert und in soziale Aktivitäten einbezogen zu werden. Was aber in der Einkinderziehung fehlt, ist die Erfahrung und Übung in der Sorge für andere. Im Hinblick auf diese Entwicklung ist das Unternehmen in vielfacher Hinsicht zur Gegensteuerung gefordert und befähigt:

- Betriebliche Arbeitsgruppen öffnen soziale Horizonte durch Begegnungen mit Menschen unterschiedlichen Alters, sozialen und regionalen Herkommens.
- Tradition wird als personenunabhängige Weitergabe von typischen Verfahrensweisen und Verhaltensstilen erfahren.
- Die verschiedenen betrieblichen Position- und Hierarchieebenen öffnen die Möglichkeit, den unterentwickelten Sinn für gesellschaftliche Differenzierungen zu wecken und zu üben.
- Informelle Begegnungen, welche die Betriebshierarchie ergänzen, ermöglichen wieder die Erfahrung von „Gesellschaft", also die Möglichkeit des geselligen Umgangs unterschiedlichster Altersgruppen und Schichten.

Geht man jetzt zu den ökologischen Gesichtspunkten über, so kann man bei demselben Punkt ansetzen, der auch die Gedanken zur sozialen Verantwortung leitete. Längere Ausbildungszeiten und wachsende Freiräume über den Tag, die Woche, das Jahr erlauben immer mehr Menschen eine Distanz zu kurzfristigen Zielen. Die Zukunft gewinnt an Gewicht und mit ihr die Angst vor ihr. Es gibt dafür dramatische Perspektiven: So könnte es zum Beispiel sein, daß wir in wenigen Jahrzehnten einen Konflikt zwischen den jungen und alten Menschen erleben, wie ihn die Geschichte noch nicht gesehen hat. Die enorme Zunahme des Altenanteils in unserer Bevölkerung könnte dazu führen, daß die Jungen eine bisher unbekannte Ablehnung gegenüber einer Generation entwickeln, die verschwenderisch gelebt und die Grundlagen aller nachwachsenden Generationen gefährdet, zum Teil verbraucht und jedenfalls mit ungeheuren Folgekosten belastet hat. Die Jungen, durch die geringe Geburtenrate ohnehin mit hohen Rentenzahlungen belastet, würden nicht einsehen, daß sie für diesen Raubbau als Belohnung auch noch hohe Pensionen zahlen sollen. Sie würden sagen, daß diese Gelder zum Teil für die Heilung der Schäden verwandt werden müßten, mit denen sie zu leben hätten. Es ist ganz offensichtlich: Es muß heute gehandelt werden.

Wertewandel, Staat und Wirtschaft: Die ökologische Verantwortung

Die ökologische Verantwortung der Unternehmen stellt sich einerseits als Abwendung großer Gefahren dar, bietet auf der anderen Seite zugleich aber große Chancen neuer unternehmerischer Aktivität. Auf die Verbindung beider kommt es an, wie einige Beispiele, zunächst aus dem Innenverhältnis und dann im Blick auf das Außenverhältnis der Unternehmen, zeigen.

Die Werthaltungen von Führungskräften entwickeln sich parallel zu den Wertvorstellungen der sie umgebenden Gesellschaft und politischen Kultur im ganzen. Ebenso wie sich die Kriterien von sozialer Verantwortung nicht einfach abkoppeln lassen von der gesamtgesellschaftlichen Entwicklung, so wird auch der Begriff der ökologischen Verantwortung bald zur Unternehmensphilosophie gehören. Ein Unternehmen, das hier unsensibel ist und dem technischen Standard ökologischer Sicherheit nicht oder nur knapp entspricht, wird es schwer haben, gute Mitarbeiter zu bekommen. Zur *corporate identity* wird künftig der ökologische Standard ebenso gehören wie die technische, hygienische oder soziale Ausstattung des Unternehmens. Hier gibt es noch viel Nachholbedarf – man denke nur an den notwendigen Verzicht auf Fluorkohlenwasserstoffe und Halone.

In allen Anwendungsbereichen gibt es bereits Alternativen zu diesen die Ozonschicht zerstörenden und den weltweiten Treibhauseffekt verstärkenden Substanzen. Bundesumweltminister Töpfer hat jüngst an die Industrie appelliert, den Ausstieg aus alten Anlagen der Reinigung, aus der sogenannten Kunststoffverschäumung, der Verwendung von Treibgasen sowie traditionellen Verfahren der Kälteerzeugung, zum Beispiel bei der Abrüstung von Kühlschränken und Klimaanlagen, voranzutreiben. Auch seien die bisher für Feuerlöschanlagen verwendeten Halone wesentlich schneller und in wesentlich größerem Umfang entbehrlich als dies bisher angenommen wurde.

Aber es gibt auch hoffnungsvolle Beispiele dafür, daß die Industrie nicht immer auf gesetzliche Maßnahmen des Staates wartet. So hat zum Beispiel das Darmstädter Pharma-Unternehmen Merck eine freiwillige Abmachung mit Bürgerinitiativen getroffen, die gesetzlichen Auflagen zur Luftreinhaltung überzuerfüllen.

Der Staat ist nirgends so sehr auf die Selbstinitiative der Wirtschaft angewiesen wie auf dem Feld der Ökologie. Hier steht das Modell der sozialen Marktwirtschaft auf dem Prüfstand. Das gilt besonders für die Selbstorganisationskraft der Großbanken, der Versicherungen und der Unternehmensverbände. Der Staat setzt die Rahmenbedingungen, innerhalb derer die Wirtschaft nach Marktgesetzen operiert. Auf dem Politikfeld Ökologie kommt jedoch auch ein starker Staat an seine bisher stärkste Belastungsgrenzen; noch nie wurden an die Selbstdisziplin der Marktkräfte höhere Anforderungen gestellt.

Was für die Innenverhältnisse des Unternehmens gilt, trifft auch für seine Beziehungen nach außen zu. Seinem Image als moderner und sozialer Betrieb wird sich bald die Kategorie „Umweltfreundlichkeit“ anfügen, und dies nicht als die unwichtigste. Jedes Unternehmen steht im Fadenkreuz von Außenbeziehungen, die auf seinen ökologischen Ruf zunehmend sensibel reagieren werden. Partner, Lieferanten, Käuferschichten, die öffentliche Meinung: Sie alle werden bald Plazierungsziffern für sein ökologisches Verhalten vergeben, wie längst schon für sein Sozialklima und seine sozialen Leistungen.

Natürlich sind die Schwierigkeiten, die hier zu überwinden sind, nicht zu übersehen. Umweltfreundliche Produkte, umweltschonende Fabrikationsprozesse sind teuer. Aktionäre und Anteilseigner gehören gegenwärtig noch nicht zu den Speerspitzen ökologischen Bewußtseins. Ein Wandel kündigt sich aber bei Kreditgebern und Versicherungen an: Banken sind an einer langfristig sicheren Rendite interessiert, und Versicherungen decken schon heute nicht mehr alle Umweltrisiken ab. Zum Beispiel chlorierte Kohlenwasserstoffe werden aus dem Versicherungsschutz ausgenommen, und auch Rettungs- und Sanierungskosten verseuchter Gewässer oder Böden sind nicht versicherbar.

Wie viele Beispiele zeigen, führen ökologische Produkt- und Prozeßtechnologien gleichzeitig zu ökonomisch sinnvollen Strategien, die das Motto rechtfertigen: „Ökologie ist langfristig Ökonomie“. Dabei ist allerdings die Überlegung wichtig, wann man und wo man ökologisch und damit langfristig ökonomisch modernisiert: nicht erst nach dem Erlaß staatlicher Auflagen und nicht erst am Ende des Fertigungsprozesses. Entsorgung von Abfallstoffen oder nachträgliche Beseitigung von Emissionen sind allemal teurer als Innovationen eines Gesamtprozesses, da diese häufig zugleich Rationalisierungen mit sich bringen. So führt zum Beispiel der geänderte Wasserkreislauf in einer Brauerei gleichzeitig zu einer erheblichen Energieeinsparung (Ökologie) und Kostensenkung (Ökonomie).

Und was die staatlichen Vorschriften angeht, so kommen sie häufig zu spät und bringen meist höhere Folgelasten, ganz zu schweigen von dem Damoklesschwert des Verursacherprinzips in Gestalt unvorhergesehener Kosten, das stets über dem Unternehmen schwebt. Vorausschauender Umweltschutz (zum Beispiel durch die freiwillige Einrichtung einer Stabsstelle) kann viele Kosten sparen und sichert die Wettbewerbsfähigkeit des Unternehmens. Deshalb liegt die Zukunft der Umweltpolitik auch nicht in neuen staatlichen Regelungen und Vorschriften, sondern in marktwirtschaftlichen Regelungen. Es muß einfach teurer sein, die Umwelt zu belasten als der Einbau umweltfreundlicher Techniken. Das ist die Grundidee einer marktwirtschaftlichen Lösung über die sogenannten Öko-Steuern, die auf Umweltbelastungen erhoben werden, während gleichzeitig die Unternehmenssteuern zu senken sind.

Neben günstigen Rationalisierungs- und Rentabilitätseffekten gibt es auch direkte ökonomische Chancen der neuen Ökologiepolitik, und zwar auf dem Markt für Umwelttechnologien selbst. Nach ersten Schätzungen weist dieser Markt für die Bundesrepublik jährlich eine Summe zwischen 16 und 18 Milliarden DM auf. Hier versprechen Prozeß- und Produktinnovationen große Gewinne. Die Umweltpolitik Japans beispielsweise führt bereits zu einer starken japanischen Position dieser Produkte auf dem internationalen Markt.

Auf dem Weg zu einer demokratischen Unternehmenskultur

Weit über die finanziellen und technischen Aspekte dieses Themas hinaus weist eine besondere Perspektive, die Rentabilitätsgesichtspunkte bei weitem überschreitet und dem Wort „sozialökologisch" einen umfassenderen Sinn gibt. Unternehmen sind dazu da, Gewinne zu machen, und wenn sie keine Gewinne machen, hören sie auf zu existieren. Das unterscheidet sie von vielen anderen Institutionen, dem Staat, der Familie, Vereinen und Kirchen. Trotzdem zeigt sich gerade in unserer Zeit wachsender Sinndefizite eine Tendenz, über diesen an der puren Existenz orientierten Zweck hinaus nach einer Identität zu suchen, die das Unternehmen mit Sinnstrukturen höherer Ordnung verbindet. Früher waren das Nation und Reich oder Imperium, wenn man an das britische Commonwealth denkt; in den skandinavischen Wohlfahrtsstaaten ist es die Idee sozialer Humanität. Auch die Ausstrahlung unternehmerischer Aktivität auf die umliegende Region mit seiner Dorf-, Stadt- und Vereinskultur hat hier ihren Ort.

Man kann diese Ausweitung unternehmerischen Selbstverständnisses in einer sich ständig erweiternden Form seiner Selbstdarstellung gespiegelt sehen: Aus der Werbeabteilung wurde die PR-Abteilung, der sich heute eine Kulturabteilung angliedert. Viele Unternehmen gründen oder unterstützen gegenwärtig Foren, auf denen Fragen der Zeit erörtert werden: Eine Verbindung zu den Produkten, die das Unternehmen herstellt oder vertreibt, ist dabei häufig kaum noch erkennbar.

Die Einsicht, daß das Unternehmen mehr ist als nur ein Instrument zur Erzielung ökonomischer Gewinne, hat zur Ausbildung des Konzepts von *corporate identity* geführt. Wenn wir einen wichtigen Teil unseres wachen Lebens am Arbeitsplatz verbringen, muß dieser Platz den sozialen und ästhetischen Bedürfnissen des Menschen entsprechen, muß für sich selbst Lebensqualität liefern. Zu diesen Bedürfnissen gehört auch eine gewisse Identifizierung mit der Organisation, innerhalb derer man seine Arbeit verrichtet. Diese Einsicht hat in den letzten Jahren zu einer Fülle von Untersuchungen und Aktivitäten geführt, die solche Identität fördern oder überhaupt erst stiften sollen. Da werden Signets geschaffen, Stile erfunden, Jubiläen begangen, Rennställe erworben: alles im Interesse eines Zusammengehörigkeitsgefühls auf Unternehmensebene. So nützlich und sinnvoll diese Aktivitäten im einzelnen auch sein mögen, so wenig darf man Ambivalenzen übersehen, die mit dieser Bewegung verbunden sind:

- Das Unternehmen ist keine Familie und kann nachbarschaftliche Gemeinschaft, regionale Verwurzelung, religiöse Bindung oder eine Vereinsmitgliedschaft nicht ersetzen. Es soll das auch nicht.

- Konzepte, die uns von japanischen Unternehmen angeboten werden, bedürfen sorgfältiger Prüfung und einer Auswahl, die einen wichtigen Umstand berücksichtigt: Wie jede Subkultur ist auch die Unternehmenskultur eingebunden in eine sie umgebende politische Kultur.

Wir haben uns in Deutschland unter vielen Mühen von zwei politischen Kulturen getrennt, nämlich der preußischen Untertanenkultur und der totalitären, in der der „Staat" eine große Familie sein sollte. In unserer demokratischen Kultur verbindet sich mit der Würde des Menschen die Freiheit, seine Sozialbeziehungen weitgehend frei wählen und gestalten zu können. Diese Freiheit schließt auch die Freiheit ein, sich dem Unternehmen, in dem man arbeitet, auf engere oder distanziertere Weise zu verbinden, einen größeren oder geringeren Teil seiner freien Zeit im Umkreis des Unternehmens, seiner Vereine und Geselligkeiten zu verbringen. Diese Perspektive ist vor allem unter dem Horizont deutscher Politik- und Unternehmensgeschichte von Wichtigkeit: eben als Gegenbild einer demokratischen Unternehmenskultur, die alle Aussicht hat, sich fester zu verwurzeln und Bestand zu haben.

Die deutsche Wirtschaft galt seit dem 19. Jahrhundert als sehr staatsnah. Der Staat hat ganze Industriezweige entweder durch eigene Gründungen oder durch Anreize begonnen und gefördert – kein Wunder also, daß sich deutsche Unternehmer in der Nähe, zum Teil auch im Schutze des Staates besonders wohl fühlten.

Heute haben sich unsere politischen Wertmaßstäbe geändert. Zwar sind Wirtschaft und Staat weiterhin eng verbunden, aber die alten Eliten sind verschwunden. Die Führungskräfte unserer Wirtschaft haben zum ersten Mal in Deutschland ein ihrer Bedeutung entsprechendes Selbstbewußtsein. Es gibt keinen Grund mehr für bürgerlichen Selbsthaß und die Verachtung des Fabrikanten- und Kaufmannsstandes, wie er in Preußen üblich war. Zusammen mit dem Kommerzienrat verschwand der Sinn für militärische Umgangsformen im Betrieb und der Ehrgeiz, ein Rittergut und eine Frau adliger Herkunft sein eigen zu nennen. Die Wertvorstellungen deutscher Unternehmer haben sich denen der westlichen Demokratien angeglichen.

Das Verhältnis von Wirtschaft und Politik ist das einer fruchtbaren Spannung. Die Politik denkt zunehmend in wirtschaftlichen Kategorien, und die Wirtschaft denkt politisch. Zwar fehlt in dem Karrieremuster wirtschaftlicher Führungskräfte das politische Amt nach wie vor, was zu bedauern ist. Aber die politische Verantwortung wird gesehen, das heißt in das vielschichtige Interessenspektrum des Unternehmens werden politische Perspektiven aufgenommen und integriert. Der Staat gilt nicht in manchesterlicher Art nur als Rahmen wirtschaftlicher Gewinnorientierung, sondern man weiß, daß er in seiner politisch-kulturellen Ausprägung das mitgestaltbare Umfeld aller wirtschaftlichen Aktivität bedeutet.

Wenn es früher der Staat war, der den Ton und den Stil in den Unternehmen bestimmte, so ist es heute teilweise umgekehrt: Das soziale Klima in Unternehmen ist häufig demokratischer und vor allem effizienter als das von Verwaltungen. Mit Blick auf solche „Modernisierungen" ist eine weitere Vorreiterfunktion der Unternehmen nur zu begrüßen, zum Beispiel bei der Frauenförderung und Einrichtung von Kindergärten, beim Abbau von Ausländerfeindlichkeit und der Stärkung der Akzeptanz einer multikulturellen Gesellschaft, bei der Durchsetzung von partizipativem Management und Teamgeist.

Unternehmen und Unternehmer sind dabei, sich in den Kreis aller Institutionen einzugliedern, die sich für unsere Zukunft verantwortlich wissen. Das gilt sogar in ästhetischer Hinsicht. Zusammen mit dem neuen Sinn für die Schönheit von Plätzen, Straßen, Häuserzeilen und auch Hochhäusern in den Kommunen gewinnt der Wunsch nach sinnlich erfahrbarer Identität auch bei den Unternehmen Raum. Wenn heute ein neues Verwaltungsgebäude oder eine neue Fabrikationshalle gebaut wird, spürt man häufig das Bestreben, mehr als einen zweckmäßigen Bau hinzustellen, auch mehr zu bieten als das, was man früher ein „ansprechendes Äußeres" nannte. Was man will, ist nicht mehr und nicht weniger als Identität. Eine Kantine soll mehr sein als ein Raum, in dem man rasch zu seinem Essen kommt und es ohne Enge und Hast einnehmen kann. Was man versucht, ist eine Atmosphäre von Geselligkeit und Muße zu schaffen: Luxus, wenn man so will. Die Arbeitswelt wird nicht nur für eine Zeit unterbrochen, sondern als solche hineingestellt in einen Raum von Freiheit. Diesem Ziel dient auch eine neue Architektur der Flure, Plätze und Treppenhäuser. Verbannt sind die engen Korridore, die nur dem Transport von Menschen und Material dienten, stattdessen finden sich Lichthöfe und Plätze, die eine Welt von Freiheit entfalten.

Wohl nicht zufällig beschäftigt sich heutzutage eine ganze Reihe bedeutender Unternehmer in ihren wenigen Freizeitstunden mit der Philosophie. Und wohl nicht zufällig werden Führungs- und Verkaufsakademien, Rednerschulungen und PR-Kurse zunehmend ergänzt durch philosophische Seminare, deren Verbindung zur unternehmerischen Praxis kaum noch erkennbar ist. Was hier gesucht und bedacht wird, ist der Sinn unternehmerischer Aktivität, der – soll er nicht ein Unsinn sein – nur unter Einschluß ethischer Kriterien der Verantwortung für Mensch und Umwelt, eben einer Unternehmensethik, positiv definiert und formuliert werden kann.

Ethik und die Stabilität von Institutionen

von Guy Kirsch

Was sich von selbst versteht, muß man nicht eigens zu verstehen suchen. Entsprechend wird kaum, wenn überhaupt, über das Selbstverständliche geredet. A contrario muß man vermuten: Was zum expliziten Thema eines eigenen Diskurses gemacht wird, ist nicht selbstverständlich, versteht sich nicht von selbst. So auch hier: Daß die Ethik und die Stabilität von Institutionen in akademischen Zirkeln und auf öffentlichen Foren in das Zentrum des Interesses und der Auseinandersetzung gerückt sind, kann als Indiz dafür gelten, daß beide – einzeln und im wechselseitigen Bezug – als problematisch angesehen werden.

So, wie man sich um seine Gesundheit gemeinhin dann besonders sorgt, wenn man krank ist, so problematisiert man die Ethik und die Stabilität von Institutionen, weil sie problematisch geworden sind. Und so, wie es dem Leben und dem Überleben förderlich ist, daß gerade der Kranke der Wiederherstellung seiner Gesundheit eine hohe Priorität einräumt, so ist es auch funktional, daß der Ethik und der Stabilität von Institutionen dann besondere Aufmerksamkeit gewidmet wird, wenn sie gefährdet sind.

Allerdings: Es mag geschehen, daß angesichts der Krankheit die Sorge um die Gesundheit in Panik umschlägt, daß unüberlegte Therapien angewendet werden, daß in hirnloser Angst das Heil bei Gesundbetern und Kurpfuschern gesucht wird. Entsprechend besteht auch die Gefahr, daß der Verlust an ethischer Orientierung und die Destabilisierung von Institutionen zu vorschnell-vordergründigen Diagnosen und zu hastigen Therapievorschlägen verleiten. Offenkundig ist es nicht immer leicht, die Unterscheidung zwischen dem, was wichtig, und dem, was dringlich ist, zu machen. Und doch ist es nötig, gerade die Lösung wichtiger Probleme nicht in Kurzschlußreaktionen zu suchen.

Über die Bedeutung des Problems – Ethik und die Stabilität von Institutionen – kann kein Zweifel bestehen: Die Maßstäbe und die Normen, nach denen der Mensch leben soll, sind – wie nur selten vorher – in Frage gestellt; mit unserer Fähigkeit, schnell und weit zu gehen, ist die Unsicherheit, wohin wir gehen sollen, gewachsen. Die Institutionen ihrerseits – Staat, Kirchen, Parteien, Universitäten, Gewerkschaften, Unternehmen – haben nicht selten mit den Anwürfen und Angriffen von außen und gegen die Zerfallserscheinungen im Innern zu kämpfen. Der geradezu babylonische Aufbau von Institutionen, das großgestige Auftreten der „corporate actors" sollten nicht über die Gefahr der Labilität eben dieser Institutionen hinwegtäuschen.

Das ambivalente Verhältnis von Ethik und institutioneller Stabilität

Es zeigt sich mit besonderer Deutlichkeit, daß einige Behutsamkeit bei der Analyse des Themas angebracht ist, wenn man sich jene polar entgegengesetzten Thesen vergegenwärtigt, die – jede für sich – mit großer Plausibilität über das Verhältnis von ethischer Normbindung und institutioneller Stabilität vertreten werden. Da heißt es einerseits: Institutionen sind dann in ihrer Stabilität gefährdet, wenn die Orientierung ihrer Mitglieder an ethischen Normen geschwächt oder gar völlig verlorengegangen ist. Die Terminologie, in der diese These vertreten wird, mag variieren, die Aussage bleibt im Kern die gleiche: Kein Gemeinwesen hat auf die Dauer ohne den Gemeinsinn seiner Bürger Bestand. Unternehmen bedürfen einer Unternehmenskultur, die alle Mitglieder trägt und die von allen Mitgliedern getragen wird. Ohne Korpsgeist ist eine Armee gefährdet. Ohne demokratische Gesinnung der Bürger sind Demokratien nicht überlebensfähig. Das Menschengeschlecht wird ohne Zukunft sein, wenn sich nicht jeder einzelne seiner planetarischen Verantwortung stellt.

Dies sind nur einige Beispiele für die These, daß die ethische Bindung für den Bestand von Institutionen von Bedeutung ist. Ihr steht die These entgegen, daß gerade die ethische Verpflichtung von einzelnen für die Institutionen zur Gefahr werden kann: Der einer Umweltethik verpflichtete Manager mag sein Unternehmen in den Untergang manövrieren; und: Der von ethischen Skrupeln angekränkelte Drogenhändler mag für das Heroinkartell zur existenziellen Bedrohung werden.

Diese Ambivalenz läßt sich nicht nur im Verhältnis von Ethik und institutioneller Stabilität, sondern auch im Bezug der Stabilität der Institutionen zur Ethik an Beispielen aufzeigen. Einerseits läßt sich die These illustrieren, daß ohne stabile Institutionen ethische Normen ihre verpflichtende Kraft in den seltensten Fällen behalten; andererseits läßt sich die Gegenthese exemplarisch belegen, daß gerade die Gefährdung der institutionellen Stabilität zu einer verstärkten Rückbesinnung auf ethische Normen führt. Einerseits: Unter den Trümmern eines eingestürzten Staates kriechen gemeinhin keine vom Gemeinsinn geleiteten Bürger, sondern orientierungs-, halt- und bindungslose Wesen hervor. Andererseits: In der Stunde der Gefahr für Volk und Staat wachsen einzelne über die Kleinkrämerei ihrer Selbstsucht hinaus und handeln nach einer Ethik, die sie selbst vor kurzem noch für übermenschlich gehalten haben mögen. Einerseits: Um die Kultur eines Unternehmens, das dem Bankrott entgegentreibt, ist es gemeinhin nicht allzu gut bestellt. Andererseits: Gerade in schwierigen Zeiten lassen sich bei den Mitarbeitern Hingabe und Verpflichtung mobilisieren, die weit jenseits des im geruhsamen Alltag gebremsten Engagements liegen.

Die Liste der Beispiele und der Gegenbeispiele ließe sich mühelos verlängern; doch würde dies genauso wenig bringen, wie die bereits angeführten Exempel gebracht haben. Gerade die Plausibilität von These und Gegenthese legt die Vermutung nahe, daß durch eine weitere Aneinanderreihung von Beispielen kaum Erkenntnisgewinne zu erreichen sind; es ist vielmehr nötig, sich um begriffliche Klarheit und um analytische Disziplin zu bemühen.

Tut man dies, so erweist sich sehr schnell, daß im Titel dieses Beitrags lediglich Wörter wie „und“, „die“ und „von“ keiner weiteren Klärung bedürfen, hingegen „Ethik“, „Stabilität“ und „Institutionen“ ohne weitere Präzisierung wenig brauchbar sind. Im folgenden wird der Versuch einer solchen Präzisierung unternommen. Dabei geht es ausdrücklich nicht um Begriffeklopfen, sondern um den Versuch, einen analytischen Zusammenhang zwischen diesen

Begriffen herzustellen und so eine nachvollziehbare Reflexion über den Zusammenhang zwischen der Ethik und der Stabilität von Institutionen zu ermöglichen.

Ethik – Das Streben nach der „buona vita"

Es gibt viele und subtile Definitionen von Ethik, und jener, der in der Bescheidenheit seines Geistes eine vergleichsweise einfache Begriffsfassung in Vorschlag bringt, läuft Gefahr, ein Simpel gescholten zu werden.

Trotzdem: Wir wollen von der Alltagserfahrung ausgehen, daß der Mensch – soll er als Mensch leben, ja auch nur überleben, geschweige denn gut leben – auf den Umgang mit sich, mit anderen Menschen, mit anderen Lebewesen und mit den Dingen dieser Welt angewiesen ist. Ob und wie jemand lebt, überlebt, beziehungsweise gut lebt, hängt von der Art dieses Umgangs ab. Das Streben der Ethik zielt auf die *„buona vita"*; entsprechend *ist es der Ethik um jene Normen** *zu tun, die es dem Menschen erlauben, auf die Dauer mit sich, seiner gesellschaftlichen und seiner natürlichen Umwelt im Einklang zu leben.* Bis zum Beweis des Gegenteils ist davon auszugehen, daß dann, wenn *eine* dieser Beziehungen gestört ist, auch die übrigen in Mitleidenschaft gezogen sind.

Die Formulierung „im Einklang leben" ist jedoch ausgesprochen vage; mit einem materialen Gehalt füllt sie sich erst in der konkreten Situation: Erst im Kontext der konkreten Situation und unter Rückgriff auf das, was man über diese Situation weiß, läßt sich –

---

* Im folgenden wird zwischen Normen und Regeln der Ethik nicht eigens unterschieden. Dies ist eine Ungenauigkeit, die sich allenfalls – wie hier – in einer ersten Annäherung an das Problem rechtfertigt. Eine weitergehende Analyse müßte hier differenzieren, wobei die Art und Weise, wie dies geschehen könnte, verschieden sein kann. So wäre es einerseits möglich, Normen und Regeln nach dem jeweils unterschiedlichen Abstraktions- und Allgemeinheitsgrad voneinander abzusetzen. Andererseits könnte es aber auch nützlich sein, die Normen von den Regeln dadurch zu unterscheiden, daß jene im Vergleich zu diesen weniger plastisch, also näher an den unten so genannten Ex-ante-Regeln sind. So gesehen, wären Normen Institutionen ohne organisatorischen Unterbau.

wenn überhaupt – präzisieren, wie man leben muß, um im Einklang mit sich, den Menschen und den Dingen zu leben. Was aber nichts anderes heißt, als daß mit der Situation und mit den Kenntnissen, die man von ihr hat, sich das, was als „buona vita" zu gelten hat, wandelt. Mögen auf der Ebene hoher Abstraktion die Normen der Ethik in unwandelbarer Majestät stehen, so sind sie auf der Ebene der praktischen Umsetzung als konkrete Handlungsanweisungen über die Zeit wandelbar und von Situation zu Situation verschieden. Dies bedeutet: Ein praktisches Handeln, das gestern dem guten Leben förderlich war, mag heute in höchstem Maße unethisch sein. Ein praktisches Handeln, das in einer bestimmten Situation die „buona vita" gewährleistet, mag in einer anderen Situation genau dieses Ziel verfehlen.

Damit ist nicht der Beliebigkeit das Wort geredet; es ist dem einzelnen nicht ins Belieben gestellt, nach Geschmack und Willkür zu entscheiden, wie er hier und heute, möglicherweise im Krieg mit Mensch und Umwelt, leben will; vielmehr ist er – auch um des eigenen guten Lebens willen – in die Verantwortung genommen, jenes Verhalten zu finden und zu praktizieren, das ihm auf die Dauer den Einklang mit sich, den Menschen und den Dingen ermöglicht. Nur um den Preis der Selbstaufgabe kann er sich dieser Verantwortung entziehen. Und dieser Verantwortung kann der einzelne – wenn es ihm denn überhaupt um des guten Lebens zu tun ist – nur nach Maßgabe seines notwendigerweise beschränkten Könnens und Wissens gerecht werden.

Im Ergebnis bedeutet dies: Die *Ethik* erscheint in dieser Optik *nicht als ein statisch festgeschriebener Katalog* von Verhaltensmaximen, sondern *als ein dynamischer Diskurs* über Verhaltensmaximen. Und dieser Diskurs wird von beschränkten, also aus unterschiedlichen Blickwinkeln argumentierenden Menschen geführt.

Nur dann, wenn es möglich wäre, den Beziehungszusammenhang zwischen *allen* Menschen und *allen* Dingen über *alle* Zeit unter *allen* Blickwinkeln zu erfassen, wäre auf der Ebene des praktischen Vollzuges *ein* ethischer Normenkatalog nicht von vornherein ausgeschlossen.

Nun sind diese Bedingungen aber offenkundig unrealistisch; mit der Folge, daß die Verhaltensmaximen dem Leben unter Menschen und in der Welt als Richtmaß *nicht vorgegeben*, sondern dem unter Menschen und inmitten von Dingen lebenden Menschen *als Problem aufgegeben* sind. Anders ausgedrückt: Wie das Leben konkret zu einem *guten* Leben, zu einem Leben im Einklang mit sich, den Menschen und den Dingen wird, lernt man im Leben. In der Folgerung heißt dies, daß im praktischen Vollzug und für den praktischen Vollzug des Lebens die ethischen Normen in der Auseinandersetzung mit der Natur und im Umgang mit den Menschen in einem schöpferisch-verantwortungsvollen Akt immer von neuem gefunden werden müssen.

Wenn man so will: *Auf der Ebene des praktischen Vollzuges müssen die ethischen Normen, das heißt die Maximen der „buona vita", immer wieder neu festgelegt, ad hoc definiert werden.*

Institutionen – Die „buona vita" mittels des „buon governo"

Der Vorteil dieses dynamischen Prozesses besteht in der Lebensnähe der so aufgestellten Maximen; so wird vermieden, daß ethische Normen, indem sie wirklichkeitsfremd und situationsvergessen sind, im Ergebnis menschen- und lebensfeindlich sind.

Für diesen Vorteil ist ein Preis zu zahlen, und zwar den mit diesem Prozeß untrennbar verbundenen *Transaktionskosten*: Es ist teuer, wenn im Extrem bei *jeder* menschlichen Interaktion und Auseinandersetzung mit der Natur jene praktischen Richtlinien, nach denen sie ablaufen sollen, erst gefunden werden müssen; es ist teuer, für jede Handlung ad hoc jene Maximen zu eruieren, an welchen sie sich ausrichten soll; auch ist es teuer, sich im Verkehr mit anderen, im Zweifel andersdenkenden und -empfindenden Menschen jedesmal von neuem auf jene Regeln zu einigen, nach denen man im Hinblick auf die „buona vita" miteinander umgehen soll.

Diese Transaktionskosten um der Lebendigkeit des dynamischen Prozesses der Normenfindung willen zu vernachlässigen, verbietet sich: Es würde im Ergebnis bedeuten, daß es in einer mehr oder weniger großen Anzahl von Fällen nicht gelingen würde, Ad-hoc-Regeln aufzustellen; dies aber würde heißen, daß in diesen Fällen das Handeln völlig unterbleiben oder aber außerhalb jeglichen Normenrahmens ablaufen müßte; beides liefe der „buona vita" zuwider.

Es ist also notwendig, diese Transaktionskosten in Rechnung zu stellen. Tut man dies aber, so wird die Dynamik des Prozesses der ethischen Normenfindung mit Notwendigkeit gebremst; was aber nichts anderes bedeutet, als daß die Transaktionskosten nur um den Preis eines mehr oder weniger großen Verlustes an Wirklichkeitsnähe und Lebensfreundlichkeit der ethischen Handlungsmaximen gesenkt werden können: *An die Stelle von Ad-hoc-Regeln, welche der Handlungssituation entsprechen, weil sie aus ihr erwachsen sind, treten in mehr oder weniger großem Umfang Ex-ante-Regeln, Regeln also, die der Situation vorgegeben sind.*

Je allgemeiner der Geltungsbereich der einzelnen Ex-ante-Regeln ist, desto größer ist das Risiko, daß diese der spezifischen Eigenart der Situationen, in denen sie Anwendung finden sollen, nicht gerecht werden. Allgemein aber muß der Geltungsbereich sein, wenn die Einsparungen der Transaktionskosten nicht durch die Undurchschaubarkeit und die Unhandlichkeit kasuistischer Detailregeln (über-)kompensiert werden sollen.

Damit aber befinden wir uns vor einem Optimierungsproblem: Vor- und Nachteile, Kosten und Nutzen sind miteinander zu vergleichen. Sowohl *Ad-hoc-Regeln* als auch *Ex-ante-Regeln* haben – bezogen auf das Ziel der „buona vita" – ihre je eigenen Vor- und Nachteile; es kann nur darum gehen, jenen „Mix" von dieser und jener Regelart anzustreben, der unter den gegebenen Umständen das beste oder – so man will – das am wenigsten schlechte Leben erlaubt.

Der Leser wird keine Schwierigkeiten haben, in den *Ad-hoc-Regeln* jene Regeln zu erkennen, auf die sich Menschen in und während der Begegnung mit anderen und in der Auseinandersetzung mit der Natur im Hinblick auf das gute Leben im oben definierten Wortverstand verstehen: Vieles ergibt sich – wie es heißt – aus der Situation; Empathie und Sensibilität sind hier von entscheidender Bedeutung; zwanghafter Rigorismus ist eher störend.

Schwieriger ist es im Falle der hier genannten *Ex-ante-Regeln.* An dieser Stelle möchte ich nun die These zur Diskussion stellen, *daß Institutionen verstanden werden können als Sets von Ex-ante-Regeln,* dank derer der Einklang der Menschen mit sich, untereinander und mit den Dingen gewährleistet werden soll. In dieser Optik erweisen sich *Institutionen auf der Ebene des praktischen Vollzugs als organisatorisch verfaßte Ethik.* In Analogie zu Marx, der vom Kapital als geronnener Arbeit gesprochen hat, kann man sagen: *Institutionen sind geronnene Ethik.*

In der Tat: Die Organigramme, die Dienstwege und Instanzenzüge, die kodifizierten Regeln und die oft ungeschriebenen Gebote und Verbote der Unternehmenskultur etwa sind Ex-ante-Regeln, nach denen die Menschen mit ihresgleichen und mit den Dingen umgehen sollen; dabei ist – ausgesprochen oder nicht – auch hier im Idealfall das Ziel, das gute Leben, die „buona vita" zu gewährleisten, also sicherzustellen, daß die in den Institutionen agierenden und interagierenden Menschen im Einklang mit sich, den Mitmenschen und den Dingen sind. *Eine gut funktionierende Institution* – Kirche, Staat, Gewerkschaft, Unternehmen, Goldfischzüchterverein, Familie, Universität, Verband usw. – *ist eine solche, in welcher jeder mit sich im reinen ist, nicht mit den Menschen im Krieg steht, die Dinge, etwa die natürlichen Ressourcen effizient nutzt, sie also weder kurzfristig vergeudet noch langfristig überreizt.*

Dabei ist es entscheidend und an dieser Stelle noch einmal eigens hervorzuheben, daß es die Transaktionskosten sind, deren Berücksichtigung zwingend nahelegt, ethische Normen in Institutionen ex ante festzulegen, sich also nicht darauf zu verlassen, daß sie sich ad hoc, das heißt im Vollzug jenes Agierens und Interagierens herausbilden, dessen Richtmaß sie sein sollen.

Diese Sicht der Dinge ist nicht neu. So wurde vor rund 500 Jahren – symptomatischerweise zeitgleich mit dem Konzept der *„buona vita"* – das Konzept des *„buon governo"* in die Diskussion eingebracht: *Ohne Bezug zur „buona vita" läßt sich der „buon governo" nicht definieren; ohne „buon governo" läßt sich die „buona vita" nicht realisieren.*

Der Leser kann im Palazzo Pubblico in Siena zwei Fresken betrachten, die gute und die schlechte Herrschaft darstellend: Das Bild der guten Herrschaft stellt eine sauber-ordentliche Stadt mit umliegendem Land dar, in der offensichtlich heitere Menschen Hand in Hand mit Fleiß ihrem Gewerbe nachgehen, ohne Angst vor Überfällen auf wohlbestellten Feldern die Ernte einfahren und in fröhlicher Ausgelassenheit ihre Feste feiern. Ganz anders das Bild der schlechten Herrschaft: Sichtbar unglückliche Menschen irren durch heruntergekommene Gassen und über vernachlässigte Äcker, ängstlich und bösartig zugleich lauern sie sich auf und fallen übereinander her; sie genießen nicht ihren Wohlstand, sondern streiten sich um die Verteilung des Elends.

Während im ersten Bild die Institution – der „governo" – sichtbar ihren Zweck, nämlich die Sicherung des guten Lebens, erfüllt, schildert das zweite Bild eindrücklich den Mißerfolg der schlechten Herrschaft: das schlechte Leben. In dem einen Fall wird gleichsam ein gut funktionierendes Unternehmen mit ausgezeichnetem Betriebsklima und hervorragender Unternehmenskultur dargestellt, in dem anderen eine marode Klitsche am Rande des Bankrotts, in dem jeder für sich daherwerkelt und jeder gegen jeden arbeitet.

Dabei ist – für unser Thema – von Bedeutung, daß weder auf dem einen noch auf dem anderen Fresko die gute beziehungsweise die schlechte Herrschaft als solche, sondern nur ihre jeweiligen Folgen für die Qualität des Lebens geschildert werden. Dies mag zum Teil darauf zurückzuführen sein, daß es schwieriger ist, Institutionen in ihrem Funktionieren als in ihrer Leistung darzustellen; es ist aber eine nicht unplausible Annahme, daß es dem Maler und seinem Auftraggeber auch und vor allem darum ging, die Auswirkungen der Herrschaft, des „governo", der in den Institutionen ex ante festgelegten Ethik auf das Leben, zu schildern: Auf das gute Leben hin sollen die Institutionen ausgerichtet sein und an der Qualität des durch die und in den Institutionen ermöglichten Lebens ist die Qualität der Herrschaft abzulesen.

Destabilisierung – Die Reaktion des Lebens auf den „mal governo"

Institutionen als geronnene Ethik, als ex ante festgelegte Normen: Der Eindruck könnte entstehen, daß der Zweck der Institutionen, eben die Gewährleistung der „buona vita", des Einklangs, immer erreicht wird oder auch nur in allen Fällen angestrebt wird. Davon kann natürlich keine Rede sein: Ein „governo", eine Institution, mag gut oder schlecht sein, mag das gute Leben gewährleisten oder das schlechte Leben nicht verhindern können. Schließlich erfährt, was der Maler in Siena vor fünfhundert Jahren geschildert hat, ein jeder heute – mal mehr, mal weniger – am eigenen Leibe: Es gibt nicht nur den „buon governo". Hier wie anderswo wird das Ideal selten, wenn überhaupt je erreicht. Vielmehr dürfte die Regel sein, daß Institutionen das gute Leben mehr oder weniger gewährleisten, also nicht verhindern können, ja vielleicht gar bewirken, daß der einzelne mit sich in Widerspruch gerät, daß er sich mit anderen in destruktivem Konflikt verstrickt und/oder im Unfrieden mit der natürlichen Umwelt lebt.

Dieser Widerspruch mag mehr oder weniger scharf, der Konflikt mehr oder weniger unerbittlich, der Unfrieden mehr oder weniger gewalttätig sein. Doch wie groß auch immer das Versagen der Institution sein mag, es läuft in der Folge auf eine Beeinträchtigung des guten Lebens hinaus: Es lebt sich – in vielen Bezügen – schlecht in defizienten Institutionen.

Allerdings wird man an dieser Stelle darauf hinweisen, daß diese durchaus banale Alltagserfahrung in unserem theoretisch-spekulativen Kontext insofern nicht verwunderlich ist, als wir die Qualität des Lebens als Richtmaß für die Qualität der Institutionen gesetzt haben. Dieser Hinweis ist sicher zutreffend; wir können uns also nicht mit dieser Aussage begnügen, vielmehr müssen wir unsere Überlegungen einen Schritt weiterführen. Und dieser Schritt ist folgender: *Nicht nur ist die „buona vita" auf den „buon governo" angewiesen, nicht nur beeinträchtigen defiziente Institutionen die Qualität des Lebens; auch ist ein „governo" ohne „buona vita" auf die Dauer nicht zu halten, auch sind Institutionen, in denen es sich im oben definierten Sinn schlecht lebt, auf die Dauer gefährdet.*

Das Verhältnis von Leben und Institutionen ist also nicht ein-, sondern wechselseitig. Dazu folgendes: Oben wurde dargelegt, daß die Ethik jene Normen bereitstellt, deren Berücksichtigung sicherstellen sollen, daß der einzelne auf die Dauer im Einklang mit sich, den Menschen und den Dingen leben kann. Es wurde auch ausgeführt, daß die Institutionen Vorkehrungen sind, welche die „buona vita" – trotz anfallender Transaktionskosten – gewährleisten sollen. Wir werden weiter unten sehen, daß sie diesen Zweck (notwendigerweise?) nicht vollumfänglich erreichen können. Ehe wir uns diesem Punkt zuwenden, ist zu überlegen, ob und warum Institutionen, die ihren Zweck ganz oder teilweise verfehlen, mehr oder weniger in ihrer Stabilität gefährdet sind, ob und warum Institutionen, die *nicht* dem guten Leben dienen, Gefahr laufen, dem Leben zum Opfer zu fallen.

Wir können auf den schon öfter erwähnten dreifachen Einklang zurückgreifen:

1. Gelingt es einer Institution nicht oder lediglich unvollkommen, daß die einzelnen mit sich in Einklang sind, so ist mit Rückwirkungen auf die Institution zu rechnen. Es ist in der Tat eine kurzsichtige Vorstellung, daß der einzelne in einer Organisation, etwa der einzelne Arbeitnehmer in einem Unternehmen, der einzelne Bürger in einem Staat, der einzelne Gläubige in einer Kirche, als Mitglied dieser Institutionen mit sich selbst im Widerspruch steht, ohne so oder anders darauf zu reagieren. Der innere Widerspruch, unter dem er leidet, fordert zu Reaktionen heraus, die mehr oder weniger scharf sein können. Sie mögen von einem herabgeminderten Engagement über die innere Distanzierung zu versteckter Aggression und schließlich zu offenem Angriff reichen. Man kann den Sachverhalt auf die allgemeine Formel bringen: *Das vom einzelnen als Inhumanität erfahrene Versagen der Institutionen führt dazu, daß sich der einzelne, um seiner Humanität willen, der Institution versagt; die Unmenschlichkeit der Gesellschaft führt zur Ungeselligkeit des Menschen.*

Daß dies keineswegs weltfremde Spekulationen sind, zeigt schon der simple Hinweis auf solch gängige Erscheinungen wie den Absenteismus an Arbeitsplätzen, die Abwanderung von Parteien, die innere Distanzierung von Staaten, die Austritte aus Kirchen. Wer – grob gesprochen – vor die Wahl gestellt ist, als Arbeitnehmer kein Mensch oder als Mensch kein Arbeitnehmer zu sein, wird sich im Zweifel und im Rahmen des Möglichen für letzteres entscheiden; es ist jedenfalls sehr wahrscheinlich, daß er zwischen beidem einen Kompromiß sucht. Dieser aber wird auch darin bestehen, daß er sich als Arbeitnehmer, also als Teil der Institution zurücknimmt: *Das Unternehmen, an dem er leidet, leidet in der Folge auch an ihm.* Dem Unternehmen, das als „buon governo" versagt, versagt sich um der „buona vita" willen der Mensch.

In dem Maße aber, wie die Stabilität von Institutionen auf die Dauer ohne die innere Bejahung und die äußere Partizipation ihrer Mitglieder gefährdet ist, in dem Maße, wie sie das Opfer des offenen oder versteckten Widerstandes, gar der offenen oder versteckten Destruktivität ihrer Mitglieder wird, wirkt sich das Versagen der Institutionen für die Institutionen selbst destabilisierend aus. Insofern sind die gegenwärtig zu beobachtenden Bemühungen, daß der einzelne sich als Mitglied einzelner Institutionen erkennen und anerkennen kann – Stichworte sind hier Humanisierung der Arbeitswelt, Bürgernähe des Staates, Menschenfreundlichkeit der Kirchen – recht verständliche Reaktionen: Der „governo" soll dadurch stabilisiert werden, daß er – indem er zum „buon governo" wird – zur „buona vita" beiträgt.

2. Als zweiter Aspekt einer auf das gute Leben ausgerichteten Ethik wurde der Einklang des einzelnen mit anderen Menschen genannt; auch diesem hat die Institution zu dienen, und auch hier sind destabilisierende Rückwirkungen auf die Institution zu erwarten, wenn und in dem Maße, wie ihr dies nicht gelingt.

   An dieser Stelle ist vor einem Mißverständnis zu warnen: Der Begriff des Einklangs sollte nicht den Eindruck erwecken, als sei an eine große Harmonie gedacht, in der alle Menschen das gleiche wollen, also zwischen ihnen keinerlei Interessengegensätze bestehen, oder aber als seien sie bereit, unter Verleugnung partikularer Eigeninteressen im großen Ganzen aufzugehen.

Eine solche Vorstellung, so verlockend sie auch immer sein mag und so häufig sie auch insbesondere in totalitären Regimes beschworen wird, ist unrealistisch und verlogen. Weder ein Unternehmen noch eine Kirche noch ein Staat sind Organismen, deren Teilnehmer ihre Erfüllung nur in der *Mitgliedschaft* suchen und finden; die Teilnehmer sind vielmehr Subjekte eigenen Rechts, verstehen sich als solche und stehen damit auch in Institutionen gemeinhin zu ihren eigenen Interessen.

Daß sie diese Interessen nicht allein, sondern in Institutionen verfolgen, hat seinen Grund darin, daß dies für sie vorteilhaft ist. Sie werden also auch nur solange die Institutionen bejahen, wie dies auf die Dauer und insgesamt betrachtet der Realisierung ihrer partikularen Interessen förderlich ist. Dies aber bedeutet: Der nun schon öfter erwähnte Einklang des Menschen mit dem Menschen besteht nicht darin, daß jeder im Hinblick auf ein alle übersteigendes Gemeinwohl auf sein Eigenwohl verzichtet, sondern daß ein jeder in der institutionell festgelegten Beziehung zu den anderen auf die Dauer und insgesamt ein besseres Leben lebt als in der robinsonhaften Einsamkeit seiner Privatheit. Darüber hinaus: Da der Einklang des Menschen mit dem Menschen dann unmöglich ist, wenn der eine auf Kosten des anderen seine Interessen verfolgt, müssen in den Institutionen die Interessen aller berücksichtigt werden.

Dies setzt – wie gesagt – keineswegs eine alle übersteigende Interessenharmonie voraus; allerdings erfordert es, daß die Entscheidungs- und Verfahrensregeln sicherstellen, daß sich für den einzelnen, für jeden einzelnen auf die Dauer und insgesamt die Einbindung in Institutionen auch im Vergleich zu anderen Mitgliedern lohnt, das heißt die Regeln müssen sicherstellen, daß es in den Institutionen *keine A-priori-Verlierer* gibt.

Der Einklang des Menschen mit den Menschen wird demnach nicht gestört, wenn der einzelne auch schon mal seinen Interessen entgegengesetzte Entscheidungsergebnisse mittragen muß, sondern wenn in den Institutionen die Interessengegensätze nach Regeln und Verfahren ausgetragen werden, die ihn von vornherein, auf die Dauer und aufs ganze gesehen, zum Verlierer machen.

Der Einklang, von dem hier die Rede ist, impliziert also keineswegs die harmonistische Vorstellung einer allgemeinen Interessenkonkordanz; vielmehr ist der Einklang mit der Existenz von Interessengegensätzen durchaus vereinbar, postuliert aber in den Institutionen Verfahren und Regeln, die von allen Teilnehmern bejaht werden: Der Frieden mit den Menschen besteht im Konsens über jene Regeln, nach welchen der Dissens über Inhalte ausgetragen wird. Gelten solche allseits bejahten Verfahren und Regeln, so ist es möglich, trotz existierender Interessengegensätze zwischen den Mitgliedern Beziehungen einzurichten, die belebende Spannungselemente und der Kooperation förderliche Einstellungen in sich vereinen.

Es ist nun unsere These, daß eine Institution, die den so verstandenen Einklang des Menschen mit dem Menschen nicht oder auch nur unvollkommen zu sichern imstande ist, in ihrer Stabilität bedroht ist. Nach dem Gesagten ist dies nicht überraschend. In der Tat: Wenn und in dem Maße, wie es in einer Institution A-priori-Verlierer gibt, besteht die Gefahr, daß diese *innerhalb* der Institution, aber *außerhalb* der geltenden Regeln und Verfahren versuchen, ihre Position zu verbessern; das kann man dann wohl Terrorismus nennen – es bedarf keiner längeren Ausführungen, um die so entstandene Gefahr der Destabilisierung der Institution zu belegen.

Eine andere Möglichkeit besteht darin, daß jene, die sich in Institutionen als A-priori-Verlierer empfinden, sich von diesen Institutionen abwenden, also abwandern; die Institutionen sterben dann nicht an einem inneren Krebs wie im Fall des Terrorismus, sondern sie bluten aus. Auf die Dauer ist auch dies der Stabilität einer Institution abträglich.

Selbstverständlich ist – als dritte Möglichkeit – nicht ausgeschlossen, daß die Enttäuschung und/oder die Kraft der A-priori-Verlierer weder zum Terrorismus noch zur Abwanderung reichen, sie sich vielmehr damit begnügen können beziehungsweise müssen, ihr Engagement in der Institution zu drosseln. Dies muß zwar die Existenz der Institution nicht unbedingt unmittelbar bedrohen, zieht aber mit einiger Wahrscheinlichkeit ihr Leistungsvermögen und damit wenigstens mittelbar auch ihre Stabilität in Mitleidenschaft.

3. Es ist – soll das Leben gut sein – nicht nur notwendig, daß der Mensch in Frieden mit sich und den Mitmenschen lebt. Nötig ist auf die Dauer auch, daß er im Frieden mit den Dingen lebt. Damit ist nicht gemeint, kann nicht gemeint sein, daß die Ressourcen ungenutzt bleiben; wohl aber ist damit gemeint, daß die Ressourcen der Welt so genutzt werden, daß insgesamt die natürliche Lebensumwelt weder gestört noch zerstört wird. Die umwelttheoretische Diskussion ist inzwischen soweit fortgeschritten, daß es sich erübrigt, an dieser Stelle diesen Punkt und die ihm eigene Problematik im einzelnen zu erörtern. Diese Diskussion, aber auch die inzwischen keineswegs mehr seltenen Erfahrungen der Praxis haben den für unser Thema wichtigen Punkt hervorgehoben: Institutionen können destabilisiert werden, wenn ihre natürliche Umwelt gestört oder gar zerstört wird. A contrario ist demnach im Interesse der langfristigen Stabilität von Institutionen zu fordern, daß sie den Frieden der Menschen mit den Dingen dieser Welt gewährleisten.

Dieser Aspekt des Verhältnisses des Menschen zu den Dingen ist inzwischen so sehr in den Vordergrund des Interesses und der Diskussion gerückt, daß ein zweiter Aspekt Gefahr läuft, völlig außer Betracht zu bleiben: Der Einklang des Menschen mit den Dingen besteht nicht nur darin, daß letztere nicht zerstört werden, sondern auch darin, daß der Mensch den Dingen, ihrem Reichtum, ihrer Fülle gerecht wird. Konkret: Wer einen alten Bordeaux hinunterschüttet wie ein Glas Cola, vergewaltigt den Wein; und wer eine Cola wie einen alten Bordeaux zelebriert, läßt sich durch eine Limonade vergewaltigen.

Die drastische Trivialität des Beispiels sollte nicht darüber hinwegtäuschen, daß hier ein Aspekt des guten Lebens angesprochen ist, dem wir verhältnismäßig wenig Aufmerksamkeit zu widmen gewohnt sind. Dem Leser wird es nicht schwer fallen, jenseits dieses Beispiels im eigenen und fremden Erleben andere Exempel dafür zu finden, daß der Unfrieden mit den Dingen auch darin bestehen kann, daß man ihnen nicht gerecht wird.

Es ist zu befürchten, daß in dem Maße, wie der Mensch teil hat an der Materialität der Welt, dieses mißliche Verhältnis des Menschen zu Dingen die Qualität seines Lebens beeinträchtigt. Wenn aber richtig ist, daß dieses „Den-Dingen-nicht-gerechtwerden" auch auf eine Verletzung des Menschen hinausläuft, wenn gleichfalls richtig ist, daß der Mensch nicht ohne zu reagieren verletzt wird, dann ist zu befürchten, daß Institutionen, die diesen Aspekt des guten Lebens nicht zu sichern vermögen, offen oder versteckt, über kurz oder lang von diesen Reaktionen in Mitleidenschaft gezogen werden.

Einschränkend ist allerdings hinzuzufügen: Es ist zu vermuten, daß der destabilisierende Einfluß dieser Art des Unfriedens weniger eindeutig und direkt, weniger kurzfristig auch als die übrigen ist. Er muß deshalb nicht unbedingt schwach sein. Dies haben jene Unternehmen verstanden, die sich darum bemühen, die Arbeitsabläufe in ihren Betrieben so zu gestalten, daß die Arbeitnehmer (wieder) einen Bezug zu jenen Gütern entwickeln können, an deren Herstellung sie mitwirken.

Die Grenzen des „buon governo" und die Unausweichlichkeit von Instabilitäten

Halten wir einen kurzen Augenblick inne und werfen wir einen Blick zurück: Wir verstanden unter Ethik ein Ensemble von Normen, welche das gute Leben, das heißt das Leben des Menschen im Einklang mit sich, den Mitmenschen und den Dingen gewährleisten sollen. Wir sahen, daß anfallende Transaktionskosten es nahelegen, diese Normen ex ante in Regeln festzuschreiben; wir nannten ein Ensemble solcher Regeln Institution. Schließlich legten wir dar, daß solche Institutionen mittelbar oder unmittelbar, kurz oder langfristig dann in ihrer Stabilität bedroht sind, wenn sie nicht in der Lage sind, die „buona vita“ zu sichern.

Betrachtet man es recht, so sind unsere Ausführungen von einem geradezu ironischen Optimismus: Nur der im Dienste der „buona vita“ sich bewährende „buon governo“ ist auf die Dauer stabil; nur jene Institutionen, die in dem oben dargelegten Sinn ethischen Ansprüchen genügen, sind in ihrer Stabilität nicht gefährdet.

Die Frage ist, ob dieser Optimismus gerechtfertigt ist oder aber ob der Realismus dazu anhält, Einschränkungen zu machen. Diese Frage muß bejaht werden. Im wesentlichen handelt es sich dabei um zwei – wohl miteinander verbundene, analytisch aber zu trennende – Sachverhalte.

Der erste soll nur erwähnt werden; dies nicht, weil seine praktische Bedeutung gering ist, sondern weil sein Bezug zu unserem Thema eher mittelbar ist. Es handelt sich hierbei um die Möglichkeit, daß in ihrer Stabilität bedrohte Institutionen sich dadurch halten, daß sie die Folgen ihres Versagens in externe Räume verlagern, sie also von innen in ihrer Stabilität nicht bedroht werden und sie – wenigstens vorerst – in der Lage sind, die Reaktionen von außen abzuwehren. So mag etwa ein Unternehmen, obschon seine Mitarbeiter mit sich in Unfrieden sind, in seiner Stabilität solange ungefährdet sein, wie es möglich ist, die daraus resultierenden Folgen nicht im Unternehmen, sondern außerhalb, etwa in den Familien der Mitarbeiter anfallen zu lassen; wohl bricht im Unternehmen das Arbeitsteam nicht auseinander, doch geht außerhalb des Unternehmens die eine oder andere Ehe in die Brüche. So mag – anderes Beispiel – ein Land, obschon es Berge von Giftmüll produziert, in seiner Stabilität nicht bedroht sein, wenn und weil es in der Lage ist, diesen Abfall zu exportieren. Wohl wird im Lande selbst niemand krank, doch vergiften sich im Zweifel außerhalb die Menschen mit ihrem eigenen Trinkwasser.

Es ist ohne weiteres zuzugeben: Man kann über die oben gewählten Beispiele streiten; außerdem ist – selbst wenn sie im Einzelfall der Realität entsprechen sollten – ausdrücklich vor jeglicher Verallgemeinerung zu warnen. Es geht hier lediglich um die These, daß eine „Città mal governata“ solange stabil bleiben kann, wie sie in der Lage ist – ohne Rückwirkungen befürchten zu müssen –, die Folgen ihres Fehlmanagements ganz oder teilweise in andere gesellschaftliche Räume zu verlagern: Ein Unternehmen, das sich einer gesicherten Monopolstellung erfreut, kann sich eher destruktive Konflikte unter den Mitarbeitern leisten, als ein Unternehmen, das dem scharfen Wind des Wettbewerbs ausgesetzt ist: Es schiebt die Folgen seines Mißmanagements auf die Kunden ab.

Auch ist – wie bereits gesagt – noch eine zweite Einschränkung zu machen, mit der wir uns etwas eingehender beschäftigen werden: Oben wurde bereits ausgeführt, daß die Institutionen Vorkehrungen sind, in welchen ethische Normen ex ante festgelegt werden, damit man sich nicht unter Inkaufnahme mehr oder wenig hoher Transaktionskosten immer wieder ad hoc auf sie einigen muß; Institutionen sind gleichsam organisatorisch *verselbständigte* Ethik.

Das Beiwort „verselbständigt“ ist mit Bedacht gewählt: Mag es schon nicht leicht sein, Institutionen zu begründen, wenn sie zweckmäßig und nützlich sind, so ist es im Zweifel noch schwieriger, sie zu ändern oder gar abzuschaffen, wenn sie nicht mehr nützlich, wenn sie gar schädlich sind.

Diese *Trägheit der Institution* ist in einer sich nicht oder nur langsam wandelnden Welt ohne große Folgen; anders ist es in einer Welt, die dem schnellen Wandel unterworfen ist. Hier bedeuten die Trägheit und die Zähigkeit der Institutionen in der Konsequenz, daß ethische Normen, die bisher das gute Leben, das Leben des Menschen im Einklang mit sich, den Menschen und den Dingen gewährleistet haben, unter gewandelten Bedingungen diesen Zweck nicht mehr erreichen, seiner Erfüllung gar hinderlich sind. Wenn aber richtig ist, was wir oben ausgeführt haben, nämlich daß auf die Dauer der Unfrieden des Menschen mit sich, mit den Mitmenschen und mit der natürlichen Umwelt destabilisierend auf die Institutionen zurückwirkt, dann trifft auch zu, daß die Trägheit der Institutionen eine Ursache der Destabilisierung sein kann, und dies um so mehr, je schneller sich die Verhältnisse wandeln. Die Stabilität fällt der Rigidität zum Opfer.

Man mag versucht sein, aus diesen Darlegungen den Schluß zu ziehen, daß die Trägheit der Institutionen „um jeden Preis" bekämpft werden muß. Dies ist aber – selbst unter Vernachlässigung der damit verbundenen praktischen Schwierigkeiten – nicht zu rechtfertigen, und zwar aus folgendem Grund: *Was sich als Trägheit kontraproduktiv auswirkt, ist die andere Seite von dem, was als Konstanz produktiv genutzt werden soll; was sich als „désordre établi" negativ auswirkt, ist als „ordre établi" positiv angestrebt worden.*

Es kann also nicht darum gehen, die Trägheit maximal zu bekämpfen; dies liefe auf eine Minimierung der Ex-ante-Regelungen hinaus; allenfalls kann und soll eine Optimierung von Konstanz und Wandel der Institutionen angestrebt werden. Dabei wird – wie unmittelbar einsehbar ist – dieses Optimum dem Wandel der Institutionen ein um so größeres Gewicht einräumen, je schneller der Wandel der Verhältnisse ist; umgekehrt gilt, daß die Konstanz der Institutionen in einer sich nicht oder nur langsam wandelnden Welt größer sein kann.

Allerdings: Redet man von Optimierung, so bedeutet dies, daß man das eine – den Abbau der Trägheit – nur um den Preis von etwas anderem – der Konstanz der Institutionen und damit der Senkung von Transaktionskosten – erreichen kann. Auf diesem Wege kann wenigstens zum Teil vermieden werden, daß von der Entwicklung überholte Institutionen eine Gefahr für das gute Leben werden; dafür muß aber über mehr oder weniger weite Strecken in Kauf genommen werden, daß verstärkt auf transaktionskostenintensive Ad-hoc-Regelungen zurückgegriffen werden muß. Dabei kann nicht ausgeschlossen, ja muß erwartet werden, daß die Höhe dieser Kosten dazu führen wird, daß bestimmte Ad-hoc-Regelungen nicht zustandekommen, mit der Folge, daß mehr oder weniger weite Bereiche des menschlichen Verhaltens nicht gezielt auf das gute Leben ausgerichtet sind, also ohne ethische Orientierung bleiben.

Es spricht für den Realitätsgehalt unserer spekulativen Deduktionen, daß sich in der Gegenwart die in unserer Analyse auftauchenden Elemente und Zusammenhänge unmittelbar identifizieren lassen: Unsere Welt ist durch einen ungemein schnellen Wandel gekennzeichnet; es muß also erwartet werden, daß (einige, viele, alle?) *Institutionen als kontraproduktive Anachronismen* erlebt werden; genau dies ist der Fall: Daß – oben wurde schon darauf hingewiesen – Parteien, Kirchen, Gewerkschaften, Staaten u.a. auf eine weitverbreitete Skepsis stoßen, dürfte hier wenigstens einen seiner Gründe haben; diese Institutionen verkörpern heute über mehr oder weniger weite Strecken ethische Normen, die dem Frieden des Menschen mit sich, den Mitmenschen und den Dingen nicht (mehr) förderlich sind.

Darüber hinaus: Der häufig insbesondere von konservativer Seite beklagte Verlust ethischer Normen in unserer Gesellschaft dürfte auch darauf zurückzuführen sein, daß große Verhaltenssegmente nicht mehr durch in Institutionen *ex ante* festgelegte Regeln normiert werden, sie aber – wegen der hohen damit verbundenen Transaktionskosten – nicht oder nur teilweise *ad hoc* auf das „gute Leben" hin ausgerichtet werden können. *Was gegenwärtig als Normenverlust erlitten und beklagt wird, ist die Folge – einerseits – anachronistisch gewordener Institutionen, also anachronistisch gewordener Ex-ante-Regelungen, und – andererseits – wegen hoher Transaktionskosten nicht zustandegekommener Ad-hoc-Regelungen.*

Es zeigt sich also: In einer sich wandelnden Welt muß damit gerechnet werden, daß die Festschreibung ethischer Normen in und durch Institutionen für die Stabilität dieser Institutionen zur Bedrohung wird. Oben hieß es, daß die Ethik darauf abstellt, daß der Mensch *auf die Dauer* mit sich, den Menschen und den Dingen in Frieden leben kann. Selbst wenn Institutionen über eine bestimmte Zeit die „buona vita" zu sichern imstande sind, so werden sie auf die Dauer nur dann mit diesem Ziel nicht in Widerspruch geraten, wenn – nach Maßgabe des Wandels der Verhältnisse – *die Festschreibung ethischer Normen in Institutionen durch die Fortschreibung Institutionen entsprechender ethischer Normen* ergänzt wird. Anzustreben ist in Institutionen die *Kontinuität des Wandels* und der *Wandel in der Kontinuität.* Die fehlende Kontinuität des

Wandels führt in einer sich wandelnden Welt dazu, daß die Institutionen an ihrer eigenen Rigidität zerbrechen. Findet der Wandel außerhalb der Kontinuität statt, so lösen sich die Institutionen gleichsam auf; es fehlt an Widerlagern, auf denen die Brücke, welche die Gegenwart mit der Zukunft verbinden soll, ruhen kann.

Es gibt einen weiteren Aspekt, unter welchem sich das Verhältnis von Ethik und institutioneller Stabilität als problematisch erweist: Die *Reichweite von Institutionen* ist räumlich und sachlich begrenzt. Die in Institutionen verankerten Regelungen sind also selektiv; sie sichern selbst im günstigsten Fall den Frieden des Menschen nur *mit Teilen* seiner selbst: So stellt ein Unternehmen – trotz allen Bemühens um die Humanisierung der Arbeitswelt – letztlich darauf ab, daß der Mensch als Arbeitnehmer mit sich *als Arbeitnehmer* im Einklang ist; so stellt ein Unternehmen – trotz aller Betriebsfeste – letztlich darauf ab, daß der Mensch *als Arbeitnehmer* mit anderen Menschen als Arbeitnehmern in Frieden lebt; so stellt ein Unternehmen auf den Einklang mit den Dingen ab, soweit sie die Existenz- und Erfolgsgrundlage *des Unternehmens* sind. In dem Maße nun, wie der Mensch nicht nur ein Arbeitnehmer ist, in dem Maße, wie er im Mitmenschen nicht nur den Kollegen erkennt, wie er in den Dingen dieser Welt nicht nur den Input beziehungsweise den Output des Unternehmens sieht, greifen die in den Institutionen – hier: im Unternehmen – festgeschriebenen ethischen Normen zu kurz. Sie garantieren im besten Fall das „gute Leben" der *Unternehmensangehörigen*, ignorieren aber – soweit sich deren Leben nicht in der Unternehmenszugehörigkeit erschöpft – das Problem der „buona vita" der Menschen.

Dies ist nicht nur kritisch zu sehen: Eine Institution, welche die „buona vita" des ganzen Menschen zu regeln imstande wäre, wäre auch totalitär. Die Selektivität der Institutionen, ihre begrenzte sachliche und räumliche Reichweite ist die andere Seite des Pluralismus und damit der Liberalität. Dies verhindert allerdings nicht, daß der begrenzte Geltungsbereich der in den Institutionen verankerten Normen für die Stabilität der Institutionen zur Gefahr werden kann. Dies ist dann der Fall, wenn die Normen, die das gute Leben des *Menschen* sichern sollen, mit den Regeln des Unternehmens, die das gute Leben des *Unternehmensangehörigen* gewährleisten sollen, im Widerstreit stehen. Zugegeben: Dies ist nicht notwendigerweise immer und überall der Fall; allerdings kann es mehr oder weniger häufig der Fall sein. Besteht in der konkreten Situation ein solcher Widerstreit, so gibt es – vereinfacht – zwei Möglichkeiten: Im Interesse der „buona vita" der Unternehmensangehörigen qua Unternehmensangehörigen wird das gute Leben der Menschen, soweit sich ihr Leben nicht im Geltungsbereich der im Unternehmen institutionalisierten Normen abspielt, beeinträchtigt; oder aber: Im Interesse der unternehmens*externen* „buona vita" wird das unternehmens*interne* gute Leben gefährdet.

Ein – dramatisch zugespitztes – Beispiel soll den Zusammenhang verdeutlichen: Ein Unternehmen sieht vor, daß Arbeitnehmer bei Diebstahl fristlos und unter allen Umständen entlassen werden. Vor dem Personalleiter steht nun ein Mitarbeiter, der in flagranti beim Stehlen ertappt worden ist, dem also – laut Regel – zu kündigen ist. Nun weiß der Personalleiter aber, daß der unter Depressionen leidende Angestellte in einer Situation großer psychischer Not den Diebstahl begangen hat. Die Situation ist klar: Als Unternehmensangehöriger ist der Angestellte zu entlassen, als Mensch ist Rücksicht zu nehmen. Reagiert der Personalchef als Mensch und kündigt er nicht, so verstößt er gegen die Regeln, die den Frieden im Unternehmen sichern sollen. Reagiert er aber in Übereinstimmung mit diesen Regeln und feuert den Dieb, so verletzt er die Regeln einer über das Unternehmen hinausgreifenden Ethik. Entscheidet er sich für das letztere, so werden wenigstens tendenziell die unternehmensexternen Institutionen destabilisiert: der Personalchef kommt etwa abends mißmutig nach Hause, schlägt seinen Hund, schimpft mit seiner Frau und trinkt einige Whiskys zuviel. Entscheidet er sich für die „menschliche" Lösung, so trägt er – wenigstens der Tendenz nach – ein Element der institutionellen Instabilität in das Unternehmen hinein: Die Disziplin läßt nach. Er gilt als „zu weich".

Man wird darauf hinweisen, daß dieses Beispiel denn doch etwas zu simpel ist – mit gutem Grund: Es ist schon lange kein Geheimnis mehr, daß ein gewisses Maß an Menschlichkeit auch einem

Personalchef gut zu Gesichte steht und menschliche Regungen auch in Unternehmen der Stabilität sehr förderlich sein können. Nur: So berechtigt dieser Hinweis von der Sache her auch immer sein mag, so wenig taugt er als Argument gegen unsere Analyse. Im Vergleich zu den Verhältnissen in der Praxis ist unser Beispiel gewiß überzeichnet; doch bedeutet dies nicht, daß unsere Aussage im Kern falsch ist. Auch wenn ein *gewisses Maß* an menschlichen Regungen der institutionellen Stabilität förderlich ist, muß befürchtet werden, daß *jenseits* dieses Maßes die destabilisierenden Auswirkungen des Widerspruchs einer unternehmensintern kodifizierten Ethik mit den Normen einer unternehmensexternen Ethik entweder im Unternehmen und/oder außerhalb anfallen.

Nur dann, wenn *das gute Leben als Unternehmensangehöriger in das gute Leben als Mensch* fugen- und spannungslos eingefügt werden könnte, also die Normen der unternehmensintern institutionalisierten Ethik als abgeleiteter Teil einer alles Leben umfassenden Ethik ausgewiesen werden könnten, wäre diese Gefahr nicht gegeben. Solange man auf der Ebene leerformelhafter Allgemeinheiten bleibt, mag dies zutreffen. Sobald man sich aber auf die Ebene des praktisch-konkreten Handels begibt, kann hiermit nicht gerechnet werden – jedenfalls nicht in einer Welt, die sich nicht mehr auf *einen* Referenzpunkt bezieht, sondern in eine Vielfalt und in eine Vielzahl selbstreferentieller Sozialsysteme zerfallen ist: Der einzelne lebt gegenwärtig in Institutionen, die sich nicht an *einer* Ethik ausrichten, sondern – eine jede Institution für sich – ihre eigene Ethik in expliziten Regeln kodifiziert und/oder in implizierten Usancen festgelegt hat. Und diese verschiedenen Ethiken müssen nicht in allen ihren Elementen kompatibel sein.

In der Konsequenz bedeutet dies, daß jede Institution gegenwärtig mit der Möglichkeit zu rechnen hat, daß ihr aus dem Widerspruch zwischen institutionsinternen und institutionsexternen Normen Gefahren für die eigene Stabilität erwachsen.

Diesen Gefahren kann auf zwei Wegen begegnet werden. Der erste – er wurde schon erwähnt – besteht darin, die Folgen dieses Widerspruchs zu exportieren und so wenigstens vorerst die Stabilität der Institution zu sichern; das heißt konkret: Der Personalchef wird als „zu weich“, der Entwicklungsdirektor wird als „zu grün“ entlassen. An ihre Stelle werden Leute gesetzt, deren persönliche Vorstellungen vom guten Leben sich mit den Vorstellungen dekken, die ein wohlangepaßter Arbeitnehmer der Institution (hier: des Unternehmens) zu haben hat. Das Ergebnis: Die Individualethik des sich nur als Personal- beziehungsweise als Entwicklungschef verstehenden Menschen steht mit der organisatorisch verfestigten Ethik des Unternehmens nicht mehr im Widerspruch.

Die zweite Möglichkeit, dem Widerspruch zwischen institutionsinternen und institutionsexternen Normen zu begegnen, besteht darin, beide in der Institution nebeneinander gelten zu lassen.

Dieser Weg ist allerdings nicht ohne Risiko, besteht doch die Möglichkeit – siehe oben –, daß sich beide gegenseitig in die Quere kommen. Es kann allerdings gesenkt werden, indem der Anteil der in der Institution ex ante festgelegten Normen möglichst klein gehalten wird und innerhalb der Institution nach Möglichkeit Räume offengelassen werden, die von den innerhalb der Institution tätigen Menschen nach institutionsexternen Normen gestaltet werden können. Es ist richtig, daß auf diese Weise innerhalb der einzelnen Institutionen die Transaktionskosten ansteigen mögen; doch ist dies der Preis, den zu zahlen sich lohnen mag: Die institutionsexternen Normen wirken sich auf diese Weise nicht als Sprengsatz für die in der Institution geronnenen Normen aus. Es kann sogar erwartet werden, daß auf diese Weise die in der Institution ex ante verfestigten Normen jenen Rahmen abstecken, innerhalb dessen mit vergleichsweise geringen Transaktionskosten Menschen mit unterschiedlichen Vorstellungen über das gute Leben sich ad hoc darüber verständigen können, wie sie in der Institution gut zusammenleben können. Auch kann erwartet werden, daß auf diese Weise die institutionsexternen Vorstellungen in der Institution jenes Ferment darstellen, das der Fortschreibung der in der Institution verankerten ethischen Verhaltensnormen dient. Anders ausgedrückt: Institutionen sollten nicht nur solche Ex-ante-Regelungen bereitstellen, die Ad-hoc-Regelungen ersetzen, sondern nach Möglichkeit auch solche, die das Finden von Ad-hoc-Regelungen erleichtern. Institutionen sollten auch Freiräume enthalten, innerhalb welcher sich – eben weil diese Räume durch Ex-ante-Regelungen abgesichert sind – transaktionskostengünstig Ad-hoc-Regeln entwickeln können.

Letztlich geht es darum, eine Balance zu finden zwischen transaktionskostenintensiven, aber lebensnahen Ad-hoc-Regeln und Transaktionskosten sparenden, aber lebensfernen Ex-ante-Regeln. Es ist eine nicht unplausible Hypothese, daß jene Institutionen sich – im Vergleich zu anderen – als die stabileren erweisen, denen es am besten gelingt, diese Balance zu finden und zu halten. Was aber nichts anderes bedeutet, als daß jene Institutionen als die stabileren von Dauer sein werden, deren Ex-ante-Regeln das Aufstellen von Ad-hoc-Regeln nicht nur nicht verhindern, sondern – indem sie es nach Möglichkeit verbilligen – auch erleichtern.

Individualethik und Ethik institutionellen Handelns: Verantwortung des einzelnen und des Unternehmens

von Franz Böckle

Verantwortung ist zu einem Allerweltswort geworden. Ambrose Bierce definiert in seinem „Des Teufels Wörterbuch" Verantwortung aphoristisch frech als „eine abnehmbare Last, die sich leicht Gott, dem Schicksal, dem Zufall oder dem Nächsten aufladen läßt" (Bierce 1966, 290).

So einfach geht jedoch dem aufgeklärten Zeitgenossen die Rechnung heute nicht mehr auf. Zumindest Gott scheint ihm zum Abnehmen von Verantwortung nicht mehr zur Verfügung zu stehen. Denn seit Gott als Geschichtssubjekt entthront ist, kommt er auch als Zurechnungssubjekt nicht mehr in Betracht. Die Theodizee, als Frage nach der Rechtfertigung Gottes angesichts der Übel der Welt, muß heute als Anthropodizee, als Rechtfertigung des Menschen, vom Menschen selbst übernommen werden. Der Mensch selbst ist unweigerlich als Zurechnungssubjekt gefragt. Doch seine Verlegenheit scheint groß. Die Fülle der Abhandlungen gibt davon Zeugnis. Die Frage nach der Verantwortung angesichts der vielseitig bedrohten menschlichen Lebenswelt gleicht in verblüffender Weise der Frage nach dem Sinn des Lebens. Nach dem Sinn des Lebens wird – nach einem Wort Leszek Kolakowskis – jedoch erst dann gefragt, wenn das Leben selbst nicht mehr in genügendem Maße das Gefühl vermittelt, sinnvoll zu sein. „Das ist natürlich, wenn man bedenkt, daß eine Frage nur dann auftaucht, wenn es (noch [d. Verf.]) keine Antwort gibt, und daß im Leben der Gesellschaft keine Probleme entstehen, deren Beantwortung allein in der Bejahung der augenscheinlichen Wirklichkeit bestünde. Niemand fragt nach dem Sinn des Lebens, wenn er nicht das Bedürfnis nach Veränderung fühlt." (Kolakowski 1976)

Ähnliches hört und liest man zur Frage der Verantwortung im Bereich von Wissenschaft und Technik. Philosophen von Rang versehen das Thema mit einem kräftigen Fragezeichen und weisen gleichzeitig auf die Paradoxie der Problemlage hin. Die Frage nach der Verantwortung im Bereich der Wissenschaften konnte so lange fernliegen, als „auf der einen Seite das Ethos der Vertreter reiner Forschung einem ethischen Normenkanon von unbestrittener Allgemeingeltung sich fraglos einfügte, und so lange auf der anderen Seite die Wissenschaften (...) im Verbund mit der neuzeitlichen Technik (...) eine fortschreitende Mehrung und Verbesserung" unseres Lebensstandards zu garantieren schienen (Ströker 1984). Beides scheint heute nicht mehr problemlos gegeben. Insbesondere die Frage nach dem Verantwortungsträger ist nicht mehr klar definiert. Die Redeweise, die von der Verantwortung der Wissenschaft, der Technik oder der Industrie spricht, ist verräterisch. Wissenschaften und Unternehmen werden zum Kollektivsubjekt hypostasiert und mit Verantwortung belastet. Doch Wissenschaften als solche können ja wohl nicht Verantwortungsträger sein. Aber ist es denn immer noch der einzelne? Kann man denn überhaupt von einer Ethik institutionellen Handelns sprechen? Wir wollen diesen Fragen in einem ersten Schritt einige prinzipielle Überlegungen widmen. In einem zweiten Schritt versuchen wir, die Problematik an der Risikofrage zu exemplifizieren.

Grundsätzliche Überlegungen zum Verantwortungsbegriff

Kaum ein anderes Buch hat in der letzten Zeit zu einer so kontroversen Diskussion über Verantwortung geführt, wie das von Hans Jonas. Nicht ohne Bezug auf Ernst Blochs „Das Prinzip Hoffnung" hat Jonas seiner Ethik der Zukunft den Titel „Das Prinzip Verantwortung" gegeben (Jonas 1979). Es genügt nicht, daß unser verantwortliches Handeln die Probleme der technischen Zivilisation nur im Interesse der heute Lebenden bewältigt und in utopischer Vision in die Zukunft blickt. Gewiß haben wir unser Tun im Hier und Jetzt zu verantworten. Aber Maß und Ziel dieses Handelns in der Gegenwart muß bestimmt sein von der Sorge um das Überleben der zukünftigen Generationen. Jonas schlägt daher für Kants Kategorischen Imperativ eine Neuformulierung vor. Nach ihm soll er heißen: „Handle so, daß die Wirkungen deiner Handlung verträglich sind mit der Permanenz echten menschlichen Lebens auf Erden." Echtes menschliches Leben aber, so sagte er weiter, sei nicht denkbar ohne Achtung vor der Würde und Freiheit des Menschen. Demnach bleibt auch für Jonas die Freiheit eines der wichtigsten Ideale. Doch der Wandel von einem „Ethos der Freiheit" zum betonten „Ethos der Verantwortung" kündet von einer Veränderung. Der „Akzent wird verlagert. Allzu deutlich sind die Folgen, die eine aus den Gesetzen der Sittlichkeit entbundene und nur noch den Gesetzen der Natur verpflichtete Freiheit hervorgebracht hat. Diese Folgen mahnen uns heute, die Grenzen unserer Freiheit schärfer zu beachten, denn die permanente Überschreitung der Grenzen unserer Freiheit bedroht die Welt mit der Deshumanisierung – paradoxerweise dadurch, daß wir uns ihrer (der Welt [d. Verf.]) vollständig bemächtigen." (Lampe 1989, 10)

Rein sprachlich richtet sich der Imperativ weiterhin an den einzelnen als Subjekt der Sittlichkeit. Aber es ist nicht mehr die Verantwortung allein vor der gesetzgebenden Vernunft für den guten Willen gemeint, wie Kant sie im Sittengesetz begründet. Es ist nicht nur die idealistisch gedachte Menschheit in meiner Person, die mich zur Verantwortung ruft. Der neue Imperativ konfrontiert die Vernunft mit real existierenden, gesellschaftlich verfaßten und so sich selbst Zukunft schaffenden Menschen. Diesen Aspekt haben bereits Kant und besonders Hegel in ihrer Weise gesehen und in ihrer Rechtsphilosophie zum Ausdruck gebracht. Denn spätestens zu Beginn der Neuzeit hat sich „zwischen Individuum und Staat die Gesellschaft als eigener Verantwortungsbereich etabliert. Dieser ‚Keil' hat die Verantwortungsproblematik zunehmend kompliziert (…) Der Mensch ist (…) nicht allein Individuum (als Synthese von Person und Subjekt), sondern auch Rollenträger. Hegel drückt dies dahingehend aus, daß er dem Individuum die Zugehörigkeit zu einem Stand zur Pflicht macht." (Holl 1989, 45)

Im Rahmen der repräsentativen Demokratie mit ihrem Parteiensystem wird diese Rollenfunktion beim Abgeordneten besonders deutlich. Zwar ist er laut Gesetz nur gegenüber seinem Gewissen verantwortlich. Als Parteimitglied und als Repräsentant seiner Wähler jedoch weiß er sich eingebunden in eine viel weitere Gruppensolidarität. Und nur im Rahmen solch solidarischer Einbindung läßt sich sinnvoll vom Übernehmen und Tragen von Verantwortung reden; damit ist der Gedanke der Individualität als selbstverantwortliche moralische Instanz nicht preisgegeben. „Aber jeder weiß doch, daß das Individuum lediglich eine abstrakte Größe darstellt, eben als die Person, welche dem Rechtsprinzip als solchem untersteht. Im Hinblick auf eine konkrete, in der Gemeinschaft wirksam werdende Verantwortung" (Holl 1989, 47) und unter Berücksichtigung der damit verbundenen, nicht einmal in jeder Hinsicht selbstgewählten Rollenfunktionen, muß man von einer Splittung von Verantwortlichkeit sprechen.

Daß dabei „Verantwortlichkeit in der Rolle noch funktioniert", ist wohl einem „Minimum an Verantwortlichkeit *für* das gesamte Rollensystem" zu verdanken (Holl 1989, 48). Hier erscheint die Verantwortung wieder rückgebunden und rückversichert beim Staatsbürger, der in seiner politischen Mitbestimmung das System prinzipiell bejaht und trägt.

Zeigt so bereits die Einbindung des einzelnen in eine demokratische Ordnung die Vernetzung individueller Verantwortung, so wird die Komplexität der Verantwortlichkeiten im Rahmen der technologischen Zivilisation nur noch schwer durchschaubar. Das wird erst recht deutlich, wenn wir den bereits erwähnten Aspekt der *Fernverantwortung*, wie ihn Jonas entwickelte, dazunehmen. Moderne technische Verfahren haben – so sagt er – ihre Ambivalenz eingebüßt. Mit einem Küchenmesser kann man Brot schneiden, man kann damit aber auch einen Menschen umbringen. Hier wird Absicht und moralische Qualität der Handlung im bloßen Gebrauch eines einfachen Instruments sichtbar. Das kann so vom Einsatz moderner Techniken nicht mehr gesagt werden. Nicht nur wenn sie böswillig für böse Zwecke mißbraucht werden, selbst wenn sie gutwillig für höchst legitime Zwecke eingesetzt werden, haben sie eine bedrohliche Seite an sich, die langfristig das letzte Wort haben kann. Die Spätfolgen sind nicht übersehbar, und niemand kann sagen, welche Wirkungen letztlich dominieren werden.

Diese bedrohliche Seite ist derart mit der inneren Dynamik der modernen Technik verbunden, daß der angeborene Keim des Schädlichen durch das Vorantreiben des Nützlichen mitgenährt und zur Reife gebracht wird. Damit liegt die Gefahr „mehr im Erfolg als im Versagen – und doch ist der Erfolg nötig unter dem Druck der menschlichen Bedürfnisse" (Jonas 1985, 43).

Jonas verweist auch auf die Zwangsläufigkeit, mit der neue technische Möglichkeiten auf Anwendung drängen. Sie entgleiten dem Forscher und Erfinder und suchen sich unweigerlich ihren Markt. Sie sind aus dem Blutstrom kollektiven Handelns nicht mehr auszuschalten. Sie finden rasch globale Verbreitung, und die Auswirkungen sind entsprechend auch von globalem Ausmaß. Die Folgen sind überdies von der Sache her irreversibel. Zwangsläufigkeit und Irreversibilität sind für ihn deshalb die wichtigsten Gründe, die deutlich machen, daß die moderne Technik einen Sonderfall darstellt, der mit den Methoden traditioneller Ethik nicht mehr zu bewältigen ist.

Im Blick auf solcherart Fernverantwortung haben wir uns zu fragen, *wer* denn hier *vor wem für was* verantwortlich ist. Bei der Frage nach dem Subjekt (nach dem Wer) wird man alle Gesellschaftsglieder einer technischen Zivilisation anzusprechen haben. Wenn es nicht auf Absicht und Ziel des Gebrauchs ankommt, sondern der bloße Einsatz moderner Technik das Ethos der Verantwortung weitgehend bestimmt, dann sind in unserer von Technik geprägten Welt prinzipiell alle Menschen Täter. Wir können keinen Arzt mehr in Anspruch nehmen, ohne direkt oder indirekt an molekulargenetischen oder radiologischen Verfahren zu partizipieren. Kühlschrank und aufwendige Heizungen gehören zum Komfort unserer Zeit. Und irgendwann ist auch der letzte Verfechter reiner Luft auf Energie und Verkehr angewiesen. Wenn aber die Folgen langfristig nicht kalkulierbar sind, so gibt es auch keinen moralischen Unterschied zwischen dem Autofahrer oder dem Arzt einerseits und der Firma Mercedes-Benz oder Bayer andererseits. „Wenn gilt, daß die (auch die Natur einbeziehende) soziale Verantwortung letztlich absolut ist, dann kann in der Fernethik individuelle Freiheit wohl nicht mehr die höchste Instanz sein, sondern ist die Tatsache, daß der Mensch ein mit technischen Instrumenten armierter Täter ist, allein ausschlaggebend" (Holl 1989, 54).

Die Antwort auf die zweite Frage, für *was* wir im Horizont einer Fernethik Verantwortung tragen, muß nach dem bisher Gesagten lauten: Wir haben unsere ganze Aufmerksamkeit darauf zu lenken, daß die Negativfolgen unseres Tuns (und wohl auch unserer Unterlassungen) die positiven Folgen für die nachwachsenden Generationen nicht übersteigen. Entsprechend haben wir über die Grenzen unseres Handlungsspielraums nachzudenken. Diese Grenzen betreffen nicht unser Wollen und Können; die Vertreter entsprechender Ethikentwürfe fordern vielmehr eine radikale Veränderung unseres Tuns. Auf die schwierige Frage, was das heißen soll, werden wir im Zusammenhang mit der Risikoproblematik zurückkommen.

Wir haben allerdings vorher noch zu fragen, vor *wem* wir eigentlich Verantwortung tragen: Es ist das Insgesamt der zukünftigen Generationen und ihr Lebensrecht. Ethisch zwingend ist diese Antwort freilich nur, wenn der Mensch über sich selbst hinaus verwiesen ist auf einen ihn tragenden letzten Grund und Sinn. Eine solche Verwiesenheit vermag unser Dasein vor Hybris ebenso zu bewahren wie vor trüber Resignation. Jedes von uns selbst gesetzte Ziel, dem wir uns mit Haut und Haar verschreiben, müßte unsere Freiheit einengen. Jedes verabsolutierte Ziel, mag es noch so wertvoll sein, zwingt uns, alles als Stufe oder Mittel zum Zweck zu verdinglichen. Nur die Bindung an die freimachende Freiheit selbst kann endliche Freiheit nicht einengen, sondern zu sich selbst bringen. Man kann diesen Verweis auf einen den Menschen selbst übersteigenden Grund und Sinn (das meinen wir mit dem Begriff der Transzendenz) bewußt weit fassen, auch um zwischen Vertretern unterschiedlicher Weltanschauungen eine elementare Verständigung über die Bedingungen der Menschenwürde und der Menschenrechte zu erreichen. Man kann ihn aber meiner Überzeugung nach nicht ausklammern, wenn man sich um die letzten Fragen, um die innerste Existenzbedingung unseres freiheitlichen Zusammenlebens und unserer Zukunft bemühen will. Ob und wie weit diese Analyse der Verantwortung für die Zukunft trägt, soll im folgenden an der Technikfolgenabschätzung geprüft werden.

Zur ethischen Bewertung von Risiken

Das Problem

Im Zentrum der Diskussion über institutionelle Verantwortung steht heute die Risikofrage im Bereich technologiepolitischer Entscheidungen. Vom Handeln unter Risiko sprechen wir, wenn die Unsicherheit besteht, daß sich neben dem beabsichtigten Zweck eines Tuns auch unerwünschte schädigende Nebenfolgen einstellen. Solange diese Nebenfolgen nur den Handelnden selbst betreffen, etwa den Bergsteiger bei einer kühnen Kletterpartie oder den Deltaflieger in stürmischen Aufwinden, soll uns das Problem hier nicht weiter beschäftigen. Wir werden allerdings in einem anderen Zusammenhang nochmals auf diese Beispiele zurückkommen. Uns interessiert vielmehr die Frage nach der Verantwortung im Bereich von Naturwissenschaft und Technik.

Bereits die Grundlagenforschung gerät im Hinblick auf ihre Risiken sowie die durch sie ermöglichten Anwendungen unter immer stärkeren Legitimationszwang. Ohne das Grundrecht der Forschungsfreiheit in Frage zu stellen, wird an die Verantwortung des Forschers appelliert, die Folgen wissenschaftlicher Innovationen zu bedenken. Solche Appelle überfordern den einzelnen Wissenschaftler. Die Technikfolgenabschätzung ist ein komplexes Unterfangen, das nur in interdisziplinärer Zusammenarbeit angegangen werden kann. Es wird auch stets mit erheblichen Unsicherheitsfaktoren belastet bleiben. In ihnen verbirgt sich das mit jeder sozialen und technischen Innovation verbundene Risiko. Die daran anknüpfende ethische Frage ist die Frage nach der Zumutbarkeit solcher Risiken. Es geht also nicht um die empirische Frage, wieviel Risikobereitschaft faktisch vorhanden ist, wieviele Bürger in einer bestimmten Region bereit sind, ein Kernkraftwerk zu akzeptieren. Es geht vielmehr um die Frage, was ihnen von den Entscheidungsträgern an Risikobereitschaft zugemutet werden darf, gerade weil sie Schwierigkeiten haben mit der Akzeptanz! Akzeptabilität meint eben gerade jenes Verhältnis von Nutzen und Belastungen, auch verteilungspolitischer Art, das den Gesellschaftsgliedern unter bestimmten Bedingungen zugemutet werden darf. Dies ist eine ethische Frage. Ihre Beantwortung verlangt Klarheit darüber, wie Risiken zu bestimmen sind.

Schwierigkeiten mit dem Risikobegriff

Für den Versicherungsmathematiker sind Risiken recht genau berechenbar. Der Risikograd ist durch das Produkt aus Eintrittswahrscheinlichkeit und Schadensumfang bestimmt. Beide Größen sind für viele Risiken annähernd genau quantifizierbar: Pro Schadensereignis wird eine bestimmte Summe festgesetzt, und die Wahrscheinlichkeit ist aufgrund statistischer Daten bis auf geringe Abweichungen gesichert. Dies stößt nun bei der Übertragung des Risikobegriffs auf die Technikfolgenabschätzung auf erhebliche Schwierigkeiten. Auch der Versicherer bekommt sie im Bereich der Produkthaftung zu spüren. Bei einem Symposium zur umweltorientierten Risikoabschätzung, das im Dezember 1988 im Rahmen der Jubiläumsfeierlichkeiten der Universität zu Köln durchgeführt wurde, ist dies in fast allen Vorträgen bestätigt worden.

Georg Hohlneicher hat in seiner zusammenfassenden Schlußbetrachtung zum Symposium drei Schwierigkeiten für die Übertragung des Risikobegriffs benannt (Hohlneicher 1989):

Zunächst ist es die Vorhersage der Eintrittswahrscheinlichkeit. Sie muß sich bei der Vorhersage von Nebenwirkungen eines neuen Verfahrens oder Produkts auf Risikostudien, also auf Abschätzungen stützen. Diese können nicht annähernd eine Genauigkeit ergeben, wie sie aufgrund langjähriger statistischer Untersuchungen möglich ist. Solange man sich zum Beispiel bei der Frage nach der Schädlichkeit einer geringen anthropogen bedingten Erhöhung der ohnehin vorhandenen radioaktiven Strahlung in einem Gebiet allein auf Extrapolationen bezieht, wird die Wahrscheinlichkeit einer zusätzlichen Schädigung zu kontroversen Aussagen führen. Zuverlässige Erkenntnisse wären nur durch groß angelegte epidemiologische Studien mit gleichen Kohorten über längere Zeit (Langzeitstudien) zu erreichen.

Die *zweite Schwierigkeit* bei der Verwendung des Risikobegriffs liegt in der unterschiedlichen Bewertung des Schadens. Bei der

Übernahme persönlicher Risiken werden zwar auch der Kletterer oder der Drachenflieger nicht leugnen, daß sie nichts mehr fürchten als einen Unfall mit Todesfolge. Aber sie sind eben subjektiv sicher, daß ihnen nichts passieren wird. Sie glauben, ihr Hobby voll zu beherrschen und lassen sich auch von realen Unfallziffern nicht beeindrucken. Die Eintrittswahrscheinlichkeit steht für sie bei Null und läßt einen für ein anderes Individuum katastrophalen Schaden als für sie unbedeutend erscheinen.

Dieselben Menschen jedoch können sich höchst skeptisch über das Risiko von Pestiziden für die Nahrungskette äußern, obwohl dieses Risiko für ihre Gesundheit oder gar für ihr Leben viel eher bei Null liegt. Das hängt zunächst mit dem zusammen, was man als die „Auffangbarkeit des Schadens" bezeichnet. Diese Auffangbarkeit ist bei überschaubaren, begrenzbaren Wirkungen deutlich größer. Es hat aber auch damit zu tun, daß wir – wie Hubert Markl bemerkt – „Rückstandsmengen aus arithmetischer Bequemlichkeit lieber in ganzen Zahlen als in Bruchteilen angeben, also gemeinhin lieber 20ppb sagen als $2x10^{-8}$ (geschweige denn 0,000002 Prozent) (...) ganze 20 von diesen unverständlichen Einheiten – das kann gar nicht harmlos sein" (Markl 1988, 23).

So wird der Schadensbegriff bei gesellschaftlichen Risiken von dem jeweils unterschiedlichen Problem- und situationsspezifischen Spannungsverhältnis von Risikobewußtsein und Risikobereitschaft bestimmt. Das Problem ist aus der Energietechnik bekannt. Da werden Verfahren mit minimaler Wahrscheinlichkeit eines katastrophalen Schadens und Verfahren mit der sicheren Erwartung ernster Schadensfolgen verglichen und daraus völlig unterschiedliche Konsequenzen abgeleitet. Oder bei der Sicherheitsdebatte wurde die geringe Wahrscheinlichkeit eines Fallierens nuklearer Abschreckung mit der hohen Wahrscheinlichkeit politischer Erpreßbarkeit bei einseitigem Verzicht diskutiert und gegensätzliche Positionen aufgebaut. Ein gesellschaftlicher oder politischer Konsens ist auf diese Weise nicht zu erreichen.

Die enormen subjektiven Unterschiede in der Einstufung der Schadensgröße werden noch durch eine *dritte* Beobachtung ergänzt. In aller Regel kann man davon ausgehen, daß einer nur dann bereit ist, ein Risiko zu übernehmen, wenn er überzeugt ist, daß der Nutzen, also der Zugewinn an Sicherheit, das Risiko übersteigt. Das bedeutet, daß der Sicherheitsanspruch um so größer wird, je größer das Maß der erreichten Sicherheit ist. „Eine neue Technologie hat in zunehmendem Maße nur dann Chancen sich durchzusetzen, wenn ihr Chancen-/Risiko-Verhältnis in einer bestimmten Relation zum bereits Existierenden steht. Je höher der bereits erreichte Standard ist, desto deutlicher müssen die Chancen die Risiken überwiegen, um Akzeptanz zu erreichen. Damit ergibt sich auch eine zwanglose Erklärung für das unterschiedliche Akzeptanzverhalten in unterschiedlich entwickelten Ländern.“ (Hohlneicher 1989, 4)

Die Kontroverse

Diese eben dargelegten Schwierigkeiten bei der Bestimmung sowohl der Schadensgröße als auch der Eintrittswahrscheinlichkeit einzelner Risiken bestimmen weitgehend die öffentliche Risikodebatte. Neue Technologien und Verfahren werden insbesondere im Hinblick auf deren schwer einschätzbare, längerfristige, indirekte, positive wie negative Folgen heftig diskutiert. Wir haben bereits darauf hingewiesen. Die Diskussion verläuft kontrovers. Manche fordern den Verzicht auf Entwicklung und Anwendung einer bestimmten Technik, bis ein mögliches Überwiegen negativer Spätfolgen ausgeschlossen werden kann. Die Verantwortung für neue Technologien – so erklärt Hans Jonas – habe sich nicht an der Maximierung des Guten, am Fortschritt zu einem immer besseren Leben zu orientieren; sie sei vielmehr auf die Minimierung des Übels auszurichten. Nicht ob *wir* und *unsere Zeitgenossen* länger und besser leben, sei die für Forschung und Entwicklung entscheidende Frage; die entscheidende Verantwortungsfrage sei, ob die kommenden Generationen noch überleben können. Die Zwangsläufigkeit, mit der jede neue Technik auf Anwendung dränge, und die Irreversibilität ihrer Wirkungen verbiete es, ihre Entwicklung voranzutreiben, bevor die Vermutung, die Negativfolgen könnten letztlich überwiegen, falsifiziert sei. Bei neuen Techniken könne man daher nicht mehr einer fortschreitenden Risikoabwägung vertrauen, man müsse vielmehr das zwangsläufige Eintreten einer

Katastrophe supponieren, bis die Wahrscheinlichkeit des Nichteintretens zweifelsfrei erwiesen sei (Prädominanz der Negativprognose).

Doch eine so hohe Anforderung wird kaum je zu erbringen sein. Der methodische Zweifel ist – als methodischer Verdacht und methodische Angst – in der Praxis untauglich. Er unterstellt eine in der Zukunft mögliche Katastrophe als wirkliche. Der für die Risikobewertung wichtige Faktor der Eintrittswahrscheinlichkeit wird mit der Annahme des sicheren Eintretens der Katastrophe ausgeblendet. Die ethische Frage wird kurzgeschlossen, und man versucht, die entsprechende Technik unter ein generelles Verbot zu stellen mit dem Hinweis, bei solchen katastrophalen Risiken sei die Eintrittswahrscheinlichkeit unerheblich. Diese Art von Argumentation ist uns aus den politischen Debatten über Kernspaltung und Gentechnik wohlbekannt. Sie führt nicht weiter, denn wer alles Gefährliche verbieten will, bis seine Ungefährlichkeit zweifelsfrei erwiesen ist, lähmt sich selbst und kommt nicht voran.

Auf der anderen Seite der öffentlichen Diskussion begegnen wir dem Versuch einer rein technokratischen Beherrschung der Risiken moderner Forschung und Technologie. Man will sich darauf beschränken, die Industriekultur in all ihren Teilsystemen ausschließlich nach Kriterien optimaler Funktionalität zu steuern. Die unbeabsichtigten Nebenfolgen des technischen Fortschritts sollen allein durch ein Systemmanagement in den Griff bekommen werden, das mit den Mitteln soziotechnischer Planung expansive Tendenzen zurückbildet und überschießende Komplexität abbaut. Moralische Wertungen und Kontrollen gelten bei der Steuerung dieses Prozesses als gegenstandslos. Wenn und soweit sich die funktionale Differenzierung als Formprinzip der Gesellschaft durchsetzt, wird die Moral evolutionär abgehängt (Luhmann 1978).

Solange mit dieser Moral Vorverurteilungen gemeint sind, wäre gegen eine entsprechende Entrümpelung nichts einzuwenden. An moralischen Bekenntnissen herrscht ja heutzutage kein Mangel. Man bekennt sich zur Gewaltlosigkeit, zum Verzicht auf Atomkraft, zu einer alternativen Kultur, zum Überleben des Menschen in Menschlichkeit, zur Sicherung zukünftiger Generationen und so weiter. Die Fabrikanten von Aufklebern haben sich in den Dienst dieser appellativen Moral gestellt: Das „Nein Danke“ erscheint in allen Variationen auf den Autoheckscheiben.

Solche Bekenntnisse sind nun ihrerseits Ausdruck des Unbehagens über ein auf bloße Machbarkeit fixiertes Denken. Sie wenden sich gegen den Glauben an eine einfache technische Lösung aller Probleme. Mit dem bloßen Protest bieten sie freilich keine Hilfe zur rationalen Riskiobewältigung . Die Ethik ist nicht eine Sache des Bekenntnisses, sie verlangt vielmehr „argumentative Geduld“. Die Wahrnehmung der konkreten Verantwortung ist auf dem Weg der praktischen Vernunft zu entscheiden. Ebenso klar muß nun aber auch gesagt werden, daß der gesellschaftliche Umgang mit den Risiken großtechnischer Systeme in einem „allumfassenden Risiko-Nutzen-Entscheidungsalgorithmus“ nicht hinreichend greifbar ist.

Eine Abwägung der Chancen und Risiken ist ohne die Wertung von Zielen und die Festlegung von Prioritäten allerdings nicht möglich. Hier ist die Ethik gefordert, denn sie hat es mit der Vernünftigkeit wertender Entscheidungen zu tun. Technische Möglichkeiten als soziale Optionen sind immer Möglichkeiten unter normativen Bedingungen. Das funktional Richtige ist zwar integrales Teilmoment verantwortlichen Handelns. Verantwortliches Handeln erschöpft sich aber nicht in der Verwirklichung bloßer Funktionalitäten, hat doch das Handeln Konsequenzen in einem normativ geprägten gesellschaftlichen Zusammenhang. Dieser ist im Bekenntnis zur Unantastbarkeit der Menschenwürde wie auch in der Deklaration der Menschenrechte vorgegeben.

Ethik hat die Wertzusammenhänge in ihrer realen Komplexität bewußt und verstehbar zu machen. So hat sie beispielsweise zu zeigen, wie und warum die von uns allen so geschätzte Freiheit von Wissenschaft und Forschung in der Menschenwürde wurzelt; aber ebenso wäre deutlich zu machen, daß die Wissenschaftsfreiheit an derselben Menschenwürde ihre Grenze findet. Die konkrete Reflexion muß in einem interdisziplinären Dialog mit den Vertretern der einzelnen Disziplinen geleistet werden, denn die Einheit der vielgestaltigen Welt und die bestimmende Rolle des Menschen erschließen sich nur einer geordneten wissenschaftlichen Zusammenschau. Eine einseitige Orientierung aber an der Schadensbegrenzung einzelner Verfahren ergibt kein hinreichendes Kriterium für technologiepolitische Entscheidungen.

Die Ökologie hat uns die Augen geöffnet für die Verflechtung und gegenseitige Abhängigkeit unterschiedlicher Verfahren. Wer einen generellen Verzicht auf den intensiven Landbau fordert, muß erklären, wie man im Jahr 2020 acht bis zehn Milliarden Menschen ernähren soll. Dies wird ohne Hilfe der Agrikulturchemie und möglicherweise der Gentechnologie nicht möglich sein. Das Bevölkerungswachstum in der Dritten Welt ist das Fundamentalproblem. Und gerade dieses Problem ist nicht einfach „technisch" zu lösen. Es fordert eine Veränderung im generativen Verhalten der Völker der Dritten Welt und die ist ohne umfassende entwicklungspolitische Maßnahmen nicht erreichbar. Das Problem des rapiden Bevölkerungszuwachses wird notwendigerweise auch zu einem vermehrten Energieverbrauch führen. Und wer nun wiederum mit der Solarwasserstofftechnologie den CO_2-Ausstoß durch Verbrennung fossiler Energieträger und damit einen entscheidenden Feind des Klimas verdrängen will, der muß sich fragen, woher das für die Elektrolyse benötigte Wasser kommt, das sogar noch destilliert sein soll, und der muß sich dann auch fragen, wohin der Elektrolyseschlamm gebracht werden soll und ob sich nicht durch die Überbauung gewaltiger Flächen mit Solarzellen in anderer Form erneut negative Klimaeffekte einstellen werden.

Als blutiger Laie kann man zu all dem wohl nicht viel beitragen. Es soll hier nur zum Ausdruck gebracht werden, wie vernetzt und verwoben die Probleme schon von den bloßen Technikfolgen her sind. Dazu kommt die Einbindung in den Wirtschafts- und Arbeitsprozeß. Man wird sich auf einen Risikomix einigen müssen.

Um diese Abhängigkeiten in ein rationales System einzubringen, schlägt Meinolf Dierkes vor, den aus der Stabilitätspolitik bekannten Begriff des „magischen Dreiecks" zu verwenden (Dierkes 1988). Im „magischen Dreieck" der Technikbewertung stehen sich *wirtschaftliche, soziale* und *ökologische* Ziele gegenüber. Die *wirtschaftlichen Zielsetzungen* decken sich dabei mit dem magischen Dreieck der Wirtschaft (Preisstabilität, hoher Beschäftigungsgrad, außenwirtschaftliches Gleichgewicht). Es versteht sich von selbst, daß technische Innovationen für ein beständiges Wachstum unserer Wirtschaft unverzichtbar sind.

Oft zu wenig bedacht wird in diesem Zusammenhang der Bereich *sozialer Folgen* und damit auch die soziale Ecke im Dreieck. Technische Innovationen verändern die Arbeitssituation unter Umständen beträchtlich. Wo beispielsweise bisher ein gelernter Elektroinstallateur vollauf genügte, wird morgen möglicherweise ein spezialisierter Elektrotechniker gefordert sein. Neue Qualifikationsanforderungen bleiben aber nicht ohne positive wie negative Auswirkungen auf die Beschäftigungsmöglichkeiten. Auch Macht- und Einflußverhältnisse können sich durch Wissensvorsprünge rasch verändern. Wir erleben dies im Bereich der Hochschulforschung und nicht minder in der chemischen Industrie, bei der der Anteil der wissenschaftlich-technischen Mitarbeiter besonders hoch ist. Für diesen gesamten Bereich ist es besonders schwierig, „allgemeine und langfristig akzeptierte einfache Zielkriterien (...) der Technikbewertung zu benennen“ (Dierkes 1988, 54). Es ist aber unverkennbar, daß angesichts des wachsenden Konfliktpotentials der technikbedingten Veränderungen dieser Aspekt besondere Bedeutung gewinnt.

Als *ökologische Zielsetzung* (die dritte Ecke im Dreieck) gilt die Erhaltung und Wiederherstellung einer gesunden Umwelt. Die bereits genannten Vernetzungen machen hierbei die Wertung bestimmter Veränderungen schwierig. Aber es kann keinem Zweifel unterliegen, daß der chemischen Industrie als einem der wichtigsten und innovationsfähigsten Industriezweige der Bundesrepublik Deutschland eine besondere Verantwortung zuwächst. Da die meisten Innovationen von der Wirtschaft ausgehen, hat sie eine umfassende, über eng definierte ökonomische Ziele hinausgehende gesellschaftliche Verantwortung zu übernehmen. Diese müßte sich „zum einen in der Selbstverpflichtung zur Durchführung von Technikfolgenabschätzungen und Umweltverträglichkeitsprüfungen ausdrücken (...) zum anderen erfordert sie eine hohe Bereitschaft zur Transparenz“ (Dierkes 1988, 60). Vom Staat ist große Zurückhaltung zu erwarten, was Interventionen hinsichtlich der

Richtung und der Details der Anwendung technischen Fortschritts betrifft. Die zentrale Aufgabe des Staates besteht in der Vorgabe des politischen Rahmens, „in dem den Maßgaben des ‚magischen Dreiecks' der Technikbewertung nachzukommen ist" (Dierkes 1988, 61).

Ethik kann ihre eigene Aufgabe nur erfüllen, wenn sie hilft, das Ganze zu sehen, wenn sie den Menschen, das Humanum, im umfassenden Sinn in die Mitte rückt. „Alle technischen und wirtschaftlichen Innovationen müssen sich daran messen lassen, ob sie auf Dauer der Entfaltung des Menschseins förderlich sind. Sie sind nur insoweit legitimiert, als sie sich als Instrumente der Befreiung des Menschen zu würdigem Selbstsein, als Instrumente eines fürsorglichen Miteinanders der Menschen und als Instrumente der Sicherung unserer naturalen Lebensgrundlagen ausweisen lassen. Die unausbleiblichen Konflikte, etwa zwischen der instrumentellen und der praktischen Vernunft oder zwischen umweltpolitischen und wirtschaftspolitischen Zielen, müssen nach den allgemein anerkannten Wertvorzugsregeln entschieden werden. Nur wo dies alles nüchtern, geduldig und im Respekt vor den mühsam errungenen demokratischen Entscheidungsmechanismen durchgestanden wird, dürfen wir hoffen, daß unsere Welt auch für die kommenden Generationen bewohnbar bleiben wird" (Auer 1986, 430).

Literatur

Auer, A. (1986): Verantwortete Zeitgenossenschaft. In: G.W. Hunold, W. Korff (Hg.), Die Welt für morgen. München.

Bierce, A. (1966): The Devil's Dictionary. In: The Collected Works of Ambrose Bierce, Vol. VII, New York (dtsch.: Des Teufels Wörterbuch. Zürich 1986).

Dierkes, M. (1988): Technologie – Folgen und Verantwortung. In: *Civitas*, 43, S. 51–62.

Hohlneicher, G. (1989): Schlußbetrachtung. In: G. Hohlneicher, E. Raschke (Hg.), Leben ohne Risiko? Ein Beitrag zur umweltorientierten Risikoabschätzung und -akzeptanz. Köln.

Holl, J. (1989): Verantwortung zwischen sozialer Ordnung und individualer Freiheit. In: E.-J. Lampe (Hrsg.), Verantwortlichkeit und Recht. Jahrbuch für Rechtssoziologie und Rechtsphilosophie, Bd. 14. Opladen.

Jonas, H. (1979): Das Prinzip Verantwortung. Versuch einer Ethik für die technologische Zivilisation. München.

Jonas, H. (1985): Technik, Medizin und Ethik. Zur Praxis des Prinzips Verantwortung. Frankfurt/M.

Kolakowski, L. (1976): Die Weltanschauung und das tägliche Leben. In: L. Kolakowski, Der Mensch ohne Alternative. Von der Möglichkeit und Unmöglichkeit Marxist zu sein. München.

Lampe, E.-J. (1989): Einleitung. In: E.-J. Lampe (Hrsg.), Verantwortlichkeit und Recht. Jahrbuch für Rechtssoziologie und Rechtsphilosophie, Bd. 14. Opladen.

Luhmann, N. (1978): Soziologie der Moral. In: N. Luhmann, S. Pfürtner (Hg.), Theorietechnik und Moral. Frankfurt/M.

Markl, H. (1988): Chemische Forschung und wirtschaftliche Entwicklung. In: Chancen für die Chemie der Zukunft. 13. Ordentlicher Gewerkschaftstag der Industriegewerkschaft Chemie-Papier-Keramik, Karlsruhe, 4.–10. September 1988. Hannover.

Ströker, E. (1984): Einleitung. In: E. Ströker (Hrsg.), Ethik der Wissenschaften? Philosophische Fragen, = Ethik der Wissenschaften, Bd. 1. München, Paderborn, Wien, Zürich.

Unternehmensethik – Eine verhaltenswissenschaftliche Perspektive

von Lutz von Rosenstiel

Unternehmensethik kann unter vielfältigen Perspektiven gesehen werden. Dies gilt nicht nur für die Quellen, aus denen sich ethische Grundsätze oder Prinzipien herleiten, sondern auch für die Inhalte, auf die sie sich beziehen. In jüngerer Zeit interessierten hier vor allem die Normen und Regeln in bezug auf die natürliche Umwelt und auf die Entwicklungsländer. Darauf sei nachfolgend nicht eingegangen. Vielmehr soll in diesem Beitrag ein drittes wesentliches Feld betrachtet werden: die Menschen, die im Unternehmen arbeiten, und jene Menschen, denen das Unternehmen auf dem Markt seine Produkte, Dienstleistungen oder Ideen anbietet. Im Umgang mit Menschen stützt sich das Unternehmen in einer Zeit zunehmender Verwissenschaftlichung aller Lebensbereiche auf Erkenntnisse der anwendungsbezogenen Verhaltenswissenschaften, insbesondere der Organisationspsychologie und -soziologie. Entsprechend soll im folgenden auf ethische Problemfelder im Forschungsprozeß dieser auf die Unternehmung bezogenen anwendungsorientierten Forschungsdisziplinen und auf die Nutzung der Forschungsergebnisse im Unternehmen eingegangen werden.

Das Unternehmen als Organisation

Das Wort Unternehmen läßt vor allem an den Finanz- und Rechtsaspekt eines Betriebes denken. Man vergißt dadurch leicht, daß es sich bei Unternehmen auch und wesentlich um soziale Organisationen handelt. Organisationen sollen deshalb hier als Systeme definiert werden, die

- der Umwelt gegenüber offen sind,
- zeitlich überdauernd existieren,
- spezifische Ziele verfolgen,

- sich aus Individuen beziehungsweise Gruppen zusammensetzen, also ein soziales Gebilde sind und
- eine bestimmte Struktur aufweisen, die meist durch Arbeitsteilung oder eine Hierarchie von Verantwortung gekennzeichnet ist.

Der Bestimmungsbestandteil „soziales Gebilde" macht deutlich, daß im Unternehmen Menschen tätig sind. Und aus der Zweckrationalität und Zielbezogenheit wird ersichtlich, daß diese Menschen instrumentiert, also als Mittel zum Zweck der Zielerreichung eingesetzt werden. Es ist offensichtlich, daß dadurch bedingt ein strukturaler Konflikt zwischen der Organisation und den einzelnen in ihr tätigen Menschen angelegt ist, der die Interessen der unterschiedlichen Personen und Personengruppen mehr oder weniger verletzt. Der Umgang damit fordert deshalb eine Besinnung auf ethische Prinzipien.

Das Unternehmen ist aber auch ein offenes System, das heißt, es bestehen Wechselwirkungen mit der natürlichen und mit der von Menschen geschaffenen Umwelt des Unternehmens sowie zu den verschiedenen Märkten, wie dem Finanz-, Personal- und Absatzmarkt. Das Unternehmen kann diese Außenbeziehungen in unterschiedlicher Weise gestalten. Dies gilt auch für die Beziehungen zu jenen Menschen, die als potentielle Arbeitskräfte und als potentielle oder aktuelle Kunden mit dem Unternehmen in Verbindung stehen. Es gibt vielerlei Anlaß für die Annahme, daß bei der Gestaltung dieser Beziehungen ethische Prinzipien zu berücksichtigen sind.

Organisationspsychologie und -soziologie als anwendungsorientierte Wissenschaften

Die Psychologie läßt sich als Wissenschaft vom menschlichen Erleben und Verhalten bestimmen, die Soziologie als die Wissenschaft von den sozialen Strukturen und dem sozialen Verhalten. Es ist offensichtlich, daß Erkenntnisse dieser Wissenschaften in den Organisationen dort nachgefragt werden, wo es im Innen- und im

Außenaspekt um die Gestaltung des Umgangs mit Menschen oder – konkreter gesagt – um deren Beeinflussung geht. Da nun einerseits zunehmend verhaltenswissenschaftliche Kompetenz in den Organisationen angesiedelt ist, die verhaltenswissenschaftliche Erkenntnisse verstehen, umsetzen und nutzen kann, und andererseits diese Wissenschaften auch zunehmend Nützliches bereitzustellen in der Lage sind, hat dies eine doppelte Konsequenz. In den Organisationen wird der Umgang mit Menschen, zum Beispiel bei der Auswahl, Schulung und Führung der Mitarbeiter oder bei der Ansprache der Kunden, auf eine wissenschaftliche Grundlage gestellt. Die Nachfrage nach nützlicher Erkenntnis hat in den Verhaltenswissenschaften – spezifisch in der Psychologie und in der Soziologie – dazu geführt, daß sich anwendungsorientierte Teildisziplinen der Wissenschaft herausgebildet haben, die spezifisch den von den Organisationen artikulierten oder doch den bei diesen vermuteten Bedarf durch ihre Forschungsaktivitäten zu befriedigen suchen.

Entsprechend kann man heute hier – wie innerhalb anderer Wissenschaften auch – dreifach untergliedern und zwar in

- Grundlagenforschung,
- anwendungsorientierte Forschung und
- wissenschaftlich begründete Anwendung der Forschungsergebnisse in der Praxis.

Dies gilt auch für die Psychologie und Soziologie. Grundlagenforschung wird hier in theoretischer Perspektive, im Sinne einer „reinen Wissenschaft" betrieben. Dies bedeutet, daß sich Fragestellungen aus Widersprüchen oder Lücken innerhalb des Wissensstandes ergeben und das Ziel der Forschung ausschließlich an der Erkenntnis oder der „Wahrheit" orientiert ist. Nützlichkeit der Forschungsergebnisse ist nicht explizit angestrebt. Tritt sie ein, so ist das eher ein Zufall.

Dies ist bei einer anwendungsorientierten Forschung anders. Die Fragestellungen ergeben sich hier nicht fachimmanent, sondern werden aus potentiellen Anwendungsfeldern „importiert". Dort erwartet man von der Wissenschaft Hilfe durch die Beantwortung der aufgeworfenen Fragen. Entsprechend müssen die Forschungsergebnisse nicht nur richtig, also „wahr“ sein, sie sollen sich auch als hilfreich und nützlich erweisen. Es ist offensichtlich, daß sich dabei ethische Probleme ergeben müssen, denn das Nützliche ist ein Eingriff in die Welt. Es stabilisiert oder verändert etwas. Da in der Realität Interessengegensätze bestehen, stellt sich dann jeweils die Frage: Nützlich für wen und unter welcher Perspektive?

Wird das in der Forschung erarbeitete Wissen im Anwendungsfeld routinemäßig zur wissenschaftlich begründeten Praxis, so haben wir es mit der praktischen Seite des Faches zu tun. Nicht Innovation oder neue Erkenntnis ist hier das Ziel. Es geht allein um die Nützlichkeit, um Hilfe für einzelne Personen, für Institutionen, für die Gesellschaft, für die Menschheit, für die Natur – also die Schöpfung als Ganzes oder Ausschnitte daraus. Ähnlich wie in der anwendungsorientierten Forschung stellt sich dann allerdings die Frage, wie dieses „nützlich“ zu verstehen ist. Nützlich für wen? Nützlich nur heute, auch morgen oder erst in einem Jahrhundert? Und – nicht zu vergessen – nützlich auf wessen Kosten?

Aufgaben und Arbeitsschritte in anwendungsorientierten empirischen wissenschaftlichen Disziplinen

Geht man davon aus, daß eine Wissenschaft ein System von Erkenntnissen zu einem Gegenstandsbereich ist, so läßt sich für die Organisationspsychologie und -soziologie dieser Gegenstandsbereich als das Erleben, das individuelle und soziale Verhalten der arbeitenden Menschen in sozialen Systemen beschreiben. Die wissenschaftliche Arbeit ist dabei durch vier grundlegende Forschungsaktivitäten zu kennzeichnen:

- Beschreibung,
- Erklärung,
- Prognose,
- Kontrolle im Sinne einer gezielten und wissenschaftlich begründeten Einflußnahme.

Es ist ganz offensichtlich, daß zu den ersten Schritten wissenschaftlichen Tuns die Bestimmung des Realitätsausschnittes gehört, den man erkunden und wissenschaftlich faßbar machen will. Es geht dabei um eine wissenschaftliche Beschreibung. Entsprechend muß sich das Fach zunächst um dafür geeignete Methoden bemühen; in der Organisationspsychologie und -soziologie sind dies vor allem zuverlässige und gültige Befragungs- und Beobachtungsverfahren.

Das Beschriebene soll jedoch im nächsten Schritt auch erklärt werden, das heißt, man möchte eine Antwort auf die Frage gewinnen, warum das Phänomen so und nicht anders erscheint. Innerhalb einer empirischen Wissenschaft, in der probabilistische oder Kausalmodelle vorherrschen, wird in der Regel aus der Verknüpfung verschiedener Wenn-Dann-Aussagen ein theoretisches Gebäude, das Erklärungszusammenhänge liefert. So weiß man beispielsweise durch entsprechende Untersuchungen – häufig experimenteller Art – in der Psychologie, daß die Identifikation eines Arbeitenden mit seiner Aufgabe um so größer ist, je intensiver er bei ihrer Gestaltung mitbestimmen kann.

Wenn adäquate Erklärungskonzeptionen erarbeitet wurden, dann läßt sich auch prognostizieren. Man kann also angeben, daß B mit einer gewissen Wahrscheinlichkeit folgen wird, wenn A gegeben ist. Dies freilich schließt nicht aus, daß gelegentlich Prognosen auch gelingen können, wo eine adäquate Erklärung fehlt. Das Kind kann angeben, daß die Sonne morgens aufgehen wird, obwohl es weder etwas von der Kugelform der Erde, noch von ihrer Drehung im 24-Stundenrhythmus weiß. Trendfortschreibung wäre in diesem Sinne eine inadäquate Basis für gelegentlich adäquate Prognosen.

Doch dient die Erklärung zugleich auch als Basis für die Kontrolle, für Beeinflussungschancen im Sinne einer Stabilisierung oder Modifikation des Gegenstandsbereichs. Man kann gezielt den Zustand A herbeiführen, wenn man B erreichen möchte. Zum Beispiel kann man vermehrt Mitbestimmung bei der Aufgabengestaltung gewährleisten, um so eine höhere Identifikation mit den zu bewältigenden Aufgaben bei den Ausführenden zu erreichen.

Speziell hier werden nun allerdings ethische Probleme erkennbar. Ganz offensichtlich erweist sich in diesem Kontext das Wissen als Macht. Wer über mehr Wissen verfügt, hat entsprechend auch erhöhte Beeinflussungschancen. Wem sich die anwendungsorientierte Verhaltenswissenschaft zur Verfügung stellt, den macht sie unter bestimmten Perspektiven mächtiger. Wer sich die Organisationspsychologie und -soziologie unter Einschluß ihrer Forschungskompetenzen kauft, der macht sie sich unter Umständen zur Hure.

Dies zum Grundsätzlichen. Im folgenden soll nun etwas detaillierter verdeutlicht werden, wie sich anwendungsorientierte Forschung und Praxis – die Übergänge sind hier fließend – in Organisationen vollziehen. Typischerweise läßt sich die Arbeit in fünf Schritte gliedern:

- Beschreibung des Ist-Zustandes;
- (Mit-)Definition des Soll-Zustandes;
- Erarbeitung von Veränderungswissen;
- Intervention im Sinne des zielbezogenen bewußten Eingriffs;
- Evaluation.

Es ist offensichtlich, daß derjenige, der wissenschaftlich begründet handelt und damit die Realität stabilisieren oder verändern möchte, zunächst einmal eine „Diagnose“ braucht. Er beschreibt den Realitätsausschnitt, der unter bestimmter Perspektive interessiert und auf den eingewirkt werden soll. So gilt es etwa das Betriebsklima mit adäquaten Erhebungsinstrumenten zu erfassen, die Unternehmenskultur an wichtigen Symbolen und Mythen zu erkennen, die Wünsche potentieller Kunden durch adäquate Testverfahren aufzuzeigen.

Ist diese Beschreibung, diese Diagnose, mit relevanten Mitteln erfolgt, so kommt die ethisch brisante Frage auf, was man denn eigentlich möchte. Der Soll-Zustand wird definiert. Soll der aufgefundene Ist-Zustand bleiben, wie er sich darstellt, oder möchte man etwas verändern? Falls ja, wer ist „man“ und in welcher Weise möchte man das tun? An dieser Stelle gerät der Forscher oder wissenschaftlich Handelnde häufig in ein Dilemma. Auch er hat ja seine mehr oder weniger reflektierten Wertungen, seine Wünsche, seine politischen Orientierungen. Für ihn sind spezifische Soll-Zustände wünschenswerter als andere. Dennoch wird er, falls er im Fremdauftrag handelt, nicht selten die Ziele jener übernehmen müssen, die ihm den Auftrag gaben. Er kann sie vielleicht ein wenig modifizieren, relativieren; er kann sich um Kompromisse bemühen. Dennoch wird sich meist die Sicht des Auftraggebers durchsetzen. Wertkonflikte sind angelegt. Und wenn der einzelne anwendungsorientiert Forschende oder verhaltenswissenschaftlich vorgebildete Praktiker durch seine wissenschaftliche oder wissenschaftlich begründete Tätigkeit sein täglich Brot verdient, so wird er sich nicht ohne weiteres verweigern können, wenn ihm das Ziel des Auftraggebers nicht genehm ist. Und selbst wenn er angesichts einer verhaltenswissenschaftlichen Inkompetenz oder eines entsprechenden Desinteresses des Auftraggebers und/oder der Betroffenen seinen Standpunkt durchsetzen könnte – darf er das? Martin Irle verneint dies im Hinblick auf die Angewandte Psychologie, da es nicht Aufgabe des Experten sei festzulegen, was wir wollen sollen. Über die Ziele sei im demokratischen Aushandlungsprozeß zu entscheiden (Irle 1975).

Wenn das Ist analysiert und das Soll definiert sind, dann bleibt die Frage nach dem Weg. Häufig ist dieser anfangs nicht bekannt. Hier nun setzt anwendungsorientierte Forschung ein. Es wird durch einschlägige empirische Untersuchungen ergründet, wie die Überführung des Ist- in den Soll-Zustand gelingen kann. Hat man dafür ein Instrumentarium, eine nützliche Sozialtechnologie wissenschaftlich erarbeitet, so steht ein sogenanntes „Veränderungswissen" zur Verfügung.

Bereits bei der Erarbeitung dieses Wissens, das heißt im Zuge der Forschung, können erhebliche ethische Probleme entstehen, denn innerhalb der verhaltenswissenschaftlichen Forschung sind die Objekte der Untersuchung Menschen, die jene Daten liefern, auf denen das Veränderungswissen aufbaut. Und diese Menschen, die als gutgläubige „Versuchspersonen" – etwa im Zuge betrieblicher Umfragen oder werbepsychologischer Experimente im psychologischen Labor – Daten liefern, sind oft nicht darüber aufgeklärt, für welche Ziele und für welche Zwecke ihr Wissen, ihre Aussagen oder sonstigen Reaktionen benutzt werden und ob nicht darauf Maßnahmen gründen, die sich kurz- oder langfristig gegen die eigenen Interessen richten.

Ist das Veränderungswissen erarbeitet, so kann es eingesetzt werden. Man kommt zur Intervention, zur „Therapie". Auch dies ist fraglos ein Gebiet, das erhebliche ethische Implikationen hat. Man denke nur daran, daß ein Organisationspsychologe oder Organisationssoziologe aufgrund seines Veränderungswissens Anreizsysteme im Betrieb einführt, die den einzelnen Arbeitnehmer zu höherer Leistung motivieren. Ist dies ethisch vertretbar, wenn dadurch der einzelne Arbeitnehmer übermäßig, das heißt gesundheitsgefährdend, beansprucht wird oder wenn dadurch Arbeitskräfte eingespart und Kollegen entlassen werden müssen? Und – zurückgefragt – ist dies ethisch nicht doch zu rechtfertigen, wenn ohne diese Einsparungen der ganze Betrieb nicht überleben könnte und alle dort Tätigen bald ohne Arbeit wären? Oder ließen sich vielleicht doch andere Formen des Interessenausgleichs finden, wie Teilzeittätigkeit für viele, obwohl dies innerhalb der betrieblichen Diskussion ein Tabu ist?

Die konkrete Intervention soll dazu führen, daß der vom Forscher mitbestimmte oder von ihm einfach übernommene Soll-Zustand erreicht wird. Ob er aufgrund dieser Intervention erreicht werden konnte, wird im Zuge der Evaluation überprüft. Dabei kommen ähnliche Methoden wie jene zum Einsatz, mit denen zuvor der Ist-Zustand analysiert wurde.

Zentrale Felder ethischer Probleme

Es wurde bereits angedeutet, daß sowohl in der Erarbeitung des organisationspsychologischen und organisationssoziologischen Wissens, also im Forschungsprozeß, gravierende ethische Probleme liegen, die wichtiger sind als in vielen anderen Wissenschaften. Denn schließlich handelt es sich um Forschung am Menschen, deren Ergebnisse unmittelbar für Menschen bedeutsam werden. Die ethischen Probleme liegen aber auch in der alltäglichen praktischen Nutzung dieses Wissens im Unternehmen, bei der Personalauswahl mit psychologischen Tests und Assessment-Center-Verfahren, bei der Messung der Arbeitszufriedenheit, der Gestaltung von Anreizsystemen, der Schulung von Führungskräften, aber auch bei der psychologisch fundierten Gestaltung der absatzpolitischen Instrumente, etwa dem Aufbau eines Zielimages oder bei der Produktdifferenzierung durch Werbung.

Es macht die zentrale ethische Brisanz nicht aus, daß eine Wissenschaft praxisrelevante Verfahren entwickelt. Wenn diese kaum strittig und für die Betroffenen nützlich sind, ohne andere Personen ernsthaft zu schädigen, so zeigt sich kaum – zumindest nicht bei eher oberflächlicher Betrachtungsweise – eine ethische Problematik. Dies gilt entsprechend für medizinische Untersuchungen. Wenn Lepra bisher tödlich war und durch medizinisch-pharmazeutische Forschung, bei der Menschen nicht ernsthaft gefährdet oder geschädigt wurden, ein Mittel gefunden wird, das in der Lage ist, die Krankheit zu heilen, so sind Forschung und Anwendung der Forschungsergebnisse ganz offensichtlich gut.

In der Organisationspsychologie und -soziologie stellt sich jedoch das Praxisproblem meist nicht so einfach. Das Wissen wird hier in der Regel für Unternehmen der Wirtschaft entwickelt und von diesen eingesetzt. Dort aber sind Personen nur in rollenhaften Ausschnitten ihrer Gesamtpersönlichkeit tätig, als Arbeitende mit Spezialistenaufgaben innerhalb spezifischer hierarchischer Ebenen. Was bei der Arbeit mit ihnen geschieht, kann für die anderen Aspekte ihres Seins förderlich, aber auch schädlich sein. Wer sich mit der Arbeit identifiziert, kann dadurch ein für seine Freunde und für seine Familie anregender, förderlicher, interessanter Partner werden oder aber als „Workaholic" für seine soziale Mitwelt außerhalb des Betriebes weitgehend verlorengehen. Der Betrieb allerdings wünscht und fördert es sogar, daß die Mitarbeiter – allen voran die Vorgesetzten – sich voll mit dem Betrieb identifizieren und keineswegs nur während der Arbeitszeit mit ihren Gedanken bei der Arbeit sind. Emotionale Bindung wird erwartet. Ist diese allerdings auf Gegenseitigkeit begründet? Nicht selten reagiert der Betrieb auf den Mitarbeiter ausschließlich rational, sieht ihn instrumentell. Wenn es wirtschaftlich günstig erscheint, wird nach Rationalisierungsmaßnahmen der Arbeitnehmer entlassen; beispielsweise der Hauptabteilungsleiter, der sich im wahrsten Sinne für den Betrieb aufopferte, in den vorzeitigen Ruhestand geschickt. Gewiß, er erhält einer großzügige Abfindung. Es geht ihm jedoch gar nicht um das Geld, sondern um das Zentrum seiner Interessen, seines bisherigen Lebens. Diese Bindung aber ist nun nicht mehr gefragt.

Die ethischen Probleme ergeben sich aber nicht nur aus den verschiedenen Rollen und Lebensaspekten der Person, sondern auch im interpersonalen Bereich aus massiven Interessengegensätzen. Was die Kapitaleigner oder die oberen Führungskräfte wollen, das wollen häufig die Gewerkschaft oder der Betriebsrat nicht. Was die Führenden wünschen, widerstrebt nicht selten den Ausführenden. Was der einen Abteilung zum Vorteil gereicht, schadet gelegentlich einer anderen. Nicht selten ist es so, daß das, was organisationspsychologische und -soziologische Erkenntnis dem einen an Nutzen bringt, dem anderen zum Ärger oder gar zum Schaden wird. Und selbst dort, wo sich alle einig scheinen, können die durch die Wissenschaft begründeten betrieblichen Aktivitäten dazu führen, daß die Nachbarschaft in der Gemeinde oder im Umfeld oder aber die ungeborenen Enkel geschädigt werden.

Gerade in derartigen Konfliktsituationen entstehen erhebliche Probleme ethischer Art. Dort, wo man mit diesen Problemen „nicht klar kommt", wird der Ruf nach eindeutigen Richtlinien laut, nach strikten und strengen Geboten. Dies ist – bedenkt man Extremfälle – durchaus legitim. Arbeits- und Gesundheitsschutz dürfen nicht zur Disposition gestellt werden, selbst dann nicht, wenn dadurch die Existenz des Betriebes gefährdet wird. Massive Auswüchse irreführender Werbung müssen verboten bleiben, selbst wenn deren nachfragesteigernde Wirkung unabstreitbar ist und einem Unternehmen in der wirtschaftlichen Notlage wieder Chancen geben könnte. Im Alltag aber, unterhalb dieser Schwelle, kann kaum ein starres System derartiger Gebote weiterhelfen. Oder, wie Klaus Lefringhausen (1990) einen zweifelnden Vater an seinen rigorosen und erzürnten Sohn in einem „Brief zur Wirtschaftsethik" schreiben läßt: „Wirtschaftsethik hat zur Entscheidungsfindung wenig beizutragen, wenn man sie wie ein Rezeptbuch befragt, sich durch die Übernahme bereits vorgedachter Entscheidungen verantwortungslos machen will oder wenn man mit Hilfe der Ethik komplizierte Zusammenhänge auf ein einfaches moralisches Entweder-Oder reduzieren will. Das sind Irrwege der Wirtschaftsethik. Ethik weiß nicht vorher, sondern findet in der konkreten Situation und nur für diese Situation die Antwort."

Rezepte würden ja zum einen bedeuten, daß derjenige, der diese Rezepte formuliert, sich anmaßt, im Besitz einer „höheren Ethik" zu sein, die ihm im Extremfall diktatorische Rechte gibt. Zum anderen würde sie den nach den Rezepten Handelnden aus der Verantwortung entlassen. Entsprechend muß die Aufgabe darin bestehen, auf die Probleme, auf die Konfliktsituationen hinzuweisen, damit der dort Handelnde nicht guten Gewissens das Böse tut, sondern gezwungen ist, im Sinne seiner eigenen reflektierten Prinzipien das Verantwortbare zu tun und faire Kompromisse in den Situationen des Wertkonfliktes zu suchen.

Allerdings braucht er dabei bewußt durchdachte Kriterien, Prinzipien. Exemplarisch sei dies an einer Aussage des Nestors der deutschen Betriebspsychologie, Arthur Mayer, im Hinblick auf sein Fach gesagt. Er umschreibt seine Disziplin als „die empirische Wissenschaft, die sich mit den Erscheinungsweisen, den Bedingungen und Auswirkungen sozial organisierten Verhaltens und mit deren Veränderungsmöglichkeiten im Sinne sozial verantworteter persönlicher Entfaltung" befaßt (Mayer 1978). Was dies allerdings in der konkreten Situation bedeutet, das gilt es auszuhandeln. Und gerade dieses Aushandeln, das „Abwägen", wie es einer der führenden Ethiker der Verhaltenswissenschaften, Heinz Schuler, nennt, bereitet manchem Unbehagen, da es als die Wiederbelebung des dubiosen „der Zweck heiligt die Mittel" erscheint (Schuler 1989). Wenn etwa Cook, der Vorsitzende des Ethikkommitees der American Psychological Association im Hinblick auf die verhaltenwissenschaftliche Forschung als Kriterium setzt, daß das Forschungsproblem bedeutsam genug erscheint, um Kosten und Schädigungen für die von der Forschung betroffenen Menschen auszugleichen (Cook 1976), so ist dies Inbegriff utilitaristischer Ethik, die die moralische Richtigkeit oder Unrichtigkeit einer Handlung allein nach ihren Konsequenzen beurteilt.

Die Gegenposition liegt in einer deontologischen Ethik, deren Grundprinzip es ist, daß Handlungsweisen für sich genommen als richtig oder falsch beziehungsweise – in unserem Zusammenhang – als gut oder schlecht zu bewerten sind, also Handlungsregeln aufgestellt werden, die man nicht relativieren darf. Kurzes Nachdenken lehrt allerdings, daß zumindest auf einer Vielzahl von Gebieten, die für das menschliche Erleben und Verhalten relevant sind, eine solche Ethik nicht tragen kann, da Prinzipien, die für sich allein genommen unterstützenswert erscheinen, miteinander in Konflikt geraten können. So wird kaum einer ernsthaft die Forderung an den Arzt „Du sollst Gesundheit fördern und das Leben des Patienten nicht gefährden!“ und andererseits „Du sollst nicht lügen!“ nicht unterstützen. Was aber, wenn die wahrheitsgemäße Information eines Patienten über seinen Zustand mit hoher Wahrscheinlichkeit dessen Genesungschancen drastisch reduziert? Wiederum gilt es abzuwägen. Und dies ist unter verhaltenswissenschaftlicher Perspektive bei gelebter Unternehmensethik der Normalfall.

Exemplarische Probleme

Wo also liegen innerhalb der Organisationspsychologie und der Organisationssoziologie sowie deren Nutzung in den Unternehmen sensible Felder, in denen sich Wertkonflikte zeigen, bei denen es abzuwägen gilt? Die Beantwortung dieser Frage kann hier nur exemplarisch erfolgen. Einige Felder, die besondes gewichtig erscheinen, seien deshalb knapp angesprochen, ohne daß damit auch nur ansatzweise Vollständigkeit beansprucht wird:

- Auswahl der Fragestellungen;
- Auswahl der Bewertungskriterien;
- Aufzeigen von Ursache-Wirkungs-Beziehungen;
- Durchschaubarkeit der Forschung für die Betroffenen;

- Verbreitung des gewonnenen Wissens;
- Anwendung der Forschungsergebnisse im Zuge gezielter Verhaltensbeeinflussung.

Auswahl der Fragestellungen

Was man wissen könnte, ist – selbst in einem so begrenzten Feld wie dem hier besprochenen – nahezu unendlich. Forschungskapazitäten dagegen sind knapp. Dies wiederum bedeutet, daß man sich die Frage stellen muß: „Was ist wissenswert?“ Die Auswahl von Fragestellungen aber ist nun ganz offensichtlich eine reflektierte oder unreflektierte Wertentscheidung, die dem Postulat der Wertfreiheit von Wissenschaft tendenziell widerspricht.

In einer anwendungsorientierten Wissenschaft wird die Auswahl der Fragestellungen zum einen unter dem Aspekt der Beantwortungschance, zum anderen aber auch unter dem Aspekt der zu erwartenden Nützlichkeit erfolgen. Dies aber wirft die zuvor schon gestellte Frage erneut auf: nützlich für wen? Es kann für die Kooperation zwischen den Unternehmen und der auf sie gerichteten verhaltenswissenschaftlichen Forschung in marktwirtschaftlich-industriellen Systemen gar nicht bezweifelt werden, daß hier Einseitigkeiten bestehen. Wissenswert erscheint vor allem, was dem Betrieb, der Arbeitsorganisation nützt. Entsprechend haben viele Untersuchungen das Ziel, Wege zu finden, die beim arbeitenden Menschen die Leistungsbereitschaft steigern und seine Zufriedenheit erhöhen. Dies aber bedeutet – folgt man den Argumenten marxistischer Kritiker des Faches –, daß dadurch zweierlei geleistet wird:

- Leistungsintensivierung und
- Systemstabilisierung.

Wer mehr leistet, dient dem Profit der Eigner; wer zufrieden ist, stabilisiert ein System, das möglicherweise ungerechte Herrschaft bedeutet, und verfestigt somit Strukturen, die wiederum dem Eigner nutzen.

Auch wenn man diese pointierte Sichtweise nicht teilt, nicht vom grundsätzlich gegebenen unüberbrückbaren Interessenkonflikt zwischen Kapital und Arbeit ausgeht, ist dennoch unübersehbar, daß wissenschaftliche organisationspsychologische und organisationssoziologische Untersuchungen relativ selten sind, in denen nach Wegen gesucht wird, mit deren Hilfe das kritische Bewußtsein der Betriebsangehörigen aufgebaut, ihre Kompetenz zu einem erfüllten Freizeiterleben neben der Arbeit gefördert, oder ihre Fähigkeit, einem Vorgesetzten erfolgreich im Sinne ihrer eigenen Interessen zu widersprechen, ausgebildet wird.

Ganz ähnlich sieht es aus, wenn verhaltenswissenschaftliche Untersuchungen analysiert werden, mit deren Hilfe Kommunikation zwischen den Marktteilnehmern verbessert werden soll. Tatsächlich werden hier den Unternehmen aus der Sicht ihrer Interessen größere Chancen geboten als den Partnern, etwa den Konsumenten. Marktpsychologische und -soziologische Forschung ist Veränderungswissen, um potentielle Konsumenten zu beeinflussen. In den (größeren) Unternehmen gibt es meist ausreichend fachliche Kompetenz, dieses Wissen zu nutzen. Untersuchungen im Interesse des Verbraucherschutzes sind demgegenüber selten, und die meisten Verbraucher hätten auch gar nicht die Fähigkeit, derartiges Wissen sinnvoll zu nutzen – unter anderem deshalb, weil sie nicht organisiert sind.

Die Unternehmen gehen also ausgesprochen oder unausgesprochen mit der anwendungsorientierten Forschung eine Allianz ein, die den Unternehmensinteressen dient. Ob dadurch die Interessen anderer verletzt werden, dürfte in der Praxis nur selten bedacht sein.

Auswahl der Bewertungskriterien

Ein empirisches Fach kann zeigen, was ist oder was wird. Sobald darüber gesprochen wird, ob dies wünschenswert ist oder nicht, ist der Boden der Empirie überschritten; es kommen Prinzipien ins Spiel, die sich nicht empirisch fundieren lassen. Hier beginnt das Feld der Ethik.

Die Verhaltenswissenschaften von der Organisation sind stark durch ein Ursachen-Folge-Denken geprägt. Die Struktur sieht dann häufig wie folgt aus:

Als Ursachen gelten Bedingungen der Arbeit und der Organisation, als Folge menschliche Erlebens- und/oder Verhaltensweisen. Dies bedeutet, daß durch wissenschaftlich begründete Gestaltung von Bedingungen das Wahrnehmen, Fühlen, Denken, Wollen sowie das individuelle und soziale Handeln von Menschen beeinflußt wird. All dies läßt sich – mehr oder weniger präzise – empirisch aufzeigen, begründen, vorhersagen und entsprechend beeinflussen. Ob der Einfluß aber gut oder schlecht ist, hängt von Bewertungskriterien ab. Doch wo soll man diese hernehmen? Selbst wenn man einen relativ eindeutigen Wertstandpunkt – zum Beispiel über religiöse Bindungen – hat, fällt dies nicht leicht. Auch in der katholischen Soziallehre gibt es Streit darüber, was nun eigentlich wünschenswert ist und was nicht. Zwar ist dies eher ein Streit ums Konkrete als ums Grundsätzliche. Das Konkrete aber ist es, was im Unternehmen zum Tragen kommt. Ist als Ergebnis der Interventionsmaßnahme Leistungssteigerung erwünscht? Ist die Leistung dabei Selbstzweck oder muß man sie verstehen als Beitrag zur Bedürfnisbefriedigung anderer, der Kunden, der Patienten, der Ratsuchenden? Dient sie auch dem Selbstwertgefühl dessen, der sie erbringt, oder nützt sie nur dem Bankkonto des Eigners?

Soll durch eine wissenschaftlich vielfach getestete Werbung der Kunde an das Unternehmen gebunden werden? Soll diese Bindung so weit gehen, daß der Beeinflußte die Angebote der Konkurrenz gar nicht mehr wahrnimmt und dadurch Marktprinzipien faktisch außer Kraft gesetzt werden, obwohl sich der Marketingdirektor in Festreden so vehement zum marktwirtschaftlichen System bekennt?

Sollte man nur am Interesse des Betriebs, das ja keineswegs mit dem Interesse des Kapitals gleichgesetzt werden muß, orientiert sein, wenn man die Verhaltenswissenschaften nutzt, oder gibt es noch andere Aspekte?

Da ist beispielsweise der im Betrieb tätige Mensch, der Mensch als arbeitendes Wesen. Es sollte also berücksichtigt werden, was ihm in diesen berühmten „acht Stunden am Tag“ dient. Was aber heißt „dient“? Das, was ihm subjektiv wichtig erscheint oder was aus anderer Perspektive nützlich ist, zum Beispiel angesichts des Wissens eines Psychologen oder Arztes, der Auswirkungen der Arbeit für die nächsten 10 oder 20 Jahre prognostizieren kann? Oder ist die Sicht des Seelsorgers oder gar die Sicht der Familie wichtiger?

Damit sind zugleich die anderen Menschen, das soziale Umfeld des Betroffenen angesprochen. Was dem einen Arbeitenden dient, kann zum Schaden der Kollegen, der unterstellten Personen, der anderen Abteilungen gereichen. Aber auch die Menschen außerhalb des Betriebs sind zu berücksichtigen. Macht sich die Arbeitsrolle im Bewußtsein des Berufstätigen so breit, daß darunter die Familie, das politische Engagement und damit die Gemeinde und der Staat leiden?

Damit ist auf die Gemeinde, die soziale Umwelt hingewiesen. Was im Betrieb geschieht, dort förderlich erscheint, kann außerhalb dieses Betriebs sehr wohl zum Nachteil kurzfristiger oder langfristiger Art werden. Dies gilt nicht nur für die soziale Umwelt, sondern auch für die natürliche.

Derartige sozialpolitische oder ökologische Bewertungskriterien interessieren in der Organisationspsychologie und in der Organisationssoziologie ohnehin kaum. Wenn überhaupt eigenständige ethische Prinzipien entwickelt und nicht lediglich betriebswirtschaftliche übernommen werden, dann steht der Mensch im Vordergrund. Die Humanisierung der Arbeit in der Organisation wird thematisiert. Was aber heißt Humanisierung?

Die Arbeit soll menschengerecht werden. Dazu bekennen sich in ihren Grundsätzen auch die meisten Unternehmen. Was aber heißt das? Auch hier muß wiederum differenziert werden zum Beispiel in:

- Humanisierung für den arbeitenden Menschen?
- Humanisierung für den ganzen Menschen?
- Humanisierung für alle Menschen?

Die Bedeutung dieser aus der katholischen Soziallehre kommenden und von Hengstbach (1990) formulierten Differenzierung sei knapp an Beispielen skizziert. Es ist naheliegend zu fordern, daß der Mensch bei der Arbeit körperlich, seelisch und geistig nicht geschädigt wird, daß die Arbeit ihn befriedigt und ihm Lernchancen bieten soll. Wenn dies aber allein auf den Menschen in seiner Arbeitsrolle beschränkt bleibt, ist es wenig. Führt Arbeit dazu, daß sie zwar ausfüllt, aber zugleich andere Interessengebiete, so etwa sozialer oder musischer Art, verkümmern läßt, so dient sie ganz offensichtlich nicht dem ganzen Menschen. Zwischen der Arbeit und den anderen Lebensbereichen muß ein Ausgleich gefunden werden. Gleichgewichtsethik heißt hier – in Anlehnung an Burkhard Strümpel (1985) – das Schlagwort. Aber auch der einzelne Mensch kann nicht allein Basis für die Entwicklung von Bewertungskriterien sein; es kommt auch auf andere Menschen, „auf alle“ an. In diesem Sinne ist es ethisch kaum vertretbar, wenn der Arbeitende sich auf Kosten anderer entwickelt, wenn also seine Selbstverwirklichung im Beruf der Familie schadet. Und es ist – bei noch weiterer Perspektive – auch nicht vertretbar, wenn in einem reichen Industrieland humane und fördernde Arbeit geleistet wird, die schlechte inhumane Arbeit aber in Billiglohnländer exportiert wird.

Diese Weite der Perspektive wird in den Unternehmen und von den sie beratenden Organisationspsychologen und -soziologen kaum gesehen. Man beschränkt sich auf den ersten der drei Aspekte, allein auf den arbeitenden Menschen. Und auch hier tut man sich mit den Bewertungskriterien schwer. Meist steht – sehr kennzeichnend für die verhaltenswissenschaftliche Dimension – allein die Arbeitszufriedenheit als Bewertungskriterium im Vordergrund. Die Problematik dieses Kriteriums allerdings ist offensichtlich. Es handelt sich um einen subjektiven Indikator und der verweist auf die hohe Anpassungsfähigkeit von Menschen.

Das sei an einem Beispiel erläutert: Man stelle sich zwei Betriebe vor, in denen es seit Jahren keine objektiven Veränderungen der Arbeitsbedingungen mehr gegeben hat. Nach Expertenmeinung ist einer der beiden Betriebe hinsichtlich der Arbeitsbedingungen gut gestaltet, denn er berücksichtigt moderne arbeitsmedizinische und arbeitspsychologische Prinzipien. Der andere dagegen ist unter dieser Perspektive kaum noch zumutbar und spottet dem Stande der Arbeitswissenschaft. Führt man nun in diesen beiden Betrieben eine Befragung durch und stellt dabei auch die Frage: „Sind sie im großen und ganzen mit Ihren Arbeitsbedingungen zufrieden?", so antworten vermutlich in beiden Betrieben zwischen 70 und 80 Prozent der Befragten mit „Ja". Wie ist dieses grotesk erscheinende Ergebnis zu interpretieren?

Die Formen der Arbeitszufriedenheit, ihr qualitativer Gehalt, unterscheiden sich in beiden Fällen. Während im ersten Fall die Ansprüche der Befragten an die Arbeitsbedingungen hoch sind, erscheinen sie im zweiten gesenkt. Resignative Arbeitszufriedenheit ist die Folge. Das „Ja" bedeutet hier: „Ja, im großen und ganzen bin ich zufrieden, denn es könnte ja noch schlechter sein!"

Humanisierung der Arbeit kann nun sicherlich nicht darin bestehen, Menschen ihre Ansprüche zu nehmen, sie zu Sklaven zu machen, deren Zufriedenheit darin besteht, daß man ihnen die Ketten ein wenig lockert. Entsprechend gibt es in den auf die Organisation bezogenen Verhaltenswissenschaften Bemühungen, neben die Zufriedenheit andere Kriterien der Bewertung zu stellen, an denen die Organisation und die Gestaltung der Arbeit zu messen sind. Solche Kriterien sind:

- Schädigungsfreiheit,
- Beeinträchtigungslosigkeit,
- Persönlichkeitsförderlichkeit,
- Zumutbarkeit.

Diese schon differenzierten, aber dennoch groben Kriterien lassen sich noch weiter aufgliedern und konkretisieren. So nennt etwa Neuberger (1990) bei Beschreibung entsprechender Beispiele und geeigneter Meßverfahren die nachfolgend genannten Aspekte:

- Würde,
- Sinn,
- Gerechtigkeit,
- Sicherheit,
- Orientierung,
- Gesundheit,
- Autonomie,
- Kontakt,

- Privatheit,
- Entfaltung,
- Abwechslung,
- Aktivität und Leistung,
- Konfliktregelung,
- Anerkennung,
- Schönheit.

Wie aber ist zu handeln, wenn einige der genannten Kriterien in Konflikt geraten? Was soll bei der Gewichtung mehr berücksichtigt werden? Das Votum der Experten, die ökonomischen Interessen des Unternehmens oder die Wünsche der betroffenen Arbeitnehmer? Auch hier gilt – wie bereits angedeutet – das gemeinsame Abwägen.

Organisations- und Arbeitsgestaltung sind jedoch nur Beispiele, denen andere ergänzend zur Seite gestellt werden können. Welche Kriterien sollen etwa gelten, wenn Mitarbeiter durch verhaltenswissenschaftlich begründete Auswahlverfahren eingestellt werden? Geht es nur darum, daß die geforderten Aufgaben gut und weitgehend fehlerfrei erfüllt werden? Ist auch die zu erwartende Zufriedenheit der künftigen Stelleninhaber ein Kriterium? Geht es auch darum, daß diese mit Blick auf die Zukunft Entwicklungschancen erhalten? Sollte man auch bedenken, daß in der Bilanz nicht nur die Vorteile für die Eingestellten sondern auch die zu erwartenden Nachteile der Abgewiesenen bedacht werden? Etc.

Oder wählen wir ein Beispiel aus den Marketingaktivitäten des Unternehmens. Worum soll es bei der Werbung für ein Produkt des täglichen Konsums gehen? Besteht das Ziel ausschließlich darin, Umsatz und Gewinn zu steigern? Soll auch der Käufer langfristig zufriedengestellt werden? Will man ihn informieren oder – ganz im Gegenteil – von der Beurteilung zentraler Qualitäten des Angebots ablenken und den Blick auf eher periphere Unterscheidungsmerkmale lenken?

Man sieht, Bewertungskriterien sind vielfältig. Die Beziehung dieser Kriterien zueinander ist häufig ungeklärt, voller Widersprüche und Spannungen. Die Priorisierung eines Kriteriums beinhaltet nicht selten die Verletzung eines anderen. Wertbegründete Entscheidungen sind gefragt. Unternehmensethik kann sich hier konkretisieren,

Aufzeigen von Ursache-Wirkung-Beziehungen

Beim Nachweis von Beziehungen, von Ursache und Wirkung, geht es scheinbar um die „reine Wissenschaft". Und doch zeigen sich auch hier ethisch relevante Konfliktfelder.

Was wirkt wie? Schädigt Fließbandarbeit die psychische und physische Gesundheit? Führt Bildschirmarbeit zu Kopfschmerzen? Ist Verlust der sozialen Kompetenz eine Folge elektronischer Kommunikationssysteme? Erhöht Zentralisierung die Zahl der zwischenmenschlichen Konflikte? Macht emotionale Werbung den Kunden kritiklos?

Derartige Fragestellungen sind in vielen Betrieben nicht beliebt, da sie den Einsatz neuer Materialien, neuer Arbeitsmethoden, neuer Techniken, modifizierter Organisationsstrukturen, erfolgversprechender Werbekonzepte behindern können. So läßt sich nicht selten Selektivität bei der Bewilligung anwendungsorientierter betriebsrelevanter Forschung nachweisen. Schon von der Anlage her soll – so wird es nicht selten gewünscht – der Nachweis positiver Konsequenzen der gewünschten Option und entsprechend der Nachweis negativer Konsequenzen der unerwünschten Option wahrscheinlich sein. Entsprechend sind verhaltenswissenschaftlich ausgerichtete Analysen in Kooperation mit Betrieben meist konflikthaltig. Häufig gilt es, die Interessen des wissenschaftlich Arbeitenden mit jenen der Unternehmensführung, des Betriebsrates und der Leitung einer betroffenen Abteilung in Übereinstimmung zu bringen. Wer etwa je versucht hat, eine Mitarbeiterbefragung oder eine Betriebs- oder Organisationsklimaanalyse in einem Unternehmen durchzuführen, wird wissen, daß dem Wert der „Wahrheit" bei diesem Gespräch nicht selten eine untergeordnete Rolle zukommt. So werden etwa bestimmte Formulierungen im Fragebogen allein deshalb abgelehnt, weil sie als Ergebnis erbringen könnten, daß zum Beispiel die Unternehmensleitung die von ihren Entscheidungen Betroffenen meist vor vollendete Tatsachen stellt, daß der Abteilungsleiter Erfolge seiner Mitarbeiter sich selbst, eigene Fehler aber diesen zuschreibt, der Betriebsrat sich nur um die eigene Profilierung und kaum um die Belange der von ihm Vertretenen kümmert.

Die anwendungsorientierte Forschung – angefangen bei Diplomarbeiten, die Studenten benachbarter Universitäten im Betrieb durchführen, bis hin zu umfangreichen, vom Unternehmen selbst in Auftrag gegebenen Analysen – unterliegt recht häufig der Zensur. Dies gilt auch dann, wenn in den Unternehmens- oder Führungsgrundsätzen Leitworte wie Wahrhaftigkeit, Offenheit oder Zivilcourage stehen. Wie soll sich der Organisationspsychologe oder -soziologe in derartigen Fällen verhalten? Sollte er den Gesprächspartner auf sich daraus ergebende Wertkonflikte ansprechen und damit möglicherweise das eigene Projekt gefährden? Ist es erlaubt, den einen oder anderen Gesprächspartner zu belügen oder doch über das Ziel der Untersuchung im unklaren zu halten, weil man das im Sinne von „der Zweck heiligt die Mittel" für erforderlich hält? Konflikte ergeben sich auf diesem Feld offensichtlich nicht nur zwischen Personen mit verschiedenen Interessenlagen, sondern auch in der Person, deren Ziel es ist, bestimmte Beziehungen aufzuweisen.

Durchschaubarkeit

Verhaltenswissenschaftlich orientierte Untersuchungen generell und derartige Untersuchungen im Unternehmen speziell erbringen nicht selten nützliche Ergebnisse nur dann, wenn die untersuchten Personen Methoden und Ziele der Untersuchung nicht durchschauen. Bei nicht wenigen eignungsdiagnostischen Verfahren psychologischer Herkunft ist mit validen Ergebnissen nur dann zu rechnen, wenn dem Bewerber das spezielle Ziel dieses Tests nicht bekannt ist, und er auch nicht weiß, wie seine Reaktionen im einzelnen interpretiert werden. Auch betriebliche Umfragen führen gelegentlich nur deshalb zu irreführenden Ergebnissen, weil die Befragten das Ziel der Untersuchung kennen und entsprechend mit ihrem Antwortverhalten ganz bestimmte unerwünschte Konsequenzen vermeiden und erwünschte herbeiführen wollen. Aber auch verhaltenswissenschaftlich begründete Einwirkungsmaßnahmen in der Praxis beruhen in ihrer Wirkung gerade darauf, daß der zu Beeinflussende Wirkungsmechanismus und/oder Wirkungsziel nicht kennt. Dies gilt auch für viele Maßnahmen zur Motivation von Mitarbeitern, es gilt für Strategien des Verkaufs- oder Verhandlungsgesprächs oder auch für Werbestrategien auf dem Konsumgütermarkt. Für die verhaltenswissenschaftliche Forschung hat Heinz Schuler die damit zusammenhängenden ethischen Probleme differenziert aufgezeigt, für Felder der Führung, der Mitarbeitermotivation, der Werbung oder Verkaufsförderung sind sie häufig, wenn auch aus einseitiger gesellschaftskritischer Sicht heraus, diskutiert worden.

Die ethischen Probleme ergeben sich zentral daraus, daß die Objekte der Forschung oder Beeinflussung Menschen sind. Relativ ungerührt kann derjenige seine analysierende oder einwirkende Arbeit leisten, dessen Objekte tote oder gar ferne Dinge sind wie etwa Steine oder Sterne. Auch der, der lediglich über Quellen Lebendes erschließt, den Neandertaler über Knochenfunde, den Cäsar über alte Schriftstücke, hat – so lange er sich der Wahrheit verpflichtet weiß – meist nur geringe ethische Probleme zu bewältigen. In dem Augenblick jedoch, da Leben oder gar höheres Leben zum Gegenstand der Forschung oder der Anwendung von Forschungsergebnissen wird, sind Konflikte fast unvermeidbar, auch wenn sie gelegentlich nicht erlebt werden. In diesem Sinne ist zu hoffen, daß jeder, der innerhalb der pharmazeutischen oder medizinischen Forschung einem Frosch, einem Hund oder einem Affen bei lebendigen Leibe Organe entnimmt, die hilflosen Kreaturen mit Krankheiten infiziert und ihnen Schmerzen zufügt, Skrupel hat, Gewissensbisse empfindet und dann nachts schlecht schläft. Auch dann, wenn er nach ernsthaftem Abwägen dieses Tun für gerechtfertigt hält, sollte er sich die Entscheidung nicht so leicht machen, wie dies häufig geschieht.

Ist nun der Mensch selbst der Gegenstand der Analyse oder Beeinflussung, so können sich die entsprechenden Probleme potenzieren. Zwar schieben Gesetze dem Ärgsten einen Riegel vor, dennoch bleiben auch im Unternehmen genug Probleme, die im folgenden exemplarisch aus organisationspsychologischer und -soziologischer Sicht unter dem Aspekt der Durchschaubarkeit von Maßnahmen aufgezeigt werden sollen:

Man denke sich eine anwendungsbezogene Untersuchung der Arbeitsabläufe in einer Organisation. Nur dann, wenn die Arbeitnehmer kooperieren, wenn sie auf gestellte Fragen ehrliche Antworten geben, gelangt man zu gültigen Ergebnissen. Diese aber können zeigen, daß nicht alle Personen durch die anfallenden Aufgaben voll ausgelastet werden. In der Folge wird rationalisiert; 10 Prozent der Belegschaft werden entlassen.

Hat derjenige, der die Analyse durchgeführt hat, Skrupel? Möglicherweise nicht, denn er muß ja die Kündigungsschreiben nicht unterzeichnen.

Ein weiteres Beispiel: Die Software bestimmt, was ein Computer zu leisten in der Lage ist. Immer mehr Informationen, immer mehr Wissen kann Bestandteil des Programms sein. Wenn man nun Experten – zum Beispiel in der Konstruktion – eingehend über ihr Wissen befragt, all ihre Erfahrungen und Kenntnisse speichert, so entsteht schließlich ein Expertensystem. Der Einsatz dieses Systems ist weder an Tarifvereinbarungen noch an bestimmte Tages- oder Nachtzeiten gebunden. Es kann schließlich – zumindest in bestimmten Bereichen – den Experten überflüssig machen, nachdem es zuvor durch die Analyse und Programmierung zu dem kam, was Walter Volpert die „Enteignung der Experten“ nennt (1985). Jene Experten, die während der Befragung über das sprachen, was sie interessiert, was sie bewegt: ihre Kenntnisse, ihre Arbeit, haben sich – überspitzt ausgedrückt – selbst ein Bein gestellt, wurden überrumpelt und bahnten auf diese Weise mit den Weg, der zu ihrer eigenen Degradierung führt. Das, was ihnen Selbstbewußtsein, Würde und Wichtigkeit gab, die Kompetenz und Stellung, wurde ohne ihr Wissen, aber durch die Preisgabe ihres Wissens entwertet.

Undurchschaubarkeit wird für die Betroffenen ebenfalls zu einem ethischen Problem, wenn Konsumenten durch Werbung beeinflußt werden. Dies gilt spezifisch für manipulative Werbung. Dabei ist nach meinem Verständnis Manipulation dann gegeben, wenn der Beeinflussende

- im Sinne seines Vorteils handelt,
- den Vorteil des Beeinflußten nicht bedenkt,
- bewußt Beeinflussungsverfahren wählt, die für den Beeinflußten nicht durchschaubar sind, und
- schließlich den Beeinflußten das Gefühl läßt, weitgehend frei und unbeeinflußt gehandelt zu haben.

Dies läßt sich in der Werbung häufig beobachten. So zeigt etwa die Anzeigenwerbung für ein Automobil das Fahrzeug in rasanter Fahrt auf kurviger Straße driftend. Aktiviert wird durch diese Darstellung der Wunsch nach riskanter, sportlicher Fahrweise, nach dem Erleben eines Geschwindigkeitsrausches. Der Text der Anzeige hingegen greift diese Thematik nicht auf, sondern verweist auf die Themen Sicherheit, Sparsamkeit oder Umweltfreundlichkeit. Aktiviert werden durch die Gestaltung also sozial wenig wünschenswerte, aber starke Handlungsmotive. Der Text legt zugleich entschuldigende Rationalisierungen, Scheinbegründungen nahe. Ein Durchschnittsbetrachter durchschaut diesen „Trick“ nicht und glaubt, sich aus sozial akzeptablen Gründen, die ja der Text darlegte, für das Fahrzeug entschieden zu haben.

Es ist kaum anzunehmen, daß die Marketingabteilung sich vom Schalten einer solchen Anzeige wird abbringen lassen, falls deren Wirkung innerhalb der Werbeerfolgsprognose wahrscheinlich gemacht wurde. Es wird also manipuliert, obwohl in den Unternehmensgrundsätzen die partnerschaftliche und ehrliche Beziehung zum Kunden unterstrichen wird.

Verbreitung der verhaltenswissenschaftlichen Kenntnisse

Ein Wissenschaftler, der anwendungsrelevante Forschungergebnisse publiziert, muß sich im klaren darüber sein, daß dieses Forschungsergebnisse dann nicht nur in der Fachöffentlichkeit diskutiert werden, sondern möglicherweise auch zu Konsequenzen führen, die er nicht mehr kontrollieren kann, aber mitverantworten muß. In den auf die Organisation bezogenen Verhaltenswissenschaften gibt es dafür Beispiele.

Empirische Untersuchungen zeigen, daß für Führungsaufgaben befähigte weibliche Mitarbeiter, die vom Unternehmen gefördert werden und dabei durch Trainingsprogramme, Schulungen und Auslandsentsendungen erhebliche Kosten verursachen, eine in Aussicht gestellte Führungsposition nicht antreten, weil sie durch Eheschließung und/oder Geburt von Kindern nicht entsprechend mobil sind oder – zumindest vorübergehend – gar aus dem Berufsleben ausscheiden. Objektive gesellschaftliche Gegebenheiten und Rollenerwartungen an die Frau machen es schwer, die Aufgaben einer Führungskraft mit denen einer Ehefrau und Mutter zu verbinden. Die Publikation eines derartigen Forschungsergebnisses, das möglicherweise mit dem Ziel geschrieben wurde, strukturale Bedingungen in der Gesellschaft und im Betrieb zu verändern, um etwa flexible Arbeitszeitprogramme zu fördern, Halbtagsstellen und Job-Sharing auch für leitende Angestellte zu ermöglichen oder Rückkehrprogramme in den Betrieben für Väter und Mütter nahezulegen, kann innerhalb der Unternehmen ganz anders interpretiert werden. Die Förderung befähigter weiblicher Mitarbeiter wird – mit Hinweis auf das Kostenargument – reduziert. Die Karrierechancen für Frauen werden gegen die Absicht dessen, der die Daten publizierte, geschmälert.

Eine ähnliche Problematik liegt an, wenn Betriebsuntersuchungen zeigen, daß unter den Gastarbeitern Angehörige bestimmter Volksgruppen überdurchschnittliche Fehlzeiten haben, beispielsweise weil familiäre Traditionen zu einer häufigen Rückkehr ins Heimatland zwingen. Ist es zu rechtfertigen, daß aufgrund der Publikation dieser Ergebnisse Angehörige dieses – wirtschaftlich möglicherweise besonders schlecht gestellten – Volkes bei der Einstellung benachteiligt werden?

Was heißt dies für denjenigen, der Zusammenhänge psychologischer oder soziologischer Art im Unternehmen analysiert? Soll er – der Wahrheit verpflichtet – öffentlich machen, was er besten Wissens und Gewissens gefunden hat, oder soll er es – seinem Gewissen verpflichtet, aber dennoch willkürlich – verschweigen, weil er fürchtet, daß die Ergebnisse zu Konsequenzen führen, die er nicht verantworten möchte?

Die Nutzung organisationspsychologischen und -soziologischen Wissens in der Praxis

Wissen, das die Organisationspsychologie und -soziologie bereitstellen, kann im Unternehmen bewußt dafür eingesetzt werden, das Verhalten von Mitarbeitern, Verhandlungspartnern, Kunden oder anderen Menschen im Umfeld gezielt zu beeinflussen.

Nun ist jede auf Verhaltensstabilisierung oder -modifikation abzielende Maßnahme Machtausübung, wobei es die durchaus interessante ethische Frage aufwirft, wodurch diese Macht legitimiert ist. Schließlich speist sich die Macht betrieblicher Vorgesetzter aus anderen Quellen als die der politisch Regierenden. Doch abgesehen von diesen vielfältige Grundsatzfragen berührenden Problemen stellt sich sehr konkret die Frage nach der Ethik des beeinflussenden Handelns. Und dies gilt spezifisch, wenn es wissenschaftliche Erkenntnis ausbeutet. Dafür ein Beispiel:

In der Produktion sind Veränderungen des Produktionsablaufs bei der Belegschaft meist nicht geschätzt; dies gilt besonders dann, wenn nach Akkord bezahlt wird und die Produktionsumstellung zu Einkommenseinbußen führt. Daraus ergibt sich der viel zitierte „Widerstand gegen Veränderung". Auf der anderen Seite ist durch vielseitige Untersuchungen bekannt, daß die Mitwirkung bei Entscheidungen die Identifikation mit dem Entscheidungsergebnis erhöht und dadurch Widerstand reduziert werden kann. Diese Erkenntnis nutzend wurde in einem Unternehmen folgender Trick gebraucht: Die Arbeitsvorbereitung „versteckte" in dem Plan einer Produktionsumstellung bewußt einen Fehler und stellte sodann den Plan der betroffenen Belegschaft vor, um ihn dort zu diskutieren. Die Arbeiter erkannten rasch die Schwachstellen und machten darauf aufmerksam. Die Mitglieder der Arbeitsvorbereitung dankten dafür überschwenglich und wiesen darauf hin, daß ohne entsprechende Partizipation ein gravierender Fehler unterlaufen wäre.

Es ist hier nicht notwendig, darauf hinzuweisen, daß eine Wiederholung dieses Vorgehens bald zum Durchschauen des manipulativen Vorgehens führte, was sodann erheblichen Vertrauensschwund und eine Motivationskrise zur Folge hatte. Entscheidend ist hier unter ethischer Perspektive nicht, ob der Trick intelligent war, sondern ob er die Prinzipien der Offenheit verletzte, was in diesem Fall fraglos geschah. Verhaltensbeeinflussung – selbst und gerade wenn sie erfolgreich ist – kann menschenunwürdig sein und den anderen als Partner negieren.

Dies gilt beispielsweise auch dann, wenn – was häufig zu beobachten ist – mächtige Personen mit Informationsvorsprung bei einer wichtigen Diskussion im Gesprächskreis relevante Informationen nur selektiv zur Verfügung stellen oder wenn die eine Alternative gezielt in Verbindung mit positiven Konsequenzen, die andere aber mit der Androhung negativer Folgen verbunden wird etc. Ein ganzes Arsenal kommunikativer „Tricks", manipulativer Argumentationsfiguren ließe sich hier nennen. Es werden dabei also – gelegentlich bei bewußter Nutzung organisationspsychologischen und -soziologischen Wissens – fundamentale ethische Prinzipien verletzt, um auf diese Weise für bestimmte Interessen kurzfristige oder auch langfristige Vorteile zu erschleichen. Und diejenigen, die das tun, sind sich der Problematik ihres Handelns oft nicht bewußt, da sie sich kaum je aus der Vogelperspektive mit ihrem Handeln auseinandersetzen.

Was tun?

Ethische Probleme im Unternehmen sind vielfältig. Sie zeigen sich auch aus organisationspsychologischer und organisationssoziologischer Sicht. Eine Antwort auf dabei auftauchende Fragen kann kaum oder nur in Ausnahmefällen darin bestehen, rigide Reglementierung zu fordern, denn angesichts der Vielfältigkeit unerwarteter Ereignisse wird dann gerade die Einhaltung der Regel zu ethisch kaum zu verantwortenden Konsequenzen führen. Es gilt also, anderes zu leisten. Die im Unternehmen Handelnden, die aus Gewöhnung problemblind geworden sind, sollten wieder dafür sensibilisiert werden, Probleme zu erkennen. Dies kann dadurch geschehen, daß man gemeinsam Kriterienlisten erarbeitet und an Beispielen konkretisiert oder Handlungsalternativen für Konfliktfälle miteinander vergleicht. Und da Unternehmen Konflikt- und

Begegnungsort vielfältiger Interessen sind, kann die Weichenstellung nicht einem einzelnen überlassen bleiben. Beteiligung aller oder doch möglichst vieler Betroffener ist gefragt. An den erarbeiteten Kriterien orientiert, gilt es, in den Dialog einzutreten. Und dann heißt es abzuwägen und schließlich doch zu handeln. Zwar kann im Einzelfall ein Handlungsverzicht ethisch sein, generell aber – zumindest für Unternehmen – liegt im Handlungsverzicht etwas kaum Wünschenswertes.

Literatur

Cook, S.W. (1976): Ethical issues in the conduct of research in social relation. In: L. Sellitz, L.S. Wrightman, S.W. Cook (Eds.), Research methods in social relation. New York.

Hengstbach, F. (1990): Vom Mehrhaben zum Mehrsein – Humanisierung der Arbeit in der katholischen Soziallehre. In: L.v. Rosenstiel, M. Weinkamm (Hrsg.), Humanisierung der Arbeitswelt – Vergessene Verpflichtung. Stuttgart.

Irle, M. (1975): Lehrbuch der Sozialpsychologie. Göttingen.

Lefringhausen, K. (1990): Brief zur Wirtschaftsethik. In: L.v. Rosenstiel, E. Regnet, M. Domsch, Handbuch der Führung. Stuttgart.

Mayer, A. (1978): Vorwort. In: A. Mayer (Hrsg.), Organisationspsychologie. Stuttgart.

Neuberger, O. (1990): Woran wird Humanisierung gemessen – wann gilt sie als eingelöst? In: L.v. Rosenstiel, M. Weinkamm (Hrsg.), Humanisierung der Arbeitswelt – Vergessene Verpflichtung. Stuttgart.

Schuler, H. (1989): Ethische Probleme psychologischer Forschung. Göttingen.

Strümpel, B. (1985): Zur Einführung. In: M.v. Klipstein, B. Strümpel, Gewandelte Werte – erstarrte Strukturen. Wie die Bürger Wirtschaft und Arbeit erleben. Bonn.

Volpert, W. (1985): Zauberlehrlinge. Die gefährliche Liebe zum Computer. Weinheim, Basel.

3. Kapitel

Unternehmensethik: Von Konzepten zur Alltäglichkeit?

Das Nachdenken und das öffentliche Sprechen über ethische Verantwortung von Unternehmen ist offensichtlich en vogue. Welche Probleme aber stellen sich der Realisierung solcher Konzepte in den Weg, sind ethische Konzepte überhaupt in die Praxis umsetzbar und wenn, welche Vorgehensweisen und Mechanismen befördern sie in alltäglichen Entscheidungen? Diese Fragen werden für Unternehmen grundsätzlich und spezifisch für den Fall des multinationalen Unternehmens diskutiert, aber auch im Hinblick auf Wirtschaftsethik befördernde Konzepte und Verfahren wie das der Unternehmenskultur und der Technikfolgenabschätzung. Daniel Barben/Meinolf Dierkes, Nino Kumar/Ina Sjurts und Ulrich Steger kommentieren die wichtigsten Thesen aus der Sicht des praxisorientierten Wissenschaftlers.

Multinationale Unternehmen und Ethik

von B. Nino Kumar und Insa Sjurts

Multinationale Unternehmen (MNU) gerieten nach einer in den Nachkriegsjahren anfänglich eher positiv eingeschätzten Wirkung ihrer internationalen Aktivitäten zunehmend ins Kreuzfeuer öffentlicher Kritik. Die massiven Vorwürfe lauteten zum Beispiel: Die MNU würden mit ihren Managementpraktiken die ökonomischen Ziele ihrer Gastländer unterlaufen und diese letztlich dadurch wirtschaftlich von sich abhängig machen. Speziell in den Entwicklungsländern würde dadurch jede erfolgreiche Entwicklungspolitik untergraben; anstelle des einstigen politischen Kolonialismus würden nun die MNU einen wirtschaftlichen Kolonialismus etablieren. Mit anderen Worten: den MNU wurde jegliches ethisches Handeln gegenüber ihren Gastländern abgesprochen (Holtz 1978; Barnet, Müller 1975).

Nicht zuletzt hat – neben der ökologischen Krise natürlich – auch die Kontroverse um „MNU und Ethik" dazu beitragen, daß die Diskussion über Unternehmensethik in Wissenschaft und Praxis so intensiv verfolgt wurde. Für diese These spricht auch, daß gerade MNU bis in die jüngste Gegenwart hinein diesbezüglich bevorzugte Objekte der öffentlichen und wissenschaftlichen Diskussion geblieben sind. Man denke hier etwa an den Fall Nestlé, bei dem – nach Expertenmeinung – eine erhöhte Säuglingssterblichkeit in Entwicklungsländern im Zusammenhang mit der speziellen Vertriebspraxis von Muttermilchersatzprodukten durch das Unternehmen dort stand (Steinmann, Löhr 1988, S. 301ff.), oder auch an die Giftgaskatastrophe von Bhopal, bei der das Verhalten von Union Carbide Corporation, der amerikanischen Muttergesellschaft des indischen Werks, in dem das Unglück geschah, die Diskussion herausforderte (Kolvenbach 1986).

Auffallend ist ferner, daß die Qualität der Diskussion um Ethik im (einzel-)wirtschaftlichen Kontext eine gewisse Veränderung erfahren hat. Dominierte (verständlicherweise) ursprünglich das gesellschaftspolitische Engagement, so hat nun in den letzten Jahren eine verstärkte fachwissenschaftliche und wissenschaftstheoretische Durchdringung der Materie stattgefunden. Sowohl die zwischenzeitlich erschienenen Fachbücher (De George 1986; Enderle 1985; Hesse 1988; Robinson, Pritchard, Ellin 1978; Steinmann, Löhr 1989a) als auch die Gründungen spezieller Fachzeitschriften – wie zum Beispiel *Journal of Business Ethics* und *Business and Professional Ethics Journal* – sind Beleg hierfür. Diese Entwicklung gibt Veranlassung, das Thema „MNU und Ethik“ im Lichte dieser Diskussion neu zu explizieren und zu analysieren. Vor der Rekonstruktion und der Analyse ist es jedoch erforderlich, kurz das Problemfeld der MNU und ihrer Geschäftsführung, des internationalen Managements, mit den Besonderheiten und Konfliktfeldern in groben Umrissen zu bestimmen.

Besonderheiten und Konfliktfelder der multinationalen Unternehmung

Betrachtet man die Literatur zur multinationalen Unternehmung, so findet sich dort eine ganze Reihe von Definitionsvarianten zu den Prozeß- und Strukturmerkmalen dieses Unternehmenstypus (Rugman, Lecraw, Booth 1985, 18) Als gemeinsamen Kern läßt sich dabei folgende Definition herauskristallisieren: Als multinational bezeichnet werden können jene Unternehmen, die auf der Grundlage von Direktinvestitionen und eigenen Produktions- und Verkaufsniederlassungen in zwei oder mehr Ländern Geschäftsaktivitäten entfalten. Als Typus ist das MNU ein Großunternehmen, das die weltweite Ausdehnung seiner Tätigkeit unter global intendierter und einheitlich konzipierter Unternehmenstätigkeit vornimmt. Als Konsequenz des internationalen Engagements bestimmen zwei diametral entgegengesetzte Verhaltensanforderungen den Handlungsspielraum dieser Unternehmen. Einerseits müssen sich das Unternehmen und seine Tochtergesellschaften als „Eindringling“ in die Gesellschaft des Gastlandes den lokalen kulturellen und wirtschaftlichen Gegebenheiten anpassen, um nicht durch umweltinkompatible Verhaltensweisen in die Position des „isolierten Fremdkörpers“ zu geraten („Strategie der lokalen Anpassung“). Andererseits sind die Auslandsniederlassungen Teil einer größeren organisatorischen Einheit; von daher ist zumindest auch die Möglichkeit der Ausschöpfung der Gesamtfähigkeiten auf der Grundlage einer einheitlichen länderübergreifenden Strategie mit zu prüfen („Globalisierungsstrategie“). Die Wahl der „optimalen“ Strategie im Spannungsfeld von Anpassung und Globalisierung wird im Einzelfall durch die individuelle Konstellation von unternehmensexternen (Umweltbedingungen) und -internen Faktoren (Unternehmensmerkmale) beeinflußt. So wird tendenziell eine hohe kulturelle und wirtschaftliche Divergenz zwischen Herkunfts- und Gastland oder die Existenz von Handelsbarrieren zwischen ihnen den Druck zu lokaler Anpassung und damit zu weitgehender Autonomie der Töchter verstärken; andererseits wird die Globalisierung durch das Vorhandensein von Unternehmensfähigkeiten, etwa von spezialisierter Technologie oder weltweit erfahrenem Personal gefördert.

Als Normstrategie wird in der Literatur eher die Globalisierung empfohlen und – wie verschiedene Studien zeigen (zum Beispiel Kumar 1987, 52f.) – in der Praxis auch weitgehend verfolgt. Zur Begründung schreibt Fayerweather (1978, 10): „Da nämlich das typische Merkmal der MNU der globale Charakter ist, soll ihre Stärke (...) (eben) aus der Realisierung ihrer Fähigkeiten zur Unifikation kommen“. Abbildung 1 zeigt das Spannungsfeld zwischen lokaler Anpassung und Globalisierung und seine Einflußfaktoren, die im Kern in den Differenzen zwischen den Zielen und Wertsystemen der Gastländer und den Interessen und Kulturwerten der MNU begründet sind.

Die Vielfalt der konkreten Konfliktmöglichkeiten, die im Zusammenhang mit dem internationalen Management bekannt sind (Abbildung 2), läßt sich im Prinzip auf dieses Spannungsfeld zurückführen. So hängen die ersten beiden in Abbildung 2 genannten Konflikte einerseits mit dem Bestreben der MNU nach einer durch lokale Interessen ungehinderten Durchsetzung der Globalisierungstrategie in ihren Auslandstöchtern und andererseits mit der Nationalisierungspolitik der Entwicklungsländer zusammen. Ähnliche Konflikte zwischen nationalen Interessen und denen der

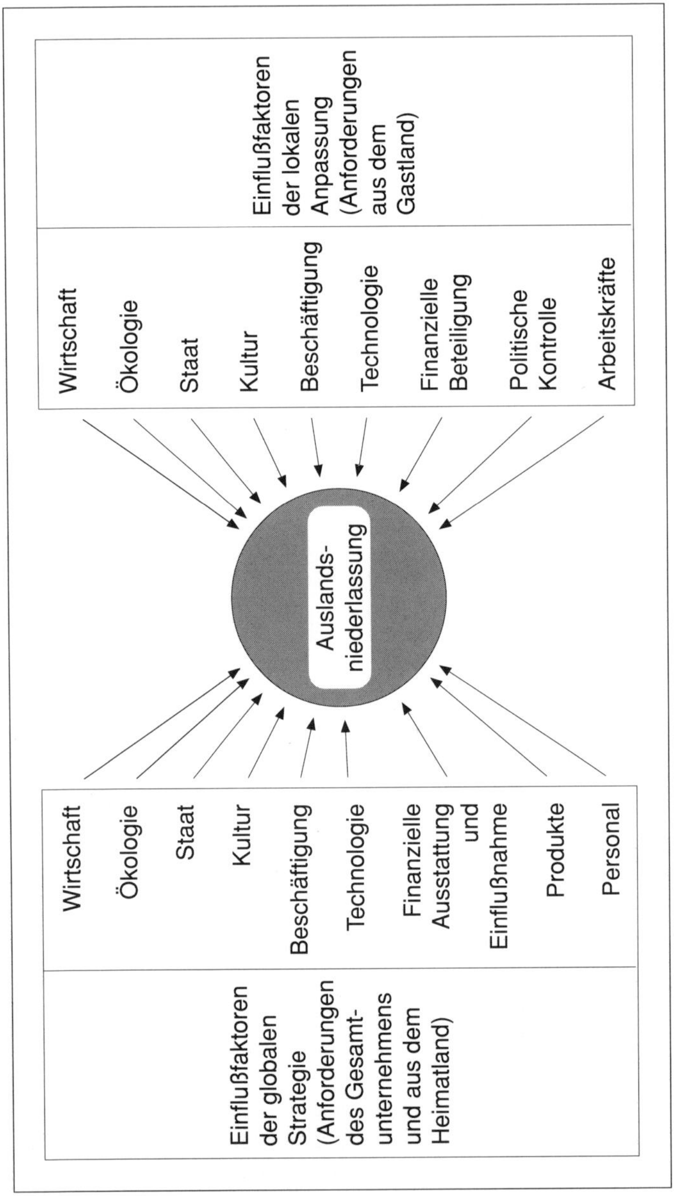

Abbildung 1: Einflußfaktoren und Konfliktfeld im internationalen Management (in Anlehnung an Ronen 1986, 484)

Konfliktthemen	*Anzahl der antwortenden MNU*
Kapitalbeteiligung von einheimischen Unternehmen	28
Einflußnahme auf das Management durch lokalen Partner	52
Devisenvorschriften	6
Importvorschriften	5
Ausdehnung von Exportmärkten	9
Transferpreise (Preispolitik)	21
Verwendung von einheimischen Inputs („local content")	2
Einmischung der Gastlandregion in Unternehmensführung	5
Beitrag des Unternehmens zur Entwicklung des Gastlandes	4
Einmischung des Unternehmens in Kultur des Gastlandes	4
Einmischung der Regierung des Heimatlandes der MNU in Politik des Gastlandes	2
Summe	138

Abbildung 2: Konflikte zwischen multinationalen Unternehmen (MNU) und Entwicklungsländern (nach einer Befragung von: Negandhi, Baliga 1981, 15)

MNU sind auch in den Industrieländern, wie beispielsweise in Kanada, bekannt (Negandhi, Welge 1984, 77).

Nachdem das Konfliktfeld der Internationalen Unternehmung in groben Zügen umrissen ist, soll nun das Verhältnis von MNU und Ethik in drei Schritten näher analysiert werden. Zum ersten gilt es, die Notwendigkeit von Ethik für MNU im Lichte der neueren Diskussion theoretisch zu begründen. Zum zweiten soll dann eine Systematisierung der ethisch relevanten Konfliktkonstellationen versucht werden, um schließlich – drittens – Ansätze zur Konfliktlösung bei MNU diskutieren zu können.

Zur Notwendigkeit von Ethik für multinationale Unternehmen

MNU und marktlicher Interessenabgleich

Die klassische Begründung für das Erfordernis von Ethik bildet der Hinweis auf die negativen externen Effekte des Wirtschaftens mit ihren ökologischen und sozialen Kosten, die der Marktprozeß nicht vermeiden konnte (Prosi 1988, 482; Böckle 1988, 898ff.; Hoffmann, Rebstock 1989, 670). Dieses Standardargument gilt natürlich auch für die MNU, wenn man an die Folgen ihrer wirtschaftlichen Aktivitäten denkt, insbesondere in den Entwicklungsländern.

Von Marktwirtschaftstheoretikern wird in letzter Zeit jedoch verstärkt diesem Begründungsmuster entgegengehalten, die geschilderten negativen externen Effekte unternehmerischen Verhaltens und die daraus resultierenden Interessenkonflikte, um derentwillen man Ethik im Wirtschaftsprozeß postuliert, seien lediglich Ausfluß unvollkommener Anreizsysteme und mangelhafter institutioneller Vorkehrungen (von Weizsäcker 1984, 150). Ihre Antithese lautet: Würden nur die geeigneten Rahmenbedingungen für den marktlichen Interessenabgleich hergestellt, so erledigten sich die ethisch umstrittenen Folgen des Wirtschaftens allgemein und damit natürlich auch die der MNU gleichsam von selbst.

Dem ließen sich jedoch sowohl ein empirisches als auch ein theoretisches Argument entgegenhalten. Multinationale Unternehmen sind in aller Regel gerade nicht – wie es die Markttheorie für den optimalen Interessenabgleich fordert – auf polypolistisch strukturierten Märkten tätig. Als Groß- und Größtunternehmen sind sie vielmehr typischerweise auf Oligopolmärkten organisiert. Dies wird deutlich durch den Konzentrationsgrad auf vielen Weltmärkten. Beispielsweise teilen sich einem UNCTAD-Bericht zufolge nur drei multinationale Großunternehmen 70 Prozent der Weltproduktion und des Marketings von Bananen; sechs Multis, allen voran ALCAN und ALCOA, kontrollieren ca. 70 Prozent der Weltproduktionskapazität an Bauxit und Aluminium. Auch bei Kupfer, Eisenerz, Nickel, Blei, Zink, Zinn, Tabak und Tee liegt der Hauptteil der Weltproduktion und Verarbeitung in den Händen von weniger als zehn multinationalen Unternehmen. Solche Beispiele der Konzentration und der Marktbeherrschung durch MNU lassen sich für viele Branchen finden. Tatsächlich bedingen sich die auf die Wahrnehmung von Synergien und weltweiten Rationalisierungspotentialen gerichteten Globalisierungsstrategien der MNU, deren Größe und die Konzentrationstendenzen gegenseitig (Hymer 1972, 139). Betrachtet man die Theorien der Direktinvestitionen, so kann man sagen, daß das Urmotiv für die Entstehung der MNU darin liegt, (interne) Märkte zu bilden und zu kontrollieren (zum Beispiel Buckley, Casson 1976; Rugman 1979).

Daneben gilt auch für MNU das Argument, daß selbst unter idealtypischen Bedingungen der vollkommenen Konkurrenz auf diesen Weltmärkten sich eine ethische Reflexion der Ergebnisse des Marktprozesses nicht erübrigt. Das Pareto-Optimum garantiert nämlich nur, daß bei einer gegebenen Vermögensverteilung – wie auch immer man diese beurteilen mag – ein Zustand herbeigeführt ist, bei dem niemand besser gestellt werden kann, ohne daß ein anderer schlechter gestellt würde (effiziente Verteilung) und daß die knappen Ressourcen am Ort ihrer sozial nützlichsten Verwendung zum Einsatz kommen (effiziente Produktion). Plastisch wurde die Fragwürdigkeit dieses Zustandes auf die Formel gebracht: Alle hungern paretooptimal (Prosi 1988, 482). Allgemeiner formuliert heißt das, auch paretooptimale Zustände sind erst unter ethischen Gesichtspunkten zu beurteilen, es sei denn, man hält immer das, was gegeben ist, auch schon für gerecht (Krüsselberg 1983, 49; Gerum 1989, 144ff.).

Stanley argumentiert (1990, 3), daß die Erreichung der (ethisch rechtfertigbaren) paretooptimalen Effizienz eigentlich Verhandlungen voraussetze, etwa zwischen den MNU und der Regierung des

Gastlandes. Indessen bringen Verhandlungen Reibungsverluste mit sich, die (wiederum) die Effizienz beeinträchtigen.

Ferner muß man sehen, daß die von der Theorie der internationalen Austauschbeziehungen und des internationalen Handels postulierte utilitaristische Funktion des (internationalen) Austauschs (Marktmechanismus) im Zusammenhang mit MNU dadurch eingeschränkt wird, daß diese (MNU) die internationale Ressourcenallokation nicht in Form von Portfolioinvestitionen vornehmen, die dem Motiv der Zinsarbitrage folgen und so ausgleichend auf das internationale Ressourcengefälle wirken. Vielmehr werden MNU von Direktinvestitionen getragen, denen unternehmensstrategische Überlegungen, wie zum Beispiel Marktkontrolle, zugrunde liegen, durch die umgekehrt sogar kontrautilitaristische Konstellationen am Markt (zum Beispiel Marktmacht) geschaffen werden. Auch schon dadurch werden Bedingungen geschaffen, die dem marktlichen Interessenabgleich abträglich sind.

Steuerungsdefizite des Rechts

Vielfach wird die Meinung vertreten, daß (ethisches) Verhalten von Unternehmen im allgemeinen und der MNU im besonderen durch eine entsprechende Gesetzgebung erzwungen werden kann und muß. Grundsätzlich ist natürlich gegen die Entlastungsfunktion von Recht zu sagen, daß das, was rechtlich nicht verboten oder auch (noch) erlaubt ist, nicht notwendigerweise auch gerecht sein muß. Dieses Spannungsverhältnis zwischen Legalität und Legitimität erscheint unter den spezifischen rechtlichen Handlungsbedingungen von MNU von besonderer Relevanz, wie es in einem späteren Abschnitt zu diskutieren sein wird.

In diesem Abschnitt geht es vielmehr darum, zu zeigen, daß es neben dieser grundsätzlichen Einschränkung Steuerungsdefizite von Recht gibt, die dessen Bedeutung als Interessenabgleichsmechanismus abschwächen.

Das erste Problem ist vor dem Hintergrund der gesetzgebungstechnischen Schwierigkeiten zu sehen. Diese ergeben sich bekanntlich, wenn der Gesetzgeber komplexe soziale und wirtschaftliche Zusammenhänge rechtlich regeln will und entscheiden muß zwischen unbestimmten Rechtsbegriffen mit geringer Steuerungseffizienz einerseits und einer Auflistung von zwar zielgenauen, aber im Detaillierungsgrad fast unübersichtlichen rechtlichen Einzeltatbeständen andererseits.

Wie es sich zeigt, kann dieses gesetzgebungstechnische Problem im Zusammenhang mit der Fassung von Gesetzen über das Verhalten der MNU verstärkt werden. Dabei spielen zwei Einflußfaktoren eine Rolle:

- Die meisten Gastländer, insbesondere die Entwicklungsländer darunter, hegen ein zwiespältiges Verhältnis gegenüber den MNU. Einerseits betrachten sie die MNU als „Motor des Fortschritts“ und hofieren sie als Investoren mit verschiedenen Anreizen gegen die Konkurrenz anderer potentieller Gastländer. Andererseits beäugen sie die MNU aber mit Skepsis und Furcht, die sich gegen deren Macht und „neokolonialistischen“ Charakter richten. So groß das Interesse dieser Staaten an den MNU auch sein mag – man will sie auf keinen Fall ohne rechtliche Vorschriften walten lassen, und sei es nur um des psychologischen Nutzens, den man aus Gesetzen zur Kontrolle ausländischen Kapitals für das Gefühl der nationalen Selbständigkeit zieht (Negandhi 1987, 45). Die diffuse Interessenlage der Nationalstaaten gegenüber den MNU erschwert zusätzlich die Formulierung von entsprechenden Vorschriften, die einerseits präzise genug sein müssen, um effektiv zu sein, andererseits aber mit Details nicht so überfrachtet sein dürfen, daß davon potentielle Investoren abgeschreckt würden.
- Das gesetzgebungstechnische Problem wird ferner durch den Informationsmangel bezüglich der Tätigkeit von MNU verschärft. Die Nationalstaaten, und hier wiederum vor allem die Entwicklungsländer, sind vielfach überfordert, wenn es darum geht, das Gestrüpp der Beziehungen und Entscheidungskompetenzen zwischen Mutter- und Tochtergesellschaften zu durchschauen. In der Tat will man ja gerade mit manchen Gesetzen, so zum Beispiel dem Joint Venture-Gesetz, die Anonymität der zentralen Kontrolle in den Auslandsniederlassungen von MNU brechen. Aber die Effektivität solcher Gesetze hängt von einer rich-

tigen Informationsbasis über den Entscheidungsprozeß ab, die es dem Gesetzgeber ermöglicht, den richtigen Abstraktionsgrad und Begriffsapparat im Recht zwischen vereinfachender Verallgemeinerung einerseits und schwerfälliger Detailliertheit andererseits zu finden.

Das zweite Problem besteht darin, daß die skizzierten gesetzgebungstechnischen Probleme sich dann im Bereich der Rechtsanwendung fortsetzen. Die Vollzugs- und Präventionsdefizite liegen auf der Hand: zum einen wegen der Unschärfe der Generalklauseln, zum zweiten wegen der Zahl und Detailliertheit der gesetzlichen Regelungen. Hinzu kommt noch das Phänomen der „organisierten Unverantwortlichkeit", dem sich insbesondere auch MNU als Prototyp von Großunternehmen gegenübersehen. Die internationale Arbeitsteilung zwischen der Zentrale und den Auslandstöchtern wie auch zwischen den letzteren untereinander – verbunden mit der Machtasymmetrie zugunsten der Muttergesellschaft – tragen nämlich dazu bei, daß der Entscheidungsprozeß im internationalen Unternehmensverband in einem höheren Maße (als in nationalen Großunternehmen) diffus abläuft. Das führt dazu, daß das Niederlassungsmanagement, was die rechtliche Bedeutung seiner Entscheidungen und Handlungen anbelangt, schlicht auf die Kontrolle übergeordneter Instanzen vertrauen und sich so moralisch entlastet fühlen kann. Das Beispiel der Giftgaskatastrophe in Bhopal macht dieses Problem nur allzu deutlich: Im Vertrauen auf die vom US-Stammhaus getragene globale Technologiepolitik und die damit verbundenen zentralen Anweisungen und Kontrollen hatte das indische Management der Union Carbide-Tochter in Indien es versäumt, eigenverantwortliche und den lokalen Bedingungen (beispielsweise der Minderqualifikation des Bedienungspersonals) angepaßte Sicherheitsstandards für das Werk zu entwickeln. Ein Gesetz, das in Kenntnis dieser internen Entscheidungsstruktur der Niederlassung entsprechende Verhaltensweisen vorschreibt, war offenbar nicht vorhanden, nicht zuletzt auch wegen der vorhin genannten gesetzgebungstechnischen Probleme.

Der dritte Grund für das Steuerungsdefizit von Recht hängt mit dem Time-Lag-Problem zusammen, das sich bekanntlich daraus ergibt, daß die Rechtsentwicklung den durch den technischen Fortschritt bewirkten gesellschaftlichen Veränderungen hinterhinkt. Betrachtet man das Problem im internationalen Kontext, so leuchtet ein, daß es insbesondere in Entwicklungsländern akut wird, wo die gesetzgebenden Institutionen noch unterentwickelt sind, andererseits aber ein durch die Aktivität der MNU und den technischen Fortschritt bedingter Gesetzesbedarf entsteht, der durchaus mit den Industrieländern vergleichbar ist. So fehlen beispielsweise heute noch in den meisten Entwicklungsländern Umweltschutzgesetze, um das inzwischen in den urbanen Zentren längst bedrohliche Abfall- und Abgasproblem der modernen Zivilisation zu bekämpfen.

Zusätzlich zu den gezeigten Problemen gilt es zu sehen, daß sich für MNU, die ja per definitionem in mindestens zwei Rechtskreisen agieren, schon allein strategisch betrachtet Handlungsspielräume in dem Sinne eröffnen, daß sie die jeweils für sie „günstigsten" rechtlichen Rahmenbedingungen wählen können. Besonders plastisch wird das Problem, wenn man den Differenzierungsgrad und die institutionelle Kontrollkapazität des Rechts in Industrieländern mit denen von Entwicklungs- oder Schwellenländern vergleicht.

Zur Rolle von Wertsystemen

Die Notwendigkeit von Unternehmensethik in MNU läßt sich noch von einer weiteren Warte begründen. Angesichts des Steuerungsdefizits von Recht könnte man natürlich daran denken, daß eher gesellschaftliche Wertsysteme, die ja zum Recht subsidiär sind, die Rolle der Konfliktregulierung übernehmen. Diese Erwartung bezüglich einer solchen Koordinations- und Schiedsrichterfunktion von Wertsystemen läßt sich im Zusammenhang mit ihrem besonderen Charakter vergegenwärtigen. Wertsysteme umfassen die existierenden Einstellungen, Prinzipien und Traditionen in einer Gesellschaft. Diese beruhen auf ihrer Bewährung in der Vergangenheit. Problemlösungsstrategien, die sich als effektiv erwiesen haben, werden zu Handlungs- und Denkmustern verdichtet und an folgende Generationen weitergegeben (von Hayek 1989, 34). Diese interessenabgleichende Funktion des gesellschaftlichen Wertsystems muß jedoch in zwei Hinsichten relativiert werden: Erstens besagt die Überlieferung und Tradierung von Wertsystemen (noch) nichts über ihre ethische Qualität. Bereits dies läßt die dem Wertsystem zugeschriebene Rolle, subsidiär zum Recht friedensstiftend zu wirken, fragwürdig erscheinen. Zweitens ist eine Einschränkung im Zusammenhang speziell mit den MNU insofern zu machen, als diese in den verschiedensten Kulturkreisen tätig sind. Zu große Unterschiede zwischen den Wertsystemen von Heimat- und Gastländern können sogar konfliktfördernd wirken. Insofern ist gerade hier Ethik als Medium des Interessenabgleichs erforderlich.

Systematisierung ethisch relevanter Konfliktkonstellationen bei multinationalen Unternehmen

Unsere Skizze der Konfliktlagen der MNU sowie die Einsicht, daß zur Steuerung und Koordination der divergenten Interessen sowohl in den MNU selbst und auch im Verhältnis zu ihrer Umwelt in Heimat- und Gastländern ergänzend zu Markt, Recht und Wertsystem Ethik als regulatives Prinzip hinzutreten muß, ermöglichen es, eine Systematisierung ethisch relevanter Konfliktkonstellationen zu versuchen. Um die Komplexität der Konfliktlagen von MNU systematisch abbilden zu können, bietet es sich an, an bereits angedeutete Denkmuster anzuknüpfen. Im Mittelpunkt der Diskussion steht dabei der (internationale) Konflikt zwischen

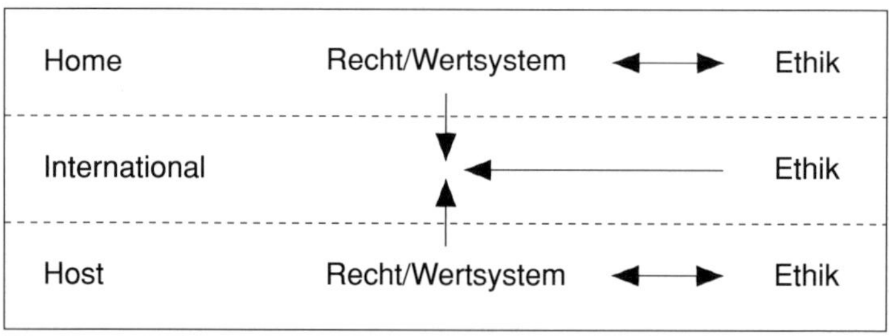

Abbildung 3: Konfliktkonstellationen bei MNU im Überblick

„Home" (Heimatland) und „Host" (Gastland). Darüber hinaus gilt es zu sehen, daß die Aktivität der MNU ja auch in ihren Heimat- und Gastländern selbst kritisch verfolgt wird. Daraus ergibt sich ein Mehrebenenkonzept, wie es Abbildung 3 zeigt.

Konfliktpotential in Heimatländern

Zunächst läßt sich für die MNU ein Konfliktpotential in ihren Heimatländern selbst feststellen. Das Unternehmen muß sich nämlich gefallen lassen, daß seine Tätigkeit im Ausland (neben den inländischen Operationen) von Bevölkerungsgruppen im Heimatland unter Anwendung heimischer Maßstäbe beurteilt wird. Abbildung 4 zeigt in bezug auf Rechtssystem und Ethik die möglichen Fallgestaltungen.

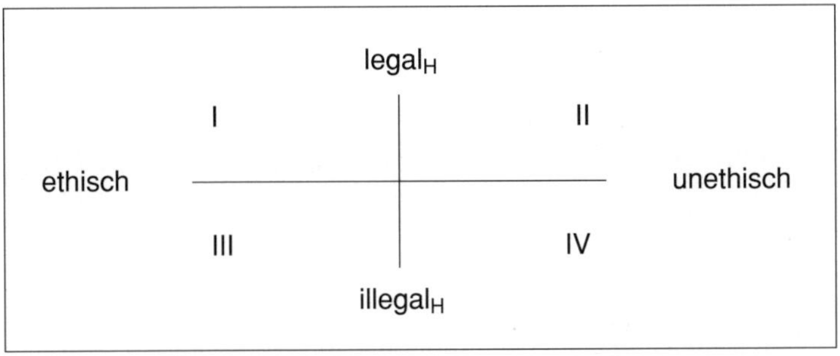

Abbildung 4: Konfliktkonstellation in bezug auf Recht und Ethik im Heimatland (H) (in Anlehnung an Henderson 1982, 42)

Während in den Konstellationen I und IV das Unternehmenshandeln im Ausland sowohl unter ethischen als auch rechtlichen Aspekten gleich eingeschätzt wird, fallen im Quadranten II die Beurteilungen auseinander. Zwar ist das Verhalten des Unternehmens im Ausland nach den rechtlichen Maßstäben im Herkunftsland legal, doch gleichzeitig unter ethischen Kriterien abzulehnen. Dieser Konfliktsituation im Heimatland sah sich Anfang der siebziger Jahre die Siemens AG gegenüber. Auslöser des Konflikts war die Beteiligung des Unternehmens am Bau des Cabora-Bassa Staudamms und Wasserkraftwerks in Mozambique, das zu jener Zeit noch unter portugiesischer Kolonialherrschaft stand (Schreyögg, Steinmann 1989). Aus der Sicht von Kennern der damaligen politischen Situation in diesem Teil Afrikas verfolgte die portugiesische Regierung mit dem Projekt das Ziel der Festigung ihrer Kolonialherrschaft. Vor dem Hintergrund dieser Einschätzung wurde in der Bundesrepublik massive Kritik am Siemens-Engagement laut. In Briefen, Flugblättern und auch auf der Hauptversammlung des Unternehmens formulierten deutsche Projektgegner ihre Ablehnung. Zwar konnte dem Unternehmen im rein juristischen Sinne kein Fehlverhalten vorgeworfen werden, doch unter ethischen Aspekten galten die Siemens-Aktivitäten in Mozambique als höchst verwerflich. Mit seiner Beteiligung am Cabora-Bassa-Projekt unterstütze das Unternehmen – so die Projektgegner – Kolonialismus und gefährde die Durchsetzung von Unabhängigkeit und Menschenrechten in den portugiesischen Kolonien.

Konflikte gibt es nach unserer Systematik auch im Quadranten III, wo das Handeln der MNU im Ausland nach Standards des Heimatlandes illegal ist, gleichzeitig aber ethisch und daher gerechtfertigt erscheint. Zugegebenermaßen dürfte dieser Fall aber in der Praxis selten vorkommen. Trotzdem sind Beispiele auch solcher Konflikte denkbar und bekannt, etwa wenn MNU im Ausland (in den Heimatländern unter der Korruptionsklausel stehende und deshalb rechtlich illegale) Zahlungen an politische Kräfte leisten, von denen Demakratiebewegungen zu erwarten sind.

Konfliktpotential in Gastländern

Die zweite Konfliktkonstellation ergibt sich im Zusammenhang der MNU in den betreffenden Gastländern selbst. Das Verhalten der Tochtergesellschaften wird nämlich vor dem Hintergrund von Rechtssystem und Ethik im Gastland beurteilt. Dabei werden die Töchter als verantwortlich für Handlungen angesehen, die sie dezentral in Einklang mit den lokalen Bedingungen initiieren, wie auch für Entscheidungen, die ihnen von der Muttergesellschaft im Rahmen der globalen Unternehmenspolitik vorgegeben werden. Die möglichen Beurteilungskonstellationen zeigt Abbildung 5.

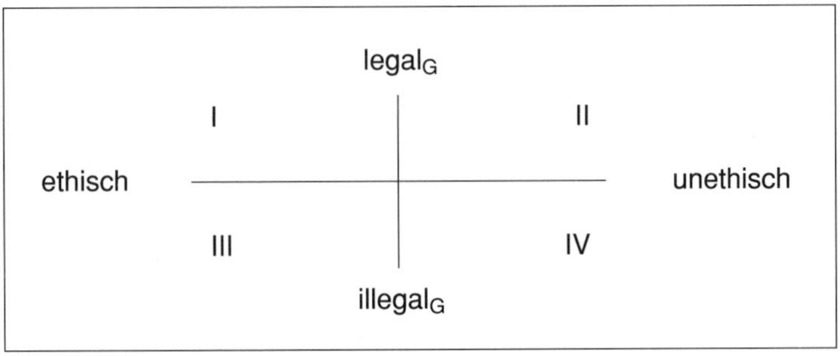

Abbildung 5: Konfliktkonstellation in bezug auf Recht und Ethik im Gastland (G)

Konfliktträchtig sind auch hier Handlungen, die in den Quadranten II und III anzusiedeln sind. Zur Illustration der Konstellation II kann nochmals auf das Beispiel Cabora-Bassa zurückgegriffen werden. So wurden die Aktivitäten von Siemens und anderen am Projekt beteiligten MNU in Mozambique von der dortigen Befreiungsbewegung FRELIMO politisch-ethisch auf das Schärfste verurteilt, obgleich die rechtlichen Regelungen im damals von Portugal beherrschten Gastland dem Unternehmensengagement nicht entgegenstanden. Für den Fall III kann das Beispiel vom Vorgehen einiger MNU in der Republik Südafrika angeführt werden. So hat unter anderen die Firma BMW in der Vergangenheit aus moralisch-ethischen Gründen bewußt gegen die strengen Apartheidsgesetze des Gastlandes verstoßen und illegal gehandelt, als sie qualifizierte schwarze Mitarbeiter in bis dahin nur für Weiße reservierte Führungspositionen in ihrer dortigen Tochtergesellschaft einstellte. Nicht zuletzt hat die willentliche Ignorierung dieser und anderer Apartheidsgesetze durch viele MNU in der Vergangenheit zur Aufweichung der nach allen Maßstäben ethisch verwerflichen Politik der Rassentrennung beigetragen.

Konflikte aus Divergenzen zwischen Heimat- und Gastland

Die dritte Konfliktebene, die Divergenzen zwischen dem Heimat- und Gastland in bezug auf Ziele, Recht und Wertsysteme auf sich vereint (siehe auch Abbildung 1) stellt den für MNU eigentlich

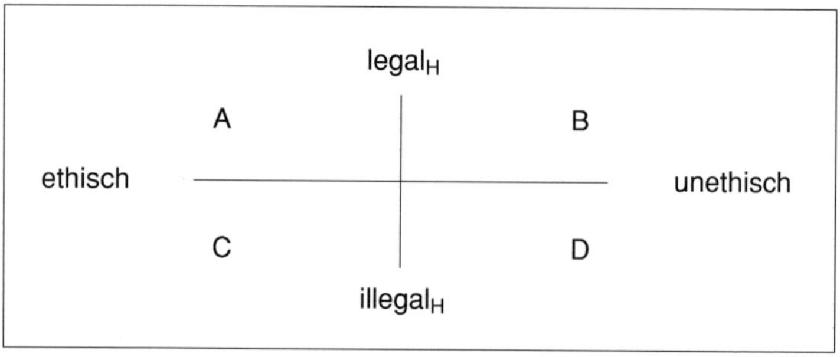

Abbildung 6: Konfliktkonstellation in bezug auf Recht und Ethik zwischen Rechtssystemen der Heimat- und Gastländer

spezifischen, also „multinationalen" Problembereich dar, wo Ethik relevant wird.

Betrachten wir zunächst die möglichen Konfliktkonstellationen zwischen den Rechtssystemen in Herkunfts- und Gastland (Abbildung 6). Problematisch sind dabei jene Handlungen der MNU, die im Spannungsfeld gegensätzlicher Rechtsgrundlagen der Heimat- und Gastländer zustande kommen (Fälle B und C in Abbildung 6). So darf zum Beispiel in vielen Gastländern, wie Malaysia, nicht gestreikt werden, weil das lokale Gesetz es verbietet, während in der Zentrale dieses Recht den Arbeitnehmern nach dem Gesetz des Heimatlandes garantiert ist. Das ethisch relevante Problem für MNU besteht in diesem Fall im Rechtfertigungszwang gegenüber den lokalen Arbeitnehmern, die sich gegenüber ihren Kollegen in anderen Töchtern benachteiligt fühlen und als Kompensation dafür andere, vom Gesetz nicht verbotene Rechte beim Unternehmen einklagen wollen.

Als Beispiel für den ethisch relevanten Konflikt im Quadranten C kann wiederum das Dilemma angeführt werden, vor dem MNU in Südafrika stehen: Die Apartheidsgesetze verbieten die Beschäftigung von Schwarzen in bestimmten Führungspositionen; andererseits ist eine solche Diskriminierung nicht nur ethisch-moralisch verwerflich, sondern auch von den Gesetzen der Heimatländer unter Strafe gestellt. Bekanntlich versuchen dann auch oft politische

Gruppierungen in den Heimatländern, Druck auf MNU auszuüben, gegen das Gesetz in Südafrika zu handeln, was – wie vorhin gezeigt – manche aus ethischen Motiven auch tun. Ein anderes Beispiel für den Fall C, wo Ethik relevant wird, ist die Produktpolitik mancher Pharmaunternehmen, Medikamente im Ausland herzustellen und zu verkaufen, deren Produktion und Verkauf im Heimatland gesetzlich untersagt ist (Medawor, Freese 1981, 23).

Konflikte aus Divergenzen von Wertsystemen

In der Abbildung 7 sind die ethisch relevanten Konfliktfälle dargestellt, die aus divergierenden Wertsystemen der Heimat- und Gastländer der MNU resultieren können.

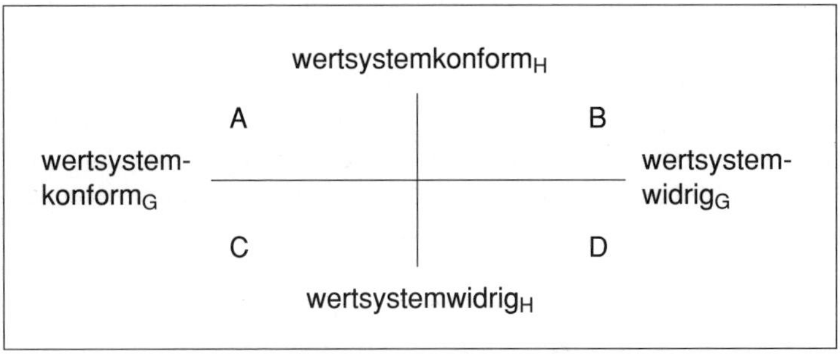

Abbildung 7: Konfliktkonstellation in bezug auf Recht und Ethik zwischen Wertsystemen der Heimat- und Gastländer der MNU

Als Beispiel für den Fall C sei hier auf die unterschiedliche kulturelle Einschätzung von Korruption verwiesen (Ronen 1986, 179 ff.). Während etwa in vielen Gastländern traditionell die „Bestechung" als alltägliche Erscheinung in der Geschäftswelt akzeptiert wird, ist sie in den meisten westlichen Industrie-(Heimat-)ländern als unlautere Geschäftspraxis, die sich nicht mit der westlichen Geschäftsmoral vereinbaren läßt, verpönt. Das ethische Problem für MNU ergibt sich vor allem dann, wenn Auslandsniederlassungen Gefahr laufen, Aufträge an die Konkurrenz zu verlieren, weil die Muttergesellschaften ihren Niederlassungsleitern nicht gestatten,

Kunden durch „mit der Tradition des Hauses nicht vereinbare Leistungen“ zu gewinnen. Zur Illustration der Konstellation B mag die kulturvariante Einstellung zur Rolle der Frau und die daraus für die Personalpolitik der MNU resultierenden Folgen dienen. In Japan etwa werden in den heimischen Unternehmen Frauen aus Tradition nur selten als Führungskräfte eingestellt, weil man ihnen ab einem bestimmten Alter nur die althergebrachte Aufgabe der Hausfrau und Mutter zugesteht. Das ethisch relevante Problem für westliche MNU stellt sich in dieser Situation in dem Maße, wie sie mangels männlichen Nachwuchses immer mehr Frauen einstellen und diese Entscheidung gegenüber ihren männlichen Mitarbeitern rechtfertigen müssen (Kumar, Steinmann 1989).

Damit sind die zentralen ethisch relevanten Konfliktkonstellationen bei MNU erfaßt. Die Fallgestaltungen, bei denen auch noch das jeweilige Wert- und Rechtssystem sich nicht decken, scheinen uns wegen der vorhin erwähnten Beziehung der beiden untereinander vernachlässigbar. Ganz im Gegensatz dazu drängt sich nun jedoch die Folgefrage auf, wie denn diese Konflikte – und hier insbesondere die sogenannten „internationalen“ – mit guten Gründen einer Lösung zugeführt werden können.

Konfliktlösung durch Unternehmensethik

„Good corporate citizenship“ versus dialogische Unternehmensethik

Die klassische Entscheidungsregel, die in der Literatur zur Konfliktlösung in MNU vorgeschlagen wird, beruht auf dem Konzept des „good corporate citizenship“ (Schöllhammer 1977, 29f.; Daniels et al. 1982, 338; Negandhi 1987, 55). Die Grundidee besteht darin, daß sich MNU den Zielen ihrer Gastländer verpflichtet fühlen und versuchen sollen, ihnen Rechnung zu tragen mit Aktivitäten, die durchaus auch im Sinne der Betonung der Globalisierungsstrategie (zuungunsten der Anpassung) gestaltet sein können.

Als Beispiel für diese Aufforderung können die Leitsätze für Auslandsinvestitionen der Internationalen Handelskammer angeführt werden, die ganz explizit diese Verhaltensmaxime formulieren: „Der Investor (soll) die inländischen Gesetze, die Politik und die wirtschaftlichen und sozialen Ziele des Gastlandes beachten, wie es jeder gute Bürger dieses Landes tun würde“ (Froemer 1977, 220). Anderen Kodizes, wie denen der OECD in der Erklärung über internationale Investitionen und multinationale Unternehmen vom 21. Juni 1976 (Froemer 1977, 185ff.) sowie dem Entwurf eines „Code of conduct“ der UN (Feld 1981, 67ff.), ist ähnliches zu entnehmen. Um also die Konflikte auszuräumen, wird von den MNU die Förderung der Ziele und Politiken ihrer Gastländer verlangt.

Fraglich ist jedoch, ob diese Ziele und Politiken der Gastländer auch unter ethischen Gesichtspunkten (im Einzelfall) gut begründet sind. Denn es kann nicht prinzipiell davon ausgegangen werden, daß sie und die ihnen zugrunde liegenden Rechts- oder Wertsysteme der Gastländer per se ethisch so „wertvoll“ sind, als daß man a priori ihnen zu entsprechen versuchte. Man braucht sich nur die oben angeführten Fälle, so etwa das Beispiel der offiziell geltenden Apartheidspolitik in der Republik Südafrika, zu vergegenwärtigen. Somit ist festzuhalten, daß die Konfliktlösungsregel „good corporate citizenship“ unter ethischen Gesichtspunkten nicht denknotwendig auch zu ethisch gerechtfertigten Handlungen der MNU führen muß. Das zentrale Manko dieses Konfliktlösungsmechanismus ist, daß er das Faktische ohne weitere Begründung auch schon für das ethisch Gerechtfertigte hält, und die Handlungen der MNU für ethisch, wenn sie nur die herrschenden Politiken und Ziele der Gastländer fördern.

Gegenüber diesem aus begründungstheoretischer Sicht nicht hinreichenden Konfliktlösungsansatz erscheint das in der jüngeren Diskussion entwickelte Konzept einer dialogischen Unternehmensethik fruchtbarer (Steinmann, Oppenrieder 1985; Steinmann, Gerum 1989; Steinmann, Löhr 1988 und 1989b). Im Gegensatz zu „good corporate citizenship“ steht hier nicht bereits ex ante die Präferenz für ein gegebenes Zielsystem oder ein spezifisches Rechts- oder Wertsystem fest. Die ethische Vorziehenswürdigkeit bestimmter rechtlicher Regelungen oder Wertvorstellungen ist vielmehr erst im Dialog zwischen den Konfliktparteien nach den besseren Gründen und nicht bloß nach ihrer faktischen Gegebenheit zu entscheiden. Dieses dialogische Verständnis von Unternehmensethik bringen Steinmann und Löhr wie folgt auf den Begriff:

„Unternehmensethik umfaßt alle durch dialogische Verständigung mit den Betroffenen begründeten beziehungsweise begründbaren materialen und prozessualen Normen, die von einer Unternehmung zum Zwecke der Selbstbindung verbindlich in Kraft gesetzt werden, um die konfliktrelevanten Auswirkungen des Gewinnprinzips bei der Steuerung der konkreten Unternehmensaktivitäten zu begrenzen" (Steinmann, Löhr 1989 b, 10).

Ob und inwieweit dieses Konzept zur Regelung ethisch relevanter Konfliktkonstellationen auch bei MNU geeignet ist, gilt es abschließend zu prüfen. (Die nachfolgenden Ausführungen folgen im wesentlichen Kumar 1989.)

Probleme einer dialogischen Unternehmensethik bei multinationalen Unternehmen

Inhaltliche Schwierigkeiten der Normenbegründung im interkulturellen Kontext

Nach Steinmann und Löhr (1988, 307) dürfen Normen, die die Grundlage des unternehmensethischen Handelns darstellen, nicht willkürlich oder bloß aus ihrer traditionsmäßigen Geltung heraus postuliert werden. Als Methode zur Normenfindung wird die dialogische Verständigung vorgeschlagen, in der auf der Basis der vorgetragenen Argumente aller Parteien die „guten Gründe" zu einem freien Konsens über unternehmensethische Normen führen sollen.

Ein spezifisches Problem im Kontext des Managements von MNU ist darin zu sehen, daß die Argumente, die zur Begründung der erstrebten Handlungsweisen zwischen lokaler Anpassung und globaler Integrationsstrategie, beispielsweise vom lokalen Joint Venture-Partner einerseits und der Zentrale andererseits, vorgebracht werden, in unterschiedlichen Wertsystemen und rechtlich-politischen Umwelten fußen. Es besteht die Schwierigkeit, daß die Verständigung zwischen den Parteien über Normen durch die unterschiedlichen Vorstellungen darüber, was im Management kulturvariant und was kulturinvariant ist, erschwert wird. Was zum Beispiel dem Joint Venture-Partner im Lichte der ortsüblichen Kultur als durchaus legitim erscheint, mag in den Augen der Zentrale und des Heimatlandes als verwerflich gelten. Was die Zentrale für universell anwendbar hält, kann umgekehrt in manchen Auslandsniederlassungen als wertsystemwidrig abgelehnt werden.

Abbildung 8 zeigt, wie unterschiedliche Wertorientierungen über Phänomene wie Zeit, Arbeit und Leistung die Einschätzungen von Führungskräften zu Managementproblemen beeinflussen können.

Es liegt auf der Hand, daß unter diesen Voraussetzungen die Probleme der Verständigung über Normen steigen, je unterschiedli-

Wertorientierungen nach Kluckholn/Strodtbeck hinsichtlich	*Allgemeine Merkmale der Unternehmens führung*	*Exemplarische Konsequenzen für die Managementpraxis*
Zeit Zukunft > Vergangenheit	Betonung der Strategie und Langfristplanung	Anwendung von MBO*, Personalplanung
Arbeit/Leistung Sein > Tätigkeit	Betonung der Philosophie des Menschseins, Gewichtung der zwischenmenschlichen Beziehungen	Führungsstil und Arbeitsklima sind Bestandteil der Leistungsbeurteilung von Vorgesetzten
Zwischenmenschliche Beziehungen: individualistisch > hierarchisch	Betonung von Delegation und Mitarbeiterbeurteilung	Soziale Leistungen werden nach Position differenziert

* Management by objectives
(> = höhere Bedeutung, stärker präferiert)

Abbildung 8: Einfluß der Kultur (Wertorientierungen) auf Aspekte des Managements (in Anlehnung an Child 1981)

cher die Kulturen und Wertsysteme sind, in denen multinationale Unternehmen tätig sind.

Methodische Schwierigkeiten der Normenbegründung in den multinationalen Unternehmen

Ein weiteres zentrales Merkmal der Unternehmensethik ist die Methode, wie die Normenbegründung durchgeführt werden soll. Steinmann und Löhr (1988, 308) begreifen die Unternehmensethik als „kommunikative (dialogische) Ethik“: Die Normenbegründung soll im Rahmen einer unvoreingenommenen und herrschaftsfreien Verständigung zwischen sachverständigen Partnern erfolgen.

Ein spezifisches Problem in diesem Zusammenhang besteht in der systemimmanenten Asymmetrie der Machtverteilung im Verband der multinationalen Unternehmung. Dadurch sind die Bedingungen der „kommunikativen Ethik“ – jedenfalls soweit es um den Dialog zwischen Mutter- und Tochtergesellschaften geht – als ungünstig zu bezeichnen. Geht man nämlich von dem allgemeinen Globalisierungs- und Anpassungsparadigma im internationalen Management aus, dann ist festzustellen, daß die Machtverteilung im Unternehmensverband im Prinzip zugunsten der Muttergesellschaften und zum Nachteil der Auslandsniederlassungen angelegt ist – und das sowohl institutionell wie auch inhaltlich.

Der institutionelle Aspekt ist im Zusammenhang mit der Globalisierungsstrategie zu sehen. Diese basiert ja regelmäßig auf der Verfügungsgewalt, wie sie aus den Eigentumsrechten der Muttergesellschaft resultiert. Dieses Potential wird auch faktisch bei der Gestaltung der institutionellen Beziehungen zwischen der Zentrale und den Auslandstöchtern grundsätzlich so genutzt, daß das einseitige Machtverhältnis festgeschrieben wird. Das zeigt sich am besten an den Mechanismen, die verwendet werden, um die Auslandsaktivität zu steuern. Mit der sogenannten strukturellen Steuerung werden internationale Organisationsstrukturen (zum Beispiel die Internationale Division) und Planungs- und Kontrollsysteme („globale Planung“) geschaffen, die hinsichtlich Kompetenzen, Kommunikations- und Informationswegen, Zielbildungsprozessen und anderem eindeutig auf die Zentralisierung der Entscheidungsfindung und somit auf die Sicherung der Macht des Stammhauses (auch gegenüber den Gastländern) ausgerichtet sind. Die sogenannte personelle Steuerung zielt auf die Durchsetzung der Position der Muttergesellschaft durch eine Personalpolitik, die strategische Aufgaben im In- und Ausland vorzugsweise Stammhausangehörigen vorbehält. Vorwiegend durch lokale Manager besetzt werden nur Niederlassungsstellen im operativen Bereich. So stellte Hymer bereits vor einigen Jahren fest, daß in multinationalen Unternehmen mit zunehmender Hierarchieebene die Nationalität der Führungskräfte im Sinne der Nationalität des Stammhauses homogener wird. In den unteren Hierarchieebenen herrscht dagegen eine Nationalitätenheterogenität entsprechend der Diversität der Gastländer vor, was zur Destabilisierung der Verhandlungsposition der Auslandsniederlassungen gegenüber dem Stammhaus beiträgt (Hymer 1972, 130).

Der inhaltliche Gesichtspunkt der Machtasymmetrie ist im Zusammenhang mit der Anpassungsstrategie zu sehen. Indem die Auslandsniederlassungen den spezifischen Erfordernissen ihrer Gastlandumwelt Rechnung tragen müssen, sind ihre Interessenlagen im einzelnen oftmals eher partikularistisch als pluralistisch ausgerichtet. Insbesondere, wenn es um den Wettbewerb der Auslandsniederlassungen untereinander um die Ressourcen der Zentrale geht, tritt der Interessenpartikularismus sehr deutlich hervor. Unter diesen Umständen brauchen die multinationalen Unternehmen nicht die Solidarität ihrer Auslandsniederlassungen untereinander und somit eine Schwächung ihrer eigenen relativen Verhandlungsmacht zu befürchten. In dieser Situation sind die empirischen Ausgangsbedingungen für eine nicht-persuasive Verständigung über gemeinsame Handlungsweisen zwischen Mutter und Töchtern ungünstig.

Das Problem der Selbstverpflichtung

Ein weiteres zentrales Element der Unternehmensethik ist, daß die vereinbarten Normen „ihre Verbindlichkeit nicht dank staatlicher Zwangsmittel erhalten, sondern als ein Akt der Selbstverpflichtung (seitens der Unternehmensleitung [d. Verf.]) verstanden werden" (Steinmann, Löhr 1988, 309f.).

Im Kontext der MNU sind die Bedingungen für die Einlösung dieses Anspruches insofern ungünstig, als sie einerseits angehalten sind, sich an die lokalen Bedingungen ihrer Gastländer anzupassen, um nicht nur ökonomisch Dysfunktionalitäten zu vermeiden, sondern auch in ihrer unmittelbaren Umwelt nicht als Fremde aufzufallen. Andererseits aber können die Anforderungen der Gastländer, an die man sich halten soll, oftmals unvernünftig sein. Das bedeutet, daß multinationale Unternehmen viel stärker als national tätige Unternehmen Gefahr laufen, mit ihrer ethischen Selbstverpflichtung im Einzelfall auch gegen das von den Gastländern rechtlich geforderte Verhalten zu verstoßen (Steinmann, Löhr 1988, 310). Angesichts dieses Risikos und der Tatsache, daß den multinationalen Unternehmen in vielen Situationen ein Arrangement mit den lokalen Bedingungen ökonomisch vorteilhafter erscheint als ein Verhalten, das Wandel mit sich bringen könnte, ist ihre Bereitschaft zur freiwilligen Selbstverpflichtung auf bestimmte – auch international anerkannte – Normen oftmals schwach ausgeprägt.

Es gibt genügend Beispiele aus der Praxis des internationalen Managements, die diesen Konflikt zwischen Selbstverpflichtung und opportunistischer Anpassung veranschaulichen. So läßt das Verhalten vieler amerikanischer multinationaler Bankgesellschaften in Lateinamerika erkennen, daß sie sich lieber mit den Diktatoren und ihrer Politik arrangieren, als den Versuch zu unternehmen, eine fortschrittliche Unternehmenspolitik, zu der sie sich in anderen Teilen der Welt durchaus verpflichtet fühlen, zu propagieren.

Ein anderes Beispiel, das hier angeführt werden kann, ist das der westlichen multinationalen Unternehmen in Südafrika. Trotz der weltweiten Verurteilung der unmoralischen und illegalen Apartheidspolitik der weißen Regierung dieses Staates können sich viele multinationale Unternehmen nicht dazu verpflichten, die Personal- und Sozialpolitik in ihren südafrikanischen Tochtergesellschaften *nicht* nach den diskriminierenden Gesetzen des Landes zu gestalten. Ja, selbst unter den etwa 200 amerikanischen Unternehmen, die mehr oder weniger freiwillig die von Pastor Dr. Sullivan in eigener Regie propagierten Verhaltensprinzipien (Sullivan Principles, vgl. Abbildung 9) unterschrieben haben, gibt es viele, die sich in der Managementpraxis ihrer südafrikanischen Tochtergesellschaft nachweislich nicht an die einschlägigen Empfehlungen halten. Darunter sind auch 29 Unternehmen, die sich entgegen den Vereinbarungen weigern, periodisch Bericht über den Fortschritt bezüglich der Anwendung der Verhaltensrichtlinien zu erstatten (*Business and Society Review* 1983, 42f.).

Das letzte Beispiel demonstriert die Probleme, die es im Kontext der MNU bei Bestrebungen um ethische Selbstverpflichtung gibt. Es läßt aber auch zugleich die hohe Bedeutung dieses Kriteriums im Bereich des internationalen Managements erkennen. Wenn die Einhaltung von Normen wegen fehlender länderübergreifender Gesetze über die nationalen Grenzen hinweg nicht kontrolliert und geahndet werden kann, wird die (auf dem Konsens beruhende) Selbstverpflichtung der Unternehmen zur einzig wirksamen Methode, um unternehmensethisches Handeln zu gewährleisten.

- ☐ Keine Trennung nach Rassen in den betrieblichen Sozialeinrichtungen.
- ☐ Gleiche Beschäftigungsbedingungen für alle Arbeitnehmer.
- ☐ Gleiche Bezahlung für gleiche Arbeit.
- ☐ Entwicklung und Einrichtung von Aus- und Weiterbildungsprogrammen für Schwarze, um sie für Aufgaben in Führungspositionen, in der Verwaltung und in technischen Berufen vorzubereiten.
- ☐ Zunehmender Einsatz von Nichtweißen in Führungspositionen.
- ☐ Verbesserung von Lebensbedingungen für Beschäftigte außerhalb des Unternehmens.

Abbildung 9: Verhaltensrichtlinien nach den Sullivan Principles für Tochtergesellschaften von US-Firmen in Südafrika (Weedon 1986, 57)

Literatur

Barnet, R., R. Müller (1975): Die Krisenmacher. Die Multinationalen und die Verwandlung des Kapitalismus. Reinbek.

Böckle, F. (1988): Verlangen Wirtschaft und Technik eine „neue Ethik"? In: *Zeitschrift für Betriebswirtschaft*. 58. Jg., 9, S. 898–907.

Buckley, P., M. Casson (1976): The future of the multinational enterprise. London.

Business and Society Review (1983): Racism or Reason. The Corporation that Refuse to Sign the Sullivan Principles. In: *Business and Society Review*, Summer, S. 42–46.

Child, J. (1981): Culture, Contingency and Capitalism in the Cross-Cultural Study of Organizations. In: L. Cummings, B. Staw (Eds.), Research in Organizational Behavior. Bd. 3. Greenwich/Conn.

Daniels, J.D., E.W. Orgran, L.H. Radebaugh (1982): International Business Environments and Operations. Reading/Mass. u.a.

De George, R.T. (1986): Business Ethics. 2. Aufl. New York.

Enderle, G. (Hrsg.) (1985): Ethik und Wirtschaftswissenschaft. Berlin.

Fayerweather, J. (1978): International business strategy and administration. Cambridge/Mass.

Feld, W.J. (1981): Multinational Corporations and U.N. Politics. New York.

Froemer, F. (Hrsg.) (1977): Multinationale Unternehmen. Leverkusen.

Gerum, E. (1989): Neoinstitutionalismus, Unternehmensverfassung und Unternehmensethik. In: B. Biervert, M. Held (Hrsg.), Ethische Grundlagen der ökonomischen Theorie. Frankfurt/M.

Hayek, F.A.v. (1980): Recht, Gesetzgebung und Freiheit. Bd. 1: Regeln und Ordnung. München.

Henderson, V.E. (1982): The Ethical Side of Enterprise. In: *Sloan Management Review*. Vol. 23, 3, S. 37–42.

Hesse, H. (Hrsg.) (1988): Wirtschaftswissenschaft und Ethik. Berlin.

Hoffmann, F., W. Rebstock (1989): Unternehmensethik. In: *Zeitschrift für Betriebswirtschaft*. 59. Jg., 6, S. 667–687.

Holtz, V. (1978): Europa und die Multis. Baden-Baden.

Hymer, S. (1972): The multinational corporation and the law of uneven development. In: J. Bhagwati (Ed.), Economics and world order from the 1970s to the 1990s. London.

Kolvenbach, W. (1986): Bhopal-Storm over the Multinationals? In: *Zeitschrift für Unternehmens- und Gesellschaftsrecht*. 15. Jg., S. 47–69.

Krüsselberg, H.-G. (1983): Property Rights – Theorie und Wohlfahrtsökonomik. In: A. Schüller (Hrsg.), Property Rights und ökonomische Theorie. München.

Kumar, B. (1987): Deutsche Unternehmen in den USA. Das Management in amerikanischen Niederlassungen deutscher Mittelbetriebe. Wiesbaden.

Kumar, B. (1989): Unternehmensethik im Kontext internationaler Unternehmensführung. In: H. Steinmann, A. Löhr (Hrsg.), Unternehmensethik. Stuttgart.

Kumar, B., B. Steinmann (1989): Managing subsidiaries of German companies in Japan: Some findings on adaptation strategies. In: K. Shibagaki, M. Trevor, T. Abo (Ed.), Japanese and European Management. Tokyo.

Medawar, C., B. Freese (1981): Drug Multinationals in the Third World. In: *Business and Society Review*, Summer, S. 22–24.

Negandhi, A. (1987): International Management. Boston.

Negandhi, A., B. Baliga (1981): Tables are turning: German and Japanese Multinational Companies in the United States. Königstein/Ts.

Negandhi, A., M. Welge (1984): Beyond Theory Z: Global Rationalization Strategies of American, German and Japanese Multinational Companies. Greenwich/Conn.

Prosi, G. (1988): Die wirtschaftliche Bedeutung ethischer Regeln. In: *Das Wirtschaftsstudium*. 17. Jg., 8/9, S. 481–485.

Robinson, W., M. Pritchard, J. Ellin (Eds.) (1983): Profits and Professions. Clifton/New Jersey.

Ronen, S. (1986): Comparative and Multinational Management. New York u.a.

Rugman, A. (1979): International Diversification and Multinational Enterprise. Lexington.

Rugman, A., D. Lecraw, L. Booth (1985): International Business. New York u.a.

Schöllhammer, H. (1977): Ethics in an International Business Context. In: *Management International Review*. Vol. 17, 2, S. 23–33.

Schreyögg, G., H. Steinmann (1989). Corporate Morality called in Question: The Case of Cabora Bassa. In: *Journal of Business Ethics*. Vol. 8, S. 677–685.

Stanley, M. (1990). Ethical perspectives on the foreign direct investment decision. In: *Journal of Business Ethics*. Vol. 9, 1, S. 1–10.

Steinmann, H., E. Gerum (1989): Unternehmensordnung. In: X. Bea, E. Dichtl, M. Schweitzer (Hrsg.): Allgemeine Betriebswirtschaftslehre. Bd. 1: Grundfragen. 4. Aufl. Stuttgart.

Steinmann, H., A. Löhr (1988): Unternehmensethik – eine „realistische Idee“. In: *Zeitschrift für betriebswirtschaftliche Forschung*. 40. Jg., 4, S. 299–317.

Steinmann, H., A. Löhr (1989b): Einleitung: Grundfragen und Problembestände einer Unternehmensethik. In: H. Steinmann, A. Löhr (Hrsg.): Unternehmensethik. Stuttgart.

Steinmann, H., A. Löhr (Hrsg.) (1989a): Unternehmensethik. Stuttgart.

Steinmann, H., B. Oppenrieder (1985): Brauchen wir eine Unternehmensethik? Ein thesenartiger Aufriß einzulösender Argumentationspflichten.

In: *Die Betriebswirtschaft*. 45. Jg., S. 170–183.
Weedon, R. (1986): The Evolution of Sullivan Principle Compliance. In: *Business and Society Review*. Spring, S. 56–60.
Weizsäcker, C.Chr.v. (1984): Was leistet die Property Rights Theorie für aktuelle wirtschaftspolitische Fragen? In: M. Neumann (Hrsg.): Ansprüche, Eigentums- und Verfügungsrechte. Berlin.

Läßt sich „ethische Unternehmensführung" verwirklichen? – Vom guten Vorsatz zur täglichen Praxis

von Ulrich Steger

„It may be nice for a manager to have virtues, but it is imperative for a manager to have reasons."

F.N. Brady

Statt „ethischem Management" – Rückkehr der „Macho-Manager"?

In einem Interview mit dem *Manager Magazin* ließ Nestlé-Chef Maucher unmißverständlich erkennen, daß er das „ethische und soziale Gesäusel" satt habe. Bei all der Diskussion über die gesellschaftliche Verantwortung werde offenbar vergessen, was die wirklichen Aufgaben der Unternehmen im globalen Wettbewerb seien. Er wünsche sich jedenfalls Manager mit „fighting-spirit" (Maucher 1990).

Dieses Interview ist deswegen so bemerkenswert, weil Nestlé – nach den schmerzhaften Kontroversen um die Lieferung von Milchpulver nach Afrika – zu den Vorreitern einer ethischen und sozialen Verantwortung von Unternehmen gehörte und dies auch in entsprechenden Unternehmensgrundsätzen festgeschrieben hat (Maucher 1989, 373ff.). Läßt man die Variante außer acht, daß es sich bei dem Interview um eine verschlüsselte, aber gezielte Kritik an der deutschen Tochtergesellschaft handelte, so bleiben – pointiert – zwei Interpretationen möglich:

- Die ganze Diskussion um Wirtschaftsethik war eine Modeerscheinung, vielleicht nur ein Mäntelchen, um den ideologischen Flurschaden von Reaganomics und Thatcherismus auf den sozial sensibleren Teil der Gebildeten zu begrenzen, oder

– es zeigt beispielhaft die Frustrationserscheinungen an der – noch – boomenden Ethikdiskussion, weil es weder den quicken Consultants noch den moralisierenden Philosophen gelang, ein ethik- wie handlungsorientierendes, positives Leitbild vom „Manager für morgen“ und seinen normativen Zielen zu entwikkeln und eine Verbindungslinie von den guten Absichten zu den konkreten Taten zu zeichnen.

Im folgenden soll daher näher untersucht werden,

– ob die Ethikdiskussion nur Modeerscheinung oder der Ausdruck tiefergehender Verschiebungen in der gesellschaftlichen Positionierung von Unternehmen ist,

– warum es bislang nicht – oder nur unzureichend – gelang, die Ethikdiskussion mit konkreten Unternehmensentscheidungen zu verzahnen,

– wo denn „Schnittmengen“ von Ethik und Unternehmensführung liegen können, und

– wie vielleicht ethisches Denken als Abwägungsregel für normative Konflikte praktikabel gemacht werden kann.

Aus Platzgründen muß dabei auf eine generelle Bestandsaufnahme der Ethikdiskussion verzichtet werden (vgl. dazu ausführlicher Steinmann, Löhr 1989; Waibl et al. 1988; Steger 1989a; Biervert, Held 1987; Bievert, Held 1989; Stitzel 1990; Wagner 1990; zur US-Diskussion beispielhaft: Hoffman, Moore, Fedo 1989; Dickie, Rouner 1986; De George 1980; Brady 1990).

Die Theorie externer Effekte und die soziale Verantwortung von Unternehmen

Die Optimalität von Marktergebnissen im neoklassischen Paradigma ist unter anderem davon abhängig, daß alle Kosten und Nutzen in die Kalkulation der Marktparteien eingehen. Bekanntermaßen ist dies in der Regel nicht der Fall, weil es – positive wie negative – externe Effekte gibt. Das mittlerweile wohl bekannteste Beispiel sind die Umweltgüter, die früher als unbegrenzt vorhanden angesehen wurden, daher auch keinen Marktpreis hatten und somit nicht in die Kalkulation der Marktparteien eingingen. Je offensichtlicher aber wurde, daß die ständig steigende Inanspruchnahme von Umweltgütern zu „Knappheiten" verschiedenster Art führte, um so intensiver griff der Staat durch seine Umweltschutzgesetzgebung ein. Durch die Begrenzung der Schadstoffemissionen war der Einsatz von Vermeidungstechnologien notwendig (zum Beispiel Filter, Kläranlagen), und in Höhe der anfallenden Betriebs- und Kapitalkosten wurden die vom Unternehmen verursachten „Umweltkosten" internalisiert.

Der Umweltbereich ist dabei keineswegs der einzige Bereich, in dem diese „Internalisierung" stattfand. Soweit die Finanzierung des Sozialsystems über Beiträge erfolgt (am deutlichsten in der Berufsunfallversicherung) oder bei der Berücksichtigung von (benachteiligten) Minderheiten in der Einstellungspolitik von Unternehmen (beispielsweise beim Schwerbehindertengesetz) kann man ebenfalls von Internalisierung sprechen. Die Liste der Beispiele ließe sich beliebig verlängern. Die Frage, inwieweit externe Effekte internalisiert werden, ist dabei eine normative Frage (die daher nur in einer politischen Kosten-Nutzen-Abwägung entschieden werden kann), weil es im Kern um die Verteilung von Kosten und Nutzen aus der wirtschaftlichen Aktivität geht (und Verteilungsfragen können immer nur normativ entschieden werden). Vermutlich käme dabei niemand auf die Idee, einen Innovator zu veranlassen, aus seinen Pioniergewinnen die Vermögensverluste zu entschädigen, die seinen Mitbewerbern durch seinen Vorstoß entstehen. Dies nähme jeden Anreiz zur Innovation (und daher werden die Verluste eher über Subventionen sozialisiert). Aber es kann – in allen Industrieländern – ein Trend identifiziert werden, wonach die Unternehmen zunehmend für die externen Effekte ihrer Tätigkeit verantwortlich gemacht werden.

Ein sehr typisches Beispiel ist die Verschiebung von (zivilrechtlichen) Haftungsregeln. Bei der Haftung geht es ja um die Verteilung von Risiken aus erlaubten Handlungen. Während bei Beginn der Industrialisierung Unternehmen für Schäden aus ihren Produkten oder dem Betrieb ihrer Anlagen nur sehr eingeschränkt und in der Regel nur bei Verschulden hafteten, so hat sich der Haftungsbereich heute erheblich ausgedehnt, und statt der Verschuldens- dominiert die Gefährdungshaftung (zur Begründung zum Beispiel für die Umwelthaftung vgl. Feess-Dörr, Prätorius, Steger 1990, 31 ff.).

Die gesetzliche Fixierung veränderter Haftungsregeln als Ausdruck der Verteilungsfrage, wer die (negativen) externen Effekte zu tragen hat, ist dabei nur ein Endpunkt der Entwicklung. Relevant für Unternehmen ist auch schon die (öffentlich vorherrschende) Wahrnehmung, von wem die Beseitigung der negativen externen Effekte (oder die Kompensation dafür) erwartet wird. Ein gut dokumentiertes Beispiel ist dabei die Chemieindustrie (vgl. zum Beispiel *Dialoge* 2, 1985): Die Verursachung von Umweltbelastungen aus Chemieprodukten wird nicht dem Verursacher im juristischen Sinne zugerechnet (etwa dem Landwirt, der Dünge- oder Pflanzenschutzmittel ausbringt und damit das Grundwasser belastet), sondern der Chemieindustrie. Konsequenterweise wird dann von dieser auch die Vermeidung der Umweltbelastung (etwa durch rasch abbaubare Pestizide, ohne Wasser- und Bodenbelastung) verlangt.

Diese Erwartung wird sich um so mehr verstärken, je sichtbarer die Bedeutung der Wirtschaft die der Politik für die Gestaltung von technischen und sozialen Entwicklungen übersteigt, wie dies meines Erachtens gegenwärtig zu beobachten ist. (Diese Diskussion kann hier nicht geführt werden, vgl. aber zum Beispiel Galbraith 1987, 282ff.) Gerade mit ihren technischen Entwicklungen generiert die Wirtschaft ständig neue ethische Fragestellungen (vgl. dazu ausführlicher zum Beispiel die Beiträge von Gaspari und Tily in Waibl et al. 1988, 265ff.). Begründungen, die nur auf die ökonomischen Effizienzen verweisen, reichen dabei in steigendem Maße nicht mehr aus. Vielmehr stehen Unternehmen zunehmend vor der Frage, ob sie die – gesellschaftlich wahrgenommenen – Probleme selber lösen oder dies dem Staat überlassen sollen (vgl. dazu Dyllicks Lebenszykluskonzept gesellschaftlicher Anliegen; Dyllick 1989, 241ff.).

Nun wird in der Ethikdiskussion in der Tat oft argumentiert, es sei Aufgabe des Staates, diese externen Effekte zu internalisieren und damit die Rahmenbedingungen zu setzen, innerhalb derer sich die Wirtschaft bewegen könne („business within the rules of the game", um den meistens vergessenen Zusatz zu dem oft zitierten Friedmanschen Statement „The business of business is business" in Erinnerung zu rufen; vgl. Friedman 1970, 32f.). Alles was innerhalb dieser Rahmenbedingungen entschieden werde, sei damit auch ethisch legitim.

Um dies zu gewährleisten, müßte der Rahmen aber sehr viel enger ausfallen, als dies zur Zeit der Fall ist, weil ja ein zusätzlicher Raum – der heute eher der eigenen Verantwortung überlassen wird – dann noch rechtlich geregelt werden müßte. Sicher beeinflussen ethische Überlegungen die gesetzlichen Regelungen, aber die Einhaltung von Gesetzen ist nur eine notwendige, nicht eine hinreichende Bedingung für ethisches Handeln.

Eine solche Schlußfolgerung kollidiert daher nicht nur mit der sonst von den gleichen Autoren oder Interessengruppen vertretenen Forderung, die Marktkräfte möglichst ohne Regulierung wirken zu lassen. Sie verkennt auch, daß der Staat keineswegs autonom die Rahmenbedingungen setzt, sondern daß diese das Ergebnis eines komplizierten Entscheidungs- und Mehrheitsbildungsprozesses sind, den „die Wirtschaft" nicht unmaßgeblich beeinflußt. Entscheidender ist aber, daß eine solche Attitüde wenig dazu beiträgt, das Problem ethischer Anforderungen an die Wirtschaft zu lösen. Denn Ethik ist aus drei Gründen in wichtigen Bereichen der Wirtschaft prinzipiell nicht an Politik und Rechtsetzung delegierbar:

1. Es gibt einen großen time-lag zwischen technischer Entwicklung und politisch determinierter Rechtsetzung. Eine Vielzahl von technischen Entwicklungen wirft ethische Fragen auf, man braucht dabei gar nicht an militärische Entwicklungen zu denken, sondern auch ganz „normale" Technologien wie die Informations- und Kommunikationstechnologien sind hier unter Datenschutzaspekten, Möglichkeiten der Verhaltenskontrolle etc.

betroffen. Es ist aber wohl in der Regel nicht möglich, alle ethischen Risiken einer Technologie am Anfang ihrer Entwicklung schon abzusehen, vieles wird erst im Zuge der Entwicklung erkannt oder auch erst ermöglicht (wie etwa in der Gentechnologie, wo vieles, was wohl im Konsens als unethisch zu betrachten ist – wie etwa die Züchtung von Menschen – heute noch gar nicht realisierbar ist). Eine antizipative Normsetzung des Staates zur „ethisch kompatiblen" Technikgestaltung ist daher praktisch nicht möglich.

2. Gesetze, aber auch Leitentscheidungen oberster Gerichte, enthalten oft eine Vielzahl von unbestimmten Rechtsbegriffen, die in konkreten Entscheidungssituationen weit interpretierbar sind, etwa, um das Beispiel der Informationstechnologie nochmals aufzugreifen, das Recht auf „informationelle Selbstbestimmung". Es ist zwar eine Norm, die vieles ausschließt, aber an den Grenzen, das heißt insbesondere dort, wo verschiedene Rechte gegeneinander abzuwägen sind, unscharf ist (und wohl auch sein muß).

3. Die Arbeitsteilung nicht nur in einer Gesellschaft, sondern auch innerhalb von Organisationen, verdeckt oft den Zusammenhang zwischen Entscheidung und Folgen („Verantwortung wird durch Zuständigkeit ersetzt"). Was auf einer Stufe vom Entscheider ethisch als völlig problemlos betrachtet werden kann (etwa die Entwicklung von Hochleistungskompressoren), wird in der nächsten Stufe dann höchst problematisch, wenn ein bestimmtes Land dieses Produkt in seinem Atom(waffen)programm einsetzt. (In dem konkreten Fall war der Export der Kompressoren nicht verboten, weil sie – noch – nicht auf der Embargoliste standen, denn bis dahin wurden sie nicht als sensitiv betrachtet – hätten sie doch genauso gut für eine Textilfaserherstellung eingesetzt werden können.) Wer soll in einem solchen Fall als der „unethisch" Handelnde per gesetzlicher Zuschreibung identifiziert werden?

Von daher gibt es gute Gründe für die Annahme, daß eine Delegation von Findung und Implementierung ethischer Normen an Politik und Rechtsetzung mehr Probleme schaffen als lösen würde. Damit soll nicht der Eindruck erweckt werden, der Staat oder die Politik habe hier keine Aufgabe wahrzunehmen – aber dies war nicht die Fragestellung. Entscheidend ist hier die Feststellung, *daß die Frage nach der ethischen Dimension von Unternehmensentscheidungen nicht mit dem Verweis auf den Staat zu erledigen ist.* Wenn aber der einleitend beschriebene Prozeß der erweiterten Verantwortlichkeit von Unternehmen richtig analysiert wurde, stellt sich danach die Frage, wie die meta-ökonomische Begründung von Unternehmensentscheidungen erfolgen und welche Rolle die Ethik dabei spielen kann.

Die Unmöglichkeit der „ethischen Unternehmensführung“ – oder: Worum es wirklich geht

Im folgenden sei zunächst begründet, warum Konzeptionen einer „ethischen Unternehmensführung“, die hier aus Platzgründen nicht weiter dargestellt werden können (zu einer Übersicht vgl. Velasquez 1988; für den deutschsprachigen Raum: Rebstock 1988), höchst problematisch erscheinen und eher geeignet sind, blockierende ideologische Kontroversen hervorzurufen:

1. Zentraler Ausgangspunkt der Überlegungen ist dabei, daß – bis auf sehr wenige Ausnahmen – wirtschaftliche Entscheidungen nicht in der Wahl zwischen „ethisch“ und „unethisch“ (noch simpler: zwischen gut und böse) bestehen, sondern Abwägungen zwischen verschiedenen Varianten sind, in denen unterschiedliche, ethisch legitime Ziele in unterschiedlichem Ausmaß verwirklicht werden und deren Realisierung unter erheblichen Unsicherheiten steht (Brady 1990, 27ff.). Diese Unsicherheiten resultieren nicht nur daraus, daß die Sekundär- und Tertiärwirkungen von Entscheidungen prinzipiell kaum zu prognostizieren sind, sondern daß auch das Ergebnis von den (Re-)Aktionen einer Vielzahl von miteinander konkurrierenden und verbundenen Akteuren wie Wettbewerbern, Kunden, Behörden etc. abhängt.

2. Die ethischen Begründungszusammenhänge sind so abstrakt, daß sie meistens nicht auf konkrete Unternehmensentscheidungen heruntergebrochen werden können. Ein typisches Beispiel sind die klassischen case-studies in business ethics zum Verhalten von Unternehmen in Südafrika. So sehr der ethische Grundsatz „Keine Unterstützung für rassistische Regimes!" ethisch sicherlich konsensfähig ist, so sehr lassen sich daraus höchst unterschiedliche praktische Schlußfolgerungen ziehen (siehe zum Beispiel Barnett, Wilsted 1988, 425ff., wo der verantwortliche Manager mit der resignativen Feststellung schließt: „The facts are easy to discern. It's the truth that is elusive.").

3. Gerade bei Kontroversen und Zielkonflikten führt die Anlegung unterschiedlicher ethischer Konzeptionen zu unterschiedlichen Resultaten. Beispielsweise läßt sich die Weigerung bundesdeutscher FCKW-Hersteller, sofort die FCKW-Produktion einzustellen, mit utilitaristischer Ethik (die auf das schließlich erzielte Ergebnis abstellt) begründen. Denn der sofortige Verzicht würde folgenlos bleiben, da Produzenten aus anderen Ländern einspringen würden, mithin die weltweite FCKW-Produktion konstant bliebe. Da FCKW-Substitute aber nur in Kooperation mit den Anwendern entwickelt werden können, wären die deutschen Hersteller dazu nicht mehr in der Lage, wenn sie erst einmal aus dem Markt sind. Vom Ergebnis her betrachtet, ist dies eine Haltung, die zumindest nicht von vornherein als unethisch bezeichnet werden kann. Deontologisch, also im Sinne einer Ethik, die nach generellen Regeln sucht (wie zum Beispiel Kants kategorischer Imperativ), läßt sich ein solches Verhalten schon schwieriger begründen, weil sicher eine generelle Regel lauten wird, keine Produkte überhaupt herzustellen, die irreversible Schäden für Mensch und Natur verursachen können.

4. Die Kontroverse soll hier nicht entschieden werden. Vielmehr ging es darum, zu zeigen, daß bei Anlegung unterschiedlicher ethischer Konzeptionen sich durchaus unterschiedliche Schlußfolgerungen über konkretes Unternehmenshandeln ableiten lassen. Ist vielleicht gerade im deutschsprachigen Raum mit dem Einfluß der Kantschen Philosophie ein guter Teil der Kontrover-

sen um Ethik darauf zurückzuführen, daß die Manager (und die Wirtschaftswissenschaftler) eher utilitaristisch denken, während die anderen Meinungsmultiplikatoren (oft mehr geisteswissenschaftlicher Herkunft) deontologisch orientiert sind?

4. Es muß angeführt werden, daß auch „Wirtschafts-“ und „Unternehmensethik“ immer noch „Nächstenethik“ ist, mit direkt zurechenbaren und beobachtbaren Folgen, orientiert an dem Zusammenleben überschaubarer, stabiler Gemeinschaften. Nur sehr schwer läßt sich offenbar eine handlungsleitende Ethik entwickeln, die vernetzte (das heißt nicht mehr in einer linearen Ursache-Wirkung-Kette klar erkennbare Zuordnung von einzelnen Entscheidungen), mit großen Unsicherheiten behaftete und zur Zeit weltweite Probleme verarbeitet. In einem abstrakten Sinne sind alle – und damit keiner – beispielsweise für globale Umweltrisiken verantwortlich zu machen. Individuelle Auswege – wie etwa Verzicht auf das Autofahren – geben möglicherweise ein gutes (oder: besseres) Gewissen, ändern jedoch nichts an dem Problem.

5. Die aufgestellten ethischen Forderungen überfordern – wie Stitzel am Beispiel der Umweltethik gezeigt hat (Stitzel 1990, 10 ff.) – die individuellen Akteure, weil sie – neben dem bereits geschilderten Umgang mit extrem hoher Komplexität – Verzicht und eine Veränderung von Zeitwahrnehmung und Zeitpräferenz notwendig machen. Um die Belange zukünftiger Generationen in ökonomische Kalküle einfließen zu lassen, wäre beispielsweise ein Zinssatz von Null bei Investitionsrechnungen erforderlich, was aber damit identisch wäre, daß Kapital kein knapper Faktor wäre und damit keinen Preis hätte. Weiter möge sich jeder als Gedankenspiel einmal die Schwierigkeiten vergegenwärtigen, die auftreten würden, wenn ein Unternehmen bewußt und geplant (das heißt nicht als ungeplantes Ergebnis von Marktprozessen) schrumpfen wollte.

6. Noch ist weitgehend ungeklärt, unter welchen Organisationsbedingungen in Unternehmen sich die individuelle Ethik von Mitarbeitern mit der „Unternehmensethik“ (falls es diese gibt) beziehungsweise den dort vorherrschenden Spielregeln (siehe zum

Beispiel Juckall 1990) vereinbaren lassen und was eigentlich die Ursache für das Auseinanderfallen ist. Obwohl es in der Literatur hinreichende Differenzierungsversuche ethischer Handlungsebenen gibt (vgl. etwa das „Drei-Stufen-Modell" von P. Ulrich 1987, 131ff.), ist gerade dieser Aspekt verschiedener Handlungsebenen in der öffentlichen Diskussion schwer zu vermitteln.

An diesem Punkt sollte klar werden, daß von den in der Einleitung genannten Varianten die Frustrationserscheinung über die zwar noch immer boomende, aber fruchtlos bleibende Ethikdiskussion die wahrscheinlichere Version ist. Die zahlreichen „Bindestrich-Ethiken" (kritisch dazu Wagner 1990) haben offenbar Erwartungen geweckt und Diskussionen angeheizt, die eben nicht zu dem von P. Ulrich geforderten rationalen Diskurs geführt haben, sondern in praxi eher zu einer „Moralisierung des Politischen", dem Versuch, „durch Anrufung einer überdemokratisch-überpolitischen Instanz (...) einen Bonus für den eigenen Lösungsvorschlag hinsichtlich eines gesellschaftspolitischen, im Streit der Meinungen befindlichen Problems einzustreichen" (Becker 1988, 180).

Wenn aber die zuvor skizzierte Tendenz zur Internalisierung externer Effekte, das heißt das „Verantwortlichmachen" von Unternehmen generell, auch für Auswirkungen jenseits der unmittelbaren Marktsphäre als gesellschaftlicher Trend relevant bleibt, so löst das (vorläufige) Scheitern der Unternehmensethikdiskussion nicht das Problem der betroffenen Unternehmen. Von daher lohnt es sich, einen anderen Blick auf das Problem zu werfen, nämlich die Frage nach der Funktion von Werten und Normen im Unternehmen zu stellen. Dabei wird von dem Prozeß ausgegangen, der gemeinhin als die „verhaltenswissenschaftliche Öffnung der Ökonomie" bezeichnet wird, eine – je nach Standpunkt – Erweiterung oder Abkehr vom neoklassischen Paradigma (Steger 1989).

Nicht nur Märkte und Preise, sondern auch Werte und Normen koordinieren demnach Verhalten; die eindimensionale Zielsetzung der Gewinnmaximierung wird durch komplexere Zielsysteme ersetzt, die eher nach Optimierung und damit Ausbalancierung und

Begrenzung einzelner Ziele verlangen. Parallel läuft dieser Prozeß zur Erosion des „Sachzwang"-Arguments in der Öffentlichkeit, der mit zu dem gestiegenen Begründungszwang für Unternehmensentscheidungen geführt hat. Relevant dafür ist ferner die Erkenntnis, daß Normen und Werte nicht nur auch die wirtschaftlichen Entscheidungen direkt steuern, sondern auch schon bestimmen, wie die Umwelt (im weiteren Sinne) wahrgenommen und was als Problem akzeptiert wird (vgl. zum folgenden Etzioni 1988, 88ff.).

Dabei sind drei Ebenen zu unterscheiden: Auf der ersten Ebene geht es um die grundsätzlichen „Rahmenbedingungen", die überhaupt erst die Organisation einer Gesellschaft ermöglichen, ihre Ziele und Prinzipien definieren und die nicht zur Disposition für ökonomische Kalküle stehen (selbst wenn zum Beispiel demokratische Grundrechte die ökonomische Effizienz beeinträchtigen sollten, kann nicht mit ihnen gehandelt werden). Auf der zweiten Ebene geht es um wirtschaftliche Entscheidungen, die normativ durchdrungen („infused") sind: Die Personalpolitik von Unternehmen wird beispielsweise durch gesellschaftliche Wertvorstellungen über die Gleichberechtigung der Frau, die normative Rangfolge in der Beurteilung von einzelnen Fähigkeiten usw. gesteuert – auch wenn den Akteuren das oft nicht bewußt ist. Erst auf der dritten – der instrumentalen – Ebene dominieren ökonomische Rationalitätskalküle in Abhängigkeit von den gesetzten Zielen (zum Beispiel „Wie erhöhe ich meinen Marktanteil?").

Diese zentrale Rolle normativer Faktoren hat in der neueren Betriebswirtschaftslehre am deutlichsten seinen Niederschlag in der wichtigen Rolle der Unternehmenskultur als Erfolgsfaktor gefunden (Heinen 1987). Zumindest in pluralistischen Gesellschaften ist dabei davon auszugehen, daß diese Normen und Werte unterschiedlich ausfallen (so wie Unternehmen verschieden sind) und genau daraus ergibt sich der Begründungszwang gegenüber der Öffentlichkeit. Andersherum: Der umgebenden Gesellschaft war die (professionelle) Ethik des „ordentlichen, hanseatischen Kaufmanns" um die Jahrhundertwende selbstverständlich, es gab ein hohes Maß an Verhaltenssicherheit von Dritten ihm gegenüber, da die Werte und Regeln, die er befolgte, bekannt waren. In den heutigen pluralistischen Gesellschaften, die eben nicht über solche festgefügten Werthierarchien und festgelegten Verhaltensweisen verfügen, bedarf es anderer Verständigungsmechanismen, und adäquat sind hierzu Informationen über die vom Unternehmen verfolgten Werte und Ziele (einschließlich ihrer Verdichtung in einer – leichter zu kommunizierenden – *corporate identity*), weil sich aus diesen Begründungen Prognosen (oder Erfahrungen) über relevante Faktoren des Unternehmensverhaltens für Kunden, Lieferanten, Arbeitnehmer, Kapitalgeber und andere „stakeholder" ableiten lassen.

Vorläufiges Fazit: Auch wenn die Unternehmensethikdiskussion (zunächst) eher in der „Moralisierung des Politischen" endete, so sind Unternehmen doch nicht davon befreit, über ihre Werte und normativen Vorgaben zu informieren und sie zu begründen, um so die früher selbstverständliche Verhaltenssicherheit heute kommunikativ herzustellen.

Dies beantwortet aber noch nicht die Frage, ob von relevanten Kräften der Gesellschaft die Normen und Werte eines Unternehmens als ethisch betrachtet werden.

Gibt es Schnittmengen von Unternehmensstrategie und Ethik?

Wenn es aber weder ein verbindliches Wertsystem noch allgemein akzeptierte philosophische Systeme (wie früher die Religion) gibt, wird es auch im Fall von Unternehmen schwierig, eine allgemeine Verständigung darüber zu erreichen, was denn dessen ethisches Verhalten sei. Deutlich wird dies in der Diskussion um die (diffusen) Kriterien für „ethisches Investieren".

Vermutlich reicht es aber den Unternehmen aus, in ihrem Verhalten nicht für „unethisch" gehalten zu werden. Jedenfalls ist es plausibel anzunehmen, daß sich darüber leicht Verständigung erreichen läßt, was als „unethisch" zu betrachten ist: wenn die (negativen) externen Effekte aus der Tätigkeit des Unternehmens einseitig Dritten aufgebürdet werden.

In einem solchen Kontext läßt sich durchaus eine Schnittmenge von gutem Management und nicht-unethischem Verhalten ermitteln. Beispielhaft seien folgende Bereiche genannt:

- Die Normen und Werte des Unternehmens (präziser: die von dem im Unternehmen Tätigen erwarteten Normen und Werte) müssen in ihrer ökonomischen wie außerökonomischen Dimension so klar formuliert sein, daß ihre Vereinbarkeit mit konsensfähigen Normen (wie sie sich zum Beispiel in der Verfassung befinden) geprüft werden kann. Die Formulierung eines solchen Zielsystems erfordert Verständigung unternehmensintern (nur dann werden die Werte auch tatsächlich realisiert) und zwingt dazu, sich selbst darüber klar zu werden, „wofür das Unternehmen eigentlich steht".

- Die aus den grundlegenden Zielen abgeleiteten Strategien müssen gegenüber den „stakeholdern" transparent begründet werden. Insbesondere ist herauszuarbeiten, wo der Nutzen liegt und inwiefern dieser den Aufwand (einschließlich der externen Effekte) übersteigt; dies führt zu einer klaren Orientierung der Unternehmensstrategie auf den (Kunden-)Nutzen beziehungsweise die stakeholder des Unternehmens und die beiderseits vorteilhaften Austauschbeziehungen (Gratifikationsprinzip).

- Machtmißbrauch wird um so geringer sein, je dezentraler die Unternehmensorganisation und je partizipativer der Führungsstil ist, was zugleich wichtige Voraussetzung für attraktive Arbeitsbedingungen ist, die wichtige Schlüsselqualifikationen, wie zum Beispiel Kreativität, Eigeninitiative, Entscheidungsfreude, verantwortetete Risikobereitschaft, fördern.

- Langfristiges Denken fördert die Einbeziehung von externen Effekten in die Strategieabwägungen, denn bei längerem Zeithorizont werden die negativen Rückwirkungen von Sekundärfolgen auf das Unternehmen deutlicher. Von daher bestehen Anreize, negative Effekte zu vermeiden oder zu minimieren. Zugleich wird die Orientierung der Manager von einer Ausbeutung bestehender Erfolgspotentiale („milking") auf die langfristige Sicherung (einschließlich neuen Aufbaus) dieser Potentiale gelenkt.

- In der Technologieentwicklung werden die Prinzipien „fehlerfreundlicher Systeme" angewendet, die das Risikopotential begrenzen und senken können, weil davon ausgegangen wird, daß Fehler vorkommen, diese aber inhärent nicht zu katastrophalen Folgen führen – ein Design, daß nicht nur öffentliche Kontroversen, sondern auch aufwendige Genehmigungsverfahren erspart.
- Offenheit für die legitimen Ansprüche Dritter (im Sinne des stakeholder-Konzepts), was nicht nur die Bereitschaft zu Lernprozessen erfordert (indem zum Beispiel früher getroffene Entscheidungen im Lichte gemachter Erfahrungen überprüft und gegebenenfalls korrigiert werden), stellt auch sicher, daß das Unternehmen für seine Ziele kontraproduktive Friktionen mit seiner Umwelt vermeidet und ein „Fließgleichgewicht" zwischen Umwelt und Unternehmen stabilisiert (H. Ulrich 1978, 20; vgl. auch Epstein 1987, 99ff.).

Für spezifische Problemkonstellationen kann dieser Katalog erweitert werden. Für den Umweltschutzbereich wären hier etwa die anzustrebende Konzeption einer „Kreislaufökonomie" oder die Erweiterung des Rechnungs- und Controllingsystems um die ökologische Dimension zu nennen.

Insofern gibt es durchaus Bereiche, in denen gute Managementpraxis und ethische Anforderungen zusammenfallen, auch wenn diese Schnittmenge begrenzt ist (weil auch die Handlungsautonomie von Unternehmen begrenzt ist). Sicherlich ist es notwendig, dies im konkreten Fall auszuloten. Daher stellt sich die Frage nach dem ethischen Denken im Entscheidungsprozeß.

Ethisches Denken im Managementprozeß

In der Literatur wie auch in diesem Beitrag stand bisher die ethische Dimension als (kommunikative) Interaktion zwischen Unternehmen und seiner Umwelt im Vordergrund. Dies ist ein wichtiger Teil, aber die interne Funktion sollte darüber nicht vergessen werden. Wenn Normen und Werte – und nicht irgendwelche „Sachzwänge“ – das Verhalten von Unternehmen in einem großen Bereich steuern, gehört es zur Rationalität des Managementprozesses, daß darüber Bewußtheit besteht und die grundlegenden Prämissen der Tätigkeit, die leitenden Normen wie Ziel-Mittel-Kalküle transparent sind und auch Begrenzungen der Optionen durch grundlegende Normen erkennbar werden.

Ähnlich wie die Begründung nach außen Verhaltensunsicherheit – und damit Transaktionskosten – reduziert, so schafft dieser Verständigungsprozeß nach innen eine Verhaltenskoordination, die mehr auf intrinsischen Motivationen beruht und damit nicht nur, aber auch ökonomisch effizienter ist. Ziel dieser unternehmensinternen Diskussion ist es nicht, Manager zu Philosophen zu machen (die Auswirkungen wären vielleicht nicht unethisch, aber sicher nicht kundenfreundlich), sondern den Managern Orientierung über die normativen Dimensionen ihres Handelns zu vermitteln und daraus die Begründungen ihres Tuns abzuleiten – gerade wenn es um die Abwägung von Zielkonflikten und schwer zu vergleichenden Alternativen geht. Denn weder nach außen wie nach innen, gegenüber den Mitarbeitern und Kollegen, kann das schiere Anordnen oder das bündige Mitteilen getroffener Entscheidungen die dominierende Kommunikationsform sein. Nicht mehr, sondern besseres Denken über Ethik ist das Ziel; vernunftbestimmte Gründe für das Handeln (und seine Begrenzungen im wohlverstandenen Eigeninteresse) zu haben – im Erfolgsfall – das Ergebnis.

Für diese mehr prozeß- und ergebnisorientierte Diskussion über die ethische Dimension des Managementhandelns hat Brady eine Konzeption entwickelt, die er als „Managerial Utilitarism – A Theory of Adequate Reason“ (Brady 1990, 81ff.) bezeichnet. Managemententscheidungen basieren dabei auf den besten verfügbaren vernünftigen Gründen – im Gegensatz zu technokratischen Entscheidungen, die aus einer gegebenen Zahl von inkrementalen Schritten auswählen oder unternehmerischen Entscheidungen, die auf heuristisch gefundenen, phantasievollen Lösungen beruhen. Diese Gründe brauchen nicht (entgegen den Prämissen des klassischen Utilitarismus) perfekt und vollständig zu sein. Sie müssen nur „ausreichen“, um die Entscheidung vernunftbestimmt zu treffen, und es muß Klarheit über den wirklich wichtigen Unterschied zu anderen Alternativen herrschen. Dies können dominante Faktoren, nicht auszugleichende Vor- oder Nachteile oder zentrale normative Vorgaben (zum Beispiel keinen Vertrauensbruch zu begehen) sein. Die Präferenzen sind dabei nicht als gegeben zu betrachten, sondern verändern sich im Lichte gemachter Erfahrungen, neuer Informationen und Erkenntnisse. Die Begründung gegenüber Dritten hat dabei auch die Funktion, egoistische und kurzsichtige Gründe auszuschließen.

Damit die Ethikdiskussion diese rationalitäts- und vernunftfördernde, für die normativen Dimensionen sensibilisierende Funktion wahrnehmen kann, muß jedoch die bisherige „Disziplinierungsfunktion" der Ethik gegenüber der Ökonomie abgebaut werden. Nachdem über ein Jahrhundert lang (faktisch nach den Klassikern) Ethik und Ökonomie völlig auseinander gefallen sind, bestand die erste „Wiederannäherung" verständlicherweise darin, daß die Ethik als eine Einschränkung des Gültigkeitsbereichs der ökonomischen Theorie und damit als (situative) Restriktion bei der Verfolgung des Gewinnprinzips interpretiert wurde (was dann mangels klarer Kriterien relativ beliebig ausgedehnt werden kann). Im Kern geht es aber darum, daß die Ökonomie ihr eigenes Defizit in der Analyse von Normen, ihren Funktionen, Begründungen und Implikationen für wirtschaftliche Entscheidungen beseitigt (Etzioni 1988, 16ff.), ohne einer „Re-Normatisierung" der Wissenschaft das Wort zu reden und damit hinter die methodologischen Positionen von Max Weber und des Neo-Positivismus zurückzufallen, indem die Wissenschaft sich anmaßt, die „richtigen" Normen zu setzen. Insofern stehen nicht nur das Management, sondern auch die Wirtschaftswissenschaft in der Ethikdiskussion unter Lerndruck.

Literatur

Barnett, J.H., W.D. Wilsted (1988): Strategic Management. Boston.

Becker, W. (1988): Die Moralisierung des Politischen. In: B. Adams, H.-K. Boehlke, K. Gründer, H.-A. Koch (Hrsg.), Aratro Corona Messoria. Bonn.

Biervert, B., M. Held (Hrsg.) (1987): Ökonomische Theorie und Ethik. Frankfurt/M., New York.

Biervert, B., M. Held (Hrsg.) (1989): Ethische Grundlagen der ökonomischen Theorie. Frankfurt/M., New York.

Brady, F.N. (1990): Ethical Managing: Rules and Results. New York.

Bress, L. (1988): Moral als knappe Ressource. Kassel.

De George, R.T. (1990): Business Ethics. 3. Aufl. New York.

Dialoge 2 (1985): Chemische Industrie. Hamburg.

Dickie, R.B., L.S. Rouner (Eds.) (1986): Corporations and the Common Good. Indiana.

Dyllick, T. (1989): Management der Umweltbeziehungen: Öffentliche Auseinandersetzung als Herausforderung. Wiesbaden.

Epstein, E.M. (1987): The Corporate Social Policy Process: Beyond Business Ethics, Corporate Social Responsibility, and Corporate Social Responsiveness. In: *California Management Review*, 3, S. 99–114.

Etzioni, A. (1988): The Moral Dimension: Toward a New Economics. New York.

Feess-Dörr, E., G. Prätorius, U. Steger (1990): Umwelthaftungsrecht. Wiesbaden.

Friedman, M. (1970): The social responsibility of business is to increase its profits. In: *New York Times Magazine*, 13. September 1970, S. 32f./122ff.

Galbraith, J.K. (1987): Economics in Perspective. Boston.

Heinen, E. (Hrsg.) (1987): Unternehmenskultur. Wiesbaden.

Hoffmann, M., J. Moore, I. Fedo (Eds.) (1984): Corporate Governance and Institutionalizing Ethics. Proceedings of the 5th National Conference on Business Ethics. Lexington.

Juckall, R. (1988): Moral Mazes: The World of Corporate Managers. New York.

Maucher, H. (1989): Ethik zwischen Gewinn und Wettbewerb. In: H. Steinmann, A. Löhr (Hrsg.), Unternehmensethik. Stuttgart.

Maucher, H. (1990): Lust auf Kampf offenbart: Das ethische und soziale Gesäusel. In: *Manager Magazin*, 4.

Rebstock, W. (1988): Unternehmensethik: Werte und Normen für die Unternehmung. Spardorf.

Steger, U. (1989): Konsequenzen begrenzter Ressourcen für die Wirtschaft. In: Institut für Ökologie und Unternehmensführung, Institut für Wirtschaft und Gesellschaft (Hrsg.), Verantwortung für die Zukunft – Konsequenzen begrenzter Ressourcen für Wissenschaft, Wirtschaft und Gesellschaft. Berichtsband über eine gemeinsame Konferenz am 15. September 1988 in Frankfurt/M.

Steger, U. (1989a): Neoklassik am Wendepunkt? In: *gdi impuls*, 4, S. 59–65.

Steinmann, H., A. Löhr (Hrsg.) (1989): Unternehmensethik. Stuttgart.

Stitzel, M. (1990): Ökologische Ethik und wirtschaftliches Handeln. In: B. Schanenberg (Hrsg.), Wertprobleme in der Betriebswirtschaftslehre. Wiesbaden.

Ulrich, H. (1978): Das Unternehmen als produktives soziales System. Bern.

Ulrich, P. (1987): Die Weiterentwicklung der ökonomischen Rationalität – Zur Grundlegung der Ethik der Unternehmung. In: B. Biervert, M. Held (Hrsg.), Ökonomische Theorie und Ethik. Frankfurt/M, New York.

Velasquez, M. (1988): Business Ethics: Concepts and Cases. 2. Aufl. Englewood Cliffs, N.J.

Wagner, G.R. (1990): „Unternehmensethik" im Lichte der ökologischen Herausforderung. In: H. Czap (Hrsg.), Unternehmensstrategien im sozio-ökonomischen Wandel. Berlin.

Waibl, E. et al. (1988): Wirtschaftsethik. In: *Wirtschaftspolitische Blätter*, 2.

Wirtschaftsethik, Unternehmenskultur und Technikfolgenabschätzung – Orientierungsgrundlagen für die tägliche Praxis?

von Daniel Barben und Meinolf Dierkes

Die anhaltende Konjunktur der Themen „Unternehmens-“ und „Wirtschaftsethik“ ist weder ein zufälliges noch ein selbstverständliches Phänomen. Wir möchten hier zu seiner Erklärung in mehrfacher Hinsicht beitragen: zunächst dahingehend, reale Gründe zum neuerlichen Aufschwung der Diskussion um Ethik in der Wirtschaft zu lokalisieren, dann in der Hinsicht, Divergenzen in den Funktionsbestimmungen, Aufgabenstellungen und Realisierungsmöglichkeiten von Ethik dadurch herauszuarbeiten, daß sie auf die zugrundeliegenden Auffassungen des Wirtschaftssystems bezogen werden, und schließlich indem wir selbst Kriterien und Vorschläge der Verankerung von Ethik als Verantwortlichkeit in der Wirtschaftspraxis formulieren.

Wir gehen dabei auf zwei Ebenen vor: Einerseits beabsichtigen wir, Wirtschaftsethik von einem Standpunkt außerhalb der Ethik zu bestimmen und zu beobachten, aus welchem Grund, wie, zu welchem Zweck und mit welchen Folgen über Ethik kommuniziert wird. Andererseits versuchen wir, eine eigene Position in der Ethik zu finden, von der aus ein leistungsfähiger Ansatz entwickelt werden kann gegenüber den Problemen, für deren Behandlung die Instanz Ethik angerufen wird. Diese Vorgehensweise entspringt unserer Überzeugung, daß man von der Ethik nicht als einer gegebenen und fertigen Instanz ausgehen, sie aber umgekehrt auch nicht generell verwerfen sollte. Ersteres, weil man ohne sozialwissenschaftliche Beobachtung von Ethik blind gegenüber den Evidenzen und den Implikationen bleibt, die beim Agieren in der Ethik-Form spontan wirken, beziehungsweise hilflos gegenüber den Konsequenzen für die Kommunikation über und die Praktizierung von Ethik sein dürfte, die aus dem Umstand resultieren, daß unterschiedliche Subjekte sehr Verschiedenes unter Ethik verstehen können, ohne es zu wissen. Letzteres, weil man die spezifischen

Kapazitäten der Ethik leichtfertig preisgeben würde, auf die Gefahr hin, daß nur andere sich ihrer bedienen. Das ganze sich um „die Ethik“ rankende verwirrende Bedeutungsgeflecht aufzulösen, ist somit eines unserer zentralen Anliegen. Daß dies notwendig ist – es also nicht „die Ethik“ gibt, auf die man sich berufen könnte –, zeigt schon der schlichte Hinweis auf auseinanderliegende Bedeutungsbestimmungen von Ethik in der Wirtschaft: die Formulierungen vom „Gewinnstreben selbst als Ethik“, der „Ermöglichung von Ethik trotz Gewinnrealisierung“ wie auch von „Ethik statt Gewinnorientierung“.

Die Funktionsformen von Ethik im modernen Wirtschaftssystem

Ethik als Resonanz- und Reflexionsmedium von Kritik

Ersten Aufschluß über die reale Funktionsbestimmung von Ethik in der Wirtschaft ergibt eine historische Betrachtung: In den letzten beiden Jahrzehnten wurden zunehmend die Schattenseiten ökonomischer Wachstums- und Modernisierungsprozesse augenfällig, neben den bekannten und weitgehend geschätzten Vorteilen rückten die Gefahren industrieller Produktionsverfahren und die Risiken großtechnischer Systeme zunehmend ins allgemeine Bewußtsein. Damit wurde die Bezeichnung von Dynamik und Richtung der gesellschaftlichen Entwicklung als „Fortschritt“ umstritten; und, da als deren wesentliches Bewegungsmoment die von Anforderungen des Wirtschaftssystems vorangetriebene wissenschaftlich-technische Entwicklung angesehen wurde, verloren Wissenschaft und Technik – zwar ungleichzeitig, doch in zunehmenden Maße – gleichsam ihre Unschuld, wurden bisher ungesehene Lasten ökonomischen Wachstums der Marktwirtschaft selbst zugerechnet. Formeln der Artikulation von Kritik waren zum Beispiel „Industrialismus“ und „Produktivismus“, „Konsum-“ und „Wegwerfgesellschaft“. Diese Formeln enthielten – mehr oder weniger explizit und zugespitzt – zugleich die Aufforderung, alternative Optionen zu erschließen und einen radikalen Wandel zu vollziehen. Gedanklich verfügbar wurden im Prinzip Möglichkeiten, die von tiefgreifend umbauendem bis zu eher oberflächlich kompensatorischem Systemwandel reichten. Die kognitive Wahrnehmung und kategoriale Bestimmung von Problemen sowie die konzeptionelle Artikulation von Lösungswegen wurden selbst zu einem Feld von Auseinandersetzungen, wobei entscheidend war und ist, welche Wahrnehmungsmuster, Sichtweisen und Handlungsperspektiven sich gegen andere durchzusetzen vermögen. Dieser Umstand betrifft natürlich auch die Ethik.

Die Formierung eines Ethik-Diskurses in der Wirtschaft – mit spezifischen Institutionen, Praxen, Ritualen und Sprechern – läßt sich in den skizzierten Problemzusammenhang einordnen: als ein Echo der von verschiedenen gesellschaftlichen Akteuren öffentlichkeitswirksam aufgebrachten Kritiken und Zweifeln am vorherrschenden Modell gesellschaftlicher Entwicklung. Dabei wurde die Ethik zu einem Medium, in dem teilweise die öffentliche Kritik artikuliert und in dem von den Entscheidungsträgern des Wirtschaftssystems Resonanz gegeben wurde.

Wie läßt sich nun aber die Strukturierung des Terrains charakterisieren, in dem der Ethik-Diskurs entfaltet wird? Der Wirkungsbereich der Ethik läßt sich für zwei Seinsbereiche veranschlagen:

1. Ethik ist ein Sonderbereich des Denkens, der vom Handeln losgelöst ist; in ihm wird über die Normen und Werte, die das Handeln anleiten sollen, sowie über die Haltungen, die zu diesem Handeln befähigen, verhandelt. Indem sich die Ethik um die Kriterien und Bedingungen guten Handelns dreht, ist sie die philosophische Meta-Theorie alltagspraktischer Moralität.

2. Ethik, und erst recht die Moral, stellen die in Handlungsformen eingeschriebenen Momente dar, die ethische Kriterien repräsentieren oder moralische Dispositionen befördern.

Der Ethik kommt demnach eine doppelte Existenzform zu: Als Spezialphilosophie ist sie Reflexionstheorie der Moral; als Gefüge von Normen und Werten wirkt sie als moralische Dimension des Alltagshandelns. In der Diskussion um Ethik ist also immer auch darauf zu achten, ob und wie beide Dimensionen miteinander verbunden sind.

Indem in der Ethik Resonanz gegeben wird, fungiert Ethik zugleich als Medium der Reflexion, in welchem über die Folgen von Entscheidungen und Handlungen, ihre Zurechnung zu den dafür Verantwortlichen sowie über die Normen und Werte, auf die hin verantwortungsvolle Handlungsweisen zu entwickeln sind, nachgedacht werden kann. Führen wir uns den vielfältigen Zündstoff in der gegenwärtigen Weltwirtschaftsordnung vor Augen, dann wird die Ethik vor die Aufgabe gestellt, Antworten zu geben auf die Frage, wie den bestehenden oder drohenden sozio-ökonomischen und ökologischen Problemlagen zu begegnen ist und inwiefern die jeweiligen Akteure angehalten sind, einen Beitrag zur Bewältigung dieser Probleme zu leisten. Dabei kann natürlich bezweifelt werden, ob es sich bei der Ethik überhaupt um ein geeignetes, operationale Lösungen hervorbringendes Medium handelt.

Adressat und teilweise auch aktive Träger des Ethik-Diskurses in der Wirtschaft wurden deren Entscheidungsträger selbst, wodurch die Ethik nicht mehr nur das Geschäft von Philosophen blieb – die dann auch ethische Erwägungen auf das Wirtschaftsgeschehen anwenden –, sondern auch das von Unternehmern und Managern wurde, die so selbst zu Philosophen wurden, um aus ihrer Praxis heraus und für diese zu sprechen. Sie gestalteten Ethik als einen Versuch, „Schlechtes" durch „Gutes" zu korrigieren dadurch, daß über andere Normen des Handelns beziehungsweise andere Haltungen zum Handeln reflektiert wird. Ethik ist folglich ein ganz spezifisches Medium, mit eigenen Bezugspunkten und Fragen: Sie bezieht sich auf die normative Dimension des Lebens, auf Fragen der Art, welche Werte als „gut" gelten sollen, welches Handeln diese Werte befördert, welche Verhaltensweisen normativ zu rechtfertigen und welche als „schlecht" zu verwerfen sind.

Wenn es vielfältige Probleme sind – durch das Wirtschaftssystem hervorgebracht, diesem zugerechnet oder auf es zurückwirkend –, die die Verbindung von „Ethik" und „Wirtschaft" zu einer Wirtschafts- oder Unternehmensethik befördern, bleibt die Frage, welcher Art das resultierende Produkt beschaffen ist. Mit anderen

Worten: Was bedeuten die allgemeinen Bestimmungen von Ethik, wenn man sie auf den Kontext der Wirtschaft bezieht? Die Beantwortung dieser Frage setzt die Explikation des in ihr enthaltenen Impliziten voraus. Denn: Was ist überhaupt unter „Kontext der Wirtschaft" zu verstehen? Wie wirken sich die unterschiedlichen Verständnisse unseres Wirtschaftssystems auf die mögliche Relevanz und Bedeutung der sich auf dieses beziehenden Ethik aus? Inwiefern wird das Praxisfeld Wirtschaft dahingehend thematisiert, welche Möglichkeiten und Beschränkungen für Individuen oder Institutionen bestehen, Verantwortung überhaupt wahrnehmen zu können?

Modelle des Wirtschaftssystems und die Positionierung von Wirtschaftsethik

Wenn wir also die Frage behandeln, wie Ethik generell mit dem Wirtschaftssystem, seinen Akteuren und Praxen in Verbindung gebracht werden kann, wird deutlich werden, daß die konkrete Bedeutung von Ethik wesentlich von dieser Inbeziehungsetzung selbst abhängt. Nach allgemeiner Auffassung der Struktur des Wirtschaftssystems gibt es drei Hauptbezugspunkte von Wirtschaftsethik: den Markt, das Unternehmen und die in ihnen entscheidenden und tätigen Individuen. In welchen Konstellationen zu diesen drei Instanzen finden wir nun das Ethische beziehungsweise Unethische veranschlagt? Folgende ganz unterschiedliche Vorstellungen von den elementaren Beziehungen von Wirtschaftssystem, Markt und Unternehmen zu Ethik prägen die allgemeine Diskussion:

- Die Marktwirtschaft selbst ist ethisch: Ihr Funktionieren nach den Regeln freien Austauschs und freier Konkurrenz führt zum Wohlstand der Nationen, zum Wohl des einzelnen und zum Wohl der Natur. Wer so denkt, braucht keine besondere Wirtschafts- oder Unternehmensethik, sondern allenfalls eine Sozial- oder Wirtschaftsphilosophie, die herauszustellen versucht, daß die Regeln des Marktes, wenn man sie denn nur frei wirken läßt, an sich ethische Prinzipien sind, die den Kriterien globalen Friedens, nationaler Selbstbestimmung, freier menschlicher Entfaltung und kreatürlicher Würde vollauf entsprechen. Wenn – diesem Konzept folgend – die marktwirtschaftliche Ordnung an und für sich moralisch ist, können sich allenfalls einzelne Marktteilnehmer unmoralisch verhalten. Es bedarf hier demnach einer Ethiklehre nur deshalb, um das allgemeine Bewußtsein über die Tatsache des notwendigen Wirkungsbereichs des Marktes zu stärken, damit sich nicht politisch-staatliche Akteure oder Interessenverbände in den Geltungsbereich des Marktes einmischen und dessen Regelwerk verfälschen oder außer Kraft setzen.

- Die Marktwirtschaft selbst ist unethisch: Die Struktur des Marktes, der zufolge Private gegeneinander konkurrieren, und der dabei bestimmende Zweck des Gewinnstrebens setzen Dynamiken in Gang, die die genannten Wohltaten nicht notwendig bewirken, sondern möglicherweise genau gegenteilige Ergebnisse wie Armut, Naturzerstörung und Krieg hervorbringen. Das marktwirtschaftliche System hat demnach zunächst nichts mit Moral zu tun – es sei denn die Moral des Eigennutzes.

Diese Vorstellung enthält nun verschiedene Anschlußoptionen:

- Das hauptsächlich durch Marktbeziehungen strukturierte Wirtschaftssystem soll durch eine in erster Linie vermittels eines staatlichen oder gesellschaftlichen Plans gelenkte Ordnung ersetzt werden, also ein Leitsystem durch ein anderes. Welche Kriterien dabei in welcher Gewichtung als Organisierungsprinzipien fungieren, kann offen bleiben – es mögen ethische sein oder auch nicht.

- Diejenigen Tendenzen in der Marktwirtschaft sind zu verstärken, von denen angenommen werden kann, daß sie zur Kompatibilität von Gewinnstreben, sozialen und ökologischen Zielsetzungen beitragen. Möglicherweise als Ergänzung sind staatliche oder anderweitig institutionelle Vorkehrungen als strukturelle Modifikationen vorzunehmen – wie etwa sozialstaatliche Einrichtungen oder auch Ökosteuern. Der Bezugspunkt für ethische Bestrebungen liegt hier beim Unternehmen einerseits – als dem Hauptakteur im wirtschaftlichen Geschehen, auf dessen Selbstveränderungsfähigkeit für bessere Problemlösungen es also in erster Linie ankommt – und andererseits beim Staat – als letztlich verantwortlichem Funktionär dessen, was die Unternehmen allein zu leisten nicht imstande sind.

- Funktional ist strikt zwischen Marktwirtschaft und Moral beziehungsweise Ethik zu unterscheiden in der Weise, daß im Wirtschaftssystem größtmögliche Effizienz, ganz nach den ihm eigenen und in Geldwerten meßbaren Kriterien, produziert werden soll, wozu es eben von demnach außerökonomischen Forderungen der Moral freigestellt sein müsse. Innerhalb dieser Anordnung kann nun entweder Moral extern und kompensatorisch gepflegt werden, oder die ökonomische Leitdifferenz wird zur ethisch-moralischen erhoben: der Gewinn als Ethik, die Ethik des Gewinns.

Wenn wir nun die wechselseitigen Anordnungen von Wirtschaftssystem und Ethik überblicken, können wir erstens feststellen, daß die Qualität von Moral beziehungsweise Ethik jeweils in erster Linie dadurch bestimmt wird, wie die marktwirtschaftliche Ordnung und das unternehmerische Handeln in ihr gedacht werden. Gegenüber diesen stellen jene also prinzipiell die abhängige Variable dar. Daraus ergibt sich zweitens, daß Moral und Ethik ganz unterschiedliche praktische Relevanz zukommt. Ihnen werden stark divergierende Eingriffsmöglichkeiten und Realisierungsformen zugedacht – als institutionelle Einrichtungen und Regelungen, als Veränderungen der wirklichen Praxis und als Modifikationen der Haltung zu und in ihr oder als rein komplementäres Bewußtsein. Es ist also nicht in erster Linie „die Ethik", die „die Wirtschaft" bestimmt, sondern umgekehrt diese, die jener den funktionalen und praktischen Status zuweist.

Bevor wir hieran anknüpfend weitere Bestimmungsmomente von Ethik herausarbeiten, werden wir nun die vorletzte der genannten Positionen – daß marktwirtschaftliche Prozesse gestaltbar und zu gestalten sind, so daß sie mit ethischen Zielsetzungen kompatibel gemacht werden können – eingehender beleuchten, um unsere eigene Auffassung deutlich zu machen und praktische Realisierungsvorschläge daran anschließen zu können.

Die Selektivität der gesellschaftlichen Rationalität der Marktwirtschaft als Einsatzort von Wirtschaftsethik

Offensichtlich sind also die unterschiedlichsten Beschreibungs- und Anordnungsweisen von Wirtschaftssystem beziehungsweise Ethik möglich, gegenüber denen allenfalls der naive Alltagsverstand oder sein Pendant wissenschaftlicher Dogmatismus glaubhaft machen will, daß es die eine Wahrheit (der Marktwirtschaft oder auch der Ethik) – möglicherweise außerhalb intersubjektiver Bewährung – gäbe (Stone 1987). Unsere Sicht der Marktwirtschaft und ihrer Beziehungen zur Wirtschafts- und vor allem Unternehmensethik ist also nicht zwingend, doch glauben wir, daß einige gute Gründe für sie sprechen.

Die grundlegende Struktur der modernen Gesellschaft kann man als durch die relative Autonomisierung ihrer Teilbereiche charakterisiert auffassen; das heißt, daß in den einzelnen Gesellschaftsbereichen – Wirtschaft, Politik, Wissenschaft, Kultur und so weiter – verschiedene Logiken walten, die nicht aufeinander reduzierbar sind, sich jedoch gegenseitig mehr oder weniger bedingen oder auch durchdringen. Ferner kann man sagen, daß die einen Bereich regelnde Sprache durch Codes strukturiert ist, die feldspezifisch hierarchisch angeordnet sind und auf die hin die ins System einbezogenen Akteure spezifische Handlungsprogramme ausbilden. Auch in dem Fall, wo man mit guten Gründen annimmt, eine dominante Logik und Dynamik in einem System vorzufinden, dürften demnach vielfältige Verzahnungen mit anderen systemischen Bereichen, vielfältige Handlungs- und Sinnbezüge über die Grenzen des jeweiligen Systemzusammenhangs hinaus existieren. Das wiederum heißt nun beispielsweise, daß es in der Gesellschaft keine ökonomische Rationalität außerhalb politischer und kultureller, keine wissenschaftlich-technische Rationalität außerhalb ökonomischer, politischer, sozialer etc. Bestimmungsmomente gibt. Innerhalb dieses Denkansatzes ist es evident, daß man einerseits die gesellschaftliche Einbindung und Bedeutung von Marktwirtschaft und Unternehmen überhaupt nicht erfassen kann, wenn man nicht ihre Verflechtungen mit Staat und Politik, Kultur, Wissenschaft und Technik berücksichtigt, und daß man andererseits die möglichen oder unmöglichen Funktionen von „Ethik" – dessen, was sie jeweils darstellt – nicht ermessen kann, wenn man sie nicht zu den realen Prozessen der Marktwirtschaft und der Unternehmenspraxis in Beziehung setzt.

Die Sprache des Wirtschaftssystems ist codiert durch die Unterscheidung ökonomischer, in Geldwerten ausdrückbarer Kosten und Nutzen, wobei das profitable Zirkulieren von Kapital Motivations- und Selektionsgrund in einem darstellt. Der Konkurrenzkampf auf dem Markt zwingt die Unternehmen bei Drohung ihres Untergangs, mehr, Neues oder Hochwertigeres bei geringeren Kosten zu produzieren, wozu neben anderem technologische Entwicklungsprozesse vorangetrieben oder zumindest mitvollzogen werden müssen. Im Gegensatz zu den Erwartungen der marktwirtschaftlichen Theorie, daß private, auf das Eigeninteresse ausgerichtete Entscheidungen der Wirtschaftseinheiten durch den Wettbewerbsprozeß automatisch zu einem gesamtgesellschaftlichen Optimum führen, ist jedoch festzustellen, daß für die einzelnen Subjekte vernünftige mikroökonomische Entscheidungen und Handlungen in der Aggregation für Gesellschaft und Natur oft weitgehend unerwünschte Makroergebnisse mit sich bringen (vgl. Kapp 1988).

Diese negativen Wirkungen sind im wesentlichen darauf zurückzuführen, daß die vorherrschende Theorie und Praxis der Marktwirtschaft die Unternehmung sehr eng als rein ökonomische Institution definiert, die Leistungen des Unternehmenssektors damit auch allein in ökonomischen Kategorien bewertet und sämtliche anderen Wirkungen allenfalls im Rahmen des politisch-lenkenden Systems zu erfassen versucht. Für die ökonomische Seite der Marktwirtschaft ist somit durch den Wettbewerb und den Marktmechanismus auf der Ebene des einzelnen Unternehmens ein ausgefeiltes Anreiz- und Kontrollsystem entwickelt worden; der soziale wie auch der ökologische Aspekt in Gestalt der Folgekosten oder – um die Terminologie der Ökonomen zu gebrauchen – der „Externalitäten" blieb jedoch weitgehend deklamatorisch. Vom Aufbau des Systems her wurden hier den Unternehmen keine Aufgaben gesetzt; vielmehr wurde ein ausschließlich passives Reagieren der Unternehmungen auf Vorschriften des politisch-lenkenden Systems erwartet (Dierkes 1974).

Die negativen Auswirkungen ökonomischer Entscheidungen können damit auch – wie es eine vordergründige politische Praxis oft tut – nicht allein auf einen in der Vergangenheit liegenden Machtmißbrauch, auf unsoziale Einstellungen der Entscheidungsträger in den Unternehmungen oder auf deren mangelnde ökologische Sensibilität zurückgeführt werden. Es sind vielmehr darüber hinaus gerade die Schwächen des Gesamtsystems, die verhindern, daß andere wünschenswerte Ziele einer Gesellschaft eine adäquate Berücksichtigung in den Entscheidungsprozessen der Unternehmensleitungen finden. Dazu gehört schon der schlichte, aber folgenreiche Tatbestand, daß in einer entwickelten Marktwirtschaft die verschiedenen Güter die Form von Waren annehmen und dabei Preise als Orientierungs- und Regelgrößen fungieren, so daß Kosten dieser Wirtschaftsweise, soweit sie nicht in die Preisbestimmung eingehen, externalisiert werden. Damit werden soziale und ökologische Folgekosten in der Rechnungslegung und Kalkulation der Unternehmen nicht erfaßt, fallen jedoch gesamtgesellschaftlich an und werden auf die Allgemeinheit abgewälzt, das heißt sie müssen aus dem Staatshaushalt erbracht oder durch die Reduzierung der Lebensqualität einzelner sozialer Gruppen bezahlt werden. Dabei muß klar sein, daß dem Staat keineswegs umfassende gesellschaftliche Verantwortung zuzurechnen ist – nicht nur, weil er als übergeordneter Problemlöser überfordert wäre, sondern auch, weil ihm vom liberalen Gesellschaftsmodell her nur eingeschränkte Eingriffskompetenzen gegeben sind.

Wirtschaftssystemintern werden Maßnahmen zur Verbesserung der sozialen und ökologischen Lebensbedingungen damit aber nur dann umgesetzt – sieht man von dem häufig diskutierten Vollzugsdefizit ab –, wenn sie in eine für alle verbindliche Gesetzesform gebracht werden oder wenn sie nach ökonomischem Kalkül sinnvoll sind, das heißt, sich etwa als Marktchance rechnen. Es ist jedoch notwendig, daß darüber hinausgehend Optionen sozial und ökologisch verantwortlichen Handelns entwickelt werden, da einerseits staatliche Interventionen keinen allumfassenden Regulierungshorizont umreißen können – wenn überhaupt, dann oft erst im nachhinein (Stone 1975) – und andererseits die Marktrationalität nicht mit gesellschaftlicher oder ökologischer Vernunft, zumal in historisch langfristiger Perspektive, zwingend zusammenfällt. Somit kommt es wesentlich auf die Eigenverantwortlichkeit der Unternehmen selbst an, reflexiv ihre Praxis kritisch zu begleiten und antizipativ soziale und umweltbezogene Folgen in ihre Entscheidungen einzubeziehen.

Versuchen Unternehmen, ihre Entscheidungen stärker an einer Sozial- und Umweltpflichtigkeit auszurichten, muß zusätzlich zum Gewinnstreben – oder in enger Verknüpfung mit einer langfristig ausgerichteten Gewinnerzielungsabsicht – ein breites Spektrum gesellschaftlicher Bedürfnisse in die Zielbestimmung aufgenommen werden (vgl. Dierkes 1974; Leipert 1989). Auf einer ersten Stufe kann eine solche Realisierung gesellschaftlicher Verantwortung darin bestehen, daß die Unternehmen die gesetzlichen Normen einhalten und diese Normen nicht einfach einem eingeschränkten und kurzfristig orientierten Kosten-Nutzen-Kalkül unterwerfen, das heißt den rechtlichen durch den ökonomischen Code ersetzen; zum zweiten darin, daß sie heutige wie auch künftige gesellschaftliche Forderungen nach Beachtung der sozialen und ökologischen Folgen in ihren Produktions-, Marketing-, Personal- und Investitionsentscheidungen berücksichtigen; schließlich, auf einer dritten Stufe, darin, daß sie sich schon dann aktiv um vernachläßigte Dimensionen des Gemeinwohls kümmern, wenn diese noch nicht als gesellschaftliche Forderungen an die Unternehmen herangetragen werden (Committee for Economic Development 1971).

Wir können daher als erstes Ergebnis festhalten, daß die Codierung des marktgesteuerten Wirtschaftssystems nach dem Gewinnkriterium zum einen hohe ökonomische Effizienz, zum anderen aber – gleichsam als Schattenseite – Defizite gegenüber anderen Anforderungsniveaus, insbesondere in sozialer und ökologischer Hinsicht, zur Folge haben kann. Und als zweites Ergebnis, daß den Unternehmen als den Hauptakteuren im Wirtschaftsgeschehen die hervorgehobene Pflicht zur breiten Verantwortungswahrnehmung zukommt. Eine solche Verantwortung der Unternehmen gliedert sich konkret danach, wer in ihm was in welchem Maße zu bestimmen oder zu entscheiden hat; die Gesamtverantwortung des Unternehmens verteilt sich so auf subinstitutionelle beziehungsweise personale Verantwortungsverpflichtungen.

Als drittes Ergebnis können wir festhalten, daß die Unternehmen, da sie in Konkurrenz zueinander stehen, auf die Verallgemeinerung von Verantwortung angewiesen sind – sei es durch branchenübergreifende freiwillige Selbstverpflichtungen, sei es durch berufsgenossenschaftliche oder fachverbandliche Richtlinien, sei es durch staatliche Regelungen oder sei es durch als allgemeingültig empfundene ethische Normen. Diesen drei Ergebnissen entsprechend werden wir unsere weiteren Überlegungen zur Ethik entfalten.

Die widersprüchliche Indienstnahme von Ethik und deren gefährdete Realisierung

Das Prekäre der Ethik, das sich schon aus ihrer Stellung als Resonanz- und Reflexionsmedium ergibt, ist ihre Verbundenheit mit der Praxis: ob diese überhaupt reflektiert wird und ob für diese wirksame Rückschlüsse getroffen werden. Denn man kann über eine bloße Abstraktion von Praxis räsonieren, ohne über sie in ihrer empirischen Wirklichkeit nachzudenken, oder man kann zu schönen Einsichten kommen, ohne daß sie praktisch verbindlich werden. Ohne Praxisverbundenheit verbleibt Ethik in einem subalternen oder sogar negativen Status: als Kompensationsleistung des individuellen Bewußtseins von Verantwortungsträgern der Wirtschaft für nicht verantwortbare Taten; als Flucht in weltferne, im Extrem spiritualistische Sinnwelten aufgrund als sinnentleert erlebter Alltagspraxis, also gleichsam als gedankliches Hinwegsetzen über die Realität; als reine Public Relations-Signale an die Öffentlichkeit, also als gedankliche Ummantelung der Realität. In diesen Fällen dürfte aber unvermeidbar sein, daß Ethik als hilflose Fluchtbewegung einzelner, als Verschleierung oder Alibi denunziert wird und daß stärkere Auflagen und Kontrollen durch den Staat gefordert werden oder das marktwirtschaftliche System selbst fundamental attackiert wird.

Der funktionale Status von Ethik – und damit verbunden auch die real mögliche Qualität – kann also ein sehr verschiedener sein: erstens von der Praxis abgehoben, sachlich unverbindlich, als geistiges Konstrukt. Dagegen kann leicht eingewendet werden, daß gute Absichten wertlos sind, wenn sie nicht durch Taten belegt werden. In diesem Fall sind die hohen ethischen Werte in der Praxis völlig von anderen Werten, namentlich den ökonomischen von Gewinn und Vorteil, dominiert; sie sind aber immerhin noch in der Weise wirksam, daß Einstellungen herausgebildet und auch stabilisiert werden können. Zweitens können umgekehrt ethische Werte der vorherrschenden ökonomischen Praxis rigoros übergeordnet werden, indem der „hehre Wertehimmel" dem „schnöden Alltag" in der Weise vorgesetzt wird, daß dieser sich nach jenem zu richten habe; da sich dies aber als frommer Wunsch erweisen wird, bleibt dieses Vorgehen praktisch nicht minder unwirksam. In diesem Fall wird die Wirksamkeit der ökonomischen Realität derart verkannt, daß ihr eine anders orientierte Wertewelt imaginär übergeordnet wird.

Die dargestellten zwei Haltungen korrellieren möglicherweise mit zwei divergierenden sozialen Positionen: erstere mit der Position des Entscheidungsträgers, die zweite mit der Position des an diesen appellierenden Machtlosen außerhalb des Entscheidungsprozesses. Als dritte Möglichkeit der Statusbestimmung ist schließlich eine Verortung von Ethik möglich, die nicht vorgegeben ist, sondern sich erst im Ringen und der Auslegung dessen, was sie zu sagen hat, ergibt. Unseres Erachtens kann Ethik möglicherweise gerade dann die größte Wirksamkeit entfalten, wenn sie nicht fest- und vorgeschrieben ist, sondern zu einem Medium der Reflexion und der Debatte gemacht wird. In diesem Fall wird Ethik zu einem spezifischen Feld, auf dem um unterschiedliche Problemdiagnosen, Lösungsansätze und Strategien gerungen werden kann.

Für den Kontext der Wirtschaft ergibt das des weiteren, daß Ethik nur sinnvoll sein kann, wenn man sie vom philosophischen Terrain allgemeingültiger Werte und Wahrheiten abkoppelt und dafür versucht, sie auf bestimmte Ziele hin operational auszuformulieren. Was sie dabei an logisch-abstrakter Konsistenz verlieren mag, gewinnt sie an sachlicher und zeitlicher Variabilität und Effektivität; die Variabilität darf allerdings nicht so weit gehen, daß die übergeordneten Zielsetzungen je nach praktischen Möglichkeiten und Zwängen beachtet oder ignoriert werden, also beispielsweise danach, ob man sich Ethik gerade bequem leisten kann. Im Ansatz möglich wird entsprechend nicht nur Verantwortungs-Bewußtsein, sondern auch Verantwortlichkeit in der Tat. Praktische Dimensionen von Ethik in der Wirtschaft, in denen sie sich bewähren kann, zeigen sich anhand der Berücksichtigung verschiedenster Fragen auf:

- Verteilungsgerechtigkeit,
- Arbeitsplatzsicherheit,
- Gesundheitsschutz,
- Assoziationsfreiheit,
- ressourcen- und energiesparende Produktionsverfahren,
- Umweltverträglichkeit von Produkten bezüglich ökologischer Stoffkreisläufe und Wiederverwertbarkeit,
- Erhöhung der Mitwirkungschancen sozial benachteiligter Gruppen,
- die Schaffung einer gerechteren Weltwirtschaftsordnung,
- Entwicklungschancen für die Länder und Menschen des Südens und vieles andere mehr.

Insofern Ethik als Resonanz- und Reflexionsmedium von Entscheidungsträgern fungiert, bedeutet dies für die soziale Formbestimmung von Ethik, daß sie die hauptsächlichen Kompetenz- und Entscheidungsverhältnisse unangetastet läßt, um dafür aber das Bewußtsein und die Haltung der Entscheidungsträger zu verändern. Dieses Charakteristikum faßt das in sozialer Hinsicht Prekäre der Ethik zusammen. Ethik ist daher vor allem eine Angelegenheit für diejenigen, die etwas zu sagen haben. In praktischer Hin- und Absicht durchquert sie ein doppeltes Gefälle – von Macht und Einfluß sowie, teilweise damit zusammenfallend, von Wissen. So könnte man behaupten, daß Ethik allein Sache desjenigen ist, der über die Macht und dementsprechend die Verantwortung für seine Entscheidungen verfügt, sich aber für den kaum lohnt, der nichts oder kaum etwas zu sagen hat. Allerdings stellt sich die Frage, ob die strukturell gegebene Verknüpfung von Macht und Ethik nicht partiell durchbrochen werden sollte: nur partiell, weil im Medium der Ethik keine weitergehende Demokratisierung zu bewerkstelligen ist; zu durchbrechen, weil die Haltung, daß qua Macht und Einfluß die Zuständigkeit für Ethik gegeben sei, sich selbst beschränkende Sicht- und Verhaltensweisen befördert und sich gegenüber Notwendigkeiten des Wandels abschottet.

Bestimmt man Ethik – die wir ja zunächst als inhaltliche Leerstelle behandeln mußten, um falsche Evidenzen ausräumen zu können – sachlich als auf vielfältige Verantwortlichkeit ausgerichtete Handlungsorientierungen, so läßt sich ihre Wahrnehmung nicht delegieren – auch nicht an diejenigen Einzelpersonen, die über die größte Macht und Entscheidungskompetenz verfügen. Außer den schon genannten Gründen deshalb, weil diese Delegation einen problematischen doppelten Entlastungseffekt zur Folge hat: Erstens werden systemische (Wirtschaftssystem) oder institutionelle (Unternehmen) Zwänge als Individualverantwortung auf die exponierten Verantwortlichen abgeschoben – mit der Konsequenz, diese mit Veränderungsansprüchen zu überfordern und jene davon zu entlasten. Zweitens werden Positionen geringerer, aber deswegen nicht irrelevanter Verantwortlichkeit im Extremfall gegen Null begradigt – was zur Folge haben kann, daß es ihnen ermöglicht wird, entweder weiter unverantwortlich zu handeln, ohne dies als Unverantwortlichkeit zu verbuchen, oder in einer Position mangelnder Entscheidungskompetenz sich derart in Unverantwortlichkeit als Nichtzuständigkeit einzurichten, daß Versuche zur Erweiterung des eigenen Wirkungskreises unterbleiben.

Diese Konstellation von Entscheidungskonzentration und Verantwortungsdelegation zu durchbrechen, erfordert zum einen, mehr Entscheidungsmöglichkeiten und -kompetenzen zu verteilen und zu gewähren, sowie zum anderen, daß die vielen einzelnen Akteure sich selbst um mehr Wahrnehmungsmöglichkeit und -kompetenz von Verantwortung bemühen. Aus dem betrieblichen Alltag wissen wir, wie sehr gerade heute angesichts von komplexer werdenden Arbeitsbedingungen und gestiegenen Qualifikationsanforderungen der modernsten Technologien die kreative und verantwortliche Einzelperson unverzichtbar geworden ist. Neuere Managementtheorien berücksichtigen die gewandelten Bedingungen mit ihren neuartigen Anforderungen an die Unternehmensführung, etwa indem sie neue Formen dezentraler Entscheidungskompetenz mit solchen der Kontrolle verbinden. Und was für den engeren Bereich betrieblicher Organisation gilt, sollte doch auch für die vielfältigen sozialen und ökologischen Erfordernisse, wie sie sich der Unternehmensleitung im Unternehmen selbst und gegenüber seiner Umwelt stellen, gelten.

Das Einklagen größtmöglicher und umfassender Verantwortlichkeit der einzelnen ist also ebenso unverzichtbar, wie dies nicht der Dreh- und Angelpunkt sein kann; denn als Begleiterscheinung wird eine Überforderung der Individuen oder ein Nichternstnehmen der Probleme in ihrer Vielfalt, Tiefe und Verursachtheit unvermeidbar.

Nun fungiert „Ethik" aber nicht nur als Form, in der Entscheidungsträger der Wirtschaft durch die Unternehmenstätigkeit verursachte Probleme in der sozialen oder natürlichen Umwelt wahrnehmen und thematisieren, sondern auch als ein Medium, in dem aus der Unternehmensumwelt Forderungen nach verändertem Verhalten an diese herangetragen werden. Da schließlich das reale Agieren der Unternehmen in der Gesellschaft – möglicherweise anhand konkretisierter ethischer Maßstäbe – kritisch beobachtet wird, ist es augenscheinlich und unausweichlich, daß die Unternehmen nicht beliebig Ethik für sich beanspruchen oder gar soziale und ökologische Verantwortlichkeit für sich reklamieren können, da alles, was sie diesbezüglich tun, kommunikative Akte sind, die verschiedene kommunikative Bindewirkungen enthalten und die in der Gesellschaft vielfältig kommuniziert werden können. Zu den Bindewirkungen ethischen Sprechens von Unternehmen – findet dies nun in Anzeigen, publizierten Unternehmensgrundsätzen oder öffentlichen Debatten statt – gehört, daß damit selbst Maßstäbe formuliert werden, die, mögen sie sachlich auch noch so unbestimmt sein, zum einen als von der Gesellschaft einklagbare Selbstverpflichtung des Wirtschaftsunternehmens reklamiert, zum anderen als unkonkret, lasch oder falsch kritisiert werden können. Das öffentlich sichtbare Betreten des ethischen Terrains durch Unternehmen kann also nicht einfach folgenlos vonstatten gehen, – auch wenn es gegenüber dem harten Boden der Marktökonomie sehr weich ist –, da dadurch sehr leicht das Gegenteil dessen erreicht werden kann, was intendiert wurde, nämlich Glaubwürdigkeit zu kommunizieren und so Zustimmung zu erhalten.

Formen ethischer Selbstverantwortung von Unternehmen

Wenn wir der Auffassung sind, daß das Wirtschaftssystem gesellschaftliche Aufgaben zu erfüllen hat, die Unternehmen mithin gesellschaftliche Institutionen sind, daß es keinen Letzt- beziehungsweise Fremdverantwortlichen in Gestalt des Staates gibt, sondern die Erst- und Selbstverantwortlichkeit an der Stelle existiert, wo die Entscheidungen getroffen sowie die wirtschaftlichen Prozesse mit all ihren Folgewirkungen in Gang gesetzt werden – und auch das Wissen um ihre Implikationen am ehesten vorhanden ist –, dann ist danach zu fragen, welche Möglichkeiten, Chancen und Verfahren für die Unternehmen bestehen, ihre wirtschaftliche Praxis nach Kriterien sozialer und ökologischer Verantwortung zu gestalten – und damit die genannten Dilemmata zu vermeiden. Für die Unternehmen stellt sich der Versuch, den Steuercode marktwirtschaftlicher Dynamik in qualitativ anspruchsvoller Weise zu bedienen oder durch soziale und ökologische Zielsetzungen zu ergänzen, als konfliktgeladen dar; denn die Erzielung von Gewinn und die Verwirklichung von Ethik umreißen ein weites Spannungsfeld: wenn die Gewinnrealisierung ethisches Verhalten verhindert oder wenn sie es zuläßt, wenn das Gewinnstreben selbst als Ethik ausgegeben werden kann oder wenn die Gewinnerzielungsabsicht ethisches Handeln erzwingt. Gegenüber dieser sehr vereinfacht dargestellten Problemkonstellation sehen wir in der Kultur des Unternehmens zum einen denjenigen Ort, wo diese Konfliktlinien im Unternehmen in spezifischer Weise miteinander verknüpft werden, und zum anderen das unternehmensinterne Medium, in dem nachhaltig Möglichkeiten ethisch guten Handelns eruiert und implementiert werden können und müssen.

Unternehmenskultur als Grundlage unternehmensethischen Handelns

Unternehmen bedürfen, wie andere Organisationen auch, sowohl der Bereitschaft als auch der Fähigkeit zur Veränderung ihrer organisatorischen oder technischen Strukturen. Der Charakter der Unternehmenskultur ist nun eine entscheidende innere Voraussetzung, Verhaltensweisen im Unternehmen diskutierbar zu machen, getroffene Entscheidungen korrigieren und in antizipativer Vorsorge tätig werden zu können. Unternehmenskultur läßt sich damit als diejenige Instanz begreifen, in der institutionelle und individuelle Ethiken miteinander vermittelt werden – in der sich institutionelle Zwänge den einzelnen geltend machen, in der institutionsübergreifende Verpflichtungen getroffen werden und in der gleichzeitig auch die Individuen ihre Ansinnen und ihr Verständnis von einem moralisch vertretbaren Unternehmenshandeln in den kollektiven Zusammenhang einbringen.

Wie nun läßt sich Unternehmenskultur erfassen, im Hinblick einerseits auf die im betrieblichen Alltag wirksamen Prozesse der individuellen und kollektiven (Selbst-)Verständigung und andererseits auf Anforderungen nach ökologisch und sozial verantwortbarem Handeln? Allgemein läßt sich Unternehmenskultur als diejenige Dimension verstehen, die die grundlegenden Wahrnehmungs-, Denk- und Wertemuster im Alltagsleben eines Unternehmens umfaßt und worin in elementarer Weise Probleme der internen Integration und der Anpassung an die externe Umwelt behandelt werden (vgl. Dierkes 1988a). Sie wird genährt durch bedeutende Erfahrungen, die eine Gruppe von Menschen, die lange genug zusammen war, gemacht hat; insbesondere diejenigen Elemente werden in der Kultur stabilisiert, die sich aus Sicht der Gruppe als erfolgreich erwiesen haben. Die Kulminierung solcher Erfahrungsmomente in Grundannahmen erfolgreichen Wirtschaftens wird in der Folge neuen Mitgliedern der Gruppe als die „richtige" Wahrnehmung oder als das „richtige" Denken in bezug auf die auftauchenden Probleme vermittelt. Je allgemeiner und dauerhafter sie sind, desto mehr werden sie als gegeben erlebt und selten bewußt gemacht; fallweise sind sie zusätzlich stabilisiert durch griffige Maximen, Rituale, Mythen und Symbole.

Unternehmenskultur umfaßt also das innere Kommunikationsnetzwerk – die Veralltäglichung von Werten, Wahrnehmungen, und Umgangsformen, die Gestaltung individueller und kollektiver Arbeitsweisen und betrieblicher Zukunftsentwürfe – sowie, falls sie dazu offen ist, eine Schnittstelle zu äußeren, gesellschaftlichen Netzwerken.

Die Kultur eines Unternehmens ist jedoch nicht einheitlich. Verschiedene Momente können kulturell bedeutsam sein, die aus regionalen, branchenspezifischen, abteilungsmäßigen, hierarchiebezogenen, professionellen oder funktionalen Differenzierungen erwachsen. Die Bündelung beziehungsweise Transformierung der verschiedenen in einem Unternehmen vorhandenen Kulturen und Subkulturen zu einer Unternehmenskultur ist weder eine Selbstverständlichkeit noch ein automatischer Effekt, sondern eine beständige Leistung, die es immer wieder vom Management aller Ebenen zu erbringen gilt.

Die Vorteile einer relativ homogenen Unternehmenskultur liegen nun in geringen kooperations-, koordinations- und konfliktbedingten Kosten, also in einer hohen Effizienz der Zielorientierung. Genau daraus erwachsen aber möglicherweise auch Probleme. Unternehmensinterne wie -externe Prozesse verquicken sich dabei: Je stabiler die Umwelt eines Unternehmens ist, desto stärker werden innerorganisatorischer Zusammenhalt und Effizienz gesteigert. Homogene Kulturen in stabilen Umwelten zeichnen daher die leistungsfähigsten Unternehmen aus. Ihre Kultur repräsentiert zwar die Erfolgsrezepte von gestern und fährt fort, Strategien aus diesen abzuleiten, doch ist bei konstanten Umfeldbedingungen dieses Vorgehen ja auch angemessen und erfolgbringend. Daher verfolgen Unternehmen, durch langanhaltenden Erfolg bestärkt, jene die Kultur bestimmenden beziehungsweise von ihr bestimmten Strategien – worin jedoch auch ein langfristiges Existenzrisiko angelegt ist. Die Umwelt im Lichte vergangener Erfolgsstrategien im Hinblick auf zukünftige Entwicklungen zu interpretieren, kann gerade angesichts rasanter und drastischer Umweltveränderungen riskant werden – muß es aber nicht. Nicht in dem Fall, wenn vorhandene Mechanismen des Lebens etwa in der Weise greifen, daß gewissermaßen ein passabler Gleichlauf zwischen schrittweisen Veränderungen im Unternehmen und inkrementalem Wandel in der Umwelt zustandekommt; hingegen kann sich eine gefährliche Kluft in der Konstellation von Unternehmen und seiner Umwelt auftun, falls Veränderungen der Umwelt ignoriert oder gar als Bestätigung der tradierten Sichtweise angesehen werden. Dieser Fall bedeutet, daß bislang bewährte Strategien zu tödlichen werden können, indem die Basis des bisherigen Erfolgs nicht mehr trägt und keine neue geschaffen wird; so kann gerade die gewachsene Stärke und Effizienz eines Unternehmens in Schwäche und Erfolglosigkeit umschlagen.

Das bedeutet ganz konkret, daß Unternehmen, die beispielsweise langfristig durch die Verfolgung einer auf eng definierten ökonomischen Erfolg ausgerichteten Strategie sehr erfolgreich waren, die Herausforderungen einer über die Zeit ökologisch und sozial sensibler gewordenen Umwelt nicht oder nur unzulänglich wahrzunehmen in der Lage sind. Diese Unfähigkeit in der Erkenntnis führt zu konfliktreichen, oft unproduktiven und teuren Auseinandersetzungen mit dieser Umwelt und einzelnen Gruppen in ihr.

Man hat allerdings davon auszugehen, daß Unternehmenskultur Vereinheitlichungen bewerkstelligen kann, die aber niemals „total“ sein können, da wohl immer kulturelle Ränder bestehen bleiben. Darüber hinaus bleibt Unternehmenskultur nicht nur durch die Vielschichtigkeit ihrer konstituierenden Elemente komplex, sondern auch durch die Kombination von „Altem“ und „Neuem“ sowie von „Statischem“ und „Dynamischem“, was gerade in Phasen des Wandels auffällig sein kann. Wenn wir von Umwelt, Umweltbedingungen oder -veränderungen gesprochen haben, so haben wir dabei sehr verschiedene Dimensionen zusammengefaßt: Markt-, sozio-ökonomische, sozio-kulturelle, politische und ökologische Entwicklungen. Die Leistungsfähigkeit der Unternehmenskultur bestimmt sich nun gegenüber diesen Entwicklungen im einzelnen sowie in ihrem Zusammenhang. Daraus erwachsen dann zum einen Unsicherheiten darüber, was wie getan werden soll, zum anderen sehr komplexe Anforderungen, die in Entscheidungen und in Handlungszusammenhängen berücksichtigt werden müssen.

Ethik unternehmerischen Verhaltens hat also nur dann eine Chance, wirklich gelebt zu werden, wenn sie in die Kultur des Unternehmens integriert ist. Sie muß dazu in Leitbildern verankert sein und mit den Erfahrungen der Vergangenheit als in ihren Zielen erreichbar erfahren werden. Ebenso muß sie durch diese Erfahrungen als für die Erhaltung und Entwicklung des Unternehmens nützlich angesehen werden. Sie muß dazu mit den – wie immer vage sich artikulierenden – ethischen Erwartungen der komplexen Umwelt des Unternehmens wenigstens weitgehend kompatibel sein. Zu den unternehmenskulturellen Voraussetzungen für eine breite Wahrnehmung sozialer und ökologischer Verantwortung, das heißt der Verfolgung unternehmensethischer Ziele, gehören damit vor allem: die Berücksichtigung von Verantwortlichkeitskriterien nicht nur im Bewußtsein der Unternehmensmitglieder, sondern auch deren Verankerung in den Alltagsroutinen, den Planungsverfahren und den Leistungsbeurteilungen; die Kommunizierbarkeit der an Verantwortlichkeitsstandards ausgerichteten Entscheidungen und Verhaltensweisen im unternehmens-internen Kommunikationsnetzwerk sowie deren Begründbarkeit nach außen. Anforderungen an die Leistungsfähigkeit der Unternehmenskultur im Hinblick auf die Realisierung von Unternehmensethik sind hiermit benannt, doch wie können sie eingelöst werden?

Leitbilder als Verfahren zur Definition und praktischen Anleitung der ethischen Orientierung von Unternehmen

Die im Normalfall sowohl in sich widersprüchliche als auch vereinheitlichende unternehmenskulturelle Konstellation führt uns nun zu der Frage, inwiefern sie in der Lage ist beziehungsweise wodurch sie befähigt werden kann, auf die genannten vielfältigen

Anforderungen produktiv zu reagieren. Als methodisches Verfahren, die unternehmenskulturellen Voraussetzungen den vielfältigen „externen" Anforderungen gegenüber zu schaffen und zu effektivieren – bei zugleich verbesserter Integration der Mitarbeiter –, gilt die Erstellung komplexer und verbindlicher Leitbilder – ein Vorhaben, das nun selbst wiederum von unternehmenskulturellen Bedingungen abhängt.

So stehen beide, Unternehmenskultur und Leitbilderstellung, in einem engen Bedingungszusammenhang: Von beiden hängt die Fähigkeit ab, Kriterien sozialer und ökologischer Verantwortlichkeit umfassend zu eruieren und gezielt praktisch anzupeilen. Nur wenn unternehmensethische Ziele im Leitbild des Unternehmens verankert und langfristig in die Kultur integriert werden, ist damit zu rechnen, daß ein hierauf orientiertes Verhalten der Gesamtorganisation erfolgt. Wie kann eine solche Verankerung ethischer Ziele in dem Leitbild des Unternehmens erreicht werden?

Geht man davon aus, daß in einer Unternehmenskultur verschiedene Sichtweisen und Gepflogenheiten sowie Kompetenzen eingelassen sind, die vom Management nicht nach Belieben hin- und herstrukturiert werden können, ergibt sich aus der bisherigen Forschung und den Erfahrungen der Unternehmenspraxis eine zentrale Grunderkenntnis: Je weiter entfernt die neuen Kompetenzen, das heißt etwa die neu zu integrierenden unternehmensethischen Vorstellungen und damit auch die zu schaffende Kultur von den bisherigen Zielen, Wahrnehmungen und Verhaltensweisen sind, desto eher entfaltet sich die Wirkung von auf Umorientierung gerichteten Unternehmensleitbildern entscheidend danach, ob sie einerseits einfach durch die Vorstände den Mitarbeitern vorgegeben oder von der Abteilung für Öffentlichkeitsarbeit zu Werbezwecken publik gemacht werden oder ob sie andererseits von den Mitarbeitern selbst mitgestaltet werden. Denn es ist ja leicht einsehbar, daß das Engagement der Mitarbeiter für die in den Leitbildern festgelegten Werte, Denk- und Sichtweisen ohne eine solche Beteiligung nicht sehr hoch sein dürfte, umgekehrt aber die Mitarbeiter sich überhaupt erst oder stärker mit von ihnen selbst oder ihren Interessenvertretungen mitbestimmten Leitbildern identifizieren können.

Es wäre nun verkürzt und verfehlt zu denken, die breite Beteiligung von Mitarbeitern würde zu unnötiger Konfliktträchtigkeit und Langatmigkeit des ganzen Prozesses führen. Dieses konventionelle Kriterium von Effektivität ist Bestandteil alter Managementkultur, die zweierlei unterschätzt oder verkennt: erstens, daß Entscheidungen des Managements auch dann nicht einfach von allen als gut erachtet werden, selbst wenn von diesen noch so viel subjektives Bemühen um stellvertretende oder umfassende Interessenwahrnehmung eingebracht wird – also eine Akzeptanzsteigerung bei Mitarbeiterbeteiligung zu erwarten ist; zweitens, daß Managemententscheidungen auch objektiv besser werden, wenn zusätzliche Sicht- und Bewertungsweisen in sie miteinbezogen werden. Beratungen und gerade auch konfliktreiche Diskussionsprozesse können, richtig praktiziert, sowohl Zustimmung fördern als auch neue Ideen erschließen. Es hängt also letztlich vom Prozeß selber ab, inwieweit programmatische Identifikation und selbsttätige Realisierung der in Leitbildern niedergelegten Ziele erreicht wird. Ferner – sollte man glauben – liegt es nur im unternehmenseigenen Interesse, möglichst weitgehend das Kreativpotential der Mitarbeiter – ein oft unterschätzter und brachliegender Reichtum – auszuschöpfen. Allein die Artikulation unterschiedlicher Sichtweisen und ihre offene Diskussion kann die Beseitigung unternehmensinterner Hemmnisse, die die spätere Praktizierung von Leitbildelementen be- oder verhindern dürften, bewerkstelligen.

Es sind also insbesondere die Prozesse partizipativer, interessen- und wertartikulierender, transparenter, rückgekoppelter Leitbilderstellungen, die die vielschichtigen und gegensätzlichen Kulturen und Subkulturen erst zu einer Unternehmenskultur zusammenbinden können, zumal einer solchen, die zu strategischem Wandel auf unkonventionelle und anspruchsvolle Zielstellungen hin – so wie sie sich beispielsweise in den Forderungen einer Unternehmensethik artikulieren – fähig sein soll.

Technikfolgenabschätzung als Instrument der Umsetzung technikethischer Anforderungen in Unternehmen

Der Umgang des Unternehmens mit Technik, insbesondere die Einführung neuer, auch in ihrer Wirkungsweise unbekannter Technik, ist ein wichtiger, wenn nicht der zentrale Aufgabenbereich, wenn heute über Unternehmensethik oder Sozial- und Umweltverantwortung des Unternehmens gesprochen wird. Falls eine Unternehmensethik neu zu definieren ist, hätte eine Technikethik demgemäß ein gewichtiger Bestandteil zu sein: Selbst wenn die staatliche Steuerung bei der Nutzung neuer Technologien und deren Folgen zweifellos erheblich zugenommen hat, kommt den Unternehmen in bezug auf Technikentwicklung und -anwendung eine besondere gesellschaftliche Verantwortung zu. Unter gegenwärtigen Bedingungen greifen politische Interventionen des Staates in aller Regel erst weit nach der Entwicklung einer Technologie und in den meisten Fällen weit nach der ersten Einführungsphase – also wenn problematische Folgen bestimmter Techniken bereits erkannt und vor allem anerkannt sind. Bei unvollständiger Information über den Hintergrund der Entwicklungs- und Nutzungsentscheidungen gerieten jene Interventionen bislang automatisch in Widerspruch zu den dann bereits etablierten Interessen an den Techniken. Im Zusammenwirken von zurückhaltender Kooperationsbereitschaft der Unternehmen und Techniknutzer und defizitärer Informationsbasis der staatlichen Politik sind in dieser, für das politische Handeln leider eher typischen Situation suboptimale Lösungen das wahrscheinlichste Ergebnis.

Postuliert oder akzeptiert man also eine spezielle Verantwortung der Unternehmen gegenüber technischen Entwicklungen, dann stellt sich für sie – auch für den Staat oder die verfahren- und produktentwickelnden Bereiche der Wissenschaft – die Frage nach den Ansätzen und Methoden, mit denen die Folgen solcher technischer Entwicklungen möglichst frühzeitig erkannt werden können: Verantwortung für die Folgen setzt das Wissen um sie elementar voraus. Das Konzept der Technikfolgenabschätzung, seit den späten sechziger Jahren in internationalen Forschungsanstrengungen entwickelt (Dierkes, Stahle 1973), will dazu solche gleichsam als

„Frühwarn"-Funktion dienenden Informationen bereitstellen (vgl. Dierkes 1988b und Mai 1989).

In seiner Allgemeinheit ist Technikfolgenabschätzung ein Konzept, das von allen mit der Entwicklung neuer Techniken befaßten Institutionen (Wissenschaft, Staat, Wirtschaft) und auch solchen Organisationen, die sich mit den Folgen positiver wie negativer Art der Technisierung auseinandersetzen müssen (Gewerkschaften, Verbraucher- und Umweltschutzorganisationen), im Interesse der Verbesserung der Lebensbedingungen genutzt werden kann und sollte. Nur so ist es möglich, bei allen dabei verbleibenden Unsicherheiten der Prognose, positive Wirkungen neuer Techniken möglichst umfassend zu fördern und zu nutzen und gleichermaßen negative Folgen zu reduzieren. Die Untersuchung von Technikfolgen erfordert eine umfassende Systematik der Auswirkungsbereiche sowie Kriterienprofile zur Formulierung von Anforderungskatalogen (vgl. OECD 1975; 1978).

Unternehmen, die ihrer sozialen und ökologischen Verantwortung gerade im Hinblick auf den zentralen Bereich der Entwicklung und Nutzung neuer technischer Verfahren und Produkte nachkommen wollen, sind auf eine umfassende Anwendung dieses Konzeptes zur Verbesserung ihrer Entscheidungsgrundlagen angewiesen. Ziel der Technikfolgenabschätzung in Unternehmen ist dabei, den relativ engen Bezugsrahmen der ökonomischen und technischen Kriterien in der unternehmerischen Planung bei solchen Entscheidungen der Unternehmensleitung zu erweitern, bei denen fundamentale Änderungen von Produkten oder Produktionsverfahren sowie bei absatz- und personalpolitischen Strategien diskutiert werden. Die traditionellen Fragestellungen „Ist das Verfahren oder Produkt technisch möglich?" und „Wie wird der Markt darauf reagieren?" werden damit ergänzt durch eine Fülle weiterer Kriterien. So wird – wie beispielsweise der Vorstandsvorsitzende der SEL fordert – Technikfolgenabschätzung für Unternehmen „ein Thema wie ‚Kosten' oder ‚Marktpotential', kein separates Thema also, sondern ein Bestandteil des Unternehmenshandelns" (Zeidler 1987, 1128). Letztlich soll dadurch auch vermieden werden, daß vor allem bei langen Forschungs-, Planungs- und Entwicklungszeiten die Produkte, Produktionsverfahren oder Unternehmensstrategien nach Beendigung ihrer Entwicklung in einer dann möglicherweise grundlegend veränderten sozialen, ökonomischen und politischen Umwelt des Unternehmens als gesellschaftlich unerwünscht angesehen werden.

Zentrales Ziel ist es hierbei, vor allem solche Auswirkungen zu erfassen, zu messen und zu bewerten, die unbeabsichtigt, indirekt oder mit großer Zeitverzögerung (Sekundär-, Tertiäreffekte) auftreten. Es hat sich gezeigt, daß diese Effekte in den traditionellen Planungsansätzen für die Entwicklung, die Anwendung und das Marketing neuer Technologien nur wenig berücksichtigt wurden, sich aber bei langfristiger Betrachtung oft als weitaus bedeutender herausstellten als die primären Vor- und Nachteile. Sie wurden in der Regel erst nach der Anwendung bekannt und dann entweder nicht oder nur in teuren „Feuerwehraktionen" beseitigt. Die Technikfolgenabschätzung soll diese Effekte aufzeigen und systematisch durchleuchten, bevor eine Technologie tatsächlich genutzt oder verändert wird. Hierbei sollen negative Sekundär- und Tertiäreffekte nicht als absolute Werte, das heißt ohne Rücksicht auf die hierdurch verursachten Kosten, sondern im Gesamtrahmen der Vor- und Nachteile verschiedener Ordnungen gesehen werden. Mit der Anwendung des Konzepts der Technikfolgenabschätzung soll erreicht werden, daß durch gezielte Forschungs- und Entwicklungsanstrengungen negative Sekundär- und Tertiäreffekte vermieden oder reduziert werden können, und daß bei mehreren zur Auswahl stehenden Alternativen mit annähernd gleichen Primäreffekten diejenigen mit den geringsten negativen oder höchsten positiven Sekundär- und Tertiärwirkungen gewählt werden (vgl. Dierkes 1989).

Auf generellere Schwierigkeiten sowie weitere Voraussetzungen der Durchführung von Technikfolgenabschätzungsverfahren in Unternehmen muß hingewiesen werden. Das Hauptproblem und die erste Bewährungsprobe für Technikfolgenabschätzungsverfahren im Unternehmen, entsteht dann, wenn sozial und ökologisch angepaßtere Entscheidungsoptionen aktuellen Gewinnrealisierungsmöglichkeiten entgegenzustehen scheinen. Selbst wenn dies im konkreten Fall hinterfragt werden mag – denn auch die Kriterien betriebswirtschaftlicher Effizienz geben nicht eineindeutig objektive und alternativlose Entscheidungen vor – oder ein langfristiges Kalkül in die Betrachtung einbezogen wird, ist gleichwohl mit vielfältigen Konflikten zwischen Profitabilität und sozialen beziehungsweise ökologischen Kriterien zu rechnen – einfach aus dem Grund der Codierung des Wirtschaftssystems durch rechenbare Kosten und Nutzen und seiner Steuerung durch das Selektionskriterium Gewinn (vgl. Heilbronner 1973).

Auf jeden Fall aber müßte das Verfahren dort zur Anwendung kommen, wo zugleich bessere technische Alternativen und ein ökonomischer Spielraum existieren, sich also keine Fragen betrieblichen Überlebens oder der Gewinnsteigerung aufdrängen. Betrachtet man die Praxis, muß man allerdings feststellen, daß auch in diesem Fall oft auf die qualitativ besseren Möglichkeiten verzichtet wird. Die Mißachtung besserer Alternativen mag man nun als unethisch bezeichnen, was allerdings nur erklärt, daß es an kognitiven oder sozialen Voraussetzungen fehlt, Besseres systematisch zu erkunden und dann auch zu realisieren. Gerade auf die praktische Behebung dieses Mangels, auf die konzeptionelle Ausfüllung dieser Lücke bezogen sich die in den obigen Abschnitten dargelegten Vorschläge.

Sensibilität für die negativen, nicht intendierten, indirekten Folgen einer Technik muß also innerhalb des Unternehmens, letztlich in seiner Alltagskultur, verankert sein, um im Spektrum der Vielzahl von Anforderungen, die an die Unternehmensleitungen gestellt werden und die im täglichen Betrieb überhaupt anfallen, Beachtung zu finden. Hiermit läßt sich auch wieder der Anschluß an den ökonomischen Regelkreislauf in seinem engsten Sinne finden, denn: Je mehr die Sensibilität für Fragen sozialer und ökologischer Relevanz in der Öffentlichkeit zunimmt, desto stärker wird eine solche Sensibilität, ergänzt durch entsprechende organisatorische Vorkehrungen in den Unternehmen ein Wettbewerbsfaktor. Langfristig dürften in einem derartigen Umfeld nur solche Unternehmen erfolgreich sein, die diese Sensibilität entwickeln können und das Instrument der Technikfolgenabschätzung in Erkenntnis seiner Möglichkeiten und Grenzen zu nutzen vermögen. W. Breitschwerdt, der frühere Vorstandsvorsitzende von Daimler-Benz, brachte den möglichen Bedingungszusammenhang von Technikfolgenabschätzung und Markterfolg treffend zum Ausdruck – womit natürlich noch nichts über konkrete Operationalisierungsansätze und deren Berücksichtigung im Alltagshandeln dieses Konzerns ausgesagt ist: „Es ist schlichtweg ein Gebot der ökonomischen Vernunft, daß sich Unternehmen mit den Folgen eines neuen Produktes beschäftigen, und zwar für Kunden, Mitarbeiter, aber auch Umwelt und Gesellschaft, weil davon letztlich der Markterfolg abhängt. Und es ist ebenso ein Gebot der ökonomischen Vernunft und damit fast selbstverständliches Ziel der Entwicklungsarbeit, mögliche negative Wirkungen zu erkennen und von vornherein zu vermeiden“ (Breitschwerdt 1989, 126).

Wirtschaftssystem, Unternehmenskultur und die Ambivalenz der Ethik: Zusammenfassung

Die für die Unternehmen sich sowohl zunehmend rasch wandelnden Umfeldbedingungen als auch steigende Umweltanforderungen machen sich sowohl auf dem Markt als auch in der sozio-politischen wie in der ökologischen Umwelt geltend – in jeweils sehr divergenten Modalitäten. Dabei kann für die aus dem soziokulturellen Milieu und der Politik oder den Naturbedingungen entspringenden Erfordernissen der Markt – im Rahmen seiner spezifischen Selektivität – als Schnittstelle fungieren: in der Funktion, daß Produkte beim Käuferpublikum ihre Zustimmung verlieren und nicht mehr verkaufbar sind oder daß umgekehrt die Entwicklung von Produkten in eine Richtung gelenkt wird, die den Kriterien der Zukunft genügen kann. Die sich wandelnden gesellschaftlichen (und ökologischen) Bedingungen unternehmerischer Tätigkeit verlangen ihr also veränderte Produktion und Marktpraxis ab. Begegnen die Unternehmen den an sie herangetragenen Forderungen bloß mit einem anderen Auftreten in der Öffentlichkeit, greift dies zu kurz. Gründe dafür, trotzdem nur dies und nicht mehr zu tun, können zum einen in sich Veränderungen widerstrebend, anerkannt oder unhinterfragt geltenden Sicht- und Verhaltensweisen konkreten produktions-, betriebs- oder marktwirtschaftlichen Handelns liegen, zum anderen aber auch in den harten Systemzwängen der über den Gewinnerzielungscode gesteuerten Marktökonomie. Ethik wäre ja leicht zu realisieren, wenn die Einsicht in die Notwendigkeit zu verbessertem Unternehmenshandeln genügen würde, wenn das Überleben des Unternehmens nicht so eng an den, oft auch kurzfristigen, Markterfolg gekoppelt wäre.

So ist bei der Bestimmung gesellschaftlich verantwortlichen und ethischen Verhaltens sorgfältig darauf zu achten, die verschiedenen Ebenen – Individuen (und ihre Gruppierungen), Unternehmen, Wirtschaftssystem – nicht miteinander zu vermengen oder aufeinander zu reduzieren, weil sonst systematisch Handlungsmöglichkeiten über- oder unterschätzt werden: Sie fallen gegen Null, wenn man den Systemmechanismen eine hundertprozentige Determinationskraft zuschreibt; sie werden total überschätzt, wenn man die vielfältigen Zwänge ignoriert.

Diese Einsicht ist für die Einschätzung von Ethik grundlegend. Schließlich kann man die einzelnen Akteure nicht für Mängel oder Zwangsmechanismen verantwortlich machen, die aus dem übergeordneten Systemzusammenhang resultieren; man kann ihnen also nicht eine Rationalität abverlangen, die gegen die beschränkte Rationalität des Systems nur sehr bedingt ankommen kann. Denn es ist die Sprache des Wirtschaftssystems – die Codierung nach Gewinn, Leistungen und Kosten –, die in erster Linie darüber verhandelt, worauf es ankommt und in welchen Grenzen etwas sinnvoll sein kann. Diese vorgegebenen Codierungen bestimmen die spezifisch ökonomische Rationalität sowohl in ihrer Leistungsfähigkeit als auch in dem, was sie sozial und ökologisch als beschränkt erscheinen läßt. Die Geltendmachung der systemischen Zwänge und Beschränktheiten den Akteuren gegenüber kann weder dadurch überwunden werden, daß das System selbst als notwendig und vollkommen vorgestellt wird – und alle anderslautenden Sichtweisen als uneinsichtig und alle gegenläufigen Erfahrungen als auf mangelndem Geschick beruhend diskriminiert werden –, noch dadurch, daß die verantwortlichen Akteure sich subjektiv in ihrem

Bewußtsein über sie erheben – indem sie sich etwas zutrauen, wozu sie objektiv gar nicht in der Lage sein können, oder indem sie sich in eine Bewußtseinswelt flüchten, die mit der realen kaum mehr vermittelt ist. Das Gewinnstreben selbst zur Ethik zu erheben, halten wir für einen völlig ungenügenden Ausweg, da dabei der ethische durch den ökonomischen Code pervertiert, das heißt ersetzt und umgedreht wird – unter anderem mit der Folge, daß gerade überkommene Strukturen und Handlungsmuster dem Blick entzogen und so befestigt werden.

Wenn man Ethik wirklich in Anspruch nehmen will, ist es notwendig, daß man sie mit Kriterien und konkreten Zielbestimmungen sozialer und ökologischer Verantwortung begründen kann und daß sie prozessual organisiert wird (vgl. Dierkes 1977); andernfalls ist sie praktisch kaum etwas wert. Es geht um den festen Status der Normen und Werte sowie um die Sicherung ihrer Verbindlichkeit; deshalb auch um die Ausgestaltung eines sowohl internen unternehmenskulturellen als auch externen sozio-politischen Netzwerkes der Information, Beratung und Diskussion. Wenn auch die Unternehmen als gesellschaftliche Institutionen in der Form privater Freiheit existieren, genügt es nicht mehr, sich einfach auf diese zu berufen, da gesellschaftliche Anforderungen nicht automatisch durch private Kalküle abgedeckt werden und das formale Regelwerk des Privatrechts noch keine ethischen Inhalte generiert.

Auch wenn Unternehmensleiter sich darum bemühen, ihre hauptsächlich durch Fragen ökonomischer Effizienz geprägte Sichtweise um ethische Überlegungen zu erweitern, bleibt dies insofern ungenügend, als bloß ein neuer Expertendiskurs bei insgesamt sozial unveränderter Kompetenzlage konstituiert wird – Ethik wiederum selbst zu einer institutionalisierten Sonderkompetenz wird. Ethik kann für die Unternehmen genau dann ein möglicher Schritt zur gesellschaftlichen Kompetenzerweiterung über die ökonomische Rationalität in ihrer Beschränktheit hinaus sein, wenn sie in einer kognitiv leistungsfähigen und sozial und ökologisch kompetenten Unternehmenskultur materialisiert ist, durch tragfähige Leitbilder nicht bloß gewinnorientierten Wirtschaftshandelns angeleitet wird und darüber hinaus auch nach außen zu den gesellschaftlichen Öffentlichkeiten hin offen ist. Ohne diese Möglichkeiten der Reflexion, Auseinandersetzung, Orientierung, Entscheidungsabsicherung und Kontrolle gerät das Unternehmen und sein Management viel zu schnell in Gefahr, innerhalb konfligierender Entscheidungsmöglichkeiten einfach diejenige Option zu wählen, die den Code kurzfristigen Gewinns am dichtesten bedient. Die Institutionalisierung und Fortentwicklung dieser Maßstäbe und Verfahren sind aber auch die einzige Möglichkeit, daß Unternehmen wirklich Glaubwürdigkeit kommunizieren, soziokulturelle Akzeptanz und längerfristigen, gesellschaftlich abgestützten wirtschaftlichen Erfolg sichern können.

Die von uns vorgeschlagene Entsubstantialisierung und Dynamisierung von Ethik – zu einem sozial offenen Medium der Reflexion und Debatte von Problemdiagnosen, Lösungsansätzen und Politiken – ist mitnichten ein Verlust, im Gegenteil: Abgesehen von schon genannten Gründen ist „Ethik" schon deshalb nicht einfach schützens- oder bewahrenswert, weil sie nicht umstandslos das Gute befördert, also selber nicht per se ethisch ist. „Jeder binäre Code, auch der der Moral, führt bei einer Anwendung auf sich selbst zu Paradoxien. Man kann nicht entscheiden, ob die Unterscheidung von gut und schlecht ihrerseits gut oder nicht vielmehr schlecht ist" (Luhmann 1988). Denn Ethik ist, von außen besehen, nur ein Bereich, der nach der Differenz von „gut" und „schlecht" codiert ist, in dem also nach bestimmten Kriterien das, was als „gut" oder „schlecht" zu gelten hat, erst definiert wird.

Daß Ethik selber pauschal dem „Guten" dienlich wäre, ist eine zwar weit verbreitete, aber trotzdem irrige Annahme: weil Ethik als Bereich nicht mit dem positiv besetzten Pol der sie prägenden Differenz zusammenfällt; und weil auch auf den positiven Pol des Guten hin sich qualitativ sehr Unterschiedliches als „gut" befördern oder als „schlecht" abstoßen läßt. Es können also gerade in der Ethik Initiativen ergriffen werden, etwas als gut auszuweisen oder zu rechtfertigen, was gegenwärtig nach allgemeinem moralischem Empfinden noch als schlecht und völlig inakzeptabel gilt. Eine derartige Einsicht verlangt nach einer zugleich distanzierten und nicht voreingenommenen Haltung zur Ethik, die dieser keine a priori feststehende qualitative und funktionale Bestimmung zukommen läßt – und sie dabei entweder für eine höchste Autorität oder für nichtsnutzig erachtet –, sondern sie als spezifisches Medium veranschlagt, in dem um die Bewertung der unterschiedlichsten Werte gerungen werden kann, wobei die Bewertungen nur intersubjektiv gelten können, indem sie als begründet erachtet werden.

Auch wenn der Sachverhalt unabweisbar ist, daß im System der Marktwirtschaft der Rationalitätscode des ökonomischen, oftmals kurzfristigen Erfolges dominant ist, so bedeutet dies doch auch, daß dieser Code einerseits immer mehr oder weniger viele Entscheidungsmöglichkeiten zuläßt und andererseits durch andere Rationalitätscodes, wie den politischen oder ethischen, ergänzt werden kann. Letzteres wird zugleich ermöglicht und eingeschränkt dadurch, daß die gesellschaftlichen Strukturen sich sowohl durch Autonomisierungen als auch durch vielfältige Interdependenzen auszeichnen. Demnach dürfte es den verschiedenen Akteuren, hier also den Unternehmern, zumindest auf den ersten Blick als die selbstverständliche oder einfachste Option erscheinen, nur nach der dominanten Logik ihres Handlungsbereiches, hier also dem Gewinnerzielungscode der Wirtschaft, zu verfahren.

Dieser Ansatz trifft aber auf die doppelte Schwierigkeit, daß einerseits andere gesellschaftliche Akteure mit anderen Rationalitäten sich dem entgegenstellen und deren Berücksichtigung einklagen, und daß er andererseits der Vielschichtigkeit der heute und in Zukunft zu lösenden Probleme sachlich nicht angemessen ist. Deshalb nun aber diese anderen Rationalitäten der ökonomischen Rationalität apodiktisch überzuordnen, trifft – zumal im marktwirtschaftlichen System – auf den Widerstand der ihr gemäß verfahrenden wirtschaftlichen Akteure. Die untergeordneten Codes, hier also der ethische, müssen am in der Ökonomie dominanten Gewinnerzielungscode abprallen, wenn diesem Normen vorgeschrieben werden sollen, ohne sie in die Sprache des Wirtschaftssystems einschreiben zu können. Ethik kann in der Wirtschaft dann ihre unverzichtbare Bedeutung erlangen, wenn sie gewissermaßen die Funktionsweise des Rechts ergänzt: einerseits als praktische Vorwegnahme rechtlicher Regelungen, andererseits als Wirkungsmodus, der gerade da greifen kann, wo dem Recht Möglichkeiten der Regelung und Kontrolle versagt sind (Stone 1975).

Wenn man unsere Vorschläge ernst nimmt und für die Unternehmenspraxis zu nutzen versucht, kann man den beiden Problemstellungen verbesserter sozialer und ökologischer Integration produktiv begegnen: Die Einrichtung von Technikfolgenabschätzungsverfahren in Unternehmen, die Gestaltung einer zur besseren Wahrnehmung und Kommunikation sozialer und ökologischer Probleme fähigen Unternehmenskultur schafft und sichert durch Partizipation und Transparenz die soziale Kohärenz eines unternehmensinternen Netzwerkes, das in Kombination mit der Erstellung beziehungsweise Erneuerung von Unternehmensleitbildern vieles an sachlich-sozial-zeitlicher Komplexität der Umweltbedingungen in die auf Dauer angelegten Orientierungsmuster aufnehmen kann.

Technikfolgenabschätzung muß dabei in die vorhandene Unternehmenskultur eingepaßt werden, um voll wirksam zu werden; wo diese sich sperrt und abschließt, muß sie durch entsprechende Prozesse der Veränderung und Entwicklung von hierfür angemessenen Leitbildern geöffnet werden. Das kann sehr schwierig sein, gerade dann, wenn es sich um stark ausgebildete Kulturen mit traditionsgestützten Selbstverständlichkeiten handelt. Eine solche Veränderung kann häufig nicht vom und im Unternehmen allein herbeigeführt werden, wenn es hierbei um grundsätzliche und tief verwurzelte Vorstellungen von einer „sinnvollen" Entwicklung und Weiterentwicklung von Technik geht; sie muß auch von den wissenschaftlich-technischen Fachverbänden angegangen werden, die wesentliche Definitions- und Verständigungsmacht für bestimmte Technikkulturen besitzen (vgl. Mai 1990). Es ist ja keine unternehmenskulturelle Selbstverständlichkeit, sondern eine erst zu schaffende und zu stabilisierende Fähigkeit, Konsequenzen aus Technikfolgenuntersuchungen zu ziehen und sie praktisch in organisatorisch-technische Veränderungen und neue Unternehmens-Leitbildprofile zu übersetzen. Das unternehmenskulturelle Netzwerk erweist sich wohl am tragfähigsten, wenn es offen beziehungsweise angepaßt gegenüber seiner sozio-politischen Umwelt ist – nicht zuletzt auch deshalb, weil die im Unternehmen Tätigen nicht nur Mitglieder dieser Organisation, sondern auch Teilnehmer ganz anderer Praxis- und Sinnzusammenhänge sind. Mit anderen Worten heißt das, daß die Zustimmung der Unternehmensmitglieder zum Unternehmen wesentlich auch davon abhängt, wie dieses in der Gesellschaft als soziale Institution und in seiner Beziehung zur natürlichen Umwelt angesehen wird.

Was zunächst als ineffizient und zu aufwendig erscheinen mochte, erweist sich nun auch als dem ökonomischen Code dienlich. Dabei ist nicht zuletzt zu erwarten, daß Unternehmen mit sozialem und ökologischem Ansehen auch hochqualifizierte Arbeitskräfte anzuziehen vermögen, in der Gesellschaft langfristig akzeptiert werden – und also auch nicht mit plötzlichen, sozio-politisch erzwungenen Umstellungsnotwendigkeiten rechnen müssen, was dann massiv zu Lasten der ökonomischen Leistungsfähigkeit gehen dürfte.

Heute, anders als im Frühkapitalismus, garantiert die Devise „Après moi le déluge“ nicht mehr unternehmerischen Erfolg, sondern wenigstens langfristig das genaue Gegenteil. Unser Plädoyer für eine stärkere Vernetzung der ökonomischen Rationalität mit anderen gesellschaftlichen Rationalitäten, statt ihrer Abschottung, geht von den unseres Erachtens zwingenden Gründen aus, daß allein kurzfristiger Gewinn und Marktmacht als durchschlagende Handlungsmotive nicht mehr akzeptiert werden können. Es genügt nicht mehr, erst auf äußeren, insbesondere staatlichen, politischen und rechtlichen, Druck zu reagieren, sondern es ist notwendig, antizipativ und selbsttätig zu handeln. Probleme lassen sich nur unter der Gefahr ihres später um so stärkeren Wiederauftauchens verdrängen und nicht generell eliminieren, da sie objektiv komplex und sozial verschiedene Zugänge und Lösungsperspektiven erlauben. Konflikte können nur dann produktiv vermindert werden, wenn sie in leistungsfähige Bewegungsformen gebracht und ausgetragen werden. Die Konflikt- und Lernfähigkeit ist ein Charakteristikum, das gerade für sich offen und pluralistisch nennende Gesellschaften eine Selbstverständlichkeit sein sollte – dem sie aber auch immer wieder als Projekt der Entfaltung von Demokratie und öffentlicher Streitkultur gerecht werden müssen, wenn sie ihre Zukunftsfähigkeit in sozialer und ökologischer, aber auch langfristiger ökonomischer Perspektive bewahren wollen (vgl. Barben, Dierkes 1990). Dieselbe Anforderung notwendiger Lern- und Konfliktfähigkeit gilt auch für das Medium und die Gehaltsbestimmung der Ethik. Denn die Ethik ist unentrinnbar in der Paradoxie gefangen, daß, je mehr sie einen vom Alltagsleben entrückten, unanfechtbaren und überallgemeinen „Werte-Thron" erklimmen soll, sie um so mehr den Schwankungen der ökonomischen Konjunkturen unterworfen bleibt und von diesen ihren Platz zugewiesen bekommt. Wenn nun „die Ethik" selbst in einem konjunkturellen Boom heißläuft – das heißt Sinnstiftung richtiggehend produziert, flutartig vermarktet und nachgefragt wird –, bedeutet dies nicht zugleich die Verbreitung ethischer Gesinnungen und Haltungen im Geschäftsleben, sondern möglicherweise vielmehr den allgemein gespürten Mangel der Durchsetzung ethisch validierter, also sozial und ökologisch zukunftsfähig integrierter Wirtschaftspraxen.

Literatur

Barben, D., M. Dierkes (1990): Un-Sicherheiten im Streit um Sicherheit. Zur Relevanz der Kontroversen um die Regulierung technischer Risiken. In: U. Sarcinelli (Hrsg.), Demokratische Streitkultur. Theoretische Grundpositionen und Handlungsalternativen in Politikfeldern. Bonn.

Committee for Economic Development (1971): Social Responsibilities of Business Corporation. New York.

Dierkes, M. (1974): Die Sozialbilanz. Ein gesellschaftsbezogenes Informations- und Rechnungssystem. Frankfurt am Main.

Dierkes, M. (1977): Die neue Herausforderung an die Wirtschaft: Ethik als organisatorisches Problem. In: E.H. Plesser (Hrsg.), Leben zwischen Wille und Wirklichkeit. Unternehmer im Spannungsfeld von Gewinn und Ethik. Düsseldorf, Wien.

Dierkes, M. (1988a): Unternehmenskultur und Unternehmensführung. Konzeptionelle Ansätze und gesicherte Erkenntnisse. In: *Zeitschrift für Betriebswirtschaft*, 5/6, S. 554–575.

Dierkes, M. (1988b): Technikfolgen-Abschätzung. In: O. Kimminich et al. (Hrsg.), Handwörterbuch des Umweltrechts, Bd. 2. Berlin.

Dierkes, M. (1989): Technikfolgenabschätzung in Unternehmen: Notwendigkeit, Möglichkeiten und Grenzen. In: B. Biervert, M. Dierkes (Hrsg.), Informations- und Kommunikationstechniken im Dienstleistungssektor – Rationalisierung oder neue Qualität. Wiesbaden.

Dierkes, M., K.W. Staehle (1973): Technology Assessment. Bessere Entscheidungsgrundlagen für die unternehmerische und staatliche Planung. Battelle-Institut. Frankfurt am Main.

Heilbronner, R.L. (1973): Im Namen des Profits oder Fahrlässigkeit als Unternehmensprinzip. Reinbek bei Hamburg.

Kapp, K.W. (1988): Soziale Kosten der Marktwirtschaft. Das klassische Werk der Umwelt-Ökonomie. Frankfurt am Main.

Leipert, C. (1989): Die heimlichen Kosten des Fortschritts. Frankfurt am Main.

Luhmann, N. (1988): Das verlorene Paradigma: Über die ethische Reflexion der Moral. In: *Frankfurter Allgemeine Zeitung*, 28. Dezember 1988.

Mai, M. (1990): Die Rolle technisch-wissenschaftlicher Verbände in der Technikgestaltung und -bewertung. In: M. Mai, Sozialwissenschaften und Technik. Beispiele aus der Praxis. Frankfurt am Main u.a.

OECD (1975): Methodological Guidelines for Social Assessment of Technology. Paris.

OECD (1978): Social Assessment of Technology. A Review of Selected Studies. Paris.

Rapp, F., M. Mai (Hrsg.) (1989): Institutionen der Technikbewertung. Standpunkte aus Wissenschaft, Politik und Wirtschaft. Vorträge und Diskussionen. Düsseldorf.

Stone, C. (1975): Where the Law Ends. The Social Control of Corporate Behavior. New York.

Stone, C. (1987): Earth and other Ethics. The Case for Moral Pluralism. New York.

Zeidler, G. (1987): Technikfolgenabschätzung als unternehmerische Aufgabe. In: *Elektrotechnische Zeitschrift* (ETZ), Bd. 108, 23/24.

4. Kapitel

Unternehmen in der Technikverantwortung?

Technikentwicklung und -anwendung haben sich heute weit mehr als früher ethischer Hinterfragung auszusetzen. „Technikverantwortung“ ist das Schlagwort, wobei insbesondere die sozialen und ökologischen Dimensionen von Technik im Vordergrund stehen. Welche Bedingungen aber müssen gegeben sein, und welche Optionen stehen in der Marktwirtschaft offen, damit Technikverantwortung in unserer Risikogesellschaft nicht nur ein Schlagwort bleibt? Ist technischer Fortschritt möglicherweise ohnehin blockiert, weil die Bürger technische Risiken immer weniger akzeptieren; ist damit vielleicht die ganze Fragestellung obsolet? Wie sehen Wissenschaftler, Politiker und Unternehmensleiter diese Probleme? Auf diese komplexen Fragen versuchen Joschka Fischer, Georges Fülgraff, Martin Pfaff/Dieter Jaufmann/Ernst Kistler, Horst Tippelt/Klaus Zimmermann und Eberhard Weise richtungsweisende Antworten zu geben.

Ethik und Technik – Vorbemerkung der Herausgeber zur aktuellen Debatte

Kaum ein anderes Thema ist seit dem Aufkommen der Anti-Kernkraft-Bewegung in der Öffentlichkeit derart heiß diskutiert worden wie die Frage der Verantwortbarkeit von Technik. Diese reicht von recht harmlosen Aspekten wie der Auswahl zwischen defensiven Umweltschutztechnologien und offensiven Umwelttechnologien bis zu Schlüsselfragen der gesellschaftlichen Auseinandersetzung mit dem Leben, die sich an den Facetten, den Möglichkeiten und Gefahren der Gentechnologie festmachen lassen. Wir warnen deshalb davor, die Breite der Diskussion auf allzu technizistische Aspekte der Technikfolgenabschätzung allein zu reduzieren. Stattdessen plädieren wir für eine stärkere Betonung des Ethikgedankens und eine Einbettung in eine grundsätzliche Debatte um die Fortentwicklung unserer Wirtschafts- und Gesellschaftsordnung, ihrer Institutionen und Prozesse, in der Konfrontation mit neuen Risiken und Chancen.

Die Fortentwicklung von Unternehmensethik könnte aus dieser Sicht gleichermaßen als Ziel und Instrument hilfreich, wenn nicht gar notwendig sein zur Erarbeitung von Kriterien für die Auswahl von Forschungsrichtungen im Grundlagenbereich, aber vor allem auch für die Strukturierung von Entwicklungsprozessen von Technik in Unternehmen sowie zur Lösung des immanenten Ambivalenzproblems von Chance und Risiko neuer Technologien. Unternehmensethik könnte die Gefahr einer Überforderung des Staates in der Detailregelung wie auch der demokratischen Institutionen in der politischen Willensbildung reduzieren, wenn sich eine durch sie geförderte soziale, ökologische und kulturelle Sensibilität der Unternehmen eigenverantwortlich in reales Verhalten umsetzt.

Dies sind die Thesen, die die Grundlagen der Diskussion darstellen, der sich Burkhard Strümpel, Joschka Fischer und Eberhard Weise in einer pointierten und Kontroverses betonenden Form von Statements mit gegenseitigem Bezug widmen. Es mag manchen etwas überraschen, daß die Gegensätze der Positionen doch hinter einen erstaunlich breiten und stabilen Grundkonsens zurücktreten.

Verantwortung für soziale Folgen von Technik

von Burkhard Strümpel

Verantwortung und die Wissenschaft von der Wirtschaft

Meine Aufgabe im ersten dieser Statements soll es sein, Verantwortung für soziale Folgen der Technik aus dem Blickwinkel der Wirtschaftswissenschaft zu beleuchten. Man mag es begrüßen oder mir nachsehen, daß meine Sichtweise dieser Problematik sehr subjektiv geprägt ist; zumindest kann und sollte man sich meines Erachtens bei einem solchen Thema nicht in den Elfenbeinturm der Wertfreiheit zurückziehen – ich jedenfalls kann und will dies nicht tun.

Ich möchte gleich mit einer provokativen These beginnen, die nach einigen Jahrzehnten Erfahrung in der akademischen Lehre allerdings einige Berechtigung verdient: In der Wirtschaftswissenschaft wird den Studenten die soziale Verantwortung systematisch ausgetrieben. Woran könnte das liegen? Argumentieren wir einmal vom Begriff her, so kann man soziale Verantwortung als Verantwortung gegenüber der Gesellschaft, mithin den Menschen, in zweierlei Hinsicht interpretieren: als Verantwortung für die Höhe des produzierten Güterberges, also das Produktionsergebnis, aber auch als Verantwortung für die Verteilung des produzierten Outputs, also das soziale Verteilungsergebnis. Harry Truman hat einmal gesagt, er wünsche sich als Berater ausschließlich einarmige Ökonomen, weil die nie sagen könnten: „on the other hand“; hätte er ausschließlich traditionelle und orthodoxe Ökonomen als Berater gewählt, so hätte er im Sinne dieses Wortes einen Beraterstab von „Schwerbeschädigten“ gehabt, und sein Wunsch wäre leicht zu erfüllen gewesen, liegt deren Interesse doch beinahe ausschließlich in einem optimalen Ressourceneinsatz, also der Kostenminimalität einer gegeben Produktion (statische Effizienz), sowie der optimalen Anreizstruktur im Hinblick auf Innovation und Wachstum, also der Steigerung des Reichtums einer Volkswirtschaft (dynamische Effizienz). So ganz friedvoll wäre das Klima in diesem Stab allerdings auch nicht gewesen, denn natürlich hätten sich die Mitglieder bezüglich der Wege, um diese Ziele zu erreichen, in den Haaren gelegen. Der Kernpunkt aber ist, daß den orthodoxen Ökonomen eben diese zweite Hand fehlt, der Zugriff zu dieser anderen Facette von sozialer Verantwortung, also der Distributionsseite. Damit werden auch die sozialen Folgen – wie etwa in unserem Kontext – von Technik und technologischer Veränderung vernachlässigt.

Einer der Gurus der traditionell-orthodoxen Ökonomie ist Milton Friedman, von dem der berühmt-berüchtigte Ausspruch stammt: „the business of business is business". Wenn das Geschäft der Wirtschaft das Geschäft ist, dann wird damit praktisch die volle Identität eines nach den Regeln funktionsfähiger Marktwirtschaft zustandegekommenen Wirtschaftsergebnisses mit sozialer Verantwortung gleichgesetzt. Wenn der Staat und die Wirtschaftspolitiker die Funktionsfähigkeit der Märkte absichern, die Wirtschaftenden die notwendige Wirtschafts- und Wettbewerbsgesinnung aufweisen und sich ansonsten an die Rahmenordnung und Gesetze halten, dann sind Wirtschaft und Wirtschaftende aus weitergehender Verantwortung entlassen, da sie eben ihrer sozialen Verantwortlichkeit nachgekommen sind.

Man sollte sich hüten, diese Sichtweise voreilig als reduktionistisch oder gar reaktionär abzuqualifizieren, den Umfang dieser sozialen Verantwortlichkeit vorschnell geringzuschätzen: So erfordert optimale Allokation eben auch die (optimale) Internalisierung aller externen Effekte, also beispielsweise auch der negativen externen Effekte in Gestalt von Umweltbelastungen. Da mag das nach Optimalitätskriterien erforderliche Internalisierungsniveau durchaus höher und das dann verbleibende Belastungsniveau niedriger sein, als es die Politik will und in Gesetzen und Verordnungen äußert; von daher mag – systemisch gesehen – die orthodoxe Ökonomie hier einen gar nicht mal schlechten Stand haben. Individuell vom einzelnen Wirtschaftenden und Geschädigten aus gesehen wird es aber nur unter extrem restriktiven Bedingungen gelingen, dieses optimale Internalisierungsniveau innerhalb der Marktlogik zu realisieren. In der Realität ist dies auszuschließen und die Politikintervention aus ethischer Begründung (Schutz und Erhaltung von Leben, Gesundheit, Umwelt) notwendig.

Die Politikintervention kann aber auch aufgrund einer weiteren Facette von sozialer Verantwortung notwendig werden: Wenn das Denken in Allokationen das Metier der traditionellen Ökonomen ist, dann interessieren sie sich für das primäre Verteilungsergebnis vornehmlich in ihrer privaten Rolle oder als Staatsbürger, aber nur selten als Wissenschaftler – der Zweck der Allokation heiligt zunächst einmal die Distribution, falls eben nicht eine bestimmte Verteilung allokationsschädlich ist und von daher die Beschäftigung mit Verteilung allokationspolitisch relevant und geboten erscheint.

Normalerweise scheuen also Ökonomen dieser Provenienz Urteile über Verteilungen wie der Teufel das Weihwasser – und wenn eine Technik oder ein technischer Fortschritt zur Anhäufung von mehr und/oder besseren Gütern führt, dann sind die sozialen und psychischen Folgen einer Umverteilung einigermaßen irrelevant, falls sie nicht Leistungsfähigkeit und Leistungswille des Arbeitsvolks beeinträchtigen. Wenn man so will: Kompatibel mit dem Allokationsziel ist aus dieser Sicht allein die Ethik der Gleichheit der Chancen – die wie auch immer geartete „Gleichheit" der Ergebnisse, das was man eine faire Verteilung nennen könnte, ist nicht Sache der Wirtschaft(swissenschaft) sondern der gesellschaftlichen Willensbildung, also der Politik, genauer der Tarif- und Redistributionspolitik.

In beiden Fällen kann also nicht erwartet werden, daß die Marktwirtschaft aus sich heraus mehr an sozialer Verantwortlichkeit entwickelt als in ihr konstitutionell angelegt ist: Im Fall der negativen externen Effekte ist Staatsintervention zur Internalisierung praktisch unumgänglich und auch aus Allokationsgründen gefordert, im Fall der unerwünschten Verteilungsergebnisse kann Redistributionspolitik einerseits, Tarifpolitik der Sozialpartner andererseits erforderlich sein.

Der erste Fall ist ein „Muß“-Fall und ökonomisch begründet, der zweite ein „Kann“-Fall und politisch begründet. Beiden Fällen gemeinsam ist aber, daß die Anstöße zu ethischem Verhalten, also zu Umweltethik oder Verteilungsethik, in der Regel von „außen“ kommen – und das gilt für die Wissenschaft von der Wirtschaft wie auch für die Wirtschaft selbst. Sozialverantwortung ist also keinesfalls selbstverständlich und in Wirtschaft und Wissenschaft quasi hineingeboren. Diese Anstöße können vom Staat in Form von Normsetzung oder Transferzahlungen ausgehen, sie können von anderen gesellschaftlichen Gruppen wie den Gewerkschaften oder Umweltverbänden induziert werden, sie können aber auch aus der Wirtschaft selbst hervorgehen wie das Beispiel eines amerikanischen Financiers zeigt, der der Harvard Business School etliche Millionen Dollar zukommen ließ in der Hoffnung, dort werde nunmehr das ethische Potential der Studenten derart aufgemöbelt, daß die Regeln der Börsenaufsicht stärkere Beachtung finden und sich Insider-Skandale an der Wall Street nicht mehr wiederholen würden.

Konflikte als externe Ethikanstöße

Wenn solche Anstöße von „außen“ erfolgen, dann beruhen diese in der Regel auf sichtbar gewordenen Konflikten zwischen den Ergebnissen des Wirtschaftens gewissermaßen im „Normalbetrieb“ und den Präferenzen und Werten in der Gesellschaft bezogen auf als defizitär empfundene soziale Sphären.

Ein erster solcher Konflikt mit dem daraus ertönenden Ruf nach sozialer Verantwortung ist unter dem Stichwort „soziale Frage“ zu subsumieren: Es geht um den Konflikt zwischen Arbeit und Kapital, und auch hier ist festzustellen, daß die Beiträge der Wissenschaft relativ fruchtlos und merkwürdig steril geblieben sind. So sind die Lösungsansätze für die Beschäftigungskrise während der großen Depression der dreißiger Jahre von der Wissenschaft eher verhindert als gefördert worden, setzte doch die Ökonomie als Wissenschaft beinahe exklusiv auf die Selbstheilungskräfte des

Marktes. Die innovativen Ansätze zur Lösung der sozialen Frage kamen – von einigen wenigen Vertretern der Profession, dafür aber ihren Giganten Schumpeter und Keynes abgesehen – im wesentlichen aus der Praxis, der praktischen Politik und aus der Regelungskultur von Konflikten zwischen Arbeitnehmer- und Arbeitgeberseite, die sich in einer langjährigen Tradition herausgebildet hatte.

Unerwarteterweise haben gerade wir Deutschen diese Regelungskultur nach dem zweiten Weltkrieg zu dem besonders fruchtbaren Modell der Sozialpartnerschaft mit einem funktionsfähigen Instrumentarium der friedlichen Konfliktlösung weiterentwickelt, und die deutschen Unternehmer sind sich der sozialen Komponente der Marktwirtschaft als Produktivkraft heute überaus bewußt – weit mehr als beispielsweise ihre Kollegen in England oder den USA. Es kommt hinzu, daß das Selbstbild der deutschen Unternehmer deutlich durch patriarchalisch-paternalistische Züge gekennzeichnet ist, die schon im 19.Jahrhundert in der deutschen Industrie bestanden und die Zeiten überdauert haben. Diese verbinden sich heute mit modernen Leitbildern von Unternehmenskultur und Corporate Identity, die auch und unter anderem auf die langfristige Sicherung von Identifikation mit dem Unternehmen seitens der Belegschaft wie der Kunden zielen.

Für den Bereich der sozialen Frage muß also festgehalten werden, daß auf der Basis von Konflikten in gesellschaftlichen Lernprozessen Strukturen und Institutionen, aber auch Verfahrensweisen und Verrechtlichungen herausgebildet wurden, die aus Überzeugung, Routine, Druck oder Gesetz heute in ihrem Zusammenspiel ein hohes gesellschaftliches Maß an sozialer Verantwortung zum Ausdruck bringen und garantieren.

Dies ist anders bei der ökologischen Frage: Während wir mit der Regelung der sozialen Frage mehr als 100 Jahre Erfahrung haben, sind uns die Probleme der Umwelt eigentlich erst in den sechziger und siebziger Jahren so recht bewußt geworden – Rachel Carsons Buch über den „Stummen Frühling“, das mit einigem Recht als Initialzündung von Umweltbewußsein und Umweltbewegung in den USA gilt, und Dennis Meadows „Grenzen des Wachstums“ markieren die Meilensteine dieser Entwicklung. Die relative Neuartigkeit der Umweltprobleme in dieser Größenordnung und im Weltmaßstab impliziert aber auch ein viel geringeres Maß an kumulierten Lerneffekten auf allen Seiten, also bei Staat, Bürgern und auch Unternehmen. Die Lösungsroutinen von ökologischen Konflikten sind also weit weniger eingeschliffen, die Traditionen weit weniger manifest, und dies impliziert auch, daß die Verhaltensweisen auf Seiten der Wirtschaft in weit stärkerem Maße dispers sind – sie reichen von der Konfrontation über das Sich-Abfinden bis zum Schulterschluß von Industrie und Ökologiebewegung und variieren zwischen den verschiedenen Branchen außerordentlich.

Ebenen ökologischer Lernprozesse

Will man die bei ökologischen Konflikten ablaufenden Lernprozesse genauer verfolgen, sollte man drei Ebenen unterscheiden – die *Ebenen der Weltbilder*, der *Handlungsprogramme* und der *Branchenkulturen.*

Die *Ebene der Weltbilder*, das ist die Ebene, die den Begriff der ökologischen Herausforderung in und durch Menschen definiert. Das ist – strategisch gesehen – die Gegenseite zum traditionellen Industrialismus, das sind die weltfremden Spinner und Systemveränderer. Es sind die Menschen, die den Zeitgeist und die vielleicht auch legitimen Bedürfnisse und Wünsche nach veränderten Lebens- und verbesserten Umweltverhältnissen repräsentieren. Das sind die Vorstellungen, mit denen man sich als Wirtschaft und als einzelnes Unternehmen auseinandersetzen muß; genau dieses Gegeneinander findet man abgebildet in diversen Reden und Aussprüchen prominenter Wirtschaftsführer – mögen sie sich noch so aufgeklärt und lernfähig geben.

Auf einer *zweiten Ebene*, der der *Handlungsprogramme*, kommt dieser immanente Konflikt praktisch zur Austragung: Es ist immer möglich, mit gewollt oder auch unbewußt unvollkommenen Handlungsprogrammen unter diesen Weltbildern und ihren Ansprüchen hindurchzulaufen.

Die Automobilindustrie ist ein geradezu klassisches Beispiel für diese gewollte oder ungewollte Option: Sie ist in ihrer eigenen Definition sehr umweltbewußt und innovativ, was den Schutz und die Erhaltung von Umwelt und natürlichen Ressourcen anbelangt. Sie hat seit den sechziger Jahren viel in die aktive und passive Sicherheit im Automobil investiert, um Personenschäden zu verhindern – und hat dadurch Materialschäden produziert, denn nichts ist umsonst auf dieser Welt. Sie hat in den siebziger Jahren auf die Verbesserung des technischen Wirkungsgrades der Motoren und die Verringerung des spezifischen Energieverbrauchs gesetzt – aber Marketing und Käuferwünsche haben einen dramatischen Anstieg der Automobilisierung und einen Trend zu größeren Autos bewirkt. Dies wiederum hatte zur Folge, daß Energieverbrauch und Emissionen absolut weiter zunahmen. Zwar hat diese Automobilindustrie lärmarme Lastkraftwagen entwickelt, diese jedoch so halbherzig unter die Leute gebracht, daß nicht einmal das eigene Verkaufspersonal richtig darüber informiert war. Es fehlt hier und ihr offensichtlich an sozialen Innovationen: Um neue Weltbilder in Handlungsprogramme umzusetzen, was sicherlich kein schmerzfreier Prozeß ist, muß man sozial innovieren, was die Unternehmer normalerweise durchaus können, aber eben nicht immer auch ökologisch relevant tun.

Die Wirtschaft kann also durchaus eine große Geschäftigkeit im Interesse der Umwelt an den Tag legen, und damit kann sie sich auch brüsten. Sie kann hehre Leit- und Grundsätze auf Ethikseminaren verkünden und verbreiten – und sie kann dennoch mitansehen, daß ihre Produkte und Aktivitäten die Umwelt immer mehr belasten. Dies liegt nicht unbedingt in purer Scheinheiligkeit begründet, sondern hat seinen Ursprung in den Schwierigkeiten bei der Umsetzung veränderter Weltbilder in neue Handlungsprogramme; man kann auch sagen: dem mangelnden Fortgeschrittensein des Lernens im ganzheitlichen Denken vom Problem her.

Nun gibt es aber auch noch eine *dritte Ebene*: die der *Branchenkulturen*, der Branchenkulturen des Denkens und Handelns im Umwelt- und Ressourcenschutz. Während sich offensichtlich die Automobilindustrie – eine Industrie der Ingenieure, der Macher, der Löser technischer Probleme mit technischen Mitteln – mit der Bewältigung der ökologischen Herausforderung einigermaßen schwer tut, ist die chemische Industrie da ungleich sensibler. Dies hat natürlich mit Traditionen zu tun: Es geht auf eine lange Tradition des Arbeitsschutzes zurück, gewissermaßen eine frühindustrielle Form des Emissionsschutzes. Zudem sind Chemiker mit dem ihnen eigenen Welt- und Selbstverständnis naturwissenschaftlicher, mit Akzenten auf beiden Teilen des Wortes. Sie sind offener für Reflexionen außerhalb des traditionellen Produktions- und Fortschrittskalküls, da sie auch häufiger mit Fragen ethischer Relevanz konfrontiert sind. Deshalb ist es gar nicht so verwunderlich, daß sich hier auch Subkulturen finden – Menschen mit professioneller Identität, die einen kritischen Verbund von Menschen bilden, Erfahrungen austauschen, die häufig sogar an den Universitäten mit einer professionellen Subkultur des Umweltschutzes, der Umwelttechnik, aufgewachsen sind und sich nun auf dem Marsch durch die Institutionen, die Unternehmen und Verbände, befinden.

So etwa hat sich Schumpeter, einer der Väter der Innovationstheorie, den technischen Fortschritt und seine Durchsetzung vorgestellt: als formell oder informell institutionalisierten technischen Fortschritt, der dann, wenn Menschen als Professionals mit ihren Aufgabenstellungen zusammensitzen, eine spezifische Eigendynamik entwickelt. Dies ist auch das Selbstbild dieser Gruppe, der heimlichen Lobby für den Umweltschutz im Verband der chemischen Industrie: Zwar ist die Branche vor Angriffen von außen zu schützen, die existenzbedrohend wären – im übrigen aber versteht man sich als eine Art Transmissionsriemen für gesellschaftliche Anforderungen bis hin zum Partisanendasein, das heißt, hinter den Linien mit den Aufsichtsbehörden gegen die schwarzen Schafe der eigenen Industrie zu paktieren.

Vom Sachzwang zur ganzheitlichen Problemsicht

Was kann man aus alldem lernen? Zwei Punkte scheinen mir hier besonders wichtig zu sein: Zum ersten ist vor dem Argument des Sachzwangs zu warnen – Sachzwang ist häufig nur ein vorgeschobenes Argument und ein Synonym für Denkfaulheit. Eine der prominentesten Fehleinschätzungen dieser Art stammt von einem ehemaligen Ministerpräsidenten eines nicht unwichtigen Landes dieser Republik, der meinte, im Ländle gingen die Lichter aus, wenn ein Kernkraftwerk am Oberrhein bei Wyhl nicht gebaut würde.

Grundsätzlich kann man meines Erachtens bei einer Weichenstellung zwischen ökologisch günstigem und weniger günstigem Verhalten durchaus von einer Art Grauzone reden: Wie jede Investition sind auch solche mit Umwelt- und Ressourcenschutzkomponenten riskant, sie sind aber auch gestaltbar im Hinblick darauf, daß sie sich rechnen – zumindest, wenn die nötige Entschlossenheit und Professionalität da sind. Beispiele dafür gibt es genug, vom Katalysator, mit dem die Autoindustrie ursprünglich ihren Untergang verband, über die phosphatfreien Waschmittel bis hin zur Migros, dem schweizerischen Genossenschaftsverband des Gottlieb Duttweiler, der schon immer die Nase vorn hatte bei ökologischer Produktentwicklung und dem Reden darüber – letzteres nach dem Motto: Geben, immer wieder geben, man kann nicht verhindern, daß es wieder zurückkommt.

Zum zweiten: So sinnvoll alle Verfahrenskataloge sein mögen, um Umweltverträglichkeit zu sichern – die Handlungsprogramme werden immer unvollkommen sein, wenn nicht vom Problem her ganzheitlich gedacht und gehandelt wird, und da nützen auch hehre und abgehobene ethische Grundsätze nichts. Es reicht eben nicht aus, Automobile mit niedrigeren Emissionswerten auf den Markt zu bringen – das Problem des Waldsterbens muß in einer Art konzertierter Aktion von den Hauptverursachern, ähnlich wie beim Problem der Sozialverantwortung und Sozialpartnerschaft besprochen, gelöst und geregelt werden. Man könnte auch an eine Art Konklave analog zur Papstwahl denken – das Gesamtproblem wird von den Hauptverursachern diskutiert, und bevor man sich nicht auf einen Plan und eine Strategie und die individuellen Beiträge zur Beherrschung des Problems verständigt hat, darf niemand in sein Büro, zum Golfplatz, zur Familie oder sonst wohin zurück. Die Emission in Form einer Rauchfahne nach Erfolg könnte man sich ja zur Not sparen …

Ein Plädoyer für die Instandsetzung von Politik

von Joschka Fischer

Der Triumph der Marktwirtschaft

Burkhard Strümpel sagt im Kern seiner Argumentation, daß es durchaus einen Raum für soziale und ökologische Verantwortung des Unternehmens, also für praktizierte Unternehmensethik gibt, er sagt aber auch, daß Wirtschaftswissenschaft und Betriebswirtschaftslehre dies mit einiger Skepsis sähen: Unternehmen sollten sich auf das konzentrieren, was sie können – also aufs Geschäft. Wie ist das aber mit der Politik und den Politikern: Traut man denen denn zu, eigenverantwortlich soziale und ökologische Sensibilität zu entwickeln, gegebene und geschaffene Freiräume handlungsethisch auszurichten – oder ist man da möglicherweise noch skeptischer als bei den Unternehmern?

Zunächst einmal würde ich diese Trennung und Gegenüberstellung von Wirtschaft und Politik eindeutig zurückweisen, weil dies eine allzu simple Rollenverteilung wäre: Es gibt nicht die Wirtschaft, und es gibt auch nicht die Politik. Wenn man aber so will, dann könnte man den Bereich der Wirtschaft durch ein einheitliches Steuerungsprinzip beschreiben – also schlicht und einfach Gewinn und Verlust bei der Verfolgung eines bestimmten Unternehmenszweckes. In der Politik kann man dieses oder ein ähnliches Steuerungsprinzip – Korruption einmal außen vor – nicht finden: Politik wird im wesentlichen ideologisch gesteuert. Machtgewinn und Machterhaltung sind die Ziele, und wenn man dort analog zur Wirtschaft unbedingt etwas zu maximieren sucht, dann wäre es die Wählerstimmenzahl, dies aber auch nur mit Einschränkungen und ideologischen Vorbehalten. Zudem: Wenn Politik so einfach wäre, dann wäre sie eine relativ rationale macchiavellistische Veranstaltung, was sie aber ganz offensichtlich nicht ist – in der Realität ist sie häufig widersinnig, widersprüchlich und kontraproduktiv. Daraus aber nun a priori zu folgern, die Wirtschaft wäre der Politik überlegen, wäre vorschnell – auch dort gibt es viele Bankrotteure mit suizidalen Tendenzen. Sparen wir uns also hier mangels eindeutiger Schlüsse dieses Spiel mit dem Schwarzen Peter und antworten zunächst einmal pauschal auf die Frage nach der sozialen und ökologischen Verantwortung der Unternehmen in bezug auf Technikfolgen, und da würde ich ohne Umschweife Milton Friedman Recht geben. Es ist nicht Aufgabe der Unternehmen und auch nicht die logische Folge einer solchen Aufgabe, für moralischen Fortschritt und Sittlichkeit zu sorgen, sondern der Zweck des Wirtschaftens im Unternehmen ist, natürlich innerhalb der Grenzen von Gesetz und Moral, relativ schlicht als betriebswirtschaftliches Ergebnis definiert.

Nachdem ich mich so als geheimer Friedman-Fan offenbart habe, möchte ich gleich zu Beginn ein wenig abschweifen: Ich glaube, die Wirtschaft, die Unternehmer und ihre Verbandsvertreter haben noch gar nicht recht realisiert, was es heißt, gewonnen zu haben – historisch gesehen –, denn es wird ihnen in Zukunft ein Gegner fehlen und damit auch einiges an Konkurrenzdruck. Nun weiß man ja aus den Gesetzmäßigkeiten von Marktstrukturen, daß Monopole eigentlich nie gut sind, sie führen zum Erschlaffen, zu Trägheit, zu Verfestigungen und ähnlich Undynamischem mehr. Tatsächlich haben wir jetzt mit dem Abdanken des real existierenden Sozialismus, zumindest in der nördlichen Hemisphäre, den Sieg der Marktwirtschaft – umfassend und universell – zu verzeichnen. Wenn man so will, ist es in Ausschnitten wohl, aber sicher in diesem Ausschnitt, eine Rückkehr zu einer Zeit vor 1917, denn damals gab es nur die eine kapitalistische Welt ohne Systemkonkurrenzdruck – und man kann nicht unbedingt sagen, daß dieser Zustand Ökonomien und Länder, Regenten und Regierte zu außerordentlicher Rationalität beflügelt hätte. Ich bin kein Prophet – welche Konsequenzen die Entwicklungen heute haben werden, kann weder ich noch sonst wer wohl mit Bestimmtheit sagen – ich kann nur Vermutungen anstellen.

Von der Abdankung der Politik zur neuen Verantwortung

Es scheint mir aber so, daß eine Binnenwirkung des Sieges der Marktwirtschaft heute schon feststellbar ist: die Abdankung der Politik als gesellschaftliche Ziel- und Rahmensetzung zugunsten des betriebswirtschaftlichen Erfolgs; die Politik als zentrales Steuerungssystem wird immer mehr von einem anderen Bezugssystem, dem der Wirtschaft, abgelöst. Dies ist der Natur nach kein ganz neuartiges Phänomen, wenn man sich ein wenig in den führenden kapitalistischen und marktwirtschaftlichen Industrieländern umsieht. Die Bundesrepublik, mehr aber noch die USA und erst recht Japan, werden mittlerweise in hohem Maße von der Wirtschaft und der Autonomie ökonomischer Entscheidungsprozesse gesteuert. Am offensichtlichsten ist dies – Beispiel Bundesrepublik – in der Energiepolitik, von der ja wohl allgemein bekannt ist, daß sie nicht dort gemacht wird, wo sie hingehört, nämlich in den Parlamenten und Regierungen, sondern eben in den Vorstandsetagen der Energiewirtschaft nach – wie sollte es anders sein – wirtschaftlichen Gesichtspunkten; Stichwort: Wackersdorf.

Nun mögen sich manche auf den Standpunkt stellen, dies gerade sei nicht zu beklagen, da es ja so hervorragend funktioniere. Ist man aber an diesem Punkt des Eigenverständnisses angelangt, dann hat man als Unternehmer oder als Wirtschaft generell auch eine spezifische Verantwortung übernommen, wobei ich nicht weiß, ob man sich so recht im klaren ist, was dies tatsächlich für ein Unternehmen bedeuten kann: Die Wirtschaft und die Unternehmer haben ja dann wesentlich mehr übernommen, als nur einen betriebswirtschaftlichen Erfolg zu erzielen. Sie haben eine gesellschaftliche Steuerungsfunktion übernommen, die traditionell bei den Instanzen der Regelung öffentlicher Angelegenheiten, sprich: Politik, angesiedelt war.

Ob die Wirtschaft dieser neuen Verantwortung allerdings genügen kann, würde ich zumindest mit einem großen Fragezeichen versehen: Letztendlich sind Unternehmen ja rechtlich gebunden, und das Aktiengesetz schreibt ihnen ja nicht vor, daß sie zur sittlichen

Erbauung des deutschen Volkes beitragen, sondern den Gewinn des Unternehmens innerhalb der Schranken von Sittlichkeit, Moral und Gesetz fügsam und nach Kräften mehren sollen – und schließlich werden die Manager ja auch gut bezahlt, damit sie den größten Teil ihrer Energie dafür einsetzen. Es würde mir ohne weiteres einleuchten, daß abweichendes Verhalten, also gewissermaßen gesellschaftspolitische Steuerungsambitionen auf individueller Ebene innerhalb eines Unternehmens mindestens zu gravierenden Problemen bei dieser Art Missionar, wenn nicht des Unternehmens insgesamt führen kann – und ich will dies auch gar nicht kritisieren.

Der entscheidende Punkt ist allein und nochmals die Verantwortung. Wenn meine These richtig ist, daß wir es mit einem fast universalen Sieg der Marktwirtschaft in der nördlichen Hemisphäre zu tun haben und dieser auch tendenziell eine Gewichtsverschiebung von der Politik zur Wirtschaft bedingt, dann hat die Wirtschaft die Verantwortung übernommen – im Verhältnis zur Dritten Welt sogar die alleinige Verantwortung mit dem Wegfall des realsozialistischen Gegenübers. Das heißt für unser Beispiel der Energiepolitik im Klartext: Wenn die Energiepolitik von der Energiewirtschaft bestimmt wird und die Regierung mehr oder weniger nur noch Vollzugsorgan, eine Art nachgeordnete Bonner Abteilung der Energiewirtschaft ist, dann hat sie allerdings auch die sozialen und ökologischen Implikationen ihrer Politik zu beachten – anderenfalls würde sie eine Politik betreiben, die ab einem bestimmten Punkt ruinös wird. Ich bezweifle nur, daß die Wirtschaft dies kann – letztendlich wird sie ihrem betriebswirtschaftlichen Ergebnis auf Gedeih und Verderb verpflichtet sein, und der Ruin wird unser aller Ruin sein.

Was ich also bedaure und beklage, ist nicht, daß es keine, jedenfalls keine ausreichenden sozialen und ökologischen Regulative im ökonomischen Prozeß gibt. Was ich zuerst und vor allem bedaure, ist, daß sich das Verhältnis zwischen Politik und Wirtschaft und damit auch die sozialen und ökologischen Regulative nicht mehr im Gleichgewicht befinden – die Wirtschaft dominiert hier als Schwergewicht. Was ich aber deshalb um so mehr und vehement einklage, ist, daß das Schwergewicht Wirtschaft die Verhandlung der öffentlichen Angelegenheiten – eben das ist Politik – auch als staatsbürgerliche Verantwortung begreift.

Mehr als Zwischenbemerkung möchte ich hier naheliegenden Mißverständnissen vorbeugen: Wie schon angeklungen ist und klargeworden sein sollte, bin ich keineswegs der Meinung, die Politiker oder das sogenannte politisch-administrative System könnten alles besser – das wäre auch völlig abwegig. Wenn es etwas gibt, was mir als Individuum, das staatlich-kollektive Daseinsvorsorge mehr als befürwortet, während meiner ersten Ministerzeit gründlich ausgetrieben wurde, dann ist es der Glaube an die Staatsbürokratie – der Glaube nämlich, über Gesetze und Verordnungen Prozesse steuern zu können. Wenn es etwas gibt, was ich mir wünsche, dann wäre es in einer neuen Verfassung der neuen deutschen Republik die Abschaffung des Berufsbeamtentums, eines Hauptgeburtsfehlers der Bundesrepublik – selbstverständlich unter Gewährleistung eines für die kollektive Daseinsvorsorge unverzichtbaren öffentlichen Dienstes auf anderer Grundlage. Auch die Vorstellung, die Politiker selbst könnten etwas besser, halte ich für völlig absurd. Ich stelle ganz im Gegenteil fest, daß die Politik mehr und mehr auf den Hund kommt und dies, vornehm gesagt, aufgrund von Personaldefizienzen, drastischer gesagt, wegen eines Überangebots von Nullen, mit dem jedes Wirtschaftsunternehmen stante pede Konkurs anmelden müßte. Offensichtlich sind politische Karrieren heute allzu häufig Fluchtkarrieren vor einem voraussehbaren wirtschaftlichen Mißerfolg im privaten Bereich, und man darf sich dann nicht wundern, daß Entscheidungen des Systems Politik immer kurzfristiger und kurzsichtiger werden, je mehr das Personal mangels anderer Optionen auf das jeweils kurzfristige Überleben angewiesen ist.

Was ich mit meiner These konkret meine, nämlich daß sich Politik und Wirtschaft nicht mehr im Gleichgewicht befinden, möchte ich erläutern am Beispiel der gefeierten Metamorphose einer bodenständigen, aber überaus erfolgreichen süddeutschen Automobilfirma zu einem europäisch-globalen Technologiekonzern mit Flügeln, neudeutsch „Aerospace" genannt. Ich will gar nicht in Frage stellen, daß der Weltmarkt dies erzwingt, ich unterstelle einmal, dies wäre nötig für die Entwicklung von neuen Verkehrsträgern, für ein neues technologisches Standbein, für die internationale Wettbewerbsfähigkeit – also wurde eine unternehmensstrategische Grundsatzentscheidung getroffen, und die Verantwortlichen merkten sehr schnell, daß es so, wie es lief, ursprünglich nicht geplant war. Man war plötzlich an einem Punkt, an dem man voll durchstarten oder aber mit Verlusten rechnen mußte.

Was war geschehen? Hieß es da nicht immer, die Rüstungsindustrie sei ein unverzichtbarer Adressat von Staatssubventionen im High Tech- und Aerospace-Bereich? Hat nicht der Vorstandsvorsitzende des zu übernehmenden bayrischen Luft- und Raumfahrtkonzerns ganz öffentlich damit gedroht, bei der Bauchlandung eines gewissen Vogels namens „Jäger 90" gingen wertvolle Ressourcen an Know-how und an Humankapital verloren, die Subventionen für zivile Produkte müßten eskalieren und überhaupt sei die Existenz des Unternehmens und der Arbeitsplätze dann schlicht gefährdet? Lange Jahre wurde die Forderung naiver Abrüstungsfreunde und sogenannter Ökopaxe – „Macht Konversion, auf unserer Welt gibt es drängendere Probleme, die mit High Tech zu lösen sind, als ein neuer Abfangjäger" – als zwar gut gemeint, lieb und moralisch hinweggewischt mit einem mitleidigen „Freunde, in welcher Welt leben wir eigentlich?".

Nun plötzlich ist der Begriff der Konversion durch die Schädeldecken jener Herren – und ich attestiere ohne weiteres: Dort geht schwer etwas hindurch – in ein sich gemeinhin darunter befindliches Körperteil eingedrungen, und das Lachen ist ihnen vergangen. Warum wohl? Es konnte ja keine Kleinigkeit sein – es ist Weltgeschichte. Nach Jahren des Gelächters denkt man plötzlich darüber nach, wie die Fusion ohne den Jäger 90 überlebensfähig zu halten ist und auch ohne eine Anschlußtechnologie für die fliegende Rüstungsproduktion. Dies ist aus meiner Sicht ein geradezu klassisches Beispiel, das die gesamten Defizite aufzeigt – und dabei geht es mir nicht ums Moralisieren. Sondern ich möchte die Frage stellen: Warum ist dies oder ähnliches aus eigenem innovativen Antrieb, aus sozialer und ökologischer Erkenntnis, aus Verantwortung für das Ganze offensichtlich nicht möglich?

Wir haben es heute mit einer globalen Verantwortung zu tun. Die Umweltschützer sagen völlig zu Recht, daß nicht nur mehr Globaldenken und Lokalhandeln nötig ist, sondern daß auch technologisch-globale Erfassungs-, Kontroll- und Eingriffsmöglichkeiten gebraucht werden – also machen wir doch den Konversionsschritt! Das wäre unendlich viel mutiger, wagnisreicher gewesen, als zu sagen, wenn die Amerikaner Panzer bauen, dann bauen wir sie auch – damit die Ernte in deutsche Scheunen gefahren werden kann. Dafür gibt es weit sinnvollere Methoden, und ich kann im praktischen Umweltschutz mengenweise Beispiele dafür anführen. Denn meine These ist, und dazu muß ich nicht erst überzeugt werden, daß ich die Unternehmen nicht am Geldverdienen hindern sollte – mit diesem Geld werden die Investitionen, Einkommen, der Wohlstand bezahlt, und mit diesem Geld ist Umweltschutz erst möglich. Die Frage ist nur: Warum übernehmen die Wirtschaft und ihre Unternehmen die Verantwortung nicht? Wobei es nicht nur um die betriebswirtschaftlichen Gewinnperspektiven geht, sondern darum, was letztendlich daraus wird.

Verantwortung: mehr als Optimismus und Hoffnung

Und da teile ich den Optimismus in der Wirtschaft bezüglich der Automobilindustrie nicht, bezüglich der Chemieindustrie gar nicht und bezüglich der Einführung der Gentechnologie schon überhaupt nicht.

Brauchen wir eigentlich, das frage ich als Umweltpolitiker, sektorale ökologische Zusammenbrüche, damit wir handeln? Brauchen wir etwa die Klimakatastrophe, damit die Ingenieure in der Automobil- und Verkehrswirtschaft endlich ihren Schweiß nicht auf irgendwelche Instrumente verwenden, mit denen man die Höchstgeschwindigkeit auf 250 Stundenkilometer begrenzen kann, sondern auf die Entwicklung ökologisch verträglicher Verkehrssysteme? Können wir uns 400 Millionen Automobile mit Verbrennungsmotor, auch mit Katalysator, weltweit in globaler Verantwortung als Menschheit überhaupt noch leisten? Liegt – im kleineren Rahmen gesehen – in der osteuropäischen Entwicklung für uns nicht eine doppelte Frage, wenn nicht eine bösartige Falle? Zwar brauchen wir dort dringend ein Wirtschaftswachstum, um die sozialen und ökonomischen Probleme zu lösen, andererseits betreiben wir mit diesem Wachstum aber Problemexport, wenn wir nicht gleichzeitig all unsere Energie auf den ökologischen Umbau der Strukturen dort verwenden – aber selbst wenn wir das täten: Wird nicht alle spezifische Entlastung pro Einheit von den Mengen der Einheiten in der Summe überkompensiert? Wir geraten hier offensichtlich in eine Falle, wenn wir uns dem Problem nicht stellen – und diese Falle wird um so drohender, je weiter wir in der Welt herumblicken.

Sind die Probleme der Autoemissionen eher ein Steuerungs- als ein Wissensproblem, so gilt dies für den Chemiebereich keineswegs so uneingeschränkt. Wir wissen hier zu viel noch nicht, bis heute kann keiner genau sagen, welche Segnungen der organischen Chemie welche Wirkungen auf unsere Ökosysteme haben werden. In der Chemieindustrie gibt es auch durchaus Stimmen, die bezüglich des Einstiegs in die Chlorchemie heute bei dem aktuellen Kenntnisstand einigermaßen nachdenklich klingen, aber allzu vieles läuft eben nach dem Prinzip Hoffnung, daß diese Wirkungen harmlos oder wenigstens gnädig sein werden, und auch ich hoffe. Nur sollte man sich darüber im klaren sein, daß hier Systementscheidungen getroffen werden, die sich an einer kurzfristigen Gewinnerwartung ausrichten. Wir sollten aber erkennen, daß wir mittlerweile Systementscheidungen auch für großtechnische Risikogesellschaften zu treffen haben.

Ich möchte dies noch einmal am Beispiel der Gentechnologie klarmachen. Ich bin kein entschiedener Gegner dieser Technologie, um das deutlich zu sagen, und sehe die potentiellen Segnungen durchaus. Das Problem ist hier auch nicht, daß wir möglicherweise eine neue Tür durchschreiten wie bei der Entdeckung eines neuen Stoffes. Das Kernproblem scheint mir zu sein, daß wir eine Tür durchschreiten, hinter der sich dann tatsächlich unsere gesamte Kultur radikal verändern kann, wenn auch heute noch nicht von Eingriffen in menschliche Keimbahnen und ähnlich gruseligen Dingen gesprochen wird. Wenn technisch-wissenschaftliche Forschungsprozesse im großen Stil heute miteinander vernetzt und verschachtelt sind, gewissermaßen „Prozesse in Prozessen" mit einem hohen Autonomiegrad, dann erlaube ich mir, nicht naiv genug zu sein, um glauben zu können, daß der Schritt durch diese Tür noch reversibel sei. Ich erlaube mir zu fragen, ob wir denn unbedingt mithalten müssen, wenn Menschen sich anschicken, gewissermaßen in die Evolution einzugreifen und dies dazu unter dem Gesichtspunkt neuer Produkte und drohender Weltmarktkonkurrenz. Ich erlaube mir zu fordern, daß Markterwägungen hier zugunsten von Sicherheitserwägungen zurückzustehen haben. Und ich erlaube mir auch, mich ein wenig unheimlich zu fühlen, wenn ich weiß, daß wissenschaftliche Expertenkommissionen in Bonn mit durchaus ernsthafter Gesinnung Bundestagsdrucksachen füllen und anderswo die Aktivitäten auf der Ebene der Anwendung und Vermarktungsplanung schon viel weiter sind als der gesellschaftliche Diskurs über diese Grundentscheidung. Für mich ist die Entscheidung über Gentechnologie eine typische großtechnische Entscheidungssituation, an der wir gesellschaftlich lernen können, wie wir zunehmend tiefer in Systementscheidungen eines autonom-wissenschaftlichen Fortschritts- und Verwertungssystems eingreifen können. Patentlösungen hierfür kann ich nicht bieten, eher die schwarze Perspektive einer Gratwanderung – nämlich Entscheidungsmuster zu finden, die tatsächliche und potentielle Risiken noch beherrschbar halten, dies eben aus dem Gefühl unserer moralischen, sittlichen und politischen Verantwortung auch für zukünftige Generationen. Und diese Entscheidungsmuster müssen zwangsläufig inkremental, also Schritt für Schritt im Hinblick auf die Beherrschbarkeit der Folgen, angelegt sein. Attacken im Hurra-Stil sind gänzlich fehl am Platze, und blinder Optimismus ermächtigt uns nicht, es ermächtigt uns höchstens die Erfahrung.

Das Industriesystem ist unser gestaltbares Schicksal

Das Industriesystem ist unser Schicksal, habe ich einmal geschrieben, ob es uns paßt oder nicht – ganz einfach deshalb, weil wir die Milliarden von Menschen auf dieser Welt mit nichtindustriellen

Produktions- und Distributionsformen nicht mehr ernähren können. Unser Schicksal Industriesystem hat aber enorme soziale und ökologische Folgen, die auch zu neuen Problemhorizonten führen: Es ist nicht mehr der Problemhorizont des Ost-West-Konflikts, der Ideologiekonkurrenz von Sozialismus und Kapitalismus, es ist gewissermaßen die negative Utopie des Überlebens der Gattung Mensch. So, wie es die Gewerkschaften und die Sozialdemokratie mit der sozialen Frage und sozialen Interessen zu tun hatten, so haben wir es heute mit der ökologischen Frage und Überlebensinteressen zu tun – und diese Interessen sprengen jeden nationalen Rahmen. Diese Überlebensinteressen zu sichern, dabei hat die Wirtschaft ebenso wie die Politik eine ganz entscheidende Aufgabe, der sie aus meiner Sicht nicht aufgrund moralischen Versagens, sondern aufgrund der Nichtbearbeitung des Problems noch nicht gerecht wird.

Daß die Marktwirtschaft mehr als andere Wirtschaftssysteme dazu die Potenz hätte, steht für mich außer Frage – eben die Potenz, von der Politik energisch und vernünftig gesetzte Ziele effektiv und effizient umzusetzen, wobei ein ganz entscheidender Punkt hier die Vernunft ist: Ich warne dringend davor, vernünftige Entscheidungen mit Politikerentscheidungen zu verwechseln, also dem, was Helmut Kohl oder wer auch immer letztendlich an Entscheidungen produziert. Ganz im Gegenteil hängt die Qualität demokratischer Entscheidungsprozesse von der Entscheidungskompetenz der Menschen, also der individuellen Staatsbürger ab – und nicht zuletzt auch von der Qualität der Demonstrationen. Gesetzt aber, solche politischen Entscheidungen wären vernünftig, dann sehe ich gerade in der Wirtschaft den wichtigsten Verbündeten, weil ja die Wirtschaft diese Entscheidungen auch realisieren muß.

Die Marktwirtschaft ist dabei durchaus kalt und gefühllos, nüchtern und instrumentell zu sehen – als das effizienteste der bekannten Systeme, um die politischen Ziele zu erreichen. Das Stichwort vom „ökologischen Pragmatismus" paßt also durchaus hierher. Nicht Ideologien sind von Interesse, sondern ausschließlich die Ergebnisse, die Ideologien produzieren, und wenn die Marktwirtschaft die gewünschten Ergebnisse unter dem Blickwinkel des ökologischen Outputs bei simultaner Verbesserung ihrer ökologischen Systemeffizienz erbringt und dann noch zu den geringsten Kosten, was könnte einem Besseres geschehen?

Das System Marktwirtschaft ist das eine, der Adressat Wirtschaft allerdings das andere. Grundsätzlich wird der ökologische Umbau nicht von den Grünen, Basisinitiativen oder der Staatsbürokratie bewerkstelligt werden können, wenn er funktionieren soll – er muß von der Wirtschaft realisiert und finanziert werden, und da ich gut gelernt habe, weiß ich, daß dabei auch Gewinne erzielt werden müssen. Nur stelle ich bedauerlicherweise fest, daß an diesem Punkt, also beim ökologischen Umbau, der „politische Raum" weiter ist als die Wirtschaft – ich sage hier bewußt „politischer Raum", um jede Verwechslung mit den Bonner Politikern zu vermeiden. Es ist ja nun mittlerweile historische Erfahrung, daß bestimmte Vorhaben wie die Atomenergie in der Bundesrepublik auf Widerstand stoßen und gestoßen sind, Nuklearexzesse dadurch vermieden wurden und ein relativ hohes Maß an Flexibilität erhalten werden konnte. Natürlich ist politischer Widerstand unbequem, aber mittlerweile ein fester Bestandteil der politischen Kultur und des demokratischen Geschäfts – und vor allem: Politischer Widerstand sollte eben auch als Produktivkraft gesehen werden.

Nach meinen Erfahrungen beginnt sich solches neues Denken auf der Ebene der Nachwuchsmanager durchzusetzen, und man macht sich durchaus Gedanken, wie denn eine Marktwirtschaft aussehen könnte, die sich globalen Herausforderungen stellt und stellen muß. Mein Eindruck ist aber leider, daß dort in der Wirtschaft, wo die Entscheidungen gefällt werden, noch traditionelles, industrialistisches Denken vorherrscht, man also noch weit entfernt ist von einer Denk-, geschweige denn Systemreform entsprechend des Umbaugedankens. Wann hat man denn aus den Vorstandsetagen der deutschen Wirtschaft schon etwas über die gewaltigen ökologischen Probleme gehört, die Bevölkerungs- und Energieverbrauchswachstum weltweit mit sich bringen, wann etwa Dezidiertes und Profundes zum Übergang auf eine Energiesparwirtschaft auf hochtechnologischem Niveau? Wo werden denn von seiten der Industrie Strukturen einer sozial-ökologischen Marktwirtschaft erdacht, diskutiert und wenigstens in Ansätzen realisiert? Genau an solchem Denken und Handeln fehlt es. Stattdessen wird umweltfreundliche Innovation bei Verfahren und Produkten gewissermaßen auf Vorrat produziert, die man sich mit viel Geschrei abpressen läßt, wenn die Politiker in Bonn gemerkt haben, daß es eine solche gab – in der freudigen Gewißheit, schon viel weiter zu sein.

Eine der ganz großen Herausforderungen beim Umbau der sozialen in eine ökologisch-soziale Marktwirtschaft wird für die Politik sein, ein Steuerungssystem zu institutionalisieren, das es den Unternehmen reizvoll erscheinen läßt, an der Spitze der umwelttechnischen Innovation zu stehen. Was ich von den Unternehmen selbst aber fordere, ist, hier endlich politikfähig zu werden, neues Denken um sich greifen zu lassen, die Scheuklappen abzulegen und auch einmal etwas Kühnes zu wagen.

Noch einmal: Was ich bedauere, ist nicht in erster Linie, daß sich die Wirtschaft zu wenig sozial und ökologisch verhält – das aber auch –, sondern daß die Gewichte von Politik und Wirtschaft nicht mehr stimmen. So wie ich es sehe, müßte es im ureigensten Interesse der Wirtschaft sein, die Politik wieder instandzusetzen. Man muß sich den unterschiedlichsten Prozessen und Interessen der Gesellschaft stellen und dann erst entscheiden – wenn nötig auch im Konflikt mit den eigenen kurzfristigen betriebswirtschaftlichen Erwartungen. Man muß Ansatzpunkte und Instrumente finden, die es rentabel machen, sich an den neuen Zielen zu orientieren und von den alten zu lassen. Dies scheinen mir die eigentlichen Fragen und Herausforderungen zu sein. Sittliche Erörterungen über Moral und sozial-ökologische Verpflichtungen in der Wirtschaft haben im Alltagsgeschäft die Wirkung von Sonntagspredigten. Damit kann man als Kirche zwar 2000 Jahre alt werden, ob aber dadurch die Menschheit einer moralischen Besserung zugeführt wurde, steht in den Sternen.

Das Prinzip Verantwortung in der Marktwirtschaft

von Eberhard Weise

Zur These von der Abdankung der Politik und der Allmacht der Wirtschaft

Gewissermaßen in der Reihenfolge des Auftretens habe nun ich die Aufgabe, Stellung zu nehmen, und dabei die Möglichkeit, an eine Reihe von Punkten in den Statements von Burkhard Strümpel und Joschka Fischer direkt anzuknüpfen. Was uns vereint, ist, daß wir alle gemeinsam auf dieser Erde leben und insofern auch ein gemeinsames Schicksal haben. Bei allen strategischen und operativen Differenzen, die ich insbesondere mit Herrn Fischer gemeinhin habe, sollte also eine uns gemeinsame Grundlinie der Betrachtungen nicht überraschen.

Zunächst aber habe ich doch einige Einwendungen gegen Joschka Fischers Eingangsthese vorzubringen – die These nämlich, daß durch das Hinscheiden des real existierenden Sozialismus der Marktwirtschaft der historische Gegener verlorengegangen sei, woraus er einige brisante Thesen ableitet, so zum Beispiel, daß diese neue Monopolstellung der „Wirtschaftsordnung Marktwirtschaft" als Binnenwirkung die „Abdankung der Politik" intensivieren und beschleunigen wird. Ich will gar nicht in Frage stellen, daß es eine Konkurrenz der Wirtschaftsordnungen gegeben hat, vor allem in den Entwicklungsländern. Ich will auch die Konkurrenz der Militärblöcke nicht abstreiten, die aber möglicherweise auch zur Auflösung des sozialistischen Systems in Politik und Wirtschaft beigetragen hat. Was ich aber auf jeden Fall in Herrn Fischers plakativer These abstreite, ist, daß es im ökonomischen Sinn für die Marktwirtschaft eine nennenswerte Konkurrenz durch die Staatshandelsländer und die planwirtschaftlichen Systeme des Ostblocks auf dem Welt- oder Binnenmarkt gegeben hat.

Was den Handel mit den sozialistischen Ländern betrifft, so genügt ein Blick in die deutschen Außenhandelsstatistiken, die besagen, daß dieser bei Import wie Export eine Quote von fünf bis sechs Prozent nie wesentlich überschritten hat und in den letzten Jahren prozentual sogar rückläufig war – auf Welthandelsbasis sind die Werte noch um einiges geringer.

Bei aller Sensibilität für die historische Bedeutung der Ereignisse: Die wirtschaftliche Konkurrenz durch die Staatshandelsländer war nie so groß, wie Herr Fischer – und andere wohl auch – es offensichtlich glauben. Oder drastisch ausgedrückt: Der Wettkampf der Systeme Kapitalismus und Sozialismus war wohl ein ideologischer, aber niemals ein ökonomischer – und es kann schon sein, daß bei einigen diese Kategorien ein wenig durcheinander geraten sind. Ich will gar nicht abstreiten, daß es auch in der Sowjetunion hier und da bemerkenswerte technologische Innovationen gegeben hat, dies aber eben nicht auf breiter Front, und ich will deutlich unterstreichen, daß eine solche breite Innovation eben nur in einer auf freiem Wettbewerb beruhenden Marktwirtschaft möglich ist. Von daher gesehen sind planwirtschaftliche Systeme von der Grundlage her behindert, und, da es im Weltmaßstab eben keine schützenden Gesetze gibt, von vornherein chancenlose Verlierer.

Dies heißt nun beileibe nicht, daß ich als überzeugter Marktwirtschaftler die real praktizierte Marktwirtschaft für fehlerlos halte. Auch dort gibt es ohne Zweifel Mängel und Fehlentwicklungen. Immer und allerorten sage ich aber, daß es nach meiner Überzeugung kein anderes System gibt, das auf Dauer besser funktioniert. Die Leistungen aller anderen bekannten Systeme sind jedenfalls viel schlechter, und das ist auch das empirische Ergebnis eines wissenschaftlichen Systemvergleichs. Wichtig scheint mir aber gerade bei einer vielfach zu beobachtenden Marktwirtschaftseuphorie, wie man sie zur Zeit im östlichen Teil Deutschlands findet, deutlich darauf hinzuweisen, daß eben nichts perfekt ist, weil es von Menschen gemacht wird – aber eben auch *für Menschen.* Und die Marktwirtschaft dort einzuführen, heißt in der Phase der Systemtransformation auch, uns der immensen sozialen Verantwortung zu stellen – eben für die Menschen, die unfreiwillig die Last des Beweises dafür tragen mußten, daß der real existierende Sozialismus keine Überlebenschance hat.

Diese soziale Verantwortung trifft auch die Industrie Westdeutschlands, speziell die Großindustrie und nicht zuletzt meine Branche, die Chemie. Hierzu glaube ich sagen zu können, daß wir dabei sind, Konzepte zu finden, um auch unseren Beitrag zu leisten. Die Schlüsselfrage der Systemtransformation scheint mir hingegen die Entwicklung eines Mittelstands in Handwerk, Industrie und Dienstleistungen zu sein, der das Rückgrat einer funktionsfähigen Marktwirtschaft bildet – nicht nur bezüglich seiner großen Flexibilität, sondern auch als Quelle marktwirtschaftlicher Tugenden wie Leistungsmotivation, Kostendenken, Kundenorientierung, Innovation usw.

Noch einmal auf den Punkt gebracht: Im ökonomischen Sinn und im Sinn von Herrn Fischers obiger These ist der Zusammenbruch der DDR-Wirtschaft so „folgenlos“ nicht, daß uns dieser kein Geld kosten würde. Nur bestreite ich die behaupteten systemaren Konsequenzen für das Verhältnis von Wirtschaft und Politik – eben weil es eine solche ökonomische Konkurrenz im eigentlichen Sinn nie gegeben hat und damit die „Wenn“-Bedingung in Herrn Fischers „Wenn, dann“-These hinfällig wird.

Ethik und Technik

Wenn wir über „Ethik und Technik“ reden wollen, dann ist damit auch und vor allem der Zeithorizont von Entscheidungen, also – als Forderung formuliert – langfristiges Denken gefragt.

Stichwort Gentechnologie: Es muß wohl kaum betont werden, daß gerade hier der Vorwurf gegen die Industrie, kurzfristige Gewinne auf Kosten langfristigen Denkens zu machen, nicht gelten kann. Gentechnologie erfordert ganz im Gegenteil eine außerordentlich mühsam zu erarbeitende und äußerst langfristige Konzeption. Kurzfristige Gewinne sind hier keinesfalls zu erwarten. Dies ist ja auch der Grund, weshalb wir fordern, unter gesicherten rechtlichen Rahmenbedingungen unsere Arbeit in langfristiger Perspektive heute oder möglichst bald beginnen zu können. Entscheidend ist hier nicht das stereotype Hervorheben von potentiellen Gefahren und Gefährdungen – keine Sorge: Wir sind uns derer durchaus bewußt –, sondern eben die richtigen Rahmenbedingungen zu entwickeln, um mit den neuen Technologien und ihren Gefährdungspotentialen umgehen zu können. Im Klartext: Sorge dafür zu tragen, daß wir uns nur bestimmter Verhaltens- und Verfahrensweisen bedienen. Nehmen wir als Beispiel einmal den HIV-Virus: Die Entwicklung wirksamer Gegenmittel ist nach heutiger Kenntnis ohne gentechnische Methoden ausgeschlossen, aber wir müssen eben mit diesen Methoden richtig umgehen können. Dies erfordert ein heute greifendes langfristiges Konzept und entspricht insoweit unserer ökonomischen Zielsetzung, langfristig zu operieren. Daß auch bei einer langen Periode der Verfahrensentwicklung Unternehmen immer noch eine ausreichende Wirtschaftlichkeit aufweisen müssen, macht eine solche Planung natürlich immer diffizil und fragil.

Bei der so beschriebenen Langfristigkeit unserer Zielsetzungen und Perspektiven kann ich dann auch die Enttäuschung in der Industrie nicht verhehlen, daß in der Politik immer sehr kurzfristig von einer Wahlperiode zur anderen argumentiert und meistens auch entschieden wird. Insoweit, eben in bezug auf die Zeithorizonte von Entscheidungen, würde ich Joschka Fischers These der Gewichtsverschiebung von der Politik zur Wirtschaft ja beinahe unterschreiben, wenn ich nicht cum grano salis im Rückblick sagen müßte, daß die Bundesrepublik trotz allem mit ihrer Politik bisher eigentlich ganz gut gefahren ist: Wir haben stabile Zustände, viel stabiler als in anderen Regionen der Welt, wo beispielsweise die Bayer AG als internationales Unternehmen auch tätig ist, und wo beträchtliche Schwierigkeiten auftreten, eben weil das politische System nicht so stabil ist wie hier. Auf jeden Fall aber würde ich ohne weiteres attestieren, daß die Politik nur so gut sein kann wie die Politiker, die wir ja schließlich wählen. Dies gilt analog auch für Unternehmen: Die Unternehmen können nur so gut sein wie die Menschen, die in ihnen arbeiten – und die wieder nur so gut wie Staat, Gesellschaft, Familie, Schule und Kirchen als Sozialisationsinstanzen.

Milton Friedmans Satz vom „business of business is business“ ist nicht nur aufgrund seiner Prägnanz und daraus folgender Berühmtheit ein gewissermaßen „zeitloser" Satz, sondern auch in einer zeitbezogenen Interpretation, die bei seiner Denkweise ja auch auf der Hand liegt: Das erste, worauf es für ein Unternehmen ankommt, damit es ein langfristiges Geschäft macht, sind doch die Kunden – und es müssen zufriedene Kunden sein. Genauso wie vom Gesetzgeber, aber auch aus eigener Verantwortung von uns Unternehmen, dafür gesorgt werden muß, daß niemandem ein Schaden zugefügt wird und keiner eine unvertretbare Belastung trägt, genauso müssen wir als Unternehmen dafür sorgen, daß unsere Kunden auch langfristig mit unseren Angeboten zufrieden sind. Das gilt im Dienstleistungsbereich genauso wie im produzierenden Gewerbe, in der Versicherungswirtschaft wie in der Chemischen Industrie. Und da ein Unternehmen nicht im luftleeren Raum produziert und anbietet, muß man mir nicht besonders klarmachen, daß man sich mit interessierten oder betroffenen Dritten wie Greenpeace, BUND und ähnlichen Vereinigungen, die den Wertewandel hin zum Umweltbewußtsein institutionell verkörpern, ebenso konstruktiv auseinandersetzen muß wie mit den Wünschen unserer anderen Kunden.

Natürlich kann man dann auch fragen, wie es mit der langfristigen Zufriedenheit der Kunden bei biologisch schwer abbaubaren Pflanzenschutzmitteln und ihren Folgeproblemen steht, oder, wenn wir zum Beispiel kein vernünftiges PVC-Konzept vorlegen sollten – und das ist auch ganz legitim.

Nur ist unsere Antwort darauf ebenso legitim: Die Kunden wollten satt werden und daher bessere Ernten haben, sie wollten billige Kunststoffe, weil sie eben nicht genug Holz hatten. Gerade die autonome Regelung von Nachfrage und Angebot ist eine der wichtigsten Eigenheiten der Marktwirtschaft, aber eben nicht die einzige – ich komme darauf später noch zurück. Diese Wünsche jedenfalls wollen wir als Industrie erfüllen. Leider und unvermeidlich ist dies mit gewissen Risiken verbunden – wie alles, was der Mensch tut, seine Licht- und Schattenseiten hat, die er gegeneinander abwägen muß. Wir können nicht ohne Risiko leben, aber wir können uns anstrengen, und wir tun es auch, keine vermeidbaren Risiken einzugehen. Dies ist eine der sozialen und ethischen Komponenten, die mit unserer Branche, der Chemieindustrie, immer verbunden gewesen ist. So haben wir vor allem in der Produktion chemischer Stoffe auch leidvolle Erfahrungen machen müssen: Die ersten, die mit unseren Produkten in Verbindung kamen, waren ja unsere Mitarbeiter – wenn ich auch nicht den Vorwurf einiger unserer Tarifpartner akzeptieren kann, sie wären unsere Versuchskaninchen. Ein Problem ist allerdings ohne Zweifel vorhanden, denn unsere Mitarbeiter kommen auch mit Entwicklungsprodukten in Berührung – und dabei handelt es sich ja um Stoffe, die toxikologisch noch nicht hinreichend untersucht worden sind.

Ethik und Risiko

Einen grundsätzlichen Aspekt hinsichtlich des Umgangs mit Risiken möchte ich noch anhand von zwei Beispielen erläutern: das Abwägungsproblem von Chance und Risiko.

Jeder kann sich vorstellen, daß eine pharmazeutische Firma vor der Vermarktung eines neuen Produkts eine große Anzahl an Unterlagen produzieren und vorlegen muß. Bei unserem zuletzt entwickelten Antibiotikum waren viele dicke Aktenordner hochwissenschaftlicher Materie einzureichen, und trotzdem gibt es sicherlich immer noch einige Nebenwirkungen, die noch nicht untersucht worden sind und auf die möglicherweise irgend jemand unter bestimmten Konstellationen negativ ansprechen kann. Dieser wird uns dann vorwurfsvoll fragen, warum speziell diese Nebenwirkungen nicht untersucht worden sind. Ich muß aber auch sagen, daß diese Sichtweise vielleicht eine spezifisch deutsche ist. In den USA spüren wir heute schon eine ganz andere Tendenz, indem gefragt wird, warum das neue Produkt nicht viel früher verfügbar gemacht worden ist – es hätte dann möglicherweise viel Leid erspart. Es ist aber nicht auf den Markt gebracht worden, um noch bestimmte Nebenwirkungen abzuklären, die möglicherweise so selten sind, daß eine intensive Untersuchung vielleicht fragwürdig ist. Die Frage stellt sich hier also, wo der Schnitt gemacht werden sollte, wo also ein gewisses Restrisiko bewußt in Kauf genommen werden sollte – und diese ethische Frage stellt sich uns quasi täglich.

Ein zweites Beispiel: Wenn wir vor der Entscheidung stehen, ob eine Anlage, die im tektonischen Graben des Rheins errichtet werden soll, erdbebensicher zu bauen ist, so ist die Information wichtig, daß die Häufigkeit eines nennenswerten Bebens etwa 10^{-8} ist, das heißt in 100 Millionen Jahren einmal. Da es nicht möglich ist, eine Anlage für die Wahrscheinlichkeit von 10^{-8} erdbebensicher zu bauen, kann die Antwort nur erdbebensicher: Ja oder Nein lauten. Der Punkt ist nun aber: Nehmen wir das Risiko eines Erdbebens auf uns oder nicht? Die Antwort auf diese Frage hat Weiterungen: Baue ich erdbebensicher, dann kann sich bei den immensen Kosten möglicherweise niemand mehr die Produkte leisten, so daß man vor der Entscheidung steht, ein Risiko einzugehen, das nicht gleich null, aber gering ist, oder aber auf das Produkt zu verzichten. Bei der Entwicklung einer grünen Haarfarbe wäre diese Entscheidungsfrage wohl kein Problem. Anders ist dies aber sicher bei einem neuen Arzneimittel oder bei Stoffen und Substanzen, die zur Linderung des Ernährungsproblems vor allem in der Dritten Welt beitragen. Hier würde man sagen, daß wir dieses Risiko auf uns nehmen sollten – aber es wäre mir in jedem Fall wohler, wenn wir ein Forum hätten, um diese Fragen sachlich in einem öffentlichen Dialog diskutieren zu können.

Eines ist jedenfalls sicher: Derjenige, der einen Stoff herstellt, den es vorher nicht gab, hat im Prinzip die Verantwortung für dieses Produkt übernommen. Weil das so ist, kann man es sich nicht so einfach machen und die moralische Verantwortung für die Vermarktung des Produkts und seine Folgewirkungen allein auf den Kunden abwälzen und sagen, er hätte es ja gewollt und eine kaufkräftige Nachfrage entfaltet. Wenn man dies allein als „freie Marktwirtschaft" bezeichnen würde, dann wäre das ohne Zweifel eine nicht zu akzeptierende Reduzierung des Begriffs. Wir, die Hersteller, sind es ja, die über das Produkt am meisten wissen, und nicht der Kunde. Indem wir ein Produkt herstellen und dem Kunden in die Hand geben, übernehmen wir Verantwortung – gegenüber dem Kunden, der uns Vertrauen in die Qualität unserer Produkte entgegenbringt, aber auch gegenüber möglicherweise betroffenen Dritten und gegenüber der Umwelt.

Das Bewußtsein dieser Verantwortung erzwingt geradezu ein langfristiges Handeln – und ich möchte nicht ableugnen, daß es daran in der Vergangenheit manchmal gefehlt hat, was dann auch zu dem bekannten negativen Image der Chemieindustrie beigetragen hat. Aber ich glaube, dies ist Vergangenheit, und wir bekennen uns zu unserer Verantwortung für Produktionsverfahren und Produkte. Nur muß sich dieses Prinzip Verantwortung in den konkreten Entscheidungen bewähren, und das hat immer zwei Seiten: die Verantwortung für die Menschen, die von einem Produkt profitieren, ja es brauchen, und für die Menschen und die Umwelt, die möglicherweise dadurch belastet werden. Wir sind also nicht nur mit einem Aktivitätsrisiko konfrontiert, sondern auch mit einem Unterlassungsrisiko, das leider allzu häufig übersehen wird. Wieviele Menschen wären verhungert, wenn wir Pflanzenschutzmittel nicht hergestellt hätten? Zuvor hatten wir den Zeitaspekt angesprochen: Selbst wenn langfristig umweltbelastende Effekte bekannt gewesen wären – hätten wir moralisch und ethisch das Recht gehabt, durch Verzicht auf ein Risiko lebende Menschen zum Hungertod zu verurteilen und dies zum Nutzen zukünftiger Generationen, die dann möglicherweise gar nicht entstanden wären? Dies ist die Diskussion, die sich in Unternehmen dieser Branche fortwährend abspielt, dies sind die Fragen, vor denen wir immer von neuem stehen.

Diese ethische Diskussion kann uns keiner abnehmen – kein Staat und keine Politik. Wichtig für diese Diskussion ist allerdings ein offener Dialog, den zu führen wir bereit sind. Wir bemühen uns außerordentlich um ihn, aber man macht es uns als Chemieindustrie dabei auch nicht leicht. Hysterische Reaktionen, persönliche Diffamierungen beim ersten Ansprechen von Risiken haben auf Menschen in solchen Diskussionen leider auch die Auswirkung, negative Situationen möglichst zu vermeiden und mit Informationen zurückhaltender umzugehen. Ich sage deutlich, daß ich dies zwar für menschlich, aber jedenfalls für falsch halte. Nur ein offener Dialog kann in solchen Fragen weiterführen, aber ein solcher

Dialog impliziert auch, daß man uns als Vertretern der Industrie die Ernsthaftigkeit und den Willen zur Verantwortung glaubt und auf dieser Basis dann mit uns zu konsensualen Lösungen zu kommen versucht.

Ökologisch-soziale Marktwirtschaft

Marktwirtschaft hat also gerade in unserem Fall der Chemieindustrie eine dominante ethische Komponente, die aufgrund der gravierenden Konsequenzen solcher Entscheidungen auch den offenen Dialog implizieren muß. Der Industrie aber generell Verantwortungslosigkeit zu unterstellen, ist – von einigen leider immer vorhandenen schwarzen Schafen abgesehen – reine Diffamie. Die Industrie ist es im Rahmen der sozialen Marktwirtschaft ja seit langem gewohnt, sich an gesellschaftliche und rechtliche Rahmenbedingungen zu halten und keine hemmungslose Geschäftemacherei zu betreiben. Das aber heißt auch: Wenn wir schon eine soziale Marktwirtschaft haben, warum dann nicht auch eine öko-soziale Marktwirtschaft? Wenn wir andere Rahmenbedingungen akzeptieren, warum sollten wir dann die ökologischen Rahmenbedingungen nicht auch annehmen? Je besser die Wirtschaft ist, desto besser und leichter kann sie sich mit solchen Rahmenbedingungen auch auseinandersetzen und ihnen nachkommen – wie überhaupt ein gutes Unternehmen immer dafür sorgt, daß es niemals von neuen Gesetzen überrascht wird und mit dem Rücken zur Wand operieren muß. Wir wehren uns nur dagegen, daß man uns aus rein politischen Gründen manchmal dazu zwingen will, absolut unvernünftige Bedingungen zu akzeptieren – das sind die enervierenden Diskussionen, die wir allzu häufig führen müssen. Es ist keineswegs so, daß wir Geld für Umweltschutzaufwendungen einsparen wollen, ganz im Gegenteil. Es ist eben nur so, daß wir aufgrund der besseren Information auch besser wissen, wo wir unser Umweltschutzbudget effektiv und effizient ausgeben können – und nicht etwa für mancherlei vordergründig politisch motivierte Einschränkungen, die man uns von Politikern und Bürokraten vorschreiben lassen will, die aber an der vorgeschriebenen Stelle ökologisch so gut wie nichts bringen. Es ist eine Grundvoraussetzung ökologischer Marktwirtschaft, verläßliche und vernünftige Rahmenbedingungen vorzugeben. Für die Ausformung langfristiger Strategien dazu sind wir nicht nur stets zum Dialog bereit, sondern mehr noch: Wir fordern ihn. Wir sind uns sehr wohl bewußt, daß die ökologische Frage einer der wichtigsten Prüfsteine ist, denen sich die Marktwirtschaft heute zu stellen hat – wir sind aber überzeugt, daß sie diese Prüfung bestehen kann. Und für alle Akteure in dieser Marktwirtschaft ist es eine ethische Verpflichtung, zur Lösung dieser Probleme verantwortungsbewußt beizutragen.

Wird technischer Fortschritt unmöglich?

von Martin Pfaff, Dieter Jaufmann und Ernst Kistler

„Pangloss lehrte die Metaphysiko-Theologo-Kosmolo-Nigologie. Bewunderungswürdig bewies er, keine Wirkung könne ohne Ursache sein, und in dieser besten aller möglichen Welten (...) Die Dinge können nicht anders sein, als sie sind, demonstrierte er: denn da alles zu einem Zweck geschaffen worden ist, muß es natürlich zum besten Zwecke sein.“

Voltaire: Candide, ou L'Optimisme, 1759

Zur Akzeptanz technischer Risiken in der Bevölkerung

Zugegeben, die Reihen der von Voltaire früh so trefflich karikierten – technokratischen – Euphemisten haben sich in den letzten Jahren etwas gelichtet. Ein paar Schwalben, ein Illich hier, ein Joseph Weizenbaum da und ein Carl Friedrich von Weizsäcker dort, machen aber noch keinen Sommer. Betrachtet man zum Beispiel die natur-/ingenieurwissenschaftlichen Studiengänge genauer, so kann man darüber auch nicht verwundert sein. Wen darf es also wundern, daß Autos, aber auch Fahrkartenautomaten etc. immer noch so konstruiert und gebaut werden wie zu beobachten: Der Katalysator ist somit der technische Fortschritt und nicht das Tempolimit; und Autotester echauffieren sich als Ökologen, wenn sie die Tatsache loben, daß ein PS-strotzender Blechbolide für jedermann (?) ab 250 Stundenkilometer automatisch gedrosselt wird. Auch ein Goeudevert macht wohl noch keinen Sommer.

Es wäre jedoch schändlich, als Wirtschafts- und Sozialwissenschaftler die Kollegen aus den Ingenieurwissenschaften (mehrere der beispielhaft genannten sind ja eigentlich auch anderer Herkunft) einseitig an den Pranger zu stellen. Nicht nur bei esoterisch-exklusiv-exhibitionistischen New Age-Treffen, sondern ebenso in vielen Ökonomenschriften zeigt sich Transzendentales – wie beispielsweise der unerschütterliche Glaube an eine „unsichtbare Hand“, die alles zum Besten richten werde. Kollege „Milton Pangloss“ läßt grüßen.

Die Ethikdiskussion im Bereich der Technik wie der Wirtschaft darf aber nicht nur Tagungen und Erklärungen vorzeigen können, sondern muß Taten bewirken, die dem engen ökonomischen Prinzip entgegenstehen – Ethik muß real gelebt werden.

Genausowenig, wie Menschen nur ökonomische Wesen sind (das heißt nur ökonomische Bedürfnisse und Motive haben), sondern auch politische, soziale, kulturelle und ökologische Interaktionen mit ihrer Umwelt zeigen (also auf verschiedenen gesellschaftlichen Ebenen gleichzeitig agieren), genausowenig sind Unternehmen als Gebilde oder Netzwerke von Menschen nur pure ökonomische Einheiten. Sie sind vielmehr auch durch politische, soziale, kulturelle und ökologische Interaktionen mit ihrer Umwelt vernetzt. Sie agieren also – ob man das wahrhaben will oder nicht – gleichzeitig auf allen Ebenen der gesellschaftlichen Prozesse.

Die soziale und ökologische Verantwortung der Unternehmen hat dabei unmittelbar mit dem Grad an Freiheit zu tun, den sie in unserer Gesellschaft beanspruchen: Freiheit und Verantwortung sind nur zwei Seiten einer Münze. Je größer das Ausmaß an dispositiver Freiheit, das Unternehmen in unserer Gesellschaft beanspruchen, desto größer muß auch deren Verantwortung sein; nicht nur für die ökonomischen Konsequenzen ihres Handelns, sondern auch für die Folgen ihres Tuns auf allen anderen Ebenen.

In einer Zeit zunehmender und immer schneller um sich greifender Technisierung in einer Risikogesellschaft stellt sich dann auch die Frage, wer entscheidet, was für wen gut ist. Wer entscheidet über Entwicklung, Einsatz und Tempo von Technik angesichts dieser nicht nur ökonomischen Auswirkungen und Risiken? Sind es nur die Unternehmen, die Experten, die Politik, oder sollen, können die Betroffenen (mit-)entscheiden? Können Laien, kann die Bevölkerung bei den komplexen Zusammenhängen, um die es in der Entscheidung über wissenschaftliche und technische Entwicklungen geht, überhaupt mitreden? Noch problematischer wird die Beantwortung dieser Fragen, wenn man dem weit verbreiteten Stereotyp Glauben schenkt, in der Bevölkerung – in der Jugend zumal – sei „Technikfeindlichkeit" vorhanden.

Wird dann nicht technischer Fortschritt unmöglich? Wird weitergehend – wenn, wie oft behauptet, die Technikfeindlichkeit eine spezifisch deutsche Erscheinung sei – nicht nur der technische Fortschritt verunmöglicht? „Dadurch geriete zuerst die Leistungsfähigkeit unserer Gesellschaft in Gefahr, dann der soziale Friede und endlich auch die außenpolitische Handlungsfähigkeit, und damit auch die Chance, einen Beitrag zum Frieden zu leisten" (Kohl 1984, 730).

Nun sind solche weitreichenden Wirkungsszenarios ex ante wissenschaftlich nicht prüfbar. Deshalb ist es notwendig, sich mit der zugrundeliegenden Ausgangshypothese näher auseinanderzusetzen, nämlich ob es überhaupt so etwas wie eine (spezifisch deutsche) Technikfeindlichkeit gibt, die den technischen Fortschritt unmöglich macht.

Die folgenden Ausführungen basieren auf einer umfangreichen Studie für den Bundesminister für Forschung und Technologie (vgl. ausführlicher und mit weiteren Hinweisen auf Publikationen: Jaufmann/Kistler/Jänsch 1989). Sie gliedern sich entsprechend folgender Unterfragestellungen:

- ☐ Worauf basieren die gängigen (Vor-)Urteile über die Akzeptanz technischer Risiken?
- ☐ Wie ist die Akzeptanz der Technik und des technischen Fortschritts allgemein? Wie hat sie sich über die Zeit entwickelt?
- ☐ Gibt es Unterschiede in der Akzeptanz einzelner Technologien, wo liegen wirklich Akzeptanzprobleme vor (Kernenergie, Gentechnologie, technischer Fortschritt und Arbeitsplätze)? Gibt es Anlaß zur Sorge hinsichtlich der zeitlichen Entwicklung der Akzeptanz?
- ☐ Wie stellt sich die Situation in der Bundesrepublik Deutschland im internationalen Vergleich und vor allem im Vergleich zur Situation in Japan dar?

☐ Welches Fazit können wir aus den vorliegenden Befunden ableiten? Wird technischer Fortschritt wirklich unmöglich?

Worauf basieren die gängigen (Vor-)Urteile über die Akzeptanz technischer Risiken?

Debatten über die Einstellungen der Menschen zur Technik gab es schon immer, sie sind also keine Erscheinung nur unserer Zeit. Waren es in früheren Zeiten aber vor allem die Philosophen, die sich hier zu Wort meldeten, so sind es spätestens seit Ende der siebziger Jahre maßgeblich Wirtschaftskreise und Politiker.

Erhoben wurde der schwere Vorwurf einer breiten „Technikfeindlichkeit" der bundesdeutschen Bevölkerung und insbesondere bei den jüngeren Generationen, verglichen speziell mit den (angeblich positiveren) Einstellungen und Werthaltungen zur Technik in der Bevölkerung anderer Industrienationen westlicher Prägung beziehungsweise Japans.

Genaugenommen sind es vier Argumentationsschienen, vier tatsächliche beziehungsweise auch vermeintliche Entwicklungen, auf denen die deutsche Technikfeindlichkeitsdebatte fußt:

- Erstens ist eine zumindest zeitweise sicher nicht ganz unberechtigte Sorge von Naturwissenschaftlern bezüglich eines Nachhinkens der Bundesrepublik in der curricularen Betonung dieser Ausbildungsrichtung zu verzeichnen (die im Umfeld der sogenannten Debatte um den Bildungsnotstand manchmal fast kulturrevolutionäre Züge annahm; vgl. zum Beispiel Steinbuch 1969).

- Zweite Hauptursache für die Technikfeindlichkeitsdebatte war wohl ein periodisches Tief in der Wahl naturwissenschaftlicher Fächer an den Gymnasien beziehungsweise von Ingenieurstudiengängen. Daß dahinter das in der Ökonomie bekannte „Cobweb-Theorem", also die schlichte Aufgabe einer der vielen irrealen Annahmen des reinen Marktmodells steckt – nämlich die Irrealität des „Punktmarktes" in zeitlicher Perspektive, das heißt Güter bräuchten keine Ausreifungs-/Erstellungszeit – wurde übersehen und in Anzeichen von Technikfeindlichkeit der Jugend uminterpretiert.

- Drittens wurde angesichts von Wyhl bis zur Startbahn West etc., ganz getreu Goethescher Einsicht über die Ereignisrelevanz räumlich entfernter Vorkommnisse, negiert, welche Vehemenz an Protesten sich zum Beispiel um den Narita-Airport etc. ereignete.
- Viertens aber – und dies nicht zuletzt – existiert da die Demoskopie als Auslöser und Verstärker dieser Thematik.

Zumeist werden für die empirische Beweisführung, also die Feststellung von Nichtakzeptanz der (oder einer bestimmten) Technik oder aber von „Technikfeindlichkeit", die Ergebnisse von repräsentativen demoskopischen Untersuchungen eines Meinungs- und Marktforschungsinstituts herangezogen (vgl. zum Beispiel Noelle-Neumann 1988).

Um zu gesicherten Ergebnissen zu kommen, reicht es allerdings nicht aus – wie aber vielfach geschehen –, nur die Daten eines Instituts heranzuziehen. Vielmehr ist ein „breiter und langer Blick" über die zeitliche Entwicklung aller vorliegenden Fragen/Indikatoren und über die verschiedenen Umfrageinstitute hinweg erforderlich. Dies ermöglicht dann die Ermittlung einer als relativ gesichert anzusehenden Bandbreite der tatsächlichen Entwicklung von Einstellungsmustern zur Technik generell und zu verschiedenen Technikbereichen.

Es ist bekannt, daß Umfragen einer Vielzahl von Fehlerquellen unterliegen (können). Zuverlässige Aussagen über Einstellungsmuster, über das Meinungsklima gegenüber der Technik, können nicht auf der Basis nur einiger einzelner Fragen getroffen werden.

Als Lösung und Methode bietet sich infolgedessen eine vergleichende Sekundäranalyse über Zeit, Länder, Institute und Fragen hinweg an. Die im folgenden vorgestellten empirischen Befunde zum Thema sind stets nur exemplarische Ergebnisse, das heißt solche, die für viele weitere gleichgerichtete stehen.

Wie ist die Akzeptanz der Technik und des technischen Fortschritts allgemein, und wie hat sie sich über die Zeit entwickelt?

Gegen die Verwendung demoskopisch ermittelter Einstellungen zur Technik werden vielfältige Einwände vorgebracht. So wird in methodischer Absicht vor Überinterpretationen der Ergebnisse gewarnt (vgl. zum Beispiel Atteslander 1990), die Pervertiertheit der „Akzeptanz-Zumutung" betont (vgl. zum Beispiel Zimmerli 1990, 258), die fehlende Verknüpfung zu theoretischen Konzepten angemahnt (vgl. zum Beispiel Jaufmann 1990) und gar ihr Artefaktcharakter – bis hin zum Vorwurf der „Beliebigkeit" – kritisiert (vgl. zum Beispiel Biervert, Monse 1990, 195).

Diese Vorbehalte sind zum größten Teil berechtigt und bei der Verwendung und Interpretation von Daten aus der Meinungsforschung – immer und gleichgültig, bei welchem Thema – zu berücksichtigen.

In zusammenfassender Sicht kann aber bezüglich der Methodenprobleme festgehalten werden: Die Ergebnisse der Demoskopie (zumindest zum Thema Technikakzeptanz) sind bei weitem nicht so widersprüchlich und erratisch wie in vielen Diskussionen unterstellt wird. Gleichgerichtete statistische Analysen auf der Basis gleicher oder ähnlicher Fragen(-typen) erbringen recht ähnliche Ergebnisse; und: Zeitreihen zeichnen die Entwicklung des Meinungsklimas weitestgehend (das heißt jenseits statistischer Fehlertoleranzen) parallel nach. Ergebnisdifferenzen und Widersprüche sind bei genauer Hinterfragung auf ihre Ursachen hin in der Regel erklärbar.

So zeigen die Zeitreihen zur Messung einer allgemein bilanzierenden, globalen Einstellung zur Technik in der Bundesrepublik Deutschland ein erstaunlich einheitliches, paralleles Bild: Danach ist die allgemeine Technikakzeptanz bis ca. 1982/83 gesunken und danach wieder angestiegen (vgl. Abbildung 10).

Die hier nicht wiedergegebenen Werte von vor 1980 liegen allerdings nur von einem Institut und nur für einige wenige Fragen vor. Sie weisen darauf hin, daß dieser Trend zur Abkehr von einer vor-

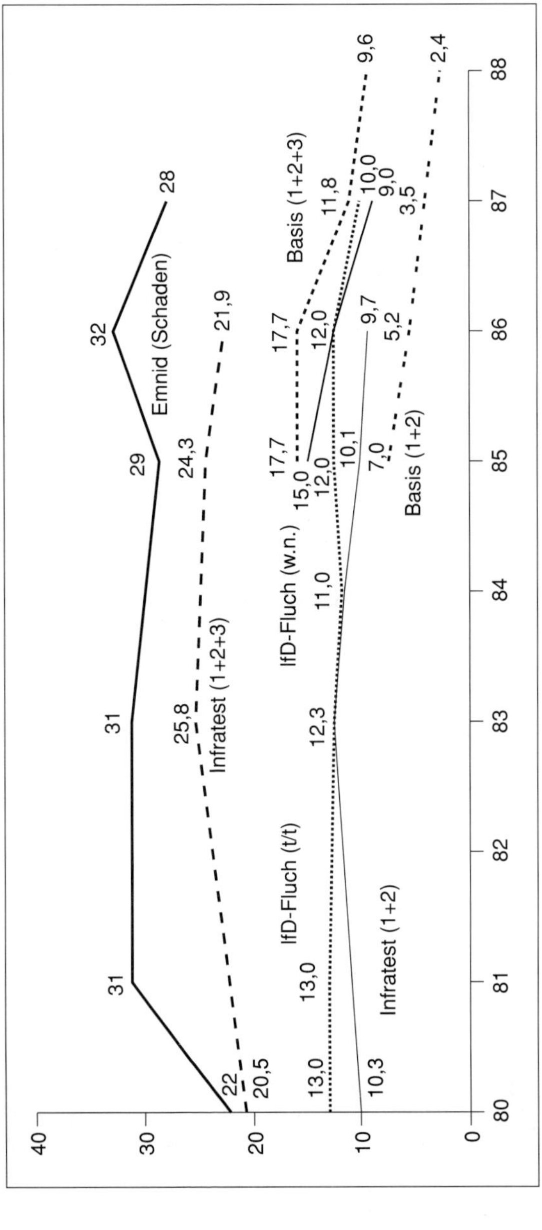

Abbildung 10: Erstaunliche Parallelität – Der Einfluß der Frageformulierung auf bilanzierende Technikakzeptanzindikatoren (positive und negative Antworten auf verschiedene globale Fragen zur Technikakzeptanz) (Angaben in v.H.)

Quellen: INIFES, eigene Darstellung auf der Basis von Umfrageberichten und Sonderzählungen der genannten Institute

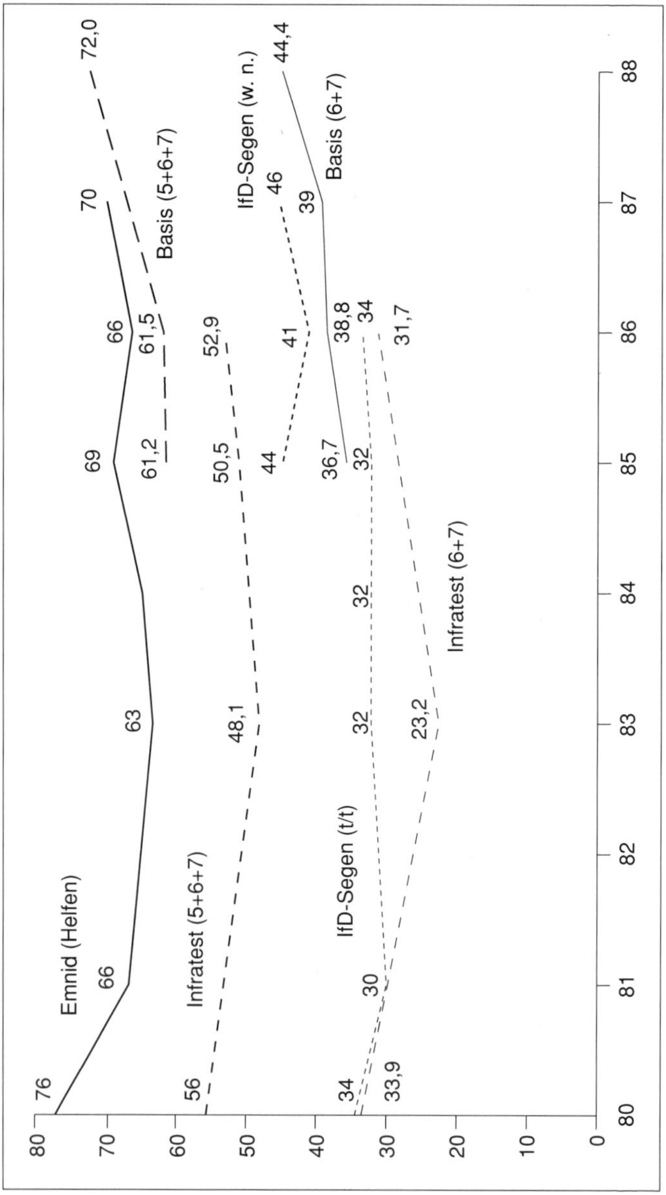

Abbildung 10 (Forts.)

behaltlos positiven hin zu einer ambivalenten Technikeinstellung (aber nicht hin zu den negativen Antwortkategorien!) schon mindestens Mitte der sechziger Jahre begonnen hat.

Seit ca. 1982/83 nimmt die Zahl der positiv Antwortenden bei den verschiedenen Bilanzurteilsfragen wieder leicht zu, die Zahl der negativ Antwortenden nimmt in der Tendenz sogar noch leicht weiter ab. Woran dies liegt, ist weitgehend ungeklärt. Von bösen Zungen hört man munkeln, hier wirke sich ein „Helmut Pangloss" massenpsychologisch aus.

Die Entwicklung bei den ablehnend-negativen Antwortitems verläuft durchgängig spiegelbildlich – wie ja der untere Teil der Abbildung zeigt.

Eine überdurchschnittlich positive Einstellung äußern in der überwältigenden Mehrheit der Studien die jüngeren Befragten. Deutlich negativer und zumeist auch ambivalenter sind die Einstellungen der Älteren und (damit in den obersten Altersgruppen zusammenhängend) der Frauen, wobei die geschlechtsspezifischen Einstellungsunterschiede in den jüngeren Altersgruppen über die Zeit etwas geringer werden.

Die offensichtliche Parallelität, mit der die recht verschiedenen Bilanzurteilsfragen der einzelnen Institute die Einstellungsentwicklung zu „der Technik", zum technischen Fortschritt, abbilden, ist ein erstes Indiz dafür, daß es so etwas wie eine – demoskopisch meßbare – allgemeine Technikeinstellung gibt. Ein weiteres Indiz in dieser Richtung ist die Tatsache, daß die allgemeine Technikeinstellung – die Einstellung zu „der Technik" – über die Zeit hinweg trotz spektakulärer großtechnologischer Katastrophen, Tschernobyl zumal, keinerlei Trendumkehren, keine größeren zyklischen Schwankungen aufweist – dies, obwohl gerade Tschernobyl in der Einstellung zur betroffenen Technologie sehr wohl fundamentale, beinahe erdrutschartige Veränderungen bewirkt hat. Dieses Ergebnis ist übrigens auch in anderen Ländern vorzufinden.

Wie vereinbart sich dies mit der oben getroffenen Feststellung, daß Ergebnisse aus der Demoskopie mit zur Technikfeindlichkeitsdebatte beigetragen haben?

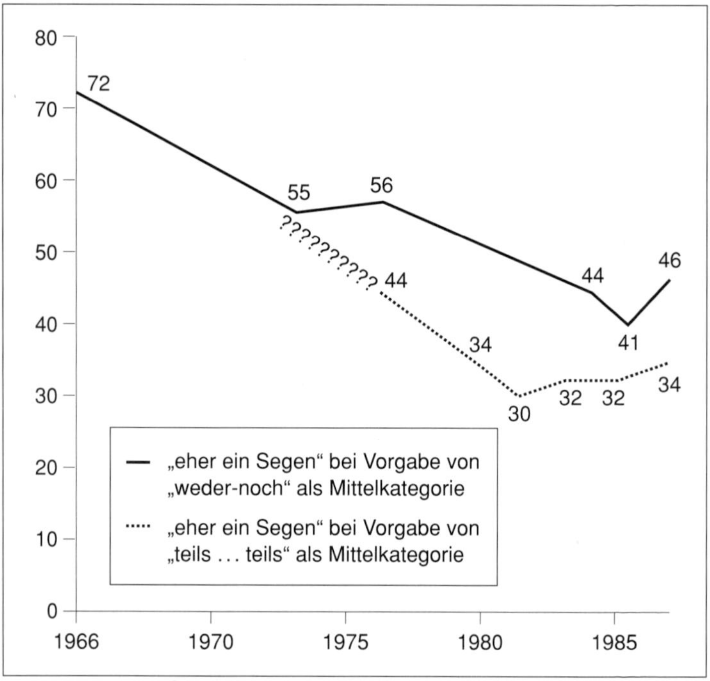

Abbildung 11: „Glauben Sie, daß die Technik alles in allem eher ein Segen oder eher ein Fluch für die Menschheit ist?" (Angaben in v.H.)

Quelle: INIFES, eigene Darstellung nach: Noelle-Neumann, Hansen 1987, 8a und Schaubild 2

Damit ist die sicherlich prominenteste und auch längste Zeitreihe in der Bundesrepublik Deutschland zu unserem Thema angesprochen: die Allensbacher Frage „Glauben Sie, daß die Technik alles in allem eher ein Segen oder eher ein Fluch für die Menschheit ist?" Nicht zuletzt aufgrund des behaupteten rapiden Rückgangs bei der „eher ein Segen"-Antwortkategorie von 72 auf 30 v.H. im Zeitraum von 1966 bis 1981 wurde „Technikfeindlichkeit" diagnostiziert (vgl. Detzer 1987, 9). Bei den 16-20jährigen Jugendlichen wäre der Wert hier gar um 60 v.H. gefallen, von 83 auf 23 v.H.

Aber: Gerade diese ja nicht unumstrittene „Segen-Fluch-Frage“ (biblisch-archaischer Charakter, Begrifflichkeit etc.) ist ein schlagender Beweis für die Notwendigkeit von Sekundäranalysen einerseits und Replikationstreue andererseits. So ist hier etwa durch eine leichte Veränderung der Antwortkategorien (und nicht einmal der Frageformulierung!), nämlich durch die Variation der Mittelkategorien „teils/teils“ und „weder/noch“, ein Effekt entstanden. Dies erzeugte in der Allensbacher Zeitreihe, genauer gesagt: den beiden Zeitreihen, ein völlig unterschiedliches, im Hinblick auf die Technikfeindlichkeitsdebatte deutlich überdramatisierendes Bild (vgl. Abbildung 11). Vermengt man die beiden Zeitreihen, wie dies leider in der Öffentlichkeit geschehen ist und immer noch geschieht, so kann man natürlich eine Abnahme der „positiven“ Antworten von 72 auf 30 v.H. suggerieren.

Es handelt sich hier schlicht und ergreifend um ein gravierendes Beispiel für ein Artefakt in der Technikfeindlichkeitsdiskussion. Allerdings unterliegen auch jüngst publizierte Bücher durchaus noch diesem gefährlichen Irrtum (vgl. zum Beispiel Huber 1989, 82f.).

Das Zwischenfazit lautet also: Es gibt so etwas wie eine generelle, allgemeine Technikeinstellung in der Bevölkerung, sie ist ein Realphänomen.

Zugenommen hat im Laufe der Zeit nicht eine irgendwie geartete „Technikfeindlichkeit“, die zu einer Behinderung oder gar Blockade des Fortschritts geführt hätte. Festzustellen ist eine Abnahme der Zahl der vorbehaltlos-unkritisch „Technik“ und „technischen Fortschritt“ bejahenden Personen. Zugenommen hat die Anzahl der Ambivalenten, der Abwägenden.

Hierzu kann wohl kommentarlos Heinz Riesenhuber zitiert werden, der eine solch abwägende Position als „ ... die eigentlich menschliche und die eigentlich vernünftige“ Haltung (vgl. Riesenhuber 1989, 1131) charakterisiert.

Gibt es Unterschiede in der Akzeptanz einzelner Technologien, wo liegen wirklich Akzeptanzprobleme vor (Kernenergie, Gentechnologie, technischer Fortschritt und Arbeitsplätze)? Gibt es Anlaß zur Sorge hinsichtlich der zeitlichen Entwicklung der Akzeptanz?

Was schon in Abbildung 10 angedeutet – man beachte den unterschiedlichen Maßstab in den beiden Teilen dieser Abbildung! –, wird auch von vielfältigen tiefergehenden und statistisch elaborierten Auswertungen der vorliegenden Studien bestätigt (vgl. ausführliche Auswertungen und Beispiele in Jaufmann, Kistler, Jänsch 1989, 93ff.): Es gibt nur eine Minderheit von Befragten, die vorbehaltlos und über einzelne Technologien hinweg konsequente Befürworter aller technischen Entwicklungen sind, ohne also auch zumindest einzelne Risiken, Gefahren, negative Auswirkungen zu sehen. Noch unwesentlicher ist in den Umfragen der Typus des konsequenten „Technikfeindes", der durchgängig negative Antworten gibt – ein negliabler Anteil! Entsprechend unmöglich ist es, zum Beispiel in multiplen Regressionen einigermaßen tragfähige soziodemographische Einflußfaktoren für Technikeinstellungen zu finden. Plastisch formuliert: Nicht einmal die Kombination „weiblich, älter, Wähler der Grünen" bringt entsprechende Ergebnisse.

Dennoch sind natürlich einzelne technische Entwicklungen festzustellen, die größere Akzeptanzprobleme aufwerfen, beziehungsweise Wirkungsebenen, wo dem technischen Fortschritt nicht nur positive Folgen zugeschrieben werden. Von Akzeptanzschwierigkeiten, etwa der Kernkraftnutzung, darf aber keinesfalls auf eine generalisierende „Technikfeindlichkeit" geschlossen werden.

Das Meinungsklima in bezug auf die Kernenergie:

Die Zustimmung zum Bau von neuen Kernkraftwerken hat sich über die Zeit hinweg deutlich verringert (vgl. Abbildung 12). Gleichzeitig stieg die Zahl der Gegner, und die Unentschiedenen wurden weniger. Bei der Vorgabe einer Antwort-Mittelkategorie sind inzwischen rund 60 v.H. der Bundesdeutschen dagegen, und weniger als jeder Fünfte sprachen sich noch dafür aus. Die Bedeu-

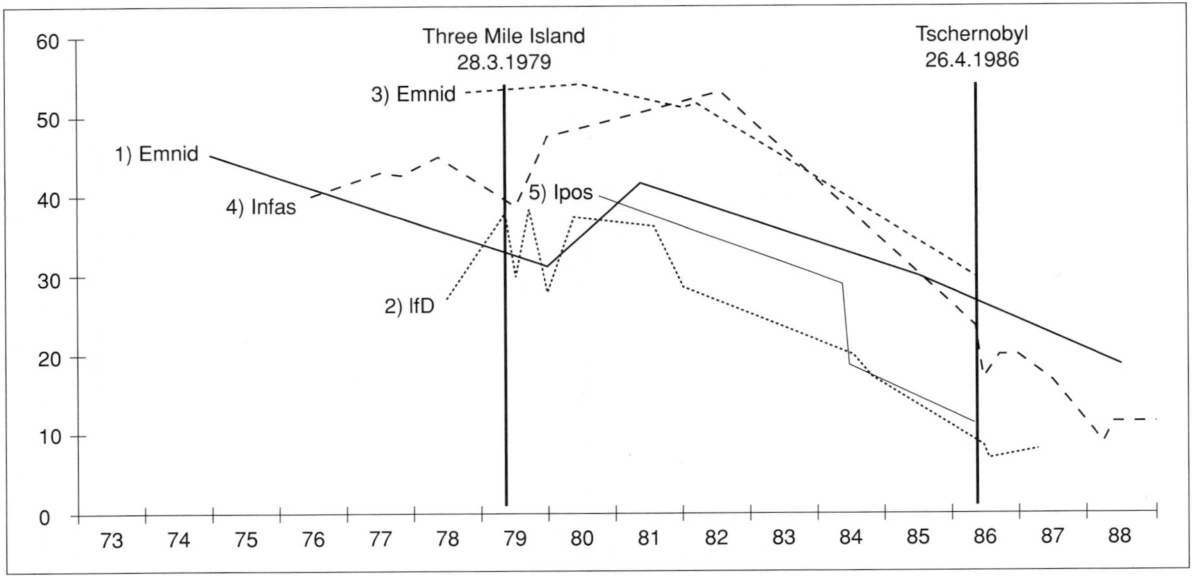

Abbildung 12: Einige beispielhafte Zeitreihen zur Einstellung gegenüber dem Bau von Kernkraftwerken. Hier die positiven („dafür") Antworten (Angaben in v.H.)

Quellen: INIFES, eigene Zusammenstellung und Darstellung nach Berichten, Publikationen und Sonderauswertungen der genannten Institute

tung der von uns so benannten „Ereigniszeitachse“ zeigt sich ganz deutlich: Tschernobyl wirkte hier als Zäsur.

Werden den Befragten hinsichtlich ihrer Einstellung zum Bau neuer Kernkraftwerke nur zwei Entscheidungsmöglichkeiten im Sinne von pro und contra vorgegeben, so fällt das Ergebnis noch deutlicher aus. Nur mehr jeder Neunte oder Zehnte entschied sich demnach für einen weiteren Ausbau.

Für einen sofortigen Ausstieg aus der Atomkraftnutzung sind mittlerweile 10–20 v.H. der Bundesdeutschen, mit – über die Zeit hinweg betrachtet – steigender Tendenz. Eher pragmatisch argumentieren 50–70 v.H. und sind für einen „mittelfristigen“ Ausstieg. Rund 10–15 v.H. bis hin zu einem runden Viertel der Bundesbürger sind für eine langfristige Nutzung. Die Ergebnisse hierzu schwanken sehr stark.

Ähnliche Entwicklungen der Einstellungen zur Atomenergie wie in der Bundesrepublik Deutschland sind auch in anderen Industrieländern feststellbar. Abbildung 13 liefert dafür ein kleines Beispiel aus den sogenannten Eurobarometer-Studien im Vergleich Bundesrepublik – Gesamt-EG.

Vor dem Hintergrund, daß alle Entwicklungen im industriellen Sektor Bemühungen, Zeit und Geld kosten und auch Risiken beinhalten können, wurde dabei gefragt, welche Ansicht man hinsichtlich der Entwicklung von Atomkraftwerken vertrete. Die Ergebnisse für die fünf hier relevanten Eurobarometer-Umfragen der Jahre 1978-1987 sind in Abbildung 13 dargestellt, und zwar einerseits für die Bundesrepublik und andererseits für den EG-Gesamtdurchschnitt. Nicht enthalten sind hier die – jeweils relativ niedri-

---

Zu Abbildung 13 (Anmerkungen der Verfasser): Die Frageformulierung lautete jeweils: „Alle wissenschaftlichen Forschungen/Entwicklungen im industriellen Bereich erfordern Bemühungen, Zeit und Geld. Sie können auch Risiken beinhalten. Es gibt verschiedene Ansichten über die Entwicklung von Atomkraftwerken, die aus Atomenergie Elektrizität gewinnen. Welche dieser drei Ansichten entspricht am ehesten Ihrer persönlichen Meinung? (Die Mühen lohnen sich; das ist nicht von Interesse; die Risiken, die dadurch entstehen, sind nicht zu vertreten)“.

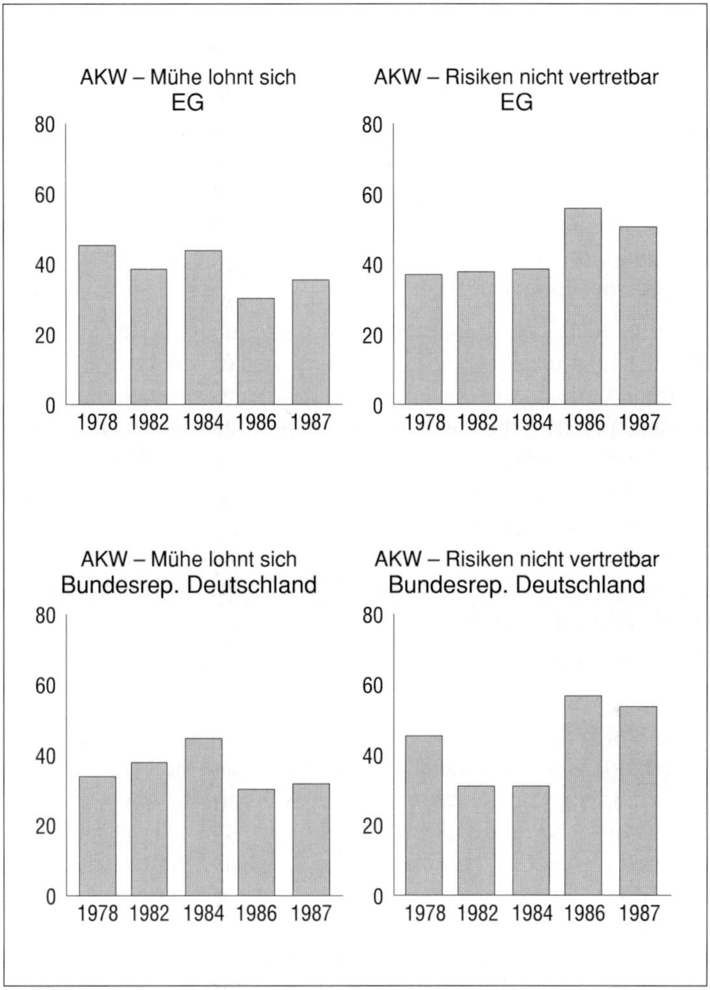

Abbildung 13: Ansichten über die weitere Entwicklung von AKWs in der EG und in der Bundesrepublik Deutschland (Angaben in v.H.)

Quellen: INIFES, eigene Berechnungen, Zusammenstellung und Darstellung nach den Eurobarometer-Erhebungen

gen – Werte für die u.E. etwas unglückliche mittlere Antwortkategorie „Das ist nicht von Interesse“.

Deutlich wird auch hier der Tschernobyl-Effekt im Jahr 1986 und die nur leichte Abnahme seiner Bedeutung im darauffolgenden Jahr. Interessant ist der relative Gleichklang des Meinungsklimas von EG-Gesamtdurchschnitt und Bundesrepublik, zumindest ab 1982. Sind die Bundesbürger (auch) bei den Einstellungen zur Entwicklung von Kernenergienutzung also „gute“ und/oder „durchschnittliche“ Europäer?

Gleichgerichtet wie das Gesamturteil verlief über die Zeit auch die Einschätzung und Beurteilung von Vor- und Nachteilen der Kernenergie. Vorteile werden mittlerweile kritischer beziehungsweise weniger gesehen, die Zustimmung zu positiven Statements sinkt; umgekehrt werden Nachteile und Gefahren deutlich stärker betont. Insbesondere die Angst vor radioaktiver Verseuchung und der Gefährdung durch atomare Abfälle hat stark zugenommen. Über alle Branchen und Industrien hinweg hat die Kernkraftwerksbranche das negativste Image, sie rangiert diesbezüglich noch deutlich vor der chemischen Industrie.

Gentechnologie:

Ein anderer Bereich mit Akzeptanzproblemen ist die Gentechnologie. Abbildung 14 zeigt die Insgesamt-Ergebnisse für verschiedene Listenvorlagen für die Jahre 1980 und 1987 auf die Frage, welche medizinischen Entwicklungen man für wünschbar, welche für weniger wünschbar und welche man für gar nicht wünschbar halte. Deutlich geringere Wünschbarkeit wird denjenigen Entwicklungen zugeordnet, die von der Itemformulierung her mehr oder weniger stark den Anstrich „Gentechnologie“ haben. Dabei wird von den Befragten offensichtlich der Konnex zu den positiven Optionen der Gentechnologie – zum Beispiel in Richtung Krebsdiagnose und -therapie, AIDS etc. – nicht gesehen.

Zu Abbildung 14 (Anmerkung der Verfasser): Zuvor wurde folgende Frage gestellt: „Ich gebe Ihnen nun eine Liste mit möglichen medizinischen Entwicklungen der Zukunft. Sagen Sie mir bitte zuerst, wo Sie Fortschritte in der Zukunft erwarten, wo vielleicht, wo gar nicht“.

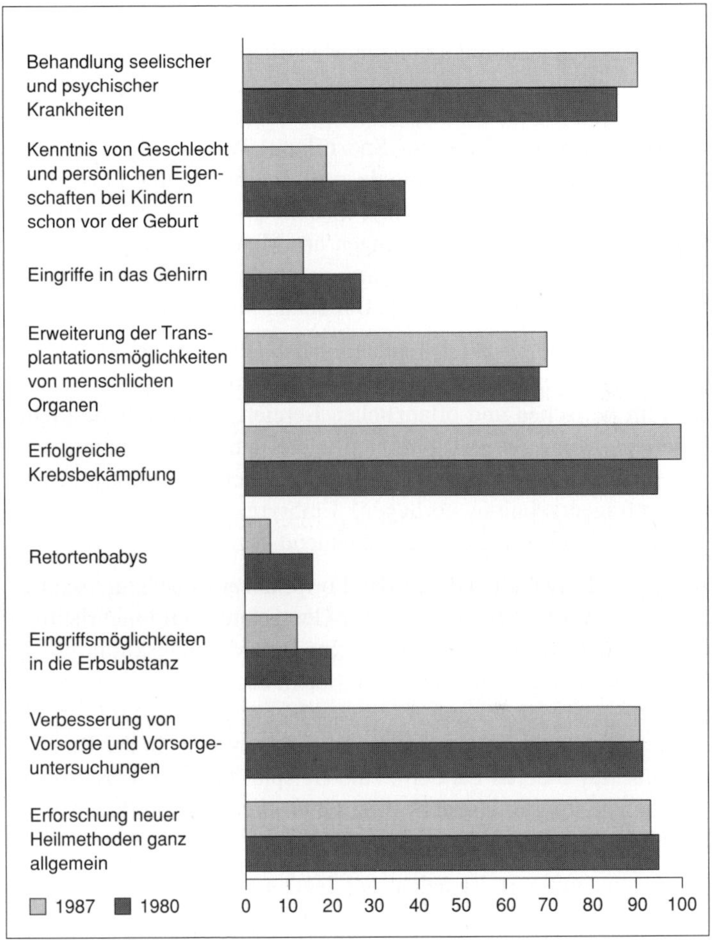

Abbildung 14: Wünschbarkeit medizinischer Entwicklungen 1980/1987. „Sagen Sie mir zu der gleichen Liste, welche Entwicklungen Sie für wünschbar halten, welche für weniger wünschbar, welche für gar nicht wünschbar" (Angaben in v.H.)

Quelle: INIFES, eigene Zusammenstellung nach: Emnid, Zukunftserwartungen und Zukunftsverhalten, versch. Jahrgänge

In den meisten der vorliegenden Studien zum Thema steigt die Ablehnung der Gentechnologie beim Menschen beziehungsweise einzelner konkreter Anwendungen in der Bundesrepublik Deutschland mit qualifizierterem formalen Schulabschluß an. Dies ist nun wirklich ein bundesdeutsches Spezifikum! Werden die Interviewten beim Thema Gentechnologie pauschal nach ihrer Einstellung zu „der Gentechnologie" gefragt, assoziieren sie offensichtlich vor allem Versuche und Anwendungen am Menschen, Grenzbereiche also. Werden die Einstellungsfragen differenzierter gestellt, so blüht auch ein facettenreicheres Bündel an Meinungen auf.

Es bestehen aber in allen Ländern erhebliche und grundsätzliche Bedenken gegen irreversible Konsequenzen von Anwendungen auch im tierischen und pflanzlichen Bereich, und deutliche Mehrheiten sind für strenge Richtlinien und Kontrollen. Generell steht eine große Mehrheit in allen Ländern (aus denen uns entsprechende Umfrageergebnisse vorliegen) Embryonenversuchen, Eingriffen in die Keimbahn etc. strikt ablehnend gegenüber.

Auch den Entwicklungen in der Fortpflanzungsmedizin (sozusagen einer „Vorfeldtechnologie" der Gentechnik) wird mehrheitlich geringe Akzeptanz entgegengebracht. Das Meinungsklima in den USA, vor allem aber in Australien (leicht auch im Vereinigten Königreich) ist in der Summe etwas positiver gegenüber der Gentechnologie und ihren verschiedenen Entwicklungen als in der Bundesrepublik. Zu anderen Ländern, zum Beispiel Japan und Österreich, bestehen in dieser Hinsicht allerdings kaum Unterschiede (vgl. ausführlicher Kistler, Pfaff 1990, 53ff.).

Die Gentechnologie ist neben der Nutzung der Atomenergie zur Stromerzeugung inzwischen sicherlich derjenige Bereich der zivilen wissenschaftlich-technischen Entwicklung, in dem die größten Akzeptanzprobleme bestehen. Hier sind erhebliche und noch wachsende Widerstände zu verzeichnen.

Technischer Fortschritt und Arbeitsplätze:

Ein weiterer zentraler Bereich, in dem Probleme der Akzeptanz bestehen, ist die Verbindung „technischer Fortschritt und Arbeitsplätze", kurz: die Debatte um „Jobkiller versus Jobknüller".

In der synoptischen Abbildung 15 (S. 294) sind wiederum die Ergebnisse einer großen Zahl von Zeitreihen verschiedener Institute zu dieser Thematik zusammengefaßt. Wiedergegeben sind jeweils die Ergebnisse für die Befragten, die arbeitsplatzvernichtende Effekte des technischen Fortschritts befürchten.

Sehr deutlich wird dabei:

- Die Angst vor dem „Jobkiller Technik" ist eine der fundamentalsten Problematiken der Technikakzeptanz. Von einer großen Anzahl beziehungsweise Mehrheit der bundesdeutschen Bevölkerung wird der Verlust von Arbeitsplätzen als unausweichliche Konsequenz des technischen Fortschritts angesehen.

- Es kann für die Jahre des deutlichen Anstiegs der Arbeitslosenquote, vor allem ab 1980 – auch bei vorsichtigster Interpretation – von einer steigenden Tendenz, einem Trend der noch bis ca. 1983 wachsenden Befürchtung arbeitsplatzvernichtender Effekte der technischen Entwicklung gesprochen werden. Ungefähr 70 v.H. der bundesrepublikanischen Bevölkerung befürchten bei bipolarer direkter Zustimmungsabfrage eine solche Gefahr. Auch unterschiedliche Formulierungen, Fragebogenkontexte, Hauseffekte etc. lassen an diesem erstaunlich homogenen Bild nicht rütteln. Nach 1983 weist die Mehrheit der Zeitreihen auf einen leichten Rückgang der Befürchtungen von arbeitsplatzvernichtenden Effekten hin, der sich aber inzwischen wohl als kurzfristiger zyklischer Ausschlag erwiesen hat.

- Bei indirekter oder dreipoliger Abfrage beziehungsweise bei expliziter Vorgabe einer Kategorie „teils-teils" liegen die entsprechenden Werte (konsistent!) bei rund 40-50 v.H. Es wird hier wohl dem Faktum Rechnung getragen beziehungsweise deutlicher gesehen, daß technische Neuerungen unterschiedliche Effekte – auch für unterschiedliche Gruppen – zeitigen können. Die Entscheidung für die „teils-teils-Kategorie" ist dann naheliegend und eine so deutliche Polarisierung, wie eben dargelegt, nicht gegeben und auch nicht zu erwarten.

- Obwohl die Tendenz über alle Umfrageinstitute hinweg relativ ähnlich, teilweise sogar identisch verläuft, gibt es aber Unter-

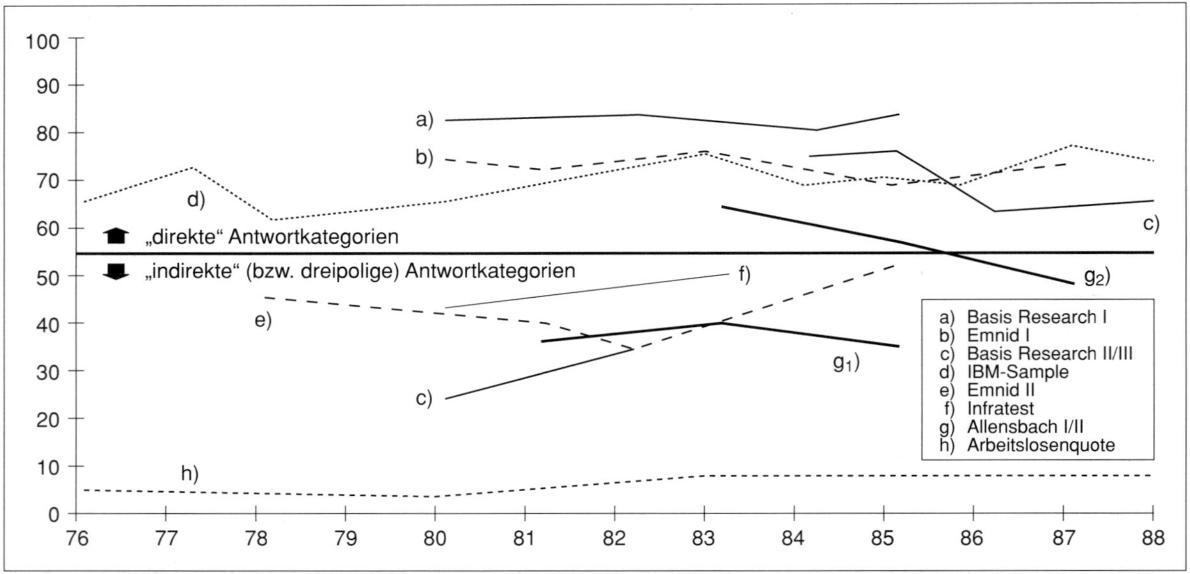

Abbildung 15: Jobkiller Technik – Befragte, die arbeitsplatzvernichtende Effekte des technischen Fortschritts fürchten (Angaben in v.H.)

Quellen: INIFES, eigene Zusammenstellung und Darstellung nach Berichten, Publikationen und Sonderauswertungen der genannten Institute

> schiede im Niveau. Abweichungen von zehn und mehr Prozentpunkten sind keine Seltenheit. Eine Reihe weiterer singulärer Umfragen liegt mit ihren Ergebnissen ebenfalls in den genannten Bereichen. Vorhandene Unterschiede erklären sich im Vergleich weitgehend aus systematischen Unterschieden in der Formulierung der Fragestellung und aus Effekten der Fragebogendramaturgie, das heißt des Kontexts zu zuvor gestellten Fragen. Dabei fällt auf, daß die Befürchtung von Arbeitsplatzverlusten in der Tendenz höher ist, wenn im Fragetext das Wort „Computer/Automatisierung“ auftaucht, als wenn „nur“ von „Technik/technischem Fortschritt“ etc. die Rede ist.

Betrachtet man die Einzelergebnisse in gruppenspezifischer Differenzierung, so zeigt sich über alle Dateien hinweg eindeutig, daß die Befürchtung von arbeitsplatzvernichtenden Effekten bei den weiblichen Befragten eindeutig höher ist als bei den Männern. Nicht ganz so eindeutig, wohl aber in der Tendenz, kann in altersgruppenspezifischer Aufgliederung von überdurchschnittlichen Befürchtungen bei den ca. 20-30jährigen und auch den Personen kurz vor dem Rentenalter (etwa 50-60jährige) gesprochen werden.

Sind – oder waren, so ist zu fragen – diese Einschätzungen in der Bevölkerung so unrealistisch, gemessen an den tatsächlichen Arbeitsmarktchancen dieser Gruppen und angesichts einer anhaltenden Massenarbeitslosigkeit?

Es gibt also insgesamt gesehen bei einer verbreitet positivabwägenden Grundeinstellung zu Wissenschaft und Technik schon Akzeptanzprobleme und Befürchtungen hinsichtlich einzelner technischer Entwicklungen, einzelner Risiken. Daraus allerdings eine generelle „Technikfeindlichkeit“ abzuleiten, ist irrig und eine gefährliche Überinterpretation.

Wie stellt sich die Situation in der Bundesrepublik Deutschland im internationalen Vergleich und vor allem im Vergleich zur Situation in Japan dar?

Die Diskussion um die jeweils besonders auffällig negative Technikeinstellung der Bevölkerung/Jugend im eigenen Land ist eine international überall vorfindbare Erscheinung. In jedem Industrieland wird auf eine sozusagen „hausgemachte Technikfeindlichkeit" verwiesen, verknüpft mit dem Hinweis auf eine dadurch (und unter anderem in Verbindung mit hohen Krankenstandsquoten und generell Hedonismus, freizeitorientiertem Denken etc.) gefährdete Wettbewerbsfähigkeit. Und überall ist die „Technikfeindlichkeit" auch ein politischer Begriff. Insbesondere der pazifische Raum, dabei (noch?) besonders Japan, wird im Westen als löbliches Gegenbeispiel auch im Hinblick auf das „Meinungsklima" zur Technik angeführt.

In Japan allerdings ist in entsprechenden Aussagen aus Kreisen der Wirtschaft und der Politik seit 15 Jahren von einer besonderen und immer mehr um sich greifenden Technikfeindlichkeit der Japaner die Rede. Zwei Beispiele: „Japan muß weiterhin den technischen Fortschritt fördern. Für diesen Zweck ist es wichtig, das allgemeine gesellschaftliche Mißtrauen gegenüber der Technik abzubauen und Akzeptanz und Unterstützung einer breiten Mehrheit der Bevölkerung zu gewinnen" (Japanische Stiftung zur Förderung der Technologie 1977, 1). „Die Erwartungen gegenüber dem technischen Fortschritt in den sechziger Jahren mündeten in den siebziger Jahren angesichts der Aktualität der Umweltprobleme in einen Trend des Zweifels an der Technik, die Technikfeindlichkeit verstärkte sich." (Institut für Zukunftstechnologie 1984, 41).

Legt man allein die vorliegenden länderübergreifend angelegten Umfrageprojekte mit einschlägigen Items zugrunde, so sind jedoch bereits auf der Ebene der Bilanzurteile – aber auch bereichsspezifisch – an den kolportierten Klischees vom „technikfeindlichen" Deutschen ebenso erhebliche Zweifel anzumelden wie an dem beliebten Stereotyp von den so „technikfreundlichen" Japanern.

Einige typische Beispiele aus schon international vergleichend angelegten Umfragen:

Abbildung 16 basiert auf Ergebnissen aus der sogenannten „Internationalen Wertestudie" aus dem Jahr 1981/82. In dieser in zahlreichen Ländern durchgeführten Untersuchung wurde auch die Frage gestellt: „Glauben Sie, daß der wissenschaftliche Fortschritt

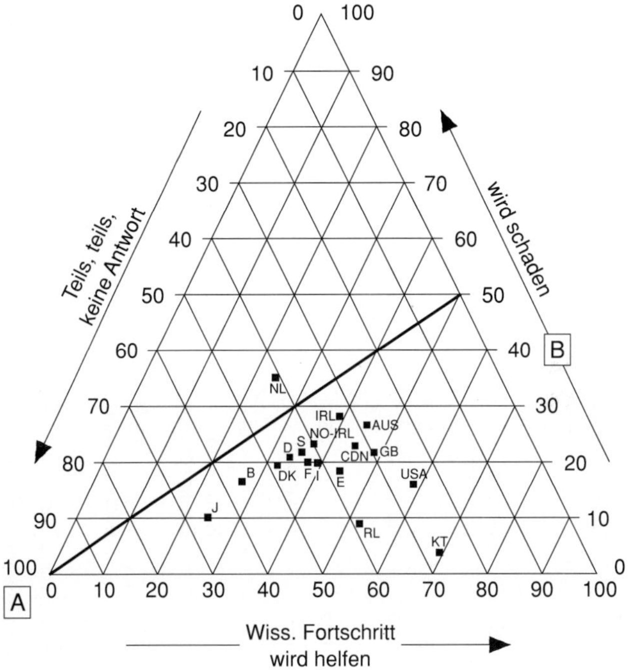

Lesehinweis:
Die Antworten waren z.B. für die Bundesrepublik Deutschland

- wird helfen: 33 v.H.
- wird schaden: 21 v.H.
- teil, teils: 39 v.H. } 46 v.H.
- o. A.: 7 v.H. }

Legende:

Japan	J	Kanada	CDN
Belgien	B	Irland	IRL
Dänemark	DK	Großbritannien	GB
BRD	D	Australien	AUS
USA	USA	Frankreich	F
Niederlande	NL	Schweden	S
Libanon	RL	Italien	I
Kuweit	KT	Nordirland	NO-IRL
Spanien	E		

Abbildung 16: „Glauben Sie, daß der wissenschaftliche Fortschritt auf lange Sicht den Menschen helfen oder schaden wird?“ (Angaben in v.H.)

Quelle: Jaufmann, Kistler 1986, 41

	1	2	3	4	5
Japan	Geschichte und kulturelles Erbe 48,5	Wissenschaft und Technik 46,2	Bildungsstand 31,1	Kultur und Kunst 26,2	Lebens-standard 20,3
USA	Geschichte und kulturelles Erbe 68,8	Wissenschaft und Technik 67,7	Lebens-standard 59,3	Natur- und Bodenschätze 58,1	Bildungsstand 54,3
Großbritannien	Geschichte und kulturelles Erbe 68,6	Bildungsstand 49,2	Sport 45,7	Soziale Sicherheit 42,0	Wissenschaft und Technik 41,1
Bundesrepublik Deutschland	Lebens-standard 46,3	Wissenschaft und Technik 44,0	Kultur und Kunst 36,4	Soziale Sicherheit 30,5	Bildungsstand 29,2
Frankreich	Geschichte und kulturelles Erbe 54,9	Kultur und Kunst 28,1	Natur- und Bodenschätze 26,9	Lebens-standard 26,5	Wissenschaft und Technik 24,7
Schweiz	Lebens-standard 42,2	Natur- und Bodenschätze 41,0	Bildungsstand 35,5	Stabilität der Gesellschaft 24,5	Soziale Sicherheit 23,1

Abbildung 17: Worauf 18–24jährige Jugendliche im jeweils eigenen Land stolz sind (Angaben in v.H.)

Quelle: INIFES, eigene Darstellung nach: Staatssekretariat des Ministerpräsidenten 1984, 62

	1	2	3	4	5
Schweden	Natur- und Bodenschätze 71,1	Geschichte und kulturelles Erbe 66,3	Soziale Sicherheit 61,9	Sport 55,4	Bildungsstand 48,6
Jugoslawien	Natur- und Bodenschätze 88,4	Geschichte und kulturelles Erbe 80,5	Sport 48,7	Religion, Glaube 43,0	Kultur und Kunst 41,8
Philippinen	Natur- und Bodenschätze 61,2	Geschichte und kulturelles Erbe 58,5	Sport 52,3	Religion, Glaube 44,8	Kultur und Kunst 42,3
Südkorea	Geschichte und kulturelles Erbe 60,9	Möglichkeiten zur Entwicklung 38,7	Kultur und Kunst 33,1	Bildungsstand 26,5	Natur- und Bodenschätze 25,1
Brasilien	Sport 44,0	Natur- und Bodenschätze 38,9	Möglichkeiten zur Entwicklung 31,0	Geschichte und kulturelles Erbe 29,6	Kultur und Kunst 28,8

Abbildung 17 (Forts.)

auf lange Sicht den Menschen helfen oder schaden wird?“ Gefragt wurde zwar nach Wissenschaft, aber außerhalb des deutschsprachigen Raums ist die semantische Verbindung zwischen Wissenschaft und Technik, zwischen science and technology, zumeist relativ eng.

Die Darstellung macht exemplarisch deutlich, daß die gängigen Vorurteile über die länderspezifischen Unterschiede weitestgehend zurückgewiesen werden müssen:

- So liegen die Werte für die meisten Länder recht eng beieinander. Nur für Kuweit, den Libanon und – in bezug auf die Zahl derjenigen Befragten, die vom wissenschaftlichen Fortschritt hilfreiche Funktionen erwarten – mit Einschränkungen auch für die USA kann von einem optimistischeren Klima gesprochen werden.
- Schon deutlich geringer ist der Anteil der Optimisten in den anderen vertretenen englischsprachigen Ländern (und auch Spanien), bei gleichzeitig aber auch mehr Personen mit negativen Erwartungen in dieser Frage.
- In den Niederlanden ist die Zahl derjenigen, die sagten: „wird schaden“, besonders hoch, und gleichzeitig ist dort die Zahl der Optimisten so gering wie sonst nur noch in Japan.

Ebenfalls bereits international vergleichend angelegt sind die Weltjugendstudien, die jeweils im Auftrag der japanischen Regierung durchgeführt wurden. In allen Ländern wurde dabei der gleiche Fragebogen verwandt; repräsentativ sind die Ergebnisse jeweils für die Gruppe der 18-24jährigen Jugendlichen.

Interessant für unsere Thematik ist hier die Frage, worauf die insbesondere der Technikfeindlichkeit geziehenen Jugendlichen im eigenen Land stolz sind. Vorgegeben war eine Liste mit 11 positiven Items beziehungsweise Bereichen/Möglichkeiten des Stolzes und ein Negativitem.

Die Ergebnisse sind teilweise in der Abbildung 17 dargestellt, wobei das Auswahlkriterium die ersten fünf Rangplätze der Umfrage von 1983 waren.

In drei Ländern wurde der Stolz auf „Wissenschaft und Technik" 1983 von den Jugendlichen an die zweite Stelle ihrer Prioritätenreihung gesetzt: in Japan, den USA und in der Bundesrepublik Deutschland. Daß dies eine relativ gefestigte Einstellung beziehungsweise Beurteilung der Jugendlichen in diesen drei Ländern ist, zeigen auch die vergleichbaren Ergebnisse des Jahres 1977. Eine besondere Distanz, Abneigung etc. der bundesrepublikanischen Jugendlichen zu „Wissenschaft und Technik" wird auch bei dieser Frage, diesem Indikator, nicht offensichtlich.

„Wissenschaft und Technik" sind also für die Jugend ganz im Gegenteil auch hier offenkundig in starkem Maße positiv besetzte „Werte", die in diesem Beispiel noch dazu von 1977 auf 1983 an Bedeutung gewonnen haben.

Für eine international vergleichend angelegte Untersuchung zum vorliegenden Thema ist natürlich – angesichts des schon angesprochenen Stereotyps – vor allem Japan das wichtigste Vergleichsland.

Japanische Technikfreaks?

Eine intensive Sammlung, Übersetzung und Auswertung vieler weiterer japanischer Originalquellen von Umfrageberichten in unseren Untersuchungen zeigte, daß auf der Ebene von allgemeinen Technikeinstellungen (Bilanzurteile) und auch anwendungs- und bereichsspezifisch bei den Japanern (jenseits ihrer generellen Tendenz zu Strategien des Verweigerns und des Nichtantwortens in demoskopischen Erhebungen) von einer besonderen Technikeuphorie nicht die Rede sein kann.

Obwohl echte Umfragereplikationen zu unserem Thema in Japan recht selten sind, kann doch aus den vielen vorliegenden Ergebnissen auf eine Abnahme des Anteils derjenigen Befragten über die Zeit geschlossen werden, die eine positive global bilanzierende Technikeinstellung äußerten. Die Einstellung zur Technik ist in Japan etwas negativer als in den USA und sehr ähnlich den Ergebnissen aus den europäischen Industrieländern. Dies gilt nicht nur auf der Ebene globalbilanzierender, allgemeiner Technikeinstel-

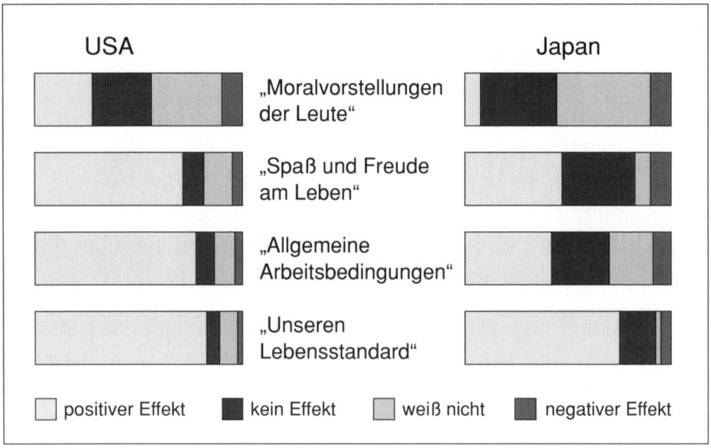

Abbildung 18: Auswirkungen von Wissenschaft und Technik auf andere Lebensbereiche (Angaben in v.H.) – USA (1985) und Japan (1987)

Quelle: INIFES, eigene Darstellung nach: National Science Board 1987, 149

lungen, sondern (wie die nachfolgenden kurzen Ergebnisbeispiele zeigen werden) auch hinsichtlich konkreterer Einstellungsfragen.

Abbildung 18 stellt exemplarisch einige Ergebnisse aus einer zeitversetzt komparativ angelegten Studie in den USA 1985 und Japan 1987 gegenüber:

Es wird deutlich, daß die subjektive Einschätzung der Auswirkungen von Wissenschaft und Technik in Japan erheblich weniger optimistisch ist als in den USA. Es fällt ferner zum Beispiel auf, daß nur 5 v.H. der Japaner, wohl aber ein Viertel der Amerikaner angaben, sie erwarteten von Wissenschaft und Technik einen positiven Effekt auf die Moral- und Wertvorstellungen der Menschen.

Abbildung 19 enthält die Ergebnisse auf eine Bilanzurteilsfrage aus der gleichen japanischen Erhebung von 1987. Gefragt wurde „Glauben Sie, daß der Fortschritt in Wissenschaft und Technik mehr positive oder mehr negative Folgen gebracht hat?“. Von den Befragten, deutlich ausgeprägter eher die Männer, sahen 54 v.H.

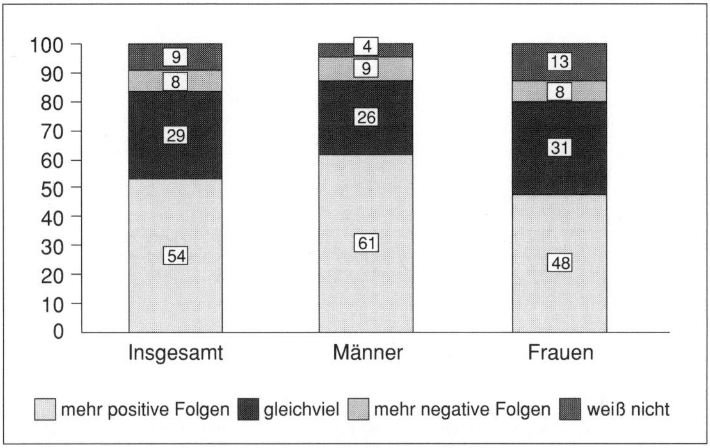

Abbildung 19: Einschätzung der Folgen des Fortschritts von Wissenschaft und Technik (Angaben in v.H.) – Japan

Quelle: INIFES, eigene Darstellung nach: Staatssekretariat des Ministerpräsidenten 1988, 238

eher positive Konsequenzen. Ein Ergebnis, das von den Antwortverteilungen her ebenso aus der Bundesrepublik Deutschland oder anderen europäischen Ländern stammen könnte.

Aber nicht nur neuere Umfragen aus Japan weisen darauf hin, daß dort kein so technikeuphorisches Meinungsklima herrscht (beziehungsweise herrschte), wie hierzulande oft unterstellt wird. Zwei Beispiele aus zwei weiteren Umfragen demonstrieren dies stellvertretend für viele weitere vorliegende Befunde. Abbildung 20 zeigt die Einschätzung der Vor- und Nachteile dreier technologischer Entwicklungen aus einer Umfrage im Auftrag der japanischen Regierung. Abbildung 21 gibt anhand einer Art Polaritätenprofil nochmals einige allgemeinere Einschätzungen der Auswirkungen des technischen Fortschritts aus einer anderen Umfrage wieder.

Es zeigt sich in der Summe, daß die Japaner nicht durch eine besondere Euphorie gegenüber dem technischen Fortschritt auffallen. Dies widerspricht dem gängigen (Vor-)Urteil, wonach der unbestreitbare Wirtschaftserfolg Japans zentral auch auf einer so außer-

	positive Aspekte überwiegen	*sowohl als auch*	*negative Aspekte überwiegen*	*weiß nicht*	*k. A.*
Automobile					
insgesamt	34,2	20,2	27,5	13,7	4,4
männlich	42,2	18,1	24,0	12,7	2,9
weiblich	27,5	22,0	30,3	14,5	5,7
20–29jährige	33,6	21,5	28,9	13,6	2,4
(chemisch neutrale) Waschmittel					
insgesamt	25,1	18,0	30,7	12,7	13,6
männlich	26,3	19,3	30,8	13,2	10,4
weiblich	23,8	16,1	31,2	11,3	17,6
20–29jährige	26,3	19,3	30,8	13,2	10,4
(hochwertige) Konsumtechnologien					
insgesamt	24,6	18,6	29,6	16,3	10,9
männlich	29,0	16,6	29,2	16,2	9,0
weiblich	21,0	20,2	29,9	16,5	12,4
20–29jährige	26,2	20,9	29,1	16,4	7,5

Abbildung 20: Vor- und Nachteile verschiedener technischer Produkte (Angaben in v.H.) – Japan

Quelle: INIFES, eigene Darstellung nach: Staatssekretariat des Ministerpräsidenten 1972, 46 ff.

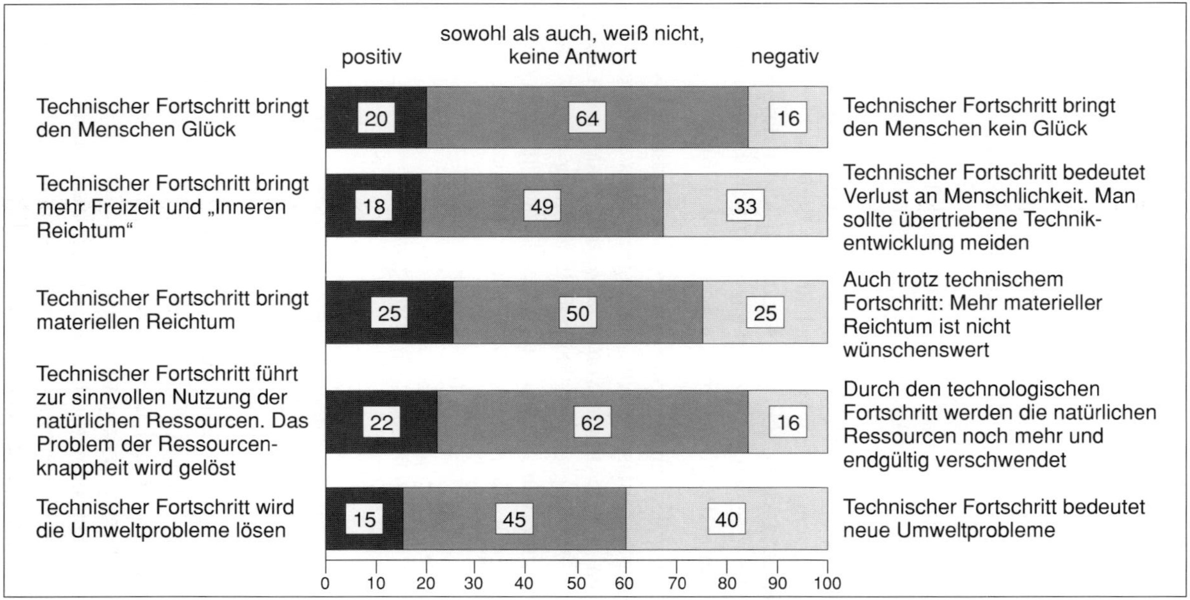

Abbildung 21: Meinungen zum technischen Fortschritt (Angaben in v.H.) – Japan

Quelle: INIFES, eigene Darstellung nach: Forschungsinstitut für Ökonomie im Verein zur Förderung des Maschinenbaus, Japanische Stiftung zur Technologieförderung 1977, 170

ordentlich positiven Technikeinstellung der dortigen Bevölkerung beruhe. Den Japanern sei es gelungen – so die Behauptung – alte und neue Werte fast nahtlos zu verbinden, „Robotland" und „Lotosland" zu vereinen.

Dem ist aber beileibe nicht so. Denn bereits aus der Analyse der Fragebögen wird deutlich, daß nach gleichem Muster wie bei uns die „Vorbild-Japan-Diskussion" verlief, (schon einige Jahre früher als hierzulande) der pazifische Raum (vor allem Taiwan, Singapur, die Philippinen) als Konkurrent im internationalen Wettbewerb thematisiert wird; Motto: „Die anderen sind fleißiger, williger, billiger und technikfreundlicher". Auch in Japan gilt: „... die Liebhaber im Sinne uneingeschränkt vorbehaltloser Befürworter von Naturwissenschaft/Technik sind eine Minderheit in der Bevölkerung. Allenfalls die jüngeren Männer interessieren sich wirklich dafür" (Staatssekretariat des Ministerpräsidenten 1982, 176).

Die Einstellung der Japaner zum technischen Fortschritt ist aber, wie die bisherigen Beispiele von Umfrageergebnissen gezeigt haben, nicht nur auf der Ebene von Bilanzurteilen oder noch relativ allgemeinen Wirkungsebenen keinesfalls auffällig positiv. Auch hinsichtlich einzelner Technologien zeigt sich dies, etwa bei Atomkraftwerken, Gentechnik, Mikroelektronik oder den Neuen Medien.

Welches Fazit können wir aus den vorliegenden Befunden ableiten?
Wird technischer Fortschritt wirklich unmöglich?

Die Technikfeindlichkeitsdebatte zielt genaugenommen vor allem auf den Aspekt der internationalen Wettbewerbsfähigkeit.

Vor dem Hintergrund deren vorgeblicher Gefährdung wurde die Debatte um die „technikfreundlichen Japaner" und die „ach so technikfeindlichen" Bundesdeutschen und insbesondere die damit auch „die Zukunft verweigernde Jugend" geführt. Hypothetisch gesprochen: Wenn dem wirklich so wäre, woraus resultiert dann unser jährlich wiederkehrender und stets in nicht unbeträchtlicher Höhe anfallender Außenhandelsüberschuß? Die wenigen bisher nicht von „Technikfeindlichkeit“ infizierten Bundesdeutschen vermöchten solche Summen wohl kaum zu erwirtschaften. Und – wie der derzeitige Präsident der Deutschen Forschungsgemeinschaft, Hubert Markl, zu Recht anmerkte –, aus dem Export von Strickjäckchen, Weißwein, Räucherwurst, Hausschuhen etc. kann dies auch nicht resultieren (vgl. Markl 1989, 157).

Technischer Fortschritt ist auch weiterhin möglich – gleichwohl mit gewissen Einschränkungen. Am Meinungsklima der bundesdeutschen Bevölkerung scheitert er jedenfalls nicht. Denkt man aber in etwas größeren Kategorien, wie zum Beispiel „Raumschiff Erde“, und an unsere Nachkommen, so ist der Begriff „Fortschritt“ überhaupt durchaus hinterfragenswert.

Akzeptanzforschung, zumal Technikakzeptanzforschung, ist eine wichtige Sache. Daß weitere Aspekte, wie etwa Sozialverträglichkeitsanalysen hinzutreten müssen, ist offensichtlich. Dennoch: Technikakzeptanz- und -risikoforschung ist eben nicht nur – wie mitunter behauptet wird – ein hinterherhinkendes reaktives Instrument zur Feinabstimmung. Richtig angewandt und vor allem kontinuierlich weiterentwickelt ist es eine unabdingbare Voraussetzung, um den nötigen und vielbeschworenen technologiepolitischen Dialog sinnvoll führen zu können. Das gestalterisch-politische Element bedarf der Kenntnis des Meinungsklimas in der Bevölkerung.

Bungard und Lenk haben dies kürzlich sehr prägnant wie folgt formuliert: „Das Problem der Technikbeurteilung durch die Gesellschaft und die betroffenen Menschen läßt sich nicht länger vernachlässigen. Denn Technikbewertung und Technikakzeptanz sind tiefgreifende soziale Probleme, die nicht zuletzt Fragen des menschlichen Selbstverständnisses und der Einordnung des Menschen in seine Umwelt betreffen“ (Bungard, Lenk 1988, 2). Negative Beispiele (und Auswirkungen) solcher Unkenntnis oder Mißachtung sind uns allen zur Genüge bekannt.

Wissenschaft (auch Technik/Wirtschaft) braucht Vertrauen, und das kann sie nur durch Offenheit, durch wirklich ehrlichen Dialog und Einsicht in Grenzen gewinnen. Sie kann und darf sich nicht auf dem Verweis ausruhen, daß es beispielsweise in der Universität Padua die versenkbaren Tische zur Sezierung gab, denen in einer doch noch dunklen, wissenschaftsfeindlichen Vergangenheit große medizinische Erkenntnisse zu verdanken waren. So groß die Befürchtungen in den Bevölkerungen in allen Ländern zum Beispiel hinsichtlich „versenkbarer Tische" in den Genlabors sind, so sehr ist Klarheit durch gesetzliche Regeln und Öffentlichkeit wissenschaftlichen Handelns vonnöten – gerade weil es, wie gezeigt, keine generelle Technikfeindschaft gibt. Vielmehr dominieren differenzierte und abwägende Urteile, die unserer Zeit wohl auch angemessener sind, als es eine vorbehaltlose und unreflektierte Technikeuphorie wäre.

Die „Risikogesellschaft" wird die „Experten" im Sinne von Voltaires Pangloss immer mehr in die Schranken weisen. Dies nicht zuletzt, da die „Candides" – Gott sei Dank! – seltener werden.

Literatur

Atteslander, P. (1990): Technik: Fluch oder Segen? – Bürger, Unternehmen und Technologieentwicklung. In: E. Kistler, D. Jaufmann (Hrsg.), Zukunftssignal Technikakzeptanz. Ms. BMFT-Druckerei. Bonn.

Biervert, B., K. Monse, (1990): Technik und Alltag – Mittelbare und unmittelbare Wirkungen der neuen Informations- und Kommunikationstechniken für die privaten Haushalte. In: E. Kistler, D. Jaufmann (Hrsg.), Mensch – Gesellschaft – Technik. Orientierungspunkte in der Technikakzeptanzdebatten. Opladen.

Bungard, W., H. Lenk (Hrsg.) (1988): Technikbewertung – Philosophische und psychologische Perspektiven. Frankfurt/M.

Detzer, K.A. (1987): Technikkritik im Widerstreit. Gegen Vereinfachungen, Vorurteile und Ideologien. Düsseldorf.

Forschungsinstitut für Ökonomie im Verein zur Förderung des Maschinenbaus, Japanische Stiftung zur Technologieförderung (Hrsg.) (1977): Untersuchung über die sozialen Reaktionen auf die technische Entwicklung (japanisch). Tokyo.

Huber, J. (1989): Technikbilder. Opladen.

Institut für Zukunftstechnologie (1984): Analyse der Bedingungen einer Harmonisierung von Technik und Gesellschaft (japanisch). Tokyo.

Japanische Stiftung zur Förderung der Technologie (1977): Untersuchung über die sozialen Reaktionen auf die technische Entwicklung (japanisch). Tokyo.

Jaufmann, D. (1990): Technik und Wertewandel – Jugendliche und Erwachsene im Widerstreit?. Frankfurt/M. u.a.

Jaufmann, D., E. Kistler (1986): Technikfreundlich? – Technikfeindlich? Empirische Ergebnisse im nationalen und internationalen Vergleich. In: Aus Politik und Zeitgeschichte. Beilage zur Wochenzeitung *Das Parlament* B 48/86, 29. November 1986.

Jaufmann, D., E. Kistler, G. Jänsch (1989): Jugend und Technik. Wandel der Einstellungen im internationalen Vergleich. Frankfurt/M., New York

Kistler, E., M. Pfaff, (1990): Technikakzeptanz im internationalen Vergleich: Ergebnisse zur globalen Technikbewertung und zur Akzeptanz der Gentechnologie. In: E. Kistler, D. Jaufmann (Hrsg.), Mensch – Gesellschaft – Technik. Orientierungspunkte in der Technikakzeptanzdebatte. Opladen.

Kohl, H. (1984): Ethische Grundsätze und Maßstäbe für Forschung und Technik. In: Bulletin des Presse- und Informationsamtes der Bundesregierung, Nr. 82. Bonn.

Markl, H. (1989): Unser Verhältnis zur Technik. In: H. Markl, Wissenschaft: Zur Rede gestellt. Über die Verantwortung der Forschung. München, Zürich.

National Science Board (1987): Science Engineering Indicators – 1987. Washington/ D.C.

Noelle-Neumann, E. (1988): Jugend und Technik im Bild von Umfragedaten. In: D. Jaufmann, E. Kistler (Hrsg.), Sind die Deutschen technikfeindlich? Erkenntnis oder Vorurteil. Opladen.

Noelle-Neumann, E., J. Hansen, (1987): Medienwirkung und Technikakzeptanz, Allensbacher Bericht über ein Forschungsprojekt für das BMFT. Allensbach.

Riesenhuber, H. (1989): Markt- und Sozialforschung in der freiheitlichen Demokratie. In: Bulletin des Presse- und Informationsamtes der Bundesregierung, Nr. 132. Bonn.

Staatssekretariat des Ministerpräsidenten (Hrsg.) (1972): Meinungsumfrage zu Wissenschaft und Technik und zur Atomenergie (japanisch). Tokyo.

Staatssekretariat des Ministerpräsidenten (Hrsg.) (1982): Life-Science-Untersuchung (japanisch). Tokyo.

Staatssekretariat des Ministerpräsidenten (Hrsg.) (1984): Die Japanische Jugend – Im Vergleich mit der Jugend in der Welt. Zusammenfassender Bericht über die Dritte Weltjugendumfrage (japanisch). Tokyo

Staatssekretariat des Ministerpräsidenten (Hrsg.) (1988):, Meinungsumfrage über Wissenschaft, Technik und Gesellschaft (japanisch). Tokyo

Steinbuch, K. (1969): Falsch programmiert. Über das Versagen unserer Gesellschaft in der Gegenwart und vor der Zukunft und was eigentlich geschehen müßte. 3. Aufl. München.

Zimmerli, W.Ch. (1990): Wieviel Akzeptanz erträgt der Mensch? Bemerkungen zu den Hintergründen der Technikfolgenabschätzung. In: E. Kistler, D. Jaufmann (Hrsg.), Mensch – Gesellschaft – Technik. Orientierungspunkte in der Technikakzeptanzdebatte. Opladen.

Die Rolle der Wirtschaft in der Risikogesellschaft – Umweltrisiken und „proaktives“ Handeln

von Georges M. Fülgraff

Der Begriff „Risikogesellschaft“

Der Begriff stammt von dem Soziologen Ulrich Beck oder wurde jedenfalls von ihm popularisiert. Die beiden ersten Sätze seines 1986 erschienen Buchs „Risikogesellschaft – Auf dem Weg in eine andere Moderne“ geben den Ton an: „In der fortgeschrittenen Moderne geht die gesellschaftliche Produktion von Reichtum systematisch einher mit der gesellschaftlichen Produktion von Risiken. Entsprechend werden die Verteilungsprobleme und -konflikte der Mangelgesellschaft überlagert durch die Probleme und Konflikte, die aus der Produktion, Definition und Verteilung wissenschaftlich-technisch produzierter Risiken entstehen“ (Beck 1986, 25). Beck stellt die Frage nach dem neuen „Paradigma der Risikogesellschaft“: „Wie können die im fortgeschrittenen Modernisierungsprozeß systematisch mitproduzierten Risiken und Gefährdungen verhindert, verharmlost, dramatisiert, kanalisiert und dort, wo sie nun einmal in Gestalt ‚latenter Nebenwirkungen‘ das Licht der Welt erblickt haben, so eingegrenzt und wegverteilt werden, daß sie weder den Modernisierungsprozeß behindern noch die Grenzen des (ökologisch, medizinisch, psychologisch, sozial) ‚Zumutbaren‘ überschreiten?“ (Beck 1986, 26). Um Modernisierungsrisiken handele es sich „durch die Globalität ihrer Bedrohung (Mensch, Tier, Pflanze) und ihrer modernen Ursachen“ (Beck 1986, 29). Die kapitalistische Industriegesellschaft habe in ihrem Gefolge Armutsrisiken und Modernisierungsrisiken, letztere in Form der Gefährdung von Umwelt, Gesundheit und Überleben. Modernisierungsrisiken gehen nur zum Teil mit den sozialen Strukturen parallel, indem sich Reichtum oben sammelt und sich Risiken unten anhäufen. Mit der Ausdehnung der Gefährdungen von Natur, Gesundheit etc. gälte aber eher die Formel, daß Not hierarchisch, Smog aber demokratisch sei. Die Gefahren des Atomzeitalters ließen sich nicht wie Not gesellschaftlich ausgrenzen, ihre Verteilungslogik sei nicht klassenspezifisch. Von Umweltrisiken Betroffene sind keine Klasse; mit neuen Gefährdungsgemeinschaften tun sich neue Interessengegensätze auf. Der Fatalismus der Betroffenen – oder sich betroffen Fühlenden – kann politisch in jede Richtung ausschlagen (Beck 1986, 48). Darin steckt eine neuartige soziale und politische Dynamik.

Wenn durch Unfälle oder durch kulturellen Wertewandel bestimmte Risiken politisiert werden, brechen Öffentlichkeit und Politik oft und für die Unternehmensleitungen meist überraschend in deren vermeintlich geschützten Kompetenzbereich ein. Für die einzelnen Akteure stehen dann ganz unterschiedliche Ursachen oder Folgen erster oder zweiter Art im Vordergrund: Produkte, Produktionsprozesse, Sicherheitseinrichtungen, Märkte, Kosten, Haftungsfragen, Imageeinbußen. „In der Risikogesellschaft entsteht so in kleinen und in großen Schüben – im Smog-Alarm, im Giftunfall usw. – das politische Potential von Katastrophen. Deren Abwehr und Handhabung kann eine Reorganisation von Macht und Zuständigkeiten einschließen. Die Risikogesellschaft ist eine katastrophale Gesellschaft. In ihr droht der Ausnahmezustand zum Normalzustand zu werden" (Beck 1986, 31).

Beck ist ein hervorragender Pamphletist, der die populistischen Vorurteile gegen die Moderne zuspitzt und zusammenfaßt. Nicht umsonst sind seine „Risikogesellschaft" ebenso wie sein späteres Buch „Gegengifte" zu Kultbüchern geworden. Beck wirft Auschwitz, Harrisburg, Tschernobyl in dieselbe Kategorie von Katastrophen unseres Jahrhunderts, und wer sich wie er auf einem zivilisatorischen Vulkan fühlt, wird durch diese Bücher in seiner Verzweiflung bestätigt; denjenigen jedoch, die in Unternehmen, in Politik oder Wissenschaft von den Grundgedanken über die Risikogesellschaft erreicht werden sollten, macht er es zu leicht, aus seiner Argumentation auszusteigen, indem er zum Beispiel bei der Bewertung der ordnungsrechtlichen Instrumente der Umweltpolitik, also der Ge- und Verbote und insbesondere der Grenzwerte, zwei systematische Fehler gleichzeitig macht: Grenzwerte seien fauler

Zauber, schreibt er, Grenzwert„bestimmung“ ein anderes Wort für Ahnungslosigkeit. Vor einer „ganzheitlichen“ Bedrohung könne man nicht durch Regulierung einzelner Stoffe schützen, sondern eben nur „ganzheitlich“; man dürfe eben keine Teilvergiftungen bis zur Höhe von Grenzwerten zulassen, sondern müsse beschließen, überhaupt nicht mehr zu vergiften (Beck 1986, 85f.).

Hier wird, wie so oft, verkannt, daß Grenzwerte gesellschaftliche Kompromisse über die Vertretbarkeit von Risiken auf der Basis deren vorheriger wissenschaftlicher Abschätzung sind. Grenzwerte sind nicht wissenschaftlich bestimmte oder abgeleitete Größen im Sinne von Meßwerten oder Naturkonstanten. Über Grenzwerte wird politisch entschieden, unabhängig davon, von wem die Entscheidung im Einzelfall getroffen wird. In sie fließen unterschiedliche Interessen und Ziele ein; Kosten für Unternehmen, Kosten für Verbraucher, Arbeitsplätze, Standortfragen, Schutz und weitergehende Vorsorge, Folgewirkungen, Orientierung an günstiger oder ungünstiger Entwicklungsprognose, Berücksichtigung der Vorläufigkeit des Wissens und der nicht bestimmbaren Risiken und so weiter. Entsprechend den unterschiedlichen Wertehierarchien der beteiligten Akteure werden die einzelnen Faktoren bei der Entscheidung unterschiedliches Gewicht bekommen. Insofern wird über Grenzwerte auch bei Wahlen entschieden, wenn eine der konkurrierenden Wertehierarchien, die in Parteien organisiert sind, die Mehrheit erringt.

Zwar gibt es Bereiche, in denen Experten bestimmte Grenzwerte nicht nur begründet empfehlen, sondern im Einzelfall quasi „setzen“, sei es, weil ihre Empfehlungen vom Normgeber oder von der Verwaltung regelmäßig unverändert übernommen werden, sei es, weil den Experten Entscheidungen im Einzelfall übertragen sind. Letzteres war dann vom Gesetzgeber so gewollt; man kann finden: leider. Gesetze definieren den Rahmen, innerhalb dessen regulatorische Entscheidungen gerichtlich nachprüfbar vollzogen werden unter Berücksichtigung der vorhandenen Zielkonflikte und des gesellschaftlichen Wertekanons.

Mit letzterem haben Naturwissenschaftler gelegentlich ihre Schwierigkeiten. Deshalb sind Konstruktionen, bei denen den Experten, die ausschließlich für die Abschätzung von Nutzen und Risiken zuständig sein sollten, auch allein deren soziale Bewertung und die Entscheidung über die Vertretbarkeit der Risiken übertragen werden, problematisch. Ein Lehrstück kann 1990 beobachtet werden: In der parlamentarischen Auseinandersetzung um ein Gentechnikgesetz geht es unter anderem darum, ob den Expertengremien, die gentechnische Experimente, Produktionen oder die Freisetzung gentechnisch manipulierter Organismen vor einer Zulassung zu begutachten haben, künftig auch Vertreter von Verbänden des Umweltschutzes angehören sollen.

Die zweite Kette systematischer Fehler rührt von der offensichtlichen Unkenntnis der Grundlagen, Methoden, Ergebnisse und Aussagekraft der Verfahren zur Abschätzung von Risiken für Menschen, Tiere, Pflanzen, Ökosysteme und anderes mehr her. Was eigentlich sind biologische Wirkungen, worin liegt die Bedeutung der Unterscheidung zwischen reversiblen und irreversiblen Wirkungen, und welche Rolle spielen Konzentration und Einwirkungszeit von Stoffen und warum? Da herrscht bei Beck denn doch ein erhebliches Durcheinander, und das zumindest fahrlässige Ergebnis lautet dann, daß Grenzwerte zu einer amoralisch verharmlosenden Praxis kollektiver Dauer- und Normalvergiftung führen.

Zur Zumutbarkeit von Umweltrisiken

Die Wahrnehmung von Risiken setzt das Wissen um diese voraus, denn, darin ist Beck zuzustimmen, Risiken „können im Wissen verändert, verkleinert oder vergrößert, dramatisiert oder verharmlost werden" (Beck 1986, 30). Wissen ist die Voraussetzung für die soziale Bewertung, und soweit Wissen monopolisiert oder unzugänglich ist, steht sein Einfluß auf die Bewertung – das heißt auf die soziale Definition des Zumutbaren und des Vermeidbaren – unter dem Verdacht der Manipulation. Joschka Fischer weist zu Recht darauf hin, daß sich in einer Risikogesellschaft „die Machbarkeit demokratischer Kontrolle und Entscheidungshoheit gegenüber den Imperativen einer technisch-wissenschaftlichen und ökonomischen Technokratie an der Definitionsmacht" erweist und letztere „heißt Wissen, und der demokratische Streit um die Definitionsmacht (...) setzt daher die Verfügbarkeit des Wissens für alle voraus“ (Fischer 1989, 151).

Risiken können für sich genommen nicht bewertet werden. Warum sollte irgend jemand bereit sein, sich Risiken auferlegen zu lassen, Risiken zu akzeptieren? Die Inkaufnahme von Risiken wird nur dadurch gerechtfertigt, daß ihnen ein Nutzen gegenübersteht, und sei es der des eingesparten, als zu hoch empfundenen Aufwands ihrer Vermeidung. Der Konsens über die Zumutbarkeit und Vertretbarkeit vieler Umweltrisiken ist heute in unserer Gesellschaft in erster Linie deshalb weitgehend zerbrochen, weil für viele Menschen der damit angeblich oder tatsächlich verbundene Nutzen die Risiken nicht mehr aufwiegt. Darin liegt eine wesentliche Ursache der Akzeptanzkrise von Standards der Umweltpolitik: Die Überzeugung vom Nutzen vieler Produkte oder Produktionstechniken, die mit Stoffeintrag in die Umwelt und damit mit Umweltrisiken verbunden sind, wird geringer oder löst sich ganz auf. Es wird immer weniger als ein Verschmutzung rechtfertigender Nutzen anerkannt, daß Vermeidungs- oder Beseitigungskosten eingespart werden oder daß Anlagen abgeschrieben sind oder daß sauberere Produktionsprozesse hohe Investitionen erfordern oder daß bestimmte Produkte unverzichtbar seien oder daß ein Standort seine Attraktivität verlöre ...

Je weniger aber ein spezifischer Nutzen anerkannt wird, um so weniger sind Risiken vertretbar. Die dann schlüssige Forderung, Risiken konsequenter auszuschließen, bedeutet nicht schärfere Grenzwerte, sondern heißt, die Wirtschafts-, Produktions- und Konsumweisen so zu verändern, daß bestimmte Stoffe nicht mehr entstehen oder jedenfalls nicht mehr freigesetzt und in die Umwelt eingetragen werden können. Damit wird verlangt, auf bestimmte Stoffe ganz zu verzichten, ebenso auf Produkte, bei deren Herstellung oder Entsorgung hohe Umweltbelastungen auftreten, und auf industrielle oder andere Verfahren, die mit umweltbelastenden Emissionen verbunden sind. Die Umweltpolitik wird konsequenterweise in nächster Zeit ihr Hauptaugenmerk darauf richten, wie solche Umstellungen induziert werden können. Kandidaten dafür sind zahlreich: Geschwindigkeitsbegrenzungen im Straßenverkehr, Quecksilber und Cadmium in Konsumartikeln, FCKW, persistente und in das Grundwasser übertretende Herbizide und Pestizide, Nitratdünger, industrielle Viehmast, Ferngüterverkehr auf der Straße, Autoverkehr in den Städten, viele persistente Halogenkohlenwasserstoffe ...

Die Bewertung von Nutzen und Risiken kann sich auch ohne neue Fakten oder neue wissenschaftliche Erkenntnisse ändern, wenn und weil sich die Wahrnehmung von Nutzen oder von Risiken ändert oder weil sich Wertvorstellungen und damit das Gewicht ändern, das spezifischen Nutzen oder Risiken beigemessen wird. Diese Änderungen mögen für Naturwissenschaftler, Ingenieure oder Unternehmen schwer nachzuvollziehen sein, sie sind aber dennoch Teil des gesellschaftlichen Umfeldes, in dem sich wirtschaftliches Handeln ereignet.

Die Bewertung und Abwägung von Nutzen und Risiken führt zu einem Urteil über die Zumutbarkeit, die Akzeptabilität, die Akzeptanzwürdigkeit der Risiken. Das Urteil wird bei gleicher Information und Datenlage unterschiedlich ausfallen, wenn der Abwägungsprozeß von unterschiedlichen Personen oder gesellschaftlichen Gruppen vorgenommen wird, weil das Urteil über Akzeptabilität gefällt wird

- auf der Grundlage je individueller Wahrnehmungen von Nutzen und Risiko und
- gemessen an der je individuellen Wertehierarchie der einzelnen oder Gruppen.

Hinsichtlich beider Kriterien hat sich das Spektrum unserer Gesellschaft in den letzten Jahren verbreitert. Konsens und damit Akzeptanz sind seltener und schwieriger geworden. Die Bewertung wird unterschiedlich sein, wenn eher Linke oder eher Rechte sie vornehmen oder Menschen, die sich vor allem um Ökologie, Ozonloch und Klimaveränderungen sorgen, oder solche, denen Wirtschaftswachstum und internationale Wettbewerbsfähigkeit den Schlaf rauben. Auch die je nach Zweck oder Interesse unterschiedlichen Botschaften können die Bewertung ein und derselben Angelegenheit verändern. Bei der Planung und Errichtung einer Anlage wird der Betreiber die Anwohner zu überzeugen suchen, daß die Anlage notwendig und ungefährlich ist. Wenn die Anlage schließlich in Betrieb geht, ist der Betreiber verpflichtet, die Anwohner zu unterrichten, wie sie sich im Falle eines Unfalles zu verhalten haben.

Experten neigen gemeinhin zu Ex-Kathedra-Aussagen über Akzeptabilität und sind überrascht, wenn diese vom Publikum hinterfragt, statt dankbar hingenommen werden. Experten können zwar in der Regel Probleme besser und schneller lösen als andere, laufen aber auch eher Gefahr, die Probleme nicht „richtig" zu sehen: Sie definieren sie um, bis sich ihre Methoden darauf anwenden lassen. Sie übersehen außerdem, daß sie Experten für Risikoabschätzung sein mögen, aber keinesfalls Experten für Akzeptabilität, Angemessenheit, Zumutbarkeit oder Vertretbarkeit sind (Perrow 1987, 376). Jürgen Dahl spricht von „den Fachleuten, die gar nicht merken, daß sie keine sind; denn wenn es um Fragen der Zumutbarkeit geht, sind ja nicht jene kompetent, die anderen etwas zumuten, sondern die, denen etwas zugemutet wird – Risiken für Leib und Leben oder schmerzliche Verletzung ethischer Überzeugungen" (Dahl 1987/88, 49).

Josef Huber hat in einer empirischen Untersuchung die Einstellung zu Wissenschaft und Technik und zu anderen Komponenten eines Weltbildes, zu Umwelt, Natur, Mensch, Gesellschaft bei Angehörigen verschiedener Berufsgruppen erfragt. Ingenieure neigen danach im Gegensatz zu anderen Gruppen besonders stark zum Rationalismus und zum Vorrang wissenschaftlich-technischer Systemimperative (Huber 1987). Etwa die Hälfte von ihnen fand zum Beispiel, daß man den Experten nicht hineinreden solle, während sich bei den anderen Berufsgruppen deutliche Mehrheiten gegen diese Meinung aussprachen. Als stärkste Antipoden zu den Ingenieuren erwiesen sich in sozialen und in künstlerischen Berufen tätige Personen.

Die fehlende Distanz zur eigenen Expertise kann bis zur kognitiven Dissonanz gehen. Es gibt Genforscher und Molekularbiologen, die in Kenntnis und Beherrschung ihres Fachs und in der

Überzeugung, daß von der Gentechnik weder Gefahren noch unerwünschte soziale Entwicklungen ausgehen, öffentliche Diskussionen, reglementierende Eingriffe oder Beteiligung der Öffentlichkeit am Genehmigungsverfahren rundheraus ablehnen. Sie machen sich aber durchaus Sorgen wegen des Risikopotentials der Kernenergie. Man kann auch Physiker und Ingenieure der Kerntechnik finden, die in ihrem Bereich alles unter Kontrolle glauben, denen aber gentechnisch veränderte Organismen nicht geheuer sind. Beide bevorzugen möglicherweise homöopathische Arzneimittel und Akupunktur, weil sie Angst haben vor den unerwünschten Wirkungen von Arzneimitteln.

Nach dem Unfall bei Sandoz erschien in der Neuen Zürcher Zeitung ein emphatischer Bericht über eine Art Doppelleben vieler Baseler Chemieingenieure, die einerseits in untadliger technokratischer Funktionstreue ihre Arbeit verrichten, in ihrer Freizeit aber in Holzpantinen die Müsli-Kultur des nahegelegenen badischen Freiburg bevorzugen.

Der Anthropologe Lévi-Strauss ist davon überzeugt, daß es keine lebensfähigen Gesellschaften gibt, die nicht auf irrationalen Grundlagen beruhen, da nur die irrationalen Werte von keiner gesellschaftlichen Gruppe zur Diskussion gestellt werden könnten. Das würde zugespitzt heißen, daß nicht der Verlust der rationalen, sondern gerade der irrationalen Werte der entscheidende Aspekt der Krise der modernen Welt wäre. Meinolf Dierkes und Hans-Joachim Fietkau haben herausgearbeitet, daß „Erfahrungen, Urteile, Entscheidungen und Handlungsweisen von ‚Laien' im Alltag und von ‚Experten' im industriellen und wissenschaftlichen Bereich auseinanderklaffen und zu Kontroversen führen können" (Dierkes, Fietkau 1988). Sie beschreiben zwei Sichtweisen dieser Diskrepanz:

- Laienurteile sind nicht rational, darum auch nicht aussagekräftig;
- Alltagsurteile und Expertenurteile sind Ausdrucksformen unterschiedlicher und nicht unmittelbar vergleichbarer und nicht gegeneinander bewertbarer Rationalität.

Vieles spricht für die zweite Sicht, wobei nicht a priori von der Überlegenheit wissenschaftlicher Problemlösungen ausgegangen werden darf. Die systematische Mißachtung alltäglicher Erfahrungen und die daraus erwachsende Unsicherheit gegenüber den ökologischen Herausforderungen kann zu unterschiedlichen Reaktionsformen führen, ausgeprägt zu

- Resignation; man kann doch nichts ändern; sein Leben leben und sonst Augen zu;
- Kompensation; wenigstens im eigenen Umfeld Lebensqualität sichern, wenn der Karren schon im Dreck steckt; Bauernmarkt, Reformhaus, Bio …;
- Protest; Postmaterialismus; von dieser Reaktion glauben viele Politiker und Unternehmer in erster Linie die Akzeptanz von Produkten und Technologien bedroht.

Es ist aber falsch und zugleich die Ursache vieler Enttäuschungen, anzunehmen, Akzeptanz sei schon dann gegeben, wenn auf eine Entscheidung kein lautstarker Protest erfolgt. Risiken, gegen die keine Einwände erhoben werden, können nicht deshalb schon als akzeptiert angesehen werden. Was nur verdrängt oder geduldet wird, darf nicht als akzeptiert gelten. Akzeptanz setzt vielmehr voraus, daß alle Beteiligten die Belastungen und die Risiken kennen und diese in vollem Bewußtsein ihrer Auswirkungen um eines bestimmten, offenbar überzeugenden Ziels oder Nutzens willen in Kauf nehmen.

Akzeptanz stellt sich nicht von selbst ein; sie muß organisiert werden. Aufklärung muß der Verdrängung entgegenwirken. Nicht Beruhigung darf das vorrangige Ziel sein, sondern aktive Bewußtseinsbildung. Verdrängung und Beruhigung mögen ein Genehmigungsverfahren beschleunigen, aber nur eine Bevölkerung, die Belastungen bewußt akzeptiert hat, ist ein verläßlicher Partner bei umweltpolitischen Entscheidungen.

Gerade „die Akzeptanz von unfreiwillig auferlegten, nichtbestimmbaren Risiken hängt davon ab, daß eine öffentliche Diskussion über diese Risiken, ihre Natur und die wesentlichen Faktoren, die zum nichtbestimmbaren Risiko von Stoffen in der Umwelt beitragen, geführt wird, ohne daß die Beunruhigung in der Öffentlichkeit als emotional abqualifiziert wird" (Rat von Sachverständigen für Umweltfragen 1987, Tz. 1671). Die Öffentlichkeit mag unzureichend informiert sein oder Denkfehler begehen, „aber im Hinblick auf Katastrophenrisiken sind diese Fehler weniger folgenreich als die Alternative, die in sozialen und kulturellen Werten verankerte Rationalität zu ignorieren" (Perrow 1987, 378). Schließlich gibt es gute Gründe, für die Akzeptanzkrise auch dankbar zu sein. Ohne sie wäre neben den Katastrophen, die wir tatsächlich erlebt haben, auch noch manche andere, nur vorgestellte, Wirklichkeit geworden.

Andererseits bewältigen die Menschen den Umgang mit den gesellschaftlich erzeugten Risiken immer weniger. Wir müssen uns fragen, ob sich in Zukunft das Denken und Fühlen der Menschen den Risiken anzupassen hat, oder ob unsere Gesellschaft auf die Produktion von Risiken verzichten sollte, wenn sie und ihre Mitglieder diese nicht bewältigen können. Es kann auf die Dauer nicht gut gehen, daß wir mehr Energie für das Verdrängen der Wahrheit als für ihr Erkennen aufwenden müssen.

Dynamisierung des Umweltschutzes: Marktwirtschaftliche Umweltpolitik und proaktives Unternehmenshandeln

Umweltrisiken sind eine Komponente des zu einem Zeitpunkt vorhandenen Risikopotentials einer Gesellschaft neben anderen – wenn auch sicher eine der gewichtigsten, aber leider häufig zunächst nicht wahrnehmbaren. Wissen um auch nichtwahrnehmbare Zusammenhänge ist aber die Grundlage einer demokratischen Risikopolitik – und auf dieser Grundlage erst, die von allen Trägern und Betroffenen risikobehafteter Aktivitäten akzeptiert sein sollte, kann gesellschaftliche Risikopolitik en détail formuliert werden. Wenn aber ganz offensichtlich die Gesellschaft zunehmend parzelliert in eine Gesellschaft der partikularen Werte, der Wertevielfalt und Subkulturen, dann ist es gar nicht so verwunderlich, daß Annäherungen, wenn nicht Einigungen, eher über instrumentelle Ansätze als über dezidierte Ziele gewinnbar sind – Konsens ist wohl, daß Risiken reduziert werden sollen, kontrovers ist: wo und wie weit. Besteht über die Richtung des Prozesses Einigkeit und ist das Ziel dermaßen vage und indeterminiert, dann ist das politische Ergebnis im Kern inkremental – und ausgerichtet auf die Frage, mit welchen Ansätzen Umweltrisiken am effizientesten und auf möglichst lange Sicht reduziert werden können. In jeder Wirtschaftsordnung und nicht nur in der Marktwirtschaft sind dies dann die Instrumente, die in optimaler Weise Spezifika der einzelnen umweltbelastenden Aktoren berücksichtigen, in einer Marktwirtschaft zusätzlich solche, die sich die Konstitutionsprinzipien der freien unternehmerischen Entscheidung und des Wettbewerbs zunutze machen.

Die Unternehmen spielen dabei natürlich eine zentrale Rolle – als Objekte und Subjekte einer dynamisierten, umweltsparenden, Fortschritt anreizenden Umweltpolitik, als Adressaten marktwirtschaftlich orientierter umweltpolitischer Instrumente und eigeninitiative Träger proaktiver Umweltpolitik. Lassen wir einen prominenten Unternehmer dazu sprechen:

„Meine Behauptung ist, daß nur derjenige in unserer Zeit die Qualifikation des Unternehmers verdient, der wirklich innerlich verstanden hat, daß unsere Verantwortung für die Umwelt eben nicht eine von Politikern auferlegte Fessel (...) ist (...), sondern (...) als eigenständige, als originäre Mitverantwortung und damit als Aufgabe, als Herausforderung angenommen werden muß“ (Reuter 1986, 11).

„Wir haben es bisher nicht geschafft, für Umweltgüter wie Ruhe, saubere Luft, gesunde Erde oder klares Wasser einen Markt zu organisieren, auf dem durch Wettbewerb eine ökologisch optimale Produktions- und Lebenswelt geschaffen und verkauft wird“ (Reuter 1986, 197).

„Industriepolitik heißt heute ganz konkret, Wege zu eröffnen, die die Umweltschonung zum Gegenstand marktwirtschaftlichen Wettbewerbs machen“ (Reuter 1986, 247).

„Wird man über die angebliche umweltpolitische Hysterie in manchen Teilen Europas noch lachen, wenn durch diese Anstrengung alte Produkte und Verfahren völlig umgekrempelt sein werden, so daß man sie weltweit importieren möchte, weil sie sehr wenig Energie verbrauchen und die Umwelt nicht mehr belasten?" (Reuter 1986, 255).

Ähnlich wie Edzard Reuter, der Chef des größten deutschen Industriekonzerns, beklagen auch andere Unternehmer, aber auch Gewerkschafter, Wissenschaftler und Politiker das Fehlen marktwirtschaftlicher Anreize zu umweltverträglichem Produzieren. Umwelt ist nur insoweit ein Kostenfaktor, als Umweltschutz den Unternehmen Kosten auferlegt, aber nicht in dem Sinne, daß umweltverträglicheres Produzieren von Kosten entlastet oder daß die Berücksichtigung der Umweltverträglichkeit bei der Auswahl von Konsumgütern belohnt würde. Die Nutzung von Umweltgütern – Wasser, Boden, Luft – ist unterhalb gesetzlicher Auflagen und Grenzwerte nach wie vor weitgehend frei; indes nicht mehr ganz: Die Umweltpolitik hat die ersten wirtschaftlichen Hebel eingesetzt, um Substitutionen, Emissions- und Abfallvermeidung anzustoßen: Abwasserabgabe, Pfänder auf Verpackungen oder umweltbelastende Produkte (verbunden mit Rücknahmepflichten des Handels und/ oder der Hersteller), Erhöhung der Entsorgungskosten für Sonderabfälle usw. Zusätzliche Instrumente sind in der politischen Diskussion: CO_2-Abgabe, weitere Emissionsabgaben, Umwandlung der Kraftfahrzeugsteuer in eine Abgasabgabe, Energiesteuern usw.

Die Vorherrschaft des Ordnungsrechts besteht, betrachtet man die Entwicklung der staatlichen Umweltpolitik seit ihrem Beginn vor ca. 20 Jahren bis heute, gewiß zu Recht. Sowohl Gefahrenabwehr als auch die bislang erreichte Vorsorge sind nur mit Ge- und Verboten, Auflagen oder Grenzwerten zu erreichen. Dem Vorteil der Rechtssicherheit und der – durch ein erhebliches Vollzugsdefizit allerdings eingeschränkten – tatsächlichen Durchsetzung der Emissionsminderung steht der Nachteil gegenüber, daß die ordnungsrechtlichen Instrumente der Umweltpolitik keine Anreize enthalten, die durch Grenzwerte vorgegebenen Standards zu unterschreiten; das heißt, dem umweltpolitisch immer zu fordernden Minimierungsgebot überall dort, wo der Stand der Technik es zu vertretbaren Kosten zuläßt, auch zu entsprechen oder gegebenenfalls auf umweltbelastende Produkte und Produktionsweisen zu verzichten. Ökonomische Instrumente gewinnen ihre umweltpolitische Steuerungsleistung gerade dadurch, daß sie diese Kosten nicht nur vertretbar machen, sondern umweltschonende Produkte und Produktionsprozesse belohnen, indem sie umweltschädigende Produkte oder umweltschädigendes Produzieren verteuern oder auf andere Weise benachteiligen.

Die bisher in der Umweltpolitik hauptsächlich angewandten ordnungsrechtlichen Instrumente – Ge- und Verbote, Auflagen, Grenzwerte – haben bekanntermaßen den Einsatz nachgeschalteter Reinigungseinrichtungen stärker angeregt als die Entwicklung integrierter Vermeidungstechniken. Letztere erfordern bis zur Produktionsreife längere Fristen und in der Regel auch höhere Kosten als Investitionen in End-of-pipe-Techniken. An einem kurzfristigen Kostenoptimum orientierte Kalküle der Unternehmen präferieren daher im Zweifel bei einer Entscheidung über Investitionsalternativen nachgeschaltete Reinigungstechniken, solange keine wirtschaftlichen Anreize für über die gesetzlichen Auflagen hinausgehende Emissions- oder Abfallverminderungen bestehen. Oder sie wählen bekannte, eingespielte Verfahren, obwohl andere, ausgereifte Verfahren zur Verfügung stünden, bei denen der Gesamteintrag in die Umwelt geringer wäre. Ein Beispiel aus der chemischen Industrie kann das illustrieren: Zur Chloralkali-Elektrolyse stehen mit dem Diaphragma- und dem Membranverfahren zwei Techniken zur Verfügung, die unter Umweltgesichtspunkten dem traditionellen Amalgamverfahren überlegen sind. Obwohl die Quecksilberabgabe an die Umwelt bei den neuen Verfahren niedriger ist als auch bei bestausgelegten Anlagen nach dem Amalgamverfahren, wurde noch 1988 die Errichtung einer neuen Amalgam-Anlage mit einer Laufzeit von 15 Jahren beschlossen. Auch mit dieser Anlage konnten die gesetzlichen Auflagen eingehalten werden, und ein Anreiz, diese zu unterschreiten, bestand nicht.

Damit wird auf der Ebene der Unternehmen nachvollzogen, was in der reaktiven Umweltpolitik als Zirkel angelegt ist: Staatliche Intervention erfolgt als Reaktion auf ein erkanntes, eingetretenes und beschreibbares Problem, wobei diese Intervention wieder zu einer Reaktion der Unternehmen in Form von Investitionen in nachgeschaltete Reinigungstechniken führt.

„Umweltschonung zum Gegenstand marktwirtschaftlichen Wettbewerbs machen“: Ist es oder wäre es da zu verstehen, wenn die Wirtschaft ökonomische Instrumente in der Umweltpolitik ablehnt? Unternehmer sollten sich nicht nur nicht gegen solche Instrumente wehren, sondern sie sollten sie aktiv einfordern, nicht anstelle des Ordnungsrechts, sondern dieses ergänzend. Schließlich entstünde dadurch ein wirtschaftlicher Rahmen, innerhalb dessen umweltverträgliches Produzieren am Markt belohnt würde. „Moral hat nur eine Chance, wenn sie Gesetz ist oder sich rechnet“ (*Die Zeit* vom 2. Februar 90, 40).

Wirtschaftliche Steuerungsanreize gehen in der Umweltpolitik – außer von Finanzierungshilfen und Haftungsregeln – vor allem von Abgaben aus. Mit Abgaben bezeichnet man ganz allgemein finanzielle Leistungen aufgrund staatlicher Anordnung, unabhängig vom rechtlichen Charakter oder von der Bemessungsgrundlage. Abgaben können Steuern, Gebühren, Beiträge oder Sonderabgaben sein.

- Bei Steuern hat der Steuerpflichtige keinen Anspruch auf eine Gegenleistung; das Aufkommen der Steuer fließt in den Topf der öffentlichen Hand und wird von dieser den Haushaltsplänen entsprechend verwendet.
- Gebühren werden für im einzelnen zurechenbare öffentliche Leistungen entrichtet.
- Mit Beiträgen werden Investitionskosten, die von staatlicher Seite vorgeschossen wurden, auf diejenigen Personen umgelegt, die davon Nutzen haben.
- Bei Sonderabgaben, die das für die Beeinflussung wirtschaftlichen Verhaltens in der Umweltpolitik zweifellos wichtigste Instrument darstellen, stehen Lenkungsabsichten im Vordergrund. Sonderabgaben werden zweckgebunden erhoben und in Sonderbudgets verwaltet.

Der entscheidende Unterschied zwischen einer Sonderabgabe und einer Steuer, zum Beispiel auf Verpackungen oder Behältnisse, liegt in der Zweckbindung der Sonderabgabe, während das Aufkommen aus einer Steuer, beispielsweise auf Energie oder Kraftfahrzeugabgase, in den allgemeinen Staatshaushalt fließen würde. Das Mittelaufkommen einer Sonderabgabe könnte zum Beispiel verwendet werden zur Unterstützung des Aufbaus eines Marktes für Sekundärrohstoffe, zur Förderung von innovativen Entwicklungen der Verwertungstechniken und dergleichen mehr.

Nach ihrer jeweiligen Bemessungsgrundlage können Umweltabgaben Emissionsabgaben (Abwasserabgabe oder Abgaben auf die Emissionen von Schwefeldioxid oder von CO_2), Inputabgaben (auf Energie oder Grundstoffe), Verfahrensabgaben (zum Beispiel auf die Chlorbleiche von Papier) oder Produktabgaben (auf Einwegflaschen, Batterien oder andere umweltbelastende Produkte) sein.

Der Wert eines Instruments, in diesem Fall also einer bestimmten Abgabe, erweist sich daran, ob es Einstellungen, Entscheidungen und Verhaltensweisen von Unternehmen und Haushalten verändern, beziehungsweise ob es im Zusammenwirken mit anderen Instrumenten zu einer solchen Änderung beitragen kann. Diese Anreizfunktion kann unterschiedlicher Art sein; sie kann auf die Auslösung von Substitutionsprozessen in Unternehmen gerichtet sein, was nur oder um so eher erreicht werden wird, wenn eine Abgabe nicht auf die Kunden überwälzt werden kann; oder sie kann zum Ziel haben, das Verbraucherverhalten zu beeinflussen, wofür die Überwälzung der Abgabe auf die Kunden gerade wichtig ist und bei der Ausgestaltung der Abgabe bereits bedacht werden sollte (beispielsweise bei Pfändern). Die Abschätzung der wirtschaftlichen und der umweltpolitischen Auswirkungen von Abgaben im voraus kann im Einzelfall große Schwierigkeiten bereiten. Ihre Vorzüge liegen ganz allgemein im Anreiz für

- veränderte Prioritäten bei der Produktentwicklung;
- Entwicklung und Einsatz von emissions- und abfallvermeidenden Techniken, durch die wirklich der Stoffeintrag in die Umwelt reduziert wird, anstelle nachgeschalteter Reinigungstechni-

ken, mit denen Problemstoffe konzentriert und von einem Umweltmedium in ein anderes verlagert werden;

- Weiterführung der Vorsorge durch konsequente Minimierung der Umweltbelastungen durch Emissionen und Abfälle.

Auch ökonomische Instrumente, die das Ordnungsrecht ergänzen, bilden nur einen Rahmen, den die Unternehmen mit ihren Kalkülen und Entscheidungen füllen. Staatliche Umweltpolitik handelt in der Regel reaktiv. Sie kann erst nach der Markteinführung eines Produkts oder Stoffes und oft erst nach Jahren, wenn Schäden größeren Ausmaßes sichtbar oder nachweisbar geworden sind, eingreifen und tätig werden. Daß ein solches Vorgehen gerade bei den neuen Werkstoffen, für die ein komplexer Aufbau charakteristisch ist, zu schwerwiegenden Problemen führen kann, belegen Beispiele in jüngster Zeit. Die Abschätzung des Gefährdungs- und Schadpotentials erfolgt nicht antizipierend, sondern post festum. Ante festum wird auf den Gebrauchswert reflektiert; während die Materialeigenschaften eines neuen Werkstoffs herausgestellt und gefeiert werden, bleiben die mit ihm verbundenen Probleme, zum Beispiel bei der Entsorgung, im Dunkeln. Wer sie vorzeitig ans Licht zieht, gerät in die Rolle des Außenseiters und mäkelnden Störenfrieds. Oft gibt es zu dem Zeitpunkt, zu dem ein Produkt oder ein Stoff in Verkehr gebracht wird, eine Minderheitsmeinung in der Wissenschaft, die vor den mit dem jeweiligen Produkt oder Stoff verbundenen Gefahren warnt. Das war sowohl bei dem großindustriellen Einstieg in die Chlorchemie Anfang der sechziger Jahre der Fall als auch auf dem Höhepunkt der Beliebtheit der FCKW Anfang der siebziger Jahre. Bereits damals gab es anerkannte Chemiker, die auf wissenschaftlichen Symposien genau die Argumente gegen die FCKW vortrugen, die heute angesichts der Zerstörung der Ozonschicht zum Allgemeingut auch der nichtwissenschaftlichen Öffentlichkeit geworden sind.

Wie kann ein Verhalten der Unternehmen angestoßen, kultiviert und verstärkt werden, das die nachteiligen Folgen für menschliche Gesundheit und Ökosysteme und die ökonomisch nachteiligen Folgen für Image, Glaubwürdigkeit und Marktanteile der betroffenen

Unternehmen von vornherein ausschließt oder vermindert? Ein solches Verhalten wäre „proaktiv“ zu nennen (Fülgraff, Reiche 1990).

Proaktive Handlungsmuster zielen darauf, eine hochindustrialisierte, anpassungsfähige Wirtschaft bereits in einem sehr frühen Stadium dazu zu bringen, daß sie noch nicht entstandene, potentielle Problemlagen bei der Entwicklung von Verfahren und Produkten nicht nur theoretisch reflektiert, sondern soweit wie möglich auf mögliche Schadwirkungen abschätzt und diese Ergebnisse bei der Entscheidung über die Weiterentwicklung der betreffenden Stoffe oder Produkte berücksichtigt. Sie erfordern keine staatliche Bürokratie. Sie setzen auf Freiwilligkeit, auf Selbstkontrolle, auf Wertewandel, auf eigene Anstrengungen der Wirtschaft und vor allem auf Lernprozesse, das heißt auf die Lernfähigkeit und die Lernbereitschaft der Unternehmen.

Proaktiver Umweltschutz ist nicht mit vorsorgendem Umweltschutz oder mit Vorsorgepolitik zu verwechseln. Vorsorgepolitik steht unter dem Regiment des Staates. Der Gesetzgeber oder die Verwaltung handeln zum Beispiel in Form der Setzung von Grenzwerten, um erkannte Risiken zu verringern. „Proaktiv“ meint dagegen ein Handeln der Unternehmen. Diese werden antizipierend tätig, indem sie mögliche in der Zukunft eintretende Probleme, Gefahren, Schäden bedenken und abschätzen, bevor die Verwaltung überhaupt eine hinreichende Informationsgrundlage hat, um tätig werden zu können, oder indem sie bei der Risikominderung über staatliche Auflagen hinausgehen.

Proaktives Verhalten ist der staatlichen Umweltpolitik vorgelagert. Zwischen beidem besteht weder ein Gegensatz noch auch nur eine scharfe Trennlinie. Vielmehr kann proaktives Verhalten der Unternehmen einerseits flankierend ergänzt und andererseits angestoßen beziehungsweise gefördert werden durch politische Vorgaben, die nicht mit Sanktionen verbunden sind, die aber dennoch verhaltenssteuernd wirken können aufgrund der damit verbundenen öffentlichen Aufmerksamkeit. Beispiele dafür sind Emissions- oder Abfallminderungsziele oder Listen von Stoffen, deren Eintrag in die

Umwelt prioritär vermieden werden sollte, oder von Produkten, bei denen ein Änderungs- oder Umstellungsbedarf gesehen wird. Sie zeigen dem Unternehmen an, wo in den nächsten Jahren, wenn die Ziele nicht erreicht werden, staatliche Auflagen zu erwarten sind, die dann unter Umständen höhere Umstellungskosten verursachen als ein rechtzeitiges proaktives Handeln.

Beispiele proaktiver Handlungsmuster

- Jährliche Umweltbilanzen könnten eine Visitenkarte des jeweiligen Unternehmens darstellen, ein selbsterstelltes Zeugnis, inwieweit das Unternehmen seine gesellschaftlichen Pflichten, umweltverträglich nach dem Stand von Wissenschaft und Technik zu produzieren und entsprechend geprüfte Produkte herzustellen, ernst nimmt, und inwieweit es im Vergleich zu früheren Jahren dabei Fortschritte erzielt hat. Eine solche Funktion können Umweltbilanzen erfüllen, auch wenn derzeit niemand sagen kann, wie diese Bilanzen zu erstellen sind, um zu vergleichbaren Ergebnissen bei Unternehmen zu führen, die unterschiedlichen Branchen angehören. Auf diese Vergleichbarkeit kommt es nämlich im Hinblick auf einen proaktiven Umweltschutz nicht an. Entscheidend ist vielmehr, daß überhaupt derartige Bilanzen erstellt werden und daß sie zu einer selbstverständlichen Übung aller größeren Unternehmen werden. Die Auseinandersetzung über die Aussagefähigkeit solcher Bilanzen wird die Unternehmen dazu zwingen, auf die Korrektheit und Angemessenheit ihres Berichtswerks zu achten. Geschönte Umweltbilanzen können der Reputation mehr schaden als nützen.

- Für den Fall, daß beim Gebrauch eines Produkts oder bei einem Produktionsverfahren später Umweltprobleme auftreten oder erkannt werden, sollten Unternehmen darlegen können und müssen, welche Überlegungen und Untersuchungen sie angestellt hatten, um die Umweltverträglichkeit antizipierend abzuschätzen. In einer Gesellschaft, in der proaktiver Umweltschutz institutionalisiert und zur Handlungsregel für Unternehmen geworden ist, können solche Darlegungspflichten auch ohne gesetzliche Vorschrift zu einem selbstverständlichen Bestandteil der Firmenkultur geworden sein.

Ein gesetzlich vorgeschriebenes Beispiel findet sich im Arzneimittelrecht. Die Durchführung klinischer Prüfungen mit neuen Arzneimitteln ist nicht genehmigungspflichtig. Die pharmazeutischen Unternehmer müssen jedoch vor Beginn einer klinischen Prüfung die Ergebnisse aller Untersuchungen, aufgrund derer sie Risiken einer ersten versuchsweisen Anwendung bei Patienten für vertretbar gehalten haben, beim Bundesgesundheitsamt hinterlegen. Dort werden sie rückholbar gelagert; sie werden nur dann geöffnet, wenn besondere Umstände während der klinischen Prüfung es notwendig erscheinen lassen. Dann kann geprüft werden, ob das Unternehmen seiner Sorgfaltspflicht vorher ausreichend nachgekommen ist.

□ Bevor ein Produkt in Verkehr gebracht wird, sollten die Hersteller gleichsam als Ausdruck ihrer Rolle in der Gesellschaft und ihrer Aufgaben gegenüber Umweltbelangen eine Produktlinienanalyse vorlegen, in der das Produkt, die einzelnen Stoffe und Produktionsschritte im Hinblick auf ihre Gesamtbelastung der Umwelt vom Rohstoffeinsatz bis zum entstehenden Abfall in allen Phasen untersucht und bewertet werden. Diese Prüfung sollte alle Stufen der Produktion und Nutzung umfassen, einschließlich Energieverbrauch und Abfallentstehung.

Ein solches Vorgehen hat zwei Ziele: die Gesamtbelastung zu minimieren und einzelne konkurrierende Produktlinien im Hinblick auf ihre Umweltbelastung miteinander vergleichbar zu machen, wobei anzumerken ist, daß die vergleichende Bewertung unterschiedlicher Emissionen große Schwierigkeiten bereiten kann.

Noch erscheint es schwierig, Unternehmen ohne gesetzliche Auflage zu veranlassen, Produktlinienanalysen zu erstellen und öffentlich bekannt zu machen. Gerade das aber wäre proaktives Verhalten: Spontan erstellte, von eigener Motivation getragene Produktlinienanalysen wären eine vertrauensbildende Maßnahme par excellence, auch wenn es sicher noch kontroverse Diskussionen um die Bewertung der einzelnen Belastungssegmente gäbe.

- Umweltentlastende Innovationen setzen sich nicht von selbst durch. Dies gilt besonders für emissions- und abfallvermeidende neue Technologien und für umweltverträgliche Produktlinien, wenn Lösungswege noch nicht ausgereift oder wenigstens klar erkennbar sind und wenn demgegenüber abgeschriebene Produktionsanlagen noch für Jahre genutzt werden können oder „bewährte" Produkte auf dem Markt eingeführt sind. Der Gesetzgeber könnte jedoch Rahmenbedingungen schaffen, durch die die Forschung und Entwicklung umweltentlastender Innovationen direkt angeregt würde. Beispielsweise könnte den Unternehmen im Wege einer Novellierung des § 5, Abs. I, Nr. 3 Bundes-Immissionsschutzgesetz eine entsprechende Verpflichtung auferlegt werden, vor allem in solchen Bereichen zu forschen, in denen ein großer Umstellungsbedarf besteht und in denen Innovationen daher besonders umweltentlastend wirken würden. Zu denken wäre auch an ohne gesetzliche Auflage von mehreren Unternehmen gemeinsam getragene Fonds und von diesen finanzierte Arbeitsgruppen, durch die sich die Unternehmen stärker an der Forschung zur Vermeidung von Abfällen und Reststoffen beteiligen.

- Auch das Mittel der Zinsverbilligung bei Investitionskrediten könnte zur gezielten Förderung innovativer Vermeidungstechniken genutzt werden; zum Beispiel könnte die Kreditanstalt für Wiederaufbau (KfW) in ihrem Umweltschutzprogramm gezielt solche Vorhaben fördern, bei denen durch neue Verfahren über die gesetzlichen Anforderungen hinausgegangen wird. Darüber hinaus könnte die KfW umweltentlastende Investitionen unterstützen, wenn sie regelmäßig bei Investitionskrediten prüfen lassen würde, ob Umweltbelangen gebührend Rechnung getragen wird; das heißt, ob durch das öffentlich-rechtliche Kreditinstitut des Bundes auch der im Hinblick auf Emissions- und Abfallvermeidung jeweils beste Stand der Technik gefördert wird. Mit einer solchen Erweiterung der Kriterien ihrer Kreditprüfung auf Umweltaspekte würde die KfW eine Vorreiterrolle für das gesamte Kreditgewerbe übernehmen. Das könnte einerseits stilbildend für die Praxis der Kreditgewährung auch der privaten Kreditinstitute wirken und hätte andererseits eine nicht zu unterschätzende Signalfunktion für die Unternehmen, bei ihren Investitionsplanungen Umweltaspekten stärker als bisher Rechnung zu tragen. Genau darauf zielt die Idee des proaktiven Umweltschutzes.

- Die von einigen Unternehmen praktizierten Selbstbindungen sind ein Zeichen dafür, daß sie bereits proaktiv handeln. Bei Selbstbindungen setzen sich Unternehmen selbst umweltentlastende Ziele, zum Beispiel Abfallminderungsziele, die sie bekanntgeben. Sie stellen jährlich einen festen Mindestanteil ihres Investitionskapitals für entsprechende Projekte, beispielsweise zur Abfallminderung, bereit, so daß Projekte der Vermeidung oder Verminderung unternehmensintern untereinander um dieses Kapital konkurrieren können, die Ingenieure jedoch die Garantie haben, daß solche Projekte auf jeden Fall zum Zuge kommen und nicht regelmäßig gegenüber anderen „produktiven" Investitionen ins Hintertreffen geraten.

In der chemischen Industrie wurde das Konzept des produktionsintegrierten Umweltschutzes entwickelt, das sich der Verband der chemischen Industrie in seinen Umweltrichtlinien zu eigen gemacht hat. Es sieht unter anderem vor, alle Prozesse und Verfahren zu überarbeiten oder neu zu entwickeln, um bisher anfallende Reststoffe zu vermeiden oder jedenfalls zu vermindern. Es handelt sich dabei zweifellos um eine wichtige und beispielhafte Initiative, die nun von den Firmen durch eigenes proaktives Handeln konkretisiert werden müßte: Den allgemeinen Grundsätzen sollten konkrete Zeitpläne der einzelnen Firmen folgen, in denen sie ihre Verfahrensänderungen ankündigen; die Öffentlichkeit sollte regelmäßig über den erreichten Stand bei der Realisierung des Konzepts und über die erzielte Minderung bei Rohstoffen und Abfällen unterrichtet werden.

Einzelne Firmen der Großchemie haben in jüngster Zeit Beispiele für proaktives Handeln geliefert. Sie haben ein firmeninternes Vermischungsverbot für Sonderabfälle und Reststoffe erlassen, wodurch sowohl die mögliche Verwertung als auch die notwendige Entsorgung erleichtert werden kann. Ein Unternehmen soll darüber hinaus ein firmeninternes Begleitscheinverfahren für Sonderabfälle entwickelt haben, um die Entsorgung, das heißt in der Regel die Verbrennung dieser Sonderabfälle in den firmeneigenen Anlagen stoffspezifisch besser steuern zu können.

- Ein wichtiger Aspekt ist auch, ob und in welchem Maß Verbesserung des Umweltschutzes zu den Kriterien gehört, nach denen die Leistungen sowohl der Ingenieure als auch der Unternehmensleitungen beurteilt werden. Wenn Umweltschutz zu den Unternehmenszielen gehört, muß deren Befolgung ebenso karrierefördernd sein wie ihre Mißachtung nachteilig, auch wenn diese Mißachtung kurzfristige Kostenvorteile einbrachte. Das innerbetriebliche Anreizsystem ist noch zu häufig so ausgerichtet, daß es Kostensenkung, Umsatzsteigerung und höhere Gewinne ohne Rücksicht auf die Umweltauswirkungen belohnt. Umweltschutz muß ein fester Bestandteil der Unternehmenskultur werden.

Bedingungen proaktiven Handelns

Im Kern proaktiven Umweltschutzes steht ein antizipierendes Handeln der Unternehmen. Das Konzept setzt auf eigene Anstrengungen, auf Wertewandel, auf Freiwilligkeit und auf die Einsicht, daß eine möglichst weitgehende Transparenz bei der Produktentwicklung und bei der Planung von Produktionsverfahren heute genauso ein selbstverständlicher Bestandteil der Firmenkultur sein sollte wie eine offene, nicht manipulative Kommunikation zwischen Unternehmen und Bürgern als potentiellen Kunden beziehungsweise „Betroffenen“. Glaubwürdige Information und authentische Kommunikation sind keineswegs identisch. „Glaubwürdige Information ist ein Artefact, in kleinen Dosen und sorgfältig verpackt verabreicht, während authentische Kommunikation dauerhafte Beziehungen voraussetzt, in denen sich gegenseitiges Vertrauen und Achtung aufbauen können“ (Otway, Wynne 1989). Dies ist erst herzustellen in einem Prozeß, in dem vor allem die Hersteller von Produkten und Stoffen neue, proaktive Anstrengungen unternehmen müssen. Dadurch überwinden sie auch die bisherige systematische Unterschätzung der zwar nicht monetarisierbaren, aber durchaus benennbaren wirtschaftlichen Vorteile eines positiven Unternehmensbildes in der Öffentlichkeit.

Freiwilligkeit ist jedoch keine notwendige Bedingung eines proaktiven Verhaltens. Der sanfte, aber wirksame Druck staatlicher Instrumente kann ebenfalls zu einer Verbreiterung des proaktiven Verhaltens beitragen. Die sich hierfür anbietenden umweltpolitischen Instrumente übernehmen Elemente der ordnungsrechtlichen wie der ökonomischen Instrumente: vom Ordnungsrecht den Gedanken, daß der Staat klare Vorgaben machen muß, in welchen Bereichen vorrangig umweltpolitischer Handlungsbedarf besteht, damit die Unternehmen sich an diesen Rahmendaten orientieren können; von den ökonomischen Anreizinstrumenten die Idee, daß ein umweltgerechtes Verhalten den Betreffenden auch Vorteile bringen sollte. Der ökonomische Vorteil bestünde bei einem proaktiven Handeln der Unternehmen darin, daß das umweltfreundliche Profil einer Firma sich in einer besseren Marktstellung niederschlagen kann und daß die Risiken einer später aus Gründen der eingetretenen Umweltbelastung erforderlich werdenden Produktionsumstellung zurückgehen werden.

Die Unternehmen können bei einem proaktiven Vorgehen darüber hinaus mit einem Vorteil rechnen, den sie selbst sehr hoch bewerten. Sie verhindern damit eine sonst aus umweltpolitischen Gründen erfolgende staatliche Investitionslenkung; denn diese müßte in dem Umfang zunehmen, „in dem Produzenten, Handel und Konsumenten mögliche umweltfreundliche Alternativen nicht aus eigener Initiative zu ergreifen bereit sind“ (von Lersner 1985). Nur wenn die Unternehmen Lösungen für den Schutz der Umwelt von sich aus anbieten, werden sie in ihren Entscheidungen auch in Zukunft frei sein.

Literatur

Beck, U. (1986): Risikogesellschaft – Auf dem Weg in eine andere Moderne. Frankfurt/ M.

Dahl, J. (1987/88): Eine Laienpredigt für die Unbegreiflichkeit. In: Scheidewege, 17, S. 49–67.

Dierkes, M., H.-J. Fietkau (1988): Umweltbewußtsein – Umweltverhalten. Stuttgart, Mainz.

Fischer, J. (1989): Der Umbau der Industriegesellschaft, Frankfurt/M.

Fülgraff, G., J. Reiche (1990): Proaktiver Umweltschutz. In: Festschrift für Dr. Heinrich Frh. v. Lersner. Berlin.

Huber, J. (1987): Technikbilder und Umwelt. IIUG dp 87–17, Wissenschaftszentrum Berlin für Sozialforschung. Berlin.

Lersner, H.v. (1985): Technik zwischen Ökonomie und Ökologie. In: *Innovation*, 3, S. 245ff.

Lévi-Strauss, C. (1980): Mythos und Bedeutung. Frankfurt/M.

Otway, H., D. Wynne (1989): Risk Communication: Paradigm and Paradox. In: Risk Analysis, 9, S. 141–145.

Perrow, C. (1987): Normale Katastrophen. Frankfurt/M.

Reuter, E. (1986): Vom Geist der Wirtschaft. Stuttgart.

Rat von Sachverständigen für Umweltfragen (1987): Umweltgutachten 1987. Stuttgart, Mainz.

Zwischen Zweck- und Wertorientierung – Unternehmensethik in systemischer Perspektive

von Horst Tippelt und Klaus Zimmermann

Statt einer Einführung eine Illustration: Umwelttechnologien und Unternehmensethik

Das geringe Ausmaß der Verbreitung von integrierten Technologien stellt ein wichtiges Defizit praktizierter Umweltpolitik dar, ist aber auch unter dem Aspekt von Unternehmensethik von Interesse. Integrierte Technologien, also umweltsparende Innovationen des gesamten Produktionsprozesses, sind nämlich die technologische Variante „präventiver" (Simonis 1988), also vorsorgend-langfristiger Anpassung an die zunehmende Knappheit von Umweltgütern und werden der „reaktiven" Lösung in Gestalt von dem eigentlichen Produktionsprozeß nachgeschalteten „End-of-pipe"-Anlagen, die wesentlich zur Verschiebungstendenz umweltpolitischer Probleme zwischen Umweltmedien beigetragen hat, zu Recht umweltstrategisch vorgezogen (Zimmermann 1990a).

Integrierte oder Prozeßtechnologien sind in der Lage, die Belastung der Assimilationskapazität der Umwelt generell zu verringern, indem sie die Menge an Residuen reduzieren und deren Form zwecks Verringerung ihrer Gefährlichkeit verändern. Während Prozeßtechnologien also die Umweltrisiken minimieren, ermöglichen „End-of-pipe"-Technologien nur eine bessere Handhabbarkeit von Risiken – sie greifen langfristig gesehen zu kurz, da sie ausschließlich Schadstoffe transformieren und in Medien mit höherer Assimilationskapazität transportieren. Es kommt hinzu, daß der Ressourcenverbrauch bei „End-of-pipe"-Technologien volkswirtschaftlich gesehen unweigerlich höher ist als bei Prozeßtechnologien. Prozeßtechnologien haben demnach den besonderen Vorzug, erneuerbare *und* nicht erneuerbare Ressourcen zu sparen; sie sind daher von der Allokation der Ressourcen her effizienter –

und das heißt volkswirtschaftlich wie auch global im Sinne der Knappheit erschöpfbarer Ressourcen „billiger" als „End-of-pipe"-Technologien. Sie sind allerdings für das Unternehmen auch riskanter als „End-of-pipe"-Technologien, denn letztere können ja auch Output produzieren ohne Hinzuschaltung der „End-of-pipe"-Anlage. Die andere Seite der Medaille, das Risiko für die Gesellschaft, besteht dann darin, daß die Hinzuschaltung von „End-of-pipe"-Anlagen in böser Absicht unterbleiben kann, was dann zwar einerseits Ressourcen spart, andererseits aber umweltkriminell Emissionen in die Umwelt entläßt. Prozeßtechnologien operieren aber ganz oder gar nicht und sind daher in diesem gesellschaftlichen Sinne „fehlerfreundlich".

Von ethisch orientierten Unternehmen wären demnach Prozeßtechnologien als technologische Alternative zu wählen, da diese bei jedem gewünschten Outputniveau ein höheres Maß an Umweltqualität garantieren. Der Anteil der Prozeßtechnologien an den ökologisch bedingten Investitionsmaßnahmen wäre also auch ein Indikator für die ethische Orientierung(sfähigkeit) der Wirtschaft – in dem Maße allerdings, wie dieser Anteil nicht durch betriebswirtschaftliche Kalküle der Technologienachfrager und -anbieter erklärt werden kann.

Wenn man dem grundsätzlich zustimmt, dann sind die Ergebnisse der faktischen Technologiewahl in den Unternehmen bezüglich des vorsorgepolitischen und damit umweltethischen Anspruchs doch einigermaßen enttäuschend: Sowohl in der Bundesrepublik wie auch in den USA ist der Anteil der integrierten Umweltinvestitionen an den Umweltinvestitionen insgesamt nie wesentlich höher gewesen als 20 Prozent und in der Bundesrepublik dazu im fallenden Trend (Zimmermann 1990b, 207ff.).

Welche benennbaren Faktoren haben nun zu diesem mageren Ergebnis trotz ganz offensichtlicher Vorteilhaftigkeit für Gesellschaft und Umwelt in langfristiger Sicht geführt? Oder anders gefragt: Wenn identifizierbare Einflußgrößen in rationaler ökonomischer Analyse die Technologiewahl in hohem Maße erklären können – wo ist dann das umweltethische Verhalten der Unternehmen geblieben?

Betrachten wir zunächst die Nachfrageseite nach Umwelttechnologien (dazu im einzelnen Hartje 1990). Für die Umwelttechnologie nachfragenden Unternehmen sind integrierte Technologien selbst bei geringeren Gesamtkosten nicht attraktiv, da die Unternehmen die Fixkostenblöcke der bestehenden Standardtechnologien nicht berücksichtigen, sie sind als „sunk costs" nicht mehr Kalkulationsgrundlage. Hinzu kommen ein höherer Finanzierungs- und Umstellungsaufwand sowie höhere Kosten durch Lernprozesse, da die neue integrierte Technologie Anpassungs- und Ausbildungskosten verursacht, während die „End-of-pipe"-Anpassung der Standardtechnologie von sinkenden Betriebskosten in den mit dieser Technologie erfahrenen Betrieben profitiert. Da die technischen und ökonomischen Risiken höher sind, ist nach rationalem Kalkül eine Entscheidung zur Übernahme und Anwendung von integrierten Technologien am wahrscheinlichsten, wenn Unternehmen mit einer Neuanlage in eine neue Branche eindringen.

Auch die Angebotsseite integrierter Technologien bietet kein erfreulicheres Bild – die Anreize zur ihrer Entwicklung sind nur gering, wobei zuallererst die Präferenzen der Nachfrager handlungsleitend sind. Von der technologischen Seite her ist festzustellen, daß Produktionsprozesse – soweit technisch möglich – immer derart gestaltet werden, daß eine maximale Transformation von Rohmaterialen in Output gewährleistet ist, was vice versa einer Minimierung von Residuen entspricht – mithin dürfte der Status quo an prozeßtechnologischem Wissen weitgehend ausgeschöpft sein. Es kommt hinzu, daß Innovationen in Emissionskontrollsystemen in ein herrschendes „dominant design" von Technologien als relativ stabile Konfiguration von qualitativ-technischen Eigenschaften einzupassen sind; zudem ist es auch intellektuell der einfachere Weg, Probleme nacheinander (end-of-pipe) als simultan (integriert) zu lösen. Technologische Risiken im FuE-Prozeß sowie der sinkende Anteil umweltintensiv produzierender Branchen in hochindustrialisierten Staaten sind weitere Faktoren für den geringen Anteil der integrierten Technologien.

Soweit die Theorie – wie wir oben aber schon gefragt haben: Wenn diese Faktoren oder einzelne von ihnen die Wahl integrierter Technologien zureichend erklären können, dann kann ganz offensichtlich die Wirkung unternehmens- und umweltethischen Verhaltens statistisch gesehen nur im nicht erklärten Varianzanteil liegen, also residual sein. Untersuchungen auf Basis aggregativer amtlicher Statistik zeigen denn auch, daß der Anteil integrierter Prozesse an den Umweltinvestitionen der deutschen Unternehmen überwiegend durch einige wenige Variablen erklärt werden kann – er wächst mit der Betriebsgröße, der Humankapitalintensität, der Emissionsintensität, und er sinkt mit dem erreichten Anteil des Umweltkapitals am Gesamtrealkapital der Unternehmen (Zimmermann 1990b, 218ff.). Welchen Eingang hier rationale betriebswirtschaftliche Kalküle unter staatlichem Regulierungseinfluß oder ethisches Verhalten gefunden haben, ist zunächst einmal ungewiß, läßt aber Raum für Spekulationen: Ist ethisches Verhalten ein Größenphänomen, nimmt es also mit der Größe des Unternehmens zu? Ist der Ausbildungsgrad der Mitarbeiter ein Indikator für ethisches Verhalten, ist IBM also ceteris paribus ethischer als die Ruhrkohle AG? Ist die Konfliktlage des Unternehmens in bezug auf Gesellschaft und Umwelt ethikfördernd? Gibt es gar eine Art „Ethik-Konto“, das mit dem Grade seiner Auffüllung die Neigung zu zusätzlichem ethischen Verhalten sinken läßt?

Sicher ist allein, daß der Anteil präventiver Umwelttechnologie nur 20 Prozent aller Umweltinvestitionen beträgt, daß die oben erwähnten Variablen diese Quote zu mehr als 75 Prozent erklären können und daß dies cum grano salis auch den theoretischen (und einzelwirtschaftlichen rationalen) Erwartungen entspricht. Inwieweit Unternehmen solche umwelttechnischen Innovationen aus unternehmensethischen Gründen gewählt haben, obwohl sie eigentlich zur 80 Prozent-Quote gehörten, steht in den Sternen. Ist Unternehmensethik also ein zentrales Motiv oder doch eher ein Verhalten „at the margin“? Existiert überhaupt eine Unternehmensethik? Und wenn – sollte sie existieren? Und warum?

Steuerungsdefizite: Der Anstoß zur Ethikdiskussion

In den letzten Jahren ist die Frage nach den ethischen Voraussetzungen wirtschaftlichen Handelns (einmal wieder, denn dies ist kein neues Thema) mit Engagement diskutiert worden. Damit wurde tendenziell die in den siebziger Jahren geführte Steuerungsdiskussion, in der im wesentlichen nach den Möglichkeiten der Kontrolle und Einflußnahme des Staates gegenüber den gesellschaftlichen Teilsystemen gefragt wurde, durch die Frage nach der Selbstkontrolle von Teilsystemen abgelöst. Diese Veränderung der Perspektive resultiert nicht zuletzt aus den Erfahrungen des „sozialdemokratischen Jahrzehnts“: Konzeptionelle Initiativen und organisatorische Innovationen von der Planungseuphorie der frühen siebziger Jahre bis hin zur kommunalen Gebietsreform führten nicht zu der erhofften Eingriffs- und Durchgriffstiefe, die letztlich notwendig gewesen wäre, um wirtschafts- und wertgeleitete Gesellschaftspolitik zum Ausgleich zu bringen.

Zwei bedeutende Entwicklungen sind vermutlich entscheidend gewesen, den Glauben an die Steuerungsfähigkeit des Staates zu erschüttern. Veränderungen der organisatorischen Struktur des politisch-administrativen Systems (PAS) führten zu Vollzugsdefiziten in der Programmplanung und -durchführung, die in Fehlsteuerungen und mangelnder Normerfüllung kulminierten (Mayntz 1978). Als Reaktion erfolgte eine zunehmende Zentralisierung politischer Macht, um intensive Kontroll- und Durchgriffsmöglichkeiten zu schaffen. Die damit entstehende Entfernung (oder Entfremdung) der Adressaten der politischen Maßnahmen von den Machtzentralen der Gesellschafts- und Wirtschaftspolitik konterkarierte den Durchgriff mit Hilfe institutioneller Gegenmachtpositionen in der Bürokratie selbst und stabilisierte ein weitgespanntes Netz formeller und informeller Bargaining-Positionen zwischen Wirtschaft und Bürokratie. Das Resultat war ein Circulus vitiosus von Implementationsproblemen und weiterer Zentralisation administrativer Macht (Schatz 1975). Diese Zentralisierung der Weisungsbefugnisse und der Planungshoheit politischer Maßnahmenbündel führte nicht zu höherer Durchsetzungsfähigkeit politischer Instanzen, sondern zu uniformer Normsetzung, die regionale Besonderheiten und Probleme nicht berücksichtigen konnte, und eröffnete damit den föderativen Ebenen zusätzliche Spielräume in der Durchsetzungsphase politischer Programme. Letztlich führte unzureichende politische Programmatik und Normsetzung zu einem administrativ produzierten Vollzugsdefizit, das im Bereich der Umweltpolitik in besonderem Maße augenfällig wurde.

In dieser Nische von politischem Wollen und bürokratischem Widerstand und auf der Basis zunehmemder Entfremdung von den etablierten politischen Strukturen entwickelte sich eine Bürgerinitiativbewegung, die Willy Brandts Wort vom „mehr Demokratie wagen" ernst nahm und zugleich die von der Sozialdemokratie selbst formulierte Zielvorstellung demokratischer Einflußnahme der gesellschaftlichen Teilsysteme für sich reklamierte. Die Enttäuschung über mangelnde Umweltpolitik und wirtschaftspolitische Schwierigkeiten in den siebziger Jahren trugen dazu bei, daß Bürger administrative Aufgaben der Überwachung der Teilsysteme Wirtschaft und Staat auf regionaler und lokaler Ebene übernahmen und zugleich das PAS mit ihren Ansprüchen konfrontierten (Schmidt 1984). Selbsthilfe in der Gesellschaft war somit der Versuch, die allzu offensichtlichen Unfähigkeiten des Staates durch eigenverantwortliches Handeln zu substituieren, mehr noch: der fragwürdigen Prozeßethik repräsentativer Demokratie, gekennzeichnet durch ungleiches Gewicht der Wählerstimmen in bezug auf den politischen Einfluß und systemisch angelegte Kurzfristig- und Kurzsichtigkeit der Entscheidungen (vgl. Schulze, Brookshire, Sandler 1981, 821ff.), durch politisches Engagement und politischen Widerstand entgegenzusteuern.

So kann es nicht überraschen, daß nun vermehrt nach den Handlungspotentialen in Wirtschaft und Gesellschaft selbst gefragt wird, nachdem das Experiment des ideellen Gesamtkapitalisten, der die Teilsysteme vor dem eigenen falschen Bewußtsein schützt, als gescheitert gelten muß (Offe 1980). Die paradigmatische Wendung zu neoklassischen Vorstellungen wirtschaftlicher Organisation und politischer Steuerung hat dazu beigetragen, die Handlungsressourcen der Unternehmen selbst auszuloten. Wenn ein Manager die sogar rechtlich normierte Art der Wiederaufarbeitung von

Atommüll in der Bundesrepublik innerhalb weniger Wochen auf den Kopf zu stellen vermag und damit ein nationales Entsorgungskonzept ad absurdum führt, erscheint die Frage legitim, inwieweit eine an den Bedürfnissen der Gesellschaft orientierte Wirtschaft nicht handlungs- und politikfähiger ist als eine inflexible und verstockte Regierung, die trotz veränderter Rahmenbedingungen und heftigstem Widerstand gegen diese Entsorgungskonzepte an der einmal formulierten Politik festhält; so gesehen war der Fall von Wackersdorf ein segensreiches Ergebnis der mancherorts beklagten Abdankung der Politik – es ist keine Frage welcher: der hohen und großen – zugunsten der Wirtschaft.

Unserer Ansicht nach wäre es aber nun ein Fehler, allein und isoliert die Handlungspotentiale der Unternehmen in Augenschein zu nehmen, ohne deren systemische Einbettung zu berücksichtigen. Unternehmerische Handlungsweisen sind notwendig kontextbezogen; Ressourcenausstattung, Nutzenfunktionen der Konsumenten, Moralvorstellungen und ethische Orientierungen in der Bevölkerung, kulturelle, politische und wirtschaftliche Stile einer Nation wie auch die weltwirtschaftliche Entwicklung und konjunkturelle Ausgangspositionen sind wesentliche Einflußgrößen in diesem Kontext. Wir wollen daher im folgenden nach der Handlungsfähigkeit und dem Handlungsrahmen in der Produktion von Gütern und Diensten – bezogen auf Technologien, deren Risiken und Umweltprobleme – fragen und die wesentlichen Verbindungslinien und Interdependenzen von Wirtschaft, Gesellschaft und Politik konturieren – so, wie wir sie sehen, und ohne den Anspruch auf Vollständigkeit.

Spielräume und Handlungspotentiale von Unternehmen in der Marktwirtschaft

Die Unternehmen sind in sehr unterschiedlicher Weise von den derzeitigen Auseinandersetzungen um eine ethische Orientierung des wirtschaftlichen Handelns betroffen. Zu unterscheiden ist hier zunächst nach *Handlungsbedarf* und *Handlungsfähigkeit*.

Der *Handlungsbedarf* bestimmt sich ganz allgemein aus dem Ausmaß negativer externer Effekte, die ein Unternehmen bei der Erstellung von Gütern und Diensten produziert; im folgenden bezeichnen wir dies als den objektiven Handlungsbedarf.

Bestimmungsfaktoren dieses objektiven Handlungsbedarfs sind die Assimilationskapazität der Umwelt und die Destabilisierung gesellschaftlicher Teilsysteme durch externe Effekte. Das faktische Niveau dieser Effekte ist zu unterscheiden von der subjektiven Wahrnehmung der Externalitäten. Mangelnde Transparenz, mangelndes Wissen um ökologische und gesellschaftliche Zusammenhänge führen zu einer strukturellen Inkongruenz zwischen subjektivem und objektivem Handlungsbedarf. Die subjektiven Bedarfe bilden sich aus der Wertstruktur der Gesellschaft und einer korrespondierenden Betroffenheit durch die Externalitäten. Genau in diesem Bereich entstehen die Konflikte zwischen Wirtschaft und Gesellschaft, die dann Reaktionen der Wirtschaft provozieren; Unternehmen sehen sich mit Protesten konfrontiert, die die Legitimation der Produktion in Frage stellen können. Es ist evident, daß diese Probleme branchenspezifische Besonderheiten aufweisen, sowohl im Betroffenheitsgrad als auch hinsichtlich ihrer Legitimierbarkeit; solche branchenspezifischen Besonderheiten ergeben sich dabei aus dem Produktionsprozeß und dem Produkt selbst. Insbesondere Dienstleistungsunternehmen weisen hier einen geringeren subjektiven und objektiven Betroffenheitsgrad auf, da physikalische Auswirkungen auf ökologische Systeme nicht oder nur in relativ geringerem Ausmaß existieren. Die Konfliktpotentiale liegen hier in der Destabilisierung und Transformation gesellschaftlicher Organisation; die Auseinandersetzungen um den Datenschutz und weitgespannte Informationssysteme sind hier beispielhaft.

Die Legitimierbarkeit negativer externer Effekte ist wesentlich von der Akzeptanz und damit von den Präferenzen der Bevölkerung abhängig. Augenfälligstes Beispiel ist die hohe Präferenz der individuellen Mobilität mit dem Auto, die zu einer hohen Toleranz gegenüber Externalitäten wie zum Beispiel Verkehrstoten und Verletzten geführt hat. Der Einsatz von Katalysatoren und bleifreiem

Benzin hat darüber hinaus dazu beigetragen, die Restrisiken des Autoverkehrs zu legitimieren. Hier haben wir es mit im ethischen Sinn akzeptierten Risiken zu tun, da diese freiwillig und bewußt getroffene Wahl einer Anzahl von potentiellen Opfern von den Konsumenten als lohnend empfunden wird (vgl. Fritzsche 1986, 60). Trotz objektiv hohem Handlungsbedarf ist der subjektive Handlungsbedarf hier gering.

Fassen wir dies kurz zusammen: Ein objektiver Handlungsbedarf würde sich definieren aus dem Ausmaß der negativen externen Effekte der Unternehmenstätigkeit, dessen Operationalisierung anhand der Überschreitung einer gegebenen Assimilationskapazität der Umwelt und potentieller Destabilisierungseffekte sozialer Teilsysteme erfolgt. Diesem faktischen, „objektiven" Niveau externer Effekte wäre das „subjektive" Niveau gegenüberzustellen, das wahrnehmungs- und wertungsabhängig ist – die gesellschaftliche Legitimierbarkeit eines negativen externen Effekts verhält sich invers zum subjektiv zu erbringenden Opfer am geschädigten Gut.

Von hier aus ist sogleich ein kurzer Seitenblick auf die ethischen Anforderungen an Unternehmen möglich: Ist der objektive Handlungsbedarf größer als der subjektive, so besteht eine Nachfrage nach ethischer Entscheidung in dem Maße, in dem der objektive Handlungsbedarf nicht abgedeckt ist durch staatliche Normsetzung per „Meritorisierung" (Begründung: Informationsmängel) oberhalb des subjektiven Handlungsbedarfs; ist der subjektive Handlungsbedarf aber größer als der objektive – auch Ängste sind Einflußgrößen von Werteskalen –, so besteht die ethische Nachfrage gewissermaßen in der Abwehr von Überregulierung, die bei populistischen Politiken immer droht und eben nicht zum „greatest good for the greatest number" führt. Beide ethischen Entscheidungen würden ihre Begründung in utilitaristischer Ethik finden, daß nämlich in ethisch korrekten Entscheidungen alle Konsequenzen berücksichtigt werden müssen – zum Wohle der Umwelt im ersten, der Wohlfahrt der Menschen im zweiten Fall.

Auf der Ebene der *Handlungsfähigkeit* gehen Restriktionen von der Konstruktion und Konstitution des marktwirtschaftlichen Systems selbst aus. Die Fähigkeit, den oben skizzierten Handlungsbedarfen nachzukommen, ist abhängig von der Marktstruktur und dem Marktverhalten, von der Zahl der betroffenen Produkte oder Produktionsprozesse und in der Konsequenz damit von der Belastungsmöglichkeit und Zahlungsfähigkeit der Unternehmen.

Die Marktstruktur (Kosten, Konzentration, Produktdifferenzierung, Zutrittsbarrieren) bestimmt im wesentlichen den Aktionsraum der Unternehmen, soweit diese nicht in der Lage sind, ihn autonom zu verändern. Über den Wettbewerbsprozeß wird im Idealfall ein hohes Innovationspotential in Prozeß- und Produktfortschritt umgesetzt; Innovationen eröffnen dabei Handlungsspielräume gegenüber den Konkurrenten. Innovationsstarke Sektoren der Wirtschaft sind daher aufgrund hoher Forschungs- und Entwicklungsaufwendungen eher in der Lage, auf die von Bevölkerung und Staat geäußerten Handlungsbedarfe zu reagieren. Das Innovationspotential erhöht die Reaktionsfähigkeit über die Erfahrungen mit technischer Entwicklung und Anwendung; negative Externalitäten können über Inventions- und Innovationsstrategien verhindert beziehungsweise kontrolliert werden.

Auf polypolistischen Märkten sind solche Möglichkeiten sehr begrenzt, da hier die Preise tendenziell an den Grenzkosten orientiert sind, Rücklagen für Forschungs- und Entwicklungsaktivitäten also nur begrenzt und nicht im notwendigen Ausmaß gebildet werden können. Insbesondere bei kleineren Betriebsgrößen und der Konzentration auf ein Produkt ist die Reaktionsfähigkeit sehr gering; die gravierenden Probleme der Kontrolle und Beherrschbarkeit kleinerer Emittenten in der Umweltpolitik sind unmittelbares Resultat solch polypolistischer Marktstrukturen. Selbst wenn neue Technologien verfügbar sind, bleiben Investitionskosten und kostentreibende Lernprozesse als Hindernisse für deren Einführung bestehen. Eigene FuE-Aktivitäten sind zudem mit erheblichen Risiken verbunden, da langfristige Entwicklungsprozesse und mögliche Fehlschläge die zeitliche Distanz zwischen Ausgaben und Einnahmen erhöhen und somit die Liquidität kleinerer Unternehmen gefährden. Alle diese Faktoren führen im Zusammenspiel zu dem Schluß, daß gerade in Marktstrukturen, die dem Ideal der vollständigen Konkurrenz in bezug auf das Kriterium Anbieterzahl nahe kommen, die Handlungsspielräume am geringsten einzuschätzen sind – und damit auch die Möglichkeiten zu unternehmensethischem Verhalten.

Großunternehmen auf oligopolistischen Märkten haben aufgrund hoher Rücklagen und Möglichkeiten der Quersubventionierung auf jeden Fall größere Handlungsspielräume. Die entsprechenden Erfolge bei der Internalisierung von negativen externen Effekten liegen denn auch vorwiegend in Bereichen der Energiewirtschaft und in Teilbereichen der chemischen Industrie. Unabhängig vom Betroffenheitsgrad wird die Reaktionsfähigkeit durch oligopolistische Marktstruktur und hohe Transparenz auf dem Markt gesteigert. Unternehmensethisches Verhalten oder zumindest die Möglichkeit dazu wird aus dieser Sicht zu einem eindeutigen Größenphänomen – nicht umsonst melden sich in der Debatte vornehmlich Vorstandsvorsitzende von Großunternehmen zu Wort.

Neben diesen objektiven Restriktionen aus der Marktstruktur, ethische Orientierungen in Handlungen umzusetzen, existieren weitere Restriktionen aufgrund von interindividuellen, aber verhaltensrelevanten Unterschieden hinsichtlich der Wahrnehmung solcher Problemlagen, die einen Handlungsbedarf begründen. Empirische Untersuchungen, beispielsweise aus den USA, offenbaren deutliche Divergenzen in der Beurteilung der Notwendigkeiten, Risiken zu minimieren (Fritzsche 1986, 126): Es zeigten sich nämlich erhebliche Unterschiede zwischen Führungskräften der Wirtschaft, Kongreßmitgliedern und öffentlicher Meinung in der subjektiven Einschätzung bestehender Gefahren moderner Technologien (Fritzsche 1986, 126). Es werden unterschiedliche Präferenzen deutlich, die aus verschiedenenartiger Einschätzung von Kosten und Nutzen in den gesellschaftlichen Teilsystemen resultieren: Techniker und Manager, die unmittelbar an der Entwicklung neuer Technologien und Verfahren arbeiten, neigen zu einer größeren Betonung zweckrationaler Beurteilung, die zu einer stärkeren Gewichtung der Nutzen eines Produktes führt als zu einer Überbetonung potentiell vorhandener Kosten eines Großunfalls (vgl. Beck 1988, 146 ff.).

Zwei Faktoren sind im wesentlichen dafür verantwortlich: Die Zielsetzung einer Unternehmung liegt zum ersten ja vorrangig in der Erstellung von Gütern und Diensten – the business of business ist eben business. Diese Zweckorientierung führt zu korrespondierenden Denk- und Handlungsweisen, die auf eine effiziente und effektive Erstellung des Angebots abzielen (vgl. Vossenkuhl 1982). Der tägliche Umgang mit nicht gänzlich harmlosen bis riskanten Technologien baut zudem unterbewußte Ängste ab, die bei subjektiver Risikowahrnehmung eine Rolle spielen.

Auch in der Bevölkerung sind derartige Haltungen nachweisbar: Am bekanntesten ist das Phänomen, daß die Risikoakzeptanz von Kernkraftwerken mit der Entfernung vom Standort sinkt. Der tägliche Umgang mit diesen Technologien beziehungsweise eine geringe räumliche Distanz verringern also die subjektive Komponente der Risikowahrnehmung; objektive Wahrscheinlichkeiten von Unfällen treten in den Vordergrund und werden mit den Nutzen der Güterproduktion verglichen. Resultat ist dann eine höhere Akzeptanz technologisch bedingter Risiken beziehungsweise eine an der Zweckrationalität orientierte Einschätzung der aktuellen Gefährdung. Sowohl bei Führungskräften wie bei Atomkraftwerks-Anliegern spielen darüber hinaus die individuell anfallenden Nutzen eine Rolle bei der Gewichtung von Risiken. Sind in der Nähe von Risikotechnologien die Arbeitsplätze und Gewerbesteuereinnahmen exklusive Güter der Individuen beziehungsweise Gemeinden, so sind es bei Führungskräften Einkommen und Karriere, die zu einer höheren Bewertung der Nutzen von Risikotechnologien führen.

Zum zweiten sind Entwicklung und Anwendung solcher Technologien nicht mehr individuell zurechenbar; das Phänomen der „organisierten Unverantwortlichkeit" in einer Gemeinschaft von Managern und Technikern macht individuelle Zurechenbarkeit von Verantwortung unmöglich – Entwicklung, Anwendung und Vermarktung technischer Innovationen entlasten den einzelnen, der nur an Teilbereichen dieser Prozesse partizipiert, von der Übernahme der Verantwortung (Beck 1988, 96ff.). Der Rhein wurde von Sandoz schwer geschädigt, nicht durch die Person x oder y; in

Tschernobyl waren Schlamperei, mangelnde Sicherheitsvorkehrungen und der Zufall am Werk. Dem katastrophalen Ereignis stehen rat- und hilflose Bedienungsmannschaften gegenüber, denen letztlich keine individuelle Schuld zugerechnet werden kann, auch wenn zumindest in totalitären Systemen immer jemand als Sündenbock herhalten kann und muß.

Perrow (1989) hat die komplexe Struktur von Großunfällen anhand verschiedener Beispiele analysiert: Spektakuläre Katastrophen wie Harrisburg, Tschernobyl, Bhopal oder diverse Tankerunglücke sind Folgen komplexer Reaktionen technischer Systeme, wobei der Mensch Bestandteil dieser systemischen Zusammenhänge wird. Alle von Perrow analysierten Großunfälle weisen drei grundsätzliche Elemente auf: Lineare Folgen einer Fehlfunktion oder eines Defekts treffen zusammen mit nicht gekoppelten, also zufälligen Ereignissen, die wiederum kausale Reaktionen nach sich ziehen. Aber erst das Hinzutreten von Synergien, die nicht vorhersehbar waren und aus der Gleichzeitigkeit komplexer Ereignisse resultieren, sowie damit verbundene Reaktionen der Bedienungsmannschaften, die im nachhinein als falsch interpretiert werden können, aber in der konkreten Streßsituation gar nicht rational erfaßbar waren, führen zum eigentlichen Großunfall – also jenes Zusammentreffen von Zufall und Notwendigkeit in einer nahezu unwahrscheinlichen zeitlichen und räumlichen Konzentration.

Hier liegt die Schnittstelle für die unterschiedliche Wahrnehmung und Bedeutung technischer Risiken in Wirtschaft und Gesellschaft. Während der Konsument und Bürger die Gesamtheit technischer Risiken aus den Medien erfährt, hat der damit beruflich Beschäftigte die isolierte Anwendung „seiner“ Risikotechnologie vor Augen. Daß nun ausgerechnet seine Anlage Ursache eines Großunfalls wird, ist sehr unwahrscheinlich; die Zahl der Beschäftigten in der Atomindustrie, die Zeugen eines Großunfalls waren, liegt nun einmal weit niedriger als im Promillebereich – was nichts am weltweiten Fallout eines einzigen Großunfalls ändert. Während die Öffentlichkeit zunehmend Bereitschaft zeigt, auf riskante Technologien zu verzichten, und dies in Form von Vorstellungen eines gesunden Lebens und einer intakten Umwelt zu konsensualen gesellschaftlichen Werten gerinnt, muß die Wirtschaft aus den genannten strukturellen Gründen dieser Entwicklung geradezu zwangsläufig nachlaufen. Dies ist insbesondere wohl dann ein Problem, wenn europaweit (Europa '92) und weltweit (Multinationals) möglicherweise auch mit guten Gründen Konzentrationsprozesse um sich greifen und sich „big science in big technology in big corporations" umsetzt.

Brauchen wir also eine spezifische Ethik der Technologie, vielleicht sogar der Großtechnologie in Unternehmen? Wie wäre dies zu begründen, und welche Kräfte und Tendenzen würden in eine solche Richtung weisen?

Zu einer (Unternehmens-)Ethik der (Groß-)Technologie

Zunächst ist es ein heikles Unterfangen, Großtechnologie definitorisch zu fassen. Weit und breit wird in der Literatur dieser Begriff verwendet, ohne daß sich eine exakte Begriffsbestimmung finden ließe. Zerlegen wir also den Begriff und fragen danach, was Technologie bedeutet – und ob dann „groß" in diesem Zusammenhang von Relevanz ist. Da die bestehenden soziologischen Begriffsbestimmungen in unserem Kontext nicht allzu hilfreich sind – etwa Technik als materialisierte Form von Ideen, Technologie dann als Wissen, um Technik zu definieren –, sei hier der Unterschied von Technik und Technologie wie folgt gefaßt:

- Technik ist die Umsetzung von Wissen in die Produktion von Werkzeugen und Hilfsmitteln, die dem Menschen eine größere Unabhängigkeit von Naturereignissen ermöglichen (Hammer und Sichel, elektrisches Licht, Bau von Häusern).
- Unter Technologie ist eine spezifische Anwendung von Techniken zu verstehen, die die optimale Organisationsform zielgerichteter Transformationsprozesse der Gesellschaft intendieren (vgl. Heyder 1987, 336; Krämer 1982, 45ff.).

Ein Hammer kann also bei dieser Begriffsbestimmung – und Definitionen sind bekanntlich frei – niemals Technologie sein; die neolithische Revolution der Bodenbearbeitung, die nationale Installierung eines Verkehrssystems, die breite Versorgung der Bevölkerung mit Elektrizität sind dagegen offensichtlich Technologie. Hier verändert sich die gesellschaftliche Organisation, diese Änderung ist Bestandteil technologischer Innovationen. Technologien haben Systemcharakter, in ihrer Ganzheit sind sie mehr als die Summe ihrer Teile, wobei gesellschaftliche Bewußtseinsveränderungen, organisatorische Leistungen und Verhaltensänderungen auf individueller Ebene notwendige Voraussetzungen sind, die zu diesem System gehören.

Nun kann man einwenden, daß auch Werkzeuge gesellschaftsverändernden Charakter haben, daß die durch sie hervorgerufene Produktivitätsentwicklung Gesellschaften verändert, da beispielsweise Zeit für kulturelle Aktivitäten gewonnen wird. Der feine Unterschied ist, daß bei der Etablierung von Technologien die gesellschaftliche Reorganisation Bedingung ist, wogegen bei einer Anwendung von Techniken dies eine Folge sein kann. Um die Pyramiden zu bauen, mußte eine dementsprechende (Groß-)Organisation verfügbar sein, und um mit der Eisenbahn zu fahren, müssen Individuen über exakte Zeitmesser verfügen und flächenmäßig „große" Nationalstaaten bestehen, ganz zu schweigen von den industriellen Kapazitäten und Infrastrukturen.

Die von uns gewählten Begriffsbestimmungen haben also einen spezifischen Vorteil, denn wir können uns das Wort „groß" sparen: Technologie und Großtechnologie sind synonym verwendbar und gemeinsam auf die Bedingung der gesellschaftlichen Reorganisation reduzierbar; welchen Umfang diese Reorganisation hat, bestimmt die Größe einer Technologie, verändert aber – in unserer Definitionswahl – nicht die Beschreibung des Phänomens und die Problemexegese.

Drei weitere Attribute sind vielen (nicht allen) Technologien zu eigen: Soziale und ökologische Risiken, Potentiale zur Ausübung von Herrschaft und eine mangelnde Reversibilität der Technologie selbst (Zersiedlung durch den Individualverkehr) beziehungsweise ihrer externen Effekte (Atommüll).

- Der Individualverkehr, die Atomenergie etc. haben hohe (zum Teil auch potentielle) Kosten zur Folge, die allgemein nicht monetarisiert sind und dem Produzenten oder Nutzer auf preislichem Wege steuerungsrelevant zur Last fallen, also negative externe Effekte darstellen, die eine durch diese Technologien erlangte Lebensqualität auf direktem Wege relativieren (Beck 1986; Koslowski 1987). Diese Risiken haben die Eigenschaft (im Gegensatz zu Dampfkesselexplosionen und Grubenunglükken), ein transnationales Risikopotential darzustellen: Ihre Grenzenlosigkeit erschwert nationalstaatliche Bemühungen um Regulation der Risikopotentiale, da diese damit nicht ausgeschaltet werden können – ob es in Frankreich oder in der Bundesrepublik zu einem Super-GAU kommt, ist für die Schäden in beiden Staaten irrelevant.

- Anwendung von beziehungsweise Kontrolle über Technologien ermöglicht die Ausübung von Herrschaft über polizeistaatliche Methoden oder ausgedehnte Datenverbünde, die demokratische Gesellschaftssysteme tendenziell gefährden können (Ullrich 1979).

- Die negativen externen Effekte haben bei bestimmten Technologien Dimensionen erreicht, die eine Reversibilität ausschließen, zumindest aber nicht kurzfristig von den nächsten Generationen korrigierbar sind. Solche Technologien führen dazu, die Wahlfreiheit individueller und gesellschaftlicher Organisation zukünftiger Generationen zu beeinträchtigen (Meyer-Abich, Schefold 1981; Spaemann 1980).

Um den Zusammenhang von unternehmerischen „Handlungszwängen“ (Markt, Kosten, Wettbewerb etc.) und der Entstehung und Anwendung von Technologien etwas näher zu beleuchten, wollen wir nun einmal die Frage stellen, wann ein Unternehmer eine Entscheidung zur Entwicklung einer bestimmten Technologie nicht treffen beziehungsweise die Investitionen zu ihrer Anwendung nicht vornehmen wird. Dabei wird nun aber zusätzlich nach den Bedingungen gefragt, unter denen ethische Grundsätze zum Tragen kommen, sei es, daß öffentlicher Druck, politische Entscheidungen oder Handlungsspielräume der Führungskräfte selbst (Eigenmotivation) der Grund für solche ethischen Entscheidungen sind.

- Ein mangelnder Deckungsbeitrag der mit Hilfe einer Technologie herzustellenden oder hergestellten Produkte wäre ein erster Grund: Der Deckungsbeitrag wird von veränderten Faktorpreisen (zum Beispiel denen der natürlichen Ressourcen) und von gesetzlichen Normen hinsichtlich Produktionsprozeß und Produkt tangiert, die beispielsweise durch Instrumente der Internalisierung negativer externer Effekte bedingt sind oder erwartet werden können (Steuerung durch staatliche Regulierung).

- Eine faktische oder zu erwartende Nachfrageänderung wäre ein zweiter Grund: Hier sind Einflüsse durch geänderte Wertvorstellungen der Nachfrager denkbar, ethische Entscheidungselemente werden in diesem Fall als Veränderung der Marktdaten in die Unternehmensphilosophie transportiert (Steuerung durch Konsumentenverhalten).

- Die technische Entwicklung selbst eröffnet letztlich für die Unternehmen Handlungsspielräume, welche die individuellen Präferenzen der Entscheidungsträger in den Unternehmen stärker zum Tragen bringen können (Steuerung über Präferenzen der Führungskräfte oder Kapitalgeber wie etwa der „kritischen Aktionäre").

Allen drei Punkten ist eines gemeinsam: Verhaltensänderungen im Bereich der Produktion von Gütern und Leistungen werden von ethischen Elementen beeinflußt, wobei jeweils der Akteur ein anderer ist – was nicht heißt, daß zwischen den Akteuren keine Verbindungen im Sinne von interdependenten Wertetransfers existieren.

Die industrielle Entwicklung war trotz aller Arbeits- und Klassenkämpfe von einem Konsens getragen: Technischer und sozialer Fortschritt wurden als Einheit gesehen – ein Gedanke, der nicht zuletzt auch von Marxisten betont wurde und wird. Dieser Konsens ist in den siebziger Jahren allerdings von weiten Teilen der

Bevölkerung aufgekündigt worden (vgl. von Klipstein, Strümpel 1984). Auch unter Wirtschaftswissenschaftlern wird seitdem die Frage diskutiert, inwieweit zusätzliches wirtschaftliches Wachstum nicht mit exponentiellem Wachstum negativer externer Effekte erkauft wird, die den Verteilungsspielraum für sozialen Fortschritt mehr und mehr einengen (Koslowski 1987; Leipert 1989). Daher sind neue Technologien zunehmend unter ihrem gesellschaftsbeeinflussenden und naturschädigenden Risikoaspekt diskutiert worden.

Betrachten wir wesentliche Technologien mit hohem Gefahrenpotential, so zeigt sich, daß diese Gefahrenlagen zum einen durch die staatliche Förderung sogenannter Schlüsseltechnologien entstanden sind (Atomenergie), zum anderen das expansive Wachstum und die zunehmende Verbreitung von Technologien Gründe für dieses Gefährdungspotential sind (Auto, Medizin). Während die Atomenergie eine relativ neue Technologie mit mehr oder weniger simultan offenliegendem Gefährdungspotential darstellt, sind kontraproduktive Effekte des Autos oder der Medizin als „alte“ Technologien erst in den letzten Jahrzehnten erkennbar zum Tragen gekommen. Dies bedeutet, daß ethische Kategorien für die Beurteilung dieser Technologien lange Zeit deshalb nicht relevant und notwendig waren, da die (wahrgenommenen) unerwünschten Nebeneffekte bisherigen wirtschaftlichen und technologischen Handelns für alle Beteiligten nicht die Grenzen der Zumutbarkeit überstiegen. Eine staatliche Reglementierung oder autonome Unternehmensethik war hinsichtlich der Produktion und Nutzung solcher Technologien insoweit also obsolet.

Ivan Illich hat in diesem Zusammenhang das Bild der zwei Wasserscheiden geprägt: die Medizin hat im letzten Jahrhundert zur allgemeinen Verbesserung der Lebensqualität beigetragen (die erste Wasserscheide), nun überschreitet diese Wissenschaft mit demselben Paradigma einen Punkt, wo sie mehr Menschen krank zu machen droht als heilt (die zweite Wasserscheide, die zu kontraproduktiven Effekten führt) (Illich 1980, 17ff.). Man mag diese These anzweifeln, zumindest aber stehen die Kosten einer weiteren Einheit Gesundheit in keinem Verhältnis zu deren Nutzen, es besteht also eine allokative Ineffizienz. Ähnliches gilt für den Autoverkehr. Hier liegen Möglichkeiten eines Technology Assessments, dessen Aufgabe es wäre, derartige Grenzen der Technologieentwicklung und -diffusion zu erkennen, ohne sie dabei per se zu verteufeln. Ullrich hat hierzu eine „Soziologie riskanter Systeme" gefordert, die Ansatzpunkte und Möglichkeiten zu einer solchen Evaluation bietet (Ullrich 1982). Ausformuliert wäre eine solche Soziologie riskanter Systeme unter Umständen in der Lage, das Überschreiten kritischer Punkte frühzeitig zu erkennen.

Inzwischen aber werden durch das extensive Wachstum von Technologien beziehungsweise durch die Entstehung von neuen Technologien die Grenzen des utilitaristischen Prinzips (the greatest good for the greatest number) sichtbar, dessen „ethischer" Logik Markt und Staat allzu lange beinahe jedes Opfer zu bringen geneigt waren und sind: Tausende von Toten im Straßenverkehr sind offenbar der ethisch gerechtfertigte „Preis" für die Möglichkeit individueller Mobilität, das nukleare Restrisiko ist offenbar der ethisch gerechtfertigte „Preis" für eine gesicherte Stromversorgung. Diese Argumente werden zudem mit Vorliebe in sogenannte Sachzwänge gekleidet, also in den Rang von Naturgegebenheiten wie etwa Vulkanausbrüchen oder Flutkatastrophen erhoben (vgl. Spaemann 1980, 201f.). Mit Hilfe der utilitaristischen Ethik – im Gegensatz zu einer liberalen Ethik etwa, die bei Betonung der individuellen Freiheit eine Handlung als unmoralisch auffaßt, wenn jemand dadurch Schaden erleidet oder einer strikt paretianischen Ethik, die eine Handlung nur dann akzeptiert, wenn wenigstens die Wohlfahrt eines Gesellschaftsmitglieds gesteigert wird, ohne dabei die Wohlfahrt der anderen zu reduzieren (vgl. Pearce 1983, 68ff.) – ist diese Argumentation eindeutig zu rechtfertigen, und auf Grundlage dieser Ethik und dem Prinzip der freien Entscheidung in der Marktwirtschaft finden eben auch die Wachstums- und Diffusionsprozesse von Technologien statt.

Deutlich wurde aber zwischenzeitlich auch, daß ein Teil der neuen Technologien (und auch der alten: zum Beispiel Energiesysteme) nicht ohne staatliche Förderung denkbar war und ist. Selbst Großunternehmen waren nicht in der Lage, die notwendigen finanziellen Mittel aufzubringen, um die Atomenergie „marktfähig“ (man kann darüber streiten, ob dieser Punkt erreicht worden ist) zu machen, Silicon Valley ist nicht ohne militärische Aufträge denkbar, und auch der Bau von Flugzeugen ist, wie Airbus und Boeing zeigen, ohne staatliche Subventionen direkter oder indirekter Art nicht denkbar. Für Großunternehmen sind solche Technologien dazu in idealer Weise geeignet, den Marktzutritt zu begrenzen und langfristige Investitionsprogramme kalkulierbar zu machen; für die staatlichen Instanzen sind sie wiederum ein geeignetes Mittel, um Komplexität zu reduzieren, da Verhandlungsprozesse nur mit wenigen Unternehmen stattfinden müssen, um Kontrolle über die Wachstumsprozesse zu gewinnen und diese durch Subventionierung zu stabilisieren (Ullrich 1979).

Das anarchische Prinzip des Markts kann dieses Problem einer Berücksichtigung von Risikoproduktion und negativen externen Effekten allein nicht auflösen. Die Nebenfolgen von Handlungen beeinträchtigen im allgemeinen bestimmte und bestimmbare Individuen oder Gruppen – auch wenn Smog demokratisch ist, ist nun einmal das eine Individuum anfälliger als das andere. Diese Benachteiligungen würden nur dann nicht auftreten, wenn menschliche Bedürfnisse in prästabilisierter Harmonie stehen oder Menschen ihre Ansprüche von sich aus auf ein „gerechtes Maß“ zurückschrauben; wie Spaemann treffend bemerkt, würde die erste Annahme den Menschen zum Tier machen, die zweite würde den Heiligen voraussetzen (Spaemann 1980, 183).

Aber auch auf der staatlichen Seite sieht dies nicht wesentlich besser aus: Grundsätzlich ließe sich argumentieren, daß politische Prozesse in Demokratien von Mehrheiten in der Weise kontrollierbar sind, daß spezielle Ethiken auch in den staatlichen und unternehmerischen Datenkranz implementiert werden könnten. Nur: Was nützt die mehrheitliche Ablehnung der Atomenergie in der Bevölkerung der Bundesrepublik, wenn in repräsentativen Systemen keine Entscheidungen zu Einzelpunkten getroffen werden können, jedoch die gesamte Programmatik der einzigen Anti-Atom-Partei der Mehrheit der Bundesbürger allzu suspekt erscheint? Die Ethik der repräsentativen Demokratie ist der einer direkten Demokratie klar unterlegen, der formale Grundsatz „one man – one vote“ relativiert sich inhaltlich durch ungleiches Gewicht der einzelnen Wählerstimme im Hinblick auf den politischen Einfluß, und die materiellen Entscheidungen im Repräsentativsystem unterliegen systemisch angelegter Kurzfristig- und Kurzsichtigkeit (vgl. Zimmermann 1988, 207ff.). Man kann es auch anders sagen: die Präferenz für einen Prozeß und ein Verfahren obsiegt über die Forderung nach dynamischer Effizienz und intergenerativer Fairneß – und Versuche ihrer Ehrenrettung, also nachzuweisen, sie wäre nicht zweite, sondern erste Wahl, bemühen zumeist ganz andere Kriterien als solche, die auf Vorsorge für die Zukunft und das Überleben der Menschheit fokussieren, müssen sich also den Vorwurf der Kurzsichtigkeit selbst anlasten lassen (vgl. zum Beispiel Kielmansegg 1988, dem diese Fragen allein einen kurzen Exkurs wert sind).

Möglicherweise werden die politischen Prozesse die geänderten Präferenzen der Bevölkerung in Zukunft aber besser abbilden; die Voraussetzungen dafür bestehen und sind günstig: Die ethischen Grundlagen eines unaufgeklärten Kapitalismus erodieren zunehmend in dem Maße, in dem Leitbilder einer ökologisch-sozialen Marktwirtschaft Akzeptanz finden. Gegen die Atomenergie wird von Demonstranten ein politisches Widerstandsrecht geltend gemacht, was letztlich nichts anderes bedeutet, als daß hiermit das utilitaristische Prinzip als gesellschaftlicher Grundkonsens aufgekündigt wird. Francis Bacons Forderung nach Naturbeherrschung zum Wohle der Menschheit weicht zunehmend der Sicht einer friedlichen Koexistenz mit der Natur, da es offenbar geworden ist, daß der Versuch der Naturbeherrschung von der Natur in unverschämter Weise beantwortet wird: Teile derselben sterben einfach ab, verabschieden sich gänzlich von dieser Welt oder verändern sich in einer Weise, die die Menschen selbst gefährdet (Klimakatastrophe). Auch die calvinistische Arbeitsethik ist auf dem Rückzug: Freiheit, Freizeit, Teamarbeit und menschengerechte Arbeitsplätze werden wichtiger als Ordnung, Arbeit, Pflicht und Leistung.

Was aber kann an die Stelle der bisherigen ethischen Prinzipien bei der Behandlung von Technologien treten? Offensichtlich sind auch geschulte Ethiker nicht ohne weiteres in der Lage, dafür rational begründbare und auf die Handlungsebene herunterbrechbare Formeln anzugeben, wie das folgende Zitat zeigt: „Nur wenn der Mensch heute die anthropozentrische Perspektive überschreitet und den Reichtum des Lebendigen als einen Wert an sich zu respektieren lernt, nur in einem wie immer begründeten religiösen Verhältnis zur Natur wird er imstande sein, auf lange Sicht die Basis für eine menschenwürdige Existenz des Menschen zu sichern. Der anthropozentrische Funktionalismus zerstört am Ende den Menschen selbst" (Spaemann 1980, 198). Also wieder einmal Opium fürs Volk? Für liberale Demokraten, die sich den Gedanken der Aufklärung verpflichtet fühlen, ist dies möglicherweise eine bedrückende Vision. Manche Autoren vergessen angesichts der geschilderten Probleme offensichtlich auch Aufklärung und Demokratie: „Es gilt die demokratischen Voraussetzungen einer Rechtspolitik in die gesellschaftlichen Bereiche, besonders der Umwelt und der Arbeit, voll zu entfalten. Dies kann nur ein von den gesellschaftlichen Gruppen unabhängiger, starker Staat" (Heyder 1987, 361).

Beide Vorgehensweisen, religiöse Verbrämung der Natur oder autoritäre Politiken, wären wohl geeignet, den von uns dargestellten Widerspruch zwischen Zweck- und Wertorientierung aufzuheben. Besonders wünschenswert scheinen uns diese Alternativen aber nicht zu sein, denn sie gefährden oder zerstören demokratische Strukturen. Ein weiteres Problem solcher Vermittlungsstrategien liegt in der mangelnden Kompatibilität mit dem marktwirtschaftlichen System. Im folgenden wird deshalb systemkonformen Kommunikationsmechanismen nachgegangen, die zu Vermittlungsmöglichkeiten zwischen den gesellschaftlichen Teilsystemen führen könnten, ohne die wirtschaftlichen und demokratischen Grundlagen westlicher Industriegesellschaften zu gefährden.

Vermittlung zwischen Zweck- und Wertorientierung: Kommunikation zwischen gesellschaftlichen Teilsystemen

Unternehmerische Handlungsweisen, also auch die Entwicklung und Anwendung von Technologien, sind zweckorientiert und damit teleologischer Natur. Für die Unternehmen heißt dies, daß der Zweck der Unternehmung, die Befriedigung zahlungsfähiger Nachfrage und damit die Gewinnerzielung, nicht oder nur marginal durch andere Zielgrößen substituiert werden kann; andernfalls wäre auf die Dauer die Existenz des Unternehmens gefährdet. Andere Anforderungen an die Handlungsweisen der Wirtschaft können also durchaus berücksichtigt werden, soweit nicht diese Zwecksetzung in gravierender Weise gefährdet wird. Beispiele hierfür sind Anforderungen an die Humanisierung von Arbeitsplätzen, Verkürzung der Arbeitszeit oder der Arbeitsschutz, die erfolgreich in den Datenkranz der Unternehmen implantiert wurden.

Der Konflikt zwischen Öffentlichkeit und Wirtschaft wird nun sehr unterschiedlich eingeschätzt. Ein Pionier der Kernenergie, A.M. Weinberg, bemerkte hierzu, daß wir eine Gesellschaft von sehr gesunden Hypochondern geworden sind (vgl. Fritzsche 1986, 125). Dahinter steht die wohl auch zweckorientierte Auffassung, daß sich nicht das Risikoniveau, sondern die Wahrnehmung der Risiken verändert hat – eine These, zu der auch der Beitrag von Pfaff, Jaufmann und Kistler in diesem Band einige empirische Unterstützung liefert, zumindest was die zunehmende Sensibilität der Bevölkerung angeht.

Einer anderen Ansicht nach hat sich die Qualität der technischen Entwicklung verändert: Wir haben diesen Punkt im vorhergehenden Abschnitt im wesentlichen schon diskutiert unter den Stichworten einer Entindividualisierung des Risikos und der tendenziellen Irreversibilität gesellschaftlicher und ökologischer Folgen von Technologien; gerade die derzeitige Konfrontation dreht sich nicht so sehr um das Entwicklungstempo und die gesellschaftsverändernden Qualitäten, sondern um die Vergabe der Chance, einen einmal eingeschlagenen technologischen Entwicklungspfad überhaupt, und wenn, dann ohne Hinterlassung von globalen Risiken wieder verlassen zu können.

Die Konfliktlinien werden dabei wesentlich durch die Kommunikationsprozesse zwischen Öffentlichkeit und Unternehmen bestimmt; beide Teilsysteme haben jeweils eigene Formen der Informationsaufnahme und -verarbeitung. „Der Schlüssel des ökologischen Problems liegt, was die Wirtschaft betrifft, in der Sprache der Preise. Durch diese Sprache wird vorweg alles gefiltert, was in der Wirtschaft geschieht, wenn sich die Preise ändern beziehungsweise nicht ändern. Auf Störungen, die sich nicht in dieser Sprache ausdrücken lassen, kann die Wirtschaft nicht reagieren – jedenfalls nicht mit der intakten Struktur eines ausdifferenzierten Funktionssystems der Gesellschaft. Die Alternative ist: „Destruktion der Geldwirtschaft mit unabsehbaren Folgen für das System der modernen Gesellschaft“ (Luhmann 1986; 122).

Ähnliches läßt sich auch für die technologische Entwicklung sagen: Die Auseinandersetzungen von Gutachtern und Gegengutachtern vor Verwaltungsgerichten, der Ruf nach einer kritischen Naturwissenschaft, genauso aber auch der Ruf nach der ethischen Verantwortung der Wirtschaft gehen aus dieser Sicht an der spezifischen Kommunikationsfähigkeit des Teilsystems Wirtschaft vorbei. In Gutachterauseinandersetzungen begeben sich Teile der Öffentlichkeit auf die Ebene der Zweckrationalitiät, um Kommunikationsprobleme zu überwinden. Diese Strategie ist zum Scheitern verurteilt, weil die subjektiven Einschätzungen von Risiken, wie zuvor dargelegt, letztlich auch die Inhalte der Gutachten mitbestimmen – die Kontroverse wird nur auf eine pseudo-objektive Ebene, die der wissenschaftlichen Auseinandersetzung, verlagert. Auch führt Zweckrationalität auf betriebswirtschaftlicher Ebene zu anderen Ergebnissen als auf volkswirtschaftlicher Ebene – individuelle Rationalität ist dann nicht selten kollektive Unvernunft und kollektive Ratio individuelle Unvernunft. Die strukturelle Divergenz von Kosten-Nutzen-Einschätzungen ist ein kaum überwindbares Hindernis für solche Strategien der Konfliktlösung und Konsensfindung – diese Kommunikationsweise ist sozusagen nicht systemkonform.

Erfolge sind denn auch da zu verzeichnen, wo die „Sprache der Preise" zur Anwendung kommt: Dies sind die oben dargestellten Steuerungsmöglichkeiten durch ökologische Steuerlösungen, also Steuerung durch staatliche Regulierung, die Steuerung durch die Nachfrage und die Steuerung über Kapitalinputs. Verändert sich das Konsumentenverhalten, werden notwendigerweise unmittelbare Reaktionen der Unternehmen provoziert.

Ähnliches gilt für die in den USA schon recht weit verbreiteten ethischen Investmentfonds: Die Vergabe von Kapital als Voraussetzung für die Produktion sowie der Konsum von Produkten als notwendiger Endpunkt des Prozesses von Kapitalbeschaffung-Produktion-Kapitalrealisie-rung stellen Interventionsmöglichkeiten der Gesellschaft dar, bei denen direkt – ohne den Umweg über zweckrationale Argumentationsweisen – eine Implantation von Werthaltungen in der Wirtschaft realisierbar erscheint. Auf der Ebene des Protestes oder bei gerichtlichen Auseinandersetzungen sind nur unter restriktiven Bedingungen Erfolge zu erwarten: Diese Handlungsstrategien greifen nur, wenn nachweisbare Schäden von Mensch oder Natur eindeutig verortet werden können, also gegen Werte der Gesellschaft verstoßen wird, die bereits als Normen Gesetzescharakter haben, oder aber, wenn ein Protest eine Öffentlichkeitswirkung erreicht, der die Deckungsbeitragsmaximierung der gesamten Produktpalette gefährdet, falls nicht der kritisierte Produktionsbereich stillgelegt wird. Das technologische oder ökologische Problem wandelt sich dann für das Teilsystem Wirtschaft in ein Absatzproblem, das den obersten Zweck der Unternehmen gefährdet. Eine verstärkte Bedeutung kommt hier den Massenmedien zu: Die breite Diffusion von Informationen über Gefährdungslagen hat zu ganz neuen Produktions- und Produktrisiken geführt, die notwendigerweise dann in den Datenkranz der Unternehmen integriert werden müssen.

Die hier dargestellten Konfliktlinien sind dabei nicht auf die interpersonelle oder interorganisationelle Ebene begrenzt: Intrapersonelle und intraorganisationale Konflikte sind evident, da jede Führungskraft und jeder Techniker zugleich Bestandteil der Öffentlichkeit ist und damit soziale Rollen wahrnimmt, die nicht Bestandteil des Wirtschaftssystems sind. Jede Führungskraft ist zugleich auch Konsument, zumeist auch Familienvater, auf jeden Fall aber ein von Risiken dieser Technologien bedrohter Mensch, so daß es nicht verwundert, wenn zunehmende Identifikationskrisen auch in den Führungszirkeln der Wirtschaft nachweisbar sind (von Rosenstiel, Stengel 1987, 131; Noelle-Neumann, Strümpel 1984, 34).

Die entscheidende Frage dabei ist, wie die Folgen solcher Krisen beurteilt werden. Einerseits ist die Existenz solcher Identifikationskrisen ein Beleg für das faktische Potential von Risiken; wenn selbst Manager mit entsprechenden individuellen Nutzen an der Risikoproduktion einen Widerspruch zwischen Sein und Sollen in der Wirtschaft empfinden, sind die Aufgabendefizite der Wirtschaft augenfällig. Andererseits sagt dieses Faktum aber noch gar nichts über die Konsequenzen aus, die von den Betroffenen daraus gezogen werden, und es scheint uns einigermaßen fragwürdig zu sein, daraus vorschnell einen latenten Handlungsdruck der Unternehmen selbst abzuleiten, identifikationsbedingten Motivationsproblemen der Beschäftigten mit Risikominimierungsstrategien zu begegnen. Billiger ist in jedem Fall die Kompensation dieser negativen Befindlichkeit mit der Erhöhung der individuellen Nutzen, sprich höheren Gehältern, und sollte dies nicht wirken, der Ersatz von Softies durch Hardliner – und auf eine bestimmte Sicht mag dies die Durchsetzungskraft der Unternehmen sogar steigern.

Sicherlich werden heutzutage durch technologischen Fortschritt gewonnene Handlungsspielräume vermehrt genutzt und insbesondere bei zahlungsfähigen Unternehmen mit entsprechener Marktstellung auch bei Inkaufnahme höherer Grenzkosten. Die faktische Relevanz von veränderten Wertstrukturen der Belegschaften in den Unternehmen allein und ohne die vorgelebte leitbildhafte Absicherung von der Spitze her schätzen wir aber nur marginal ein. Noch einmal soll unsere umweltpolitische Illustration zu Beginn zum Nachweis herhalten: die Wahl der integrierten Technologien ist bisher zumindest von den anderen Teilsystemen kaum beeinflußbar – weder in der Rolle des Konsumenten noch des Kapitalgebers noch des Beschäftigten sind seitens der Bevölkerung Einflüsse möglich und nachweisbar; das mangelnde Wissen um technische Alternativen, die strukturellen Restriktionen der Nachfrage und des Angebots solcher Technologien und daraus folgend die mangelnde Substitutionsmöglichkeit, wenn so wenige Machbarkeit und Rentabilität der Alternative demonstrieren, sind Barrieren jeder Einflußnahme der Wert- auf die Zweckorientierung im Unternehmen. Es scheint keine Frage zu sein, daß an dieser Stelle Handlungsnotwendigkeiten staatlicher Akteure zu sehen sind, wenn auch nicht zu übersehen ist, daß diese bisher eher kontraproduktiv ausfielen (Zimmermann 1990b, 226f.)

Möglichkeiten und Notwendigkeiten staatlicher Einflußnahme

Unserer Ansicht nach liegen die von Wirtschaft und Gesellschaft allein strukturell nicht lösbaren Probleme der Technologie- und Umweltpolitik in drei Bereichen:

1. Hinsichtlich der negativen externen Effekte auf die Umwelt die mediale Kontrolle von den genannten Akteuren kaum realisierbar, umweltpolitische Maßnahmen haben im wesentlichen zu Verlagerungen der externen Effekte von Umweltmedien mit geringerer zu Medien mit höherer Assimilationskapazität geführt.
2. Es erfolgt keine der relativen Knappheit entsprechende Bepreisung von natürlichen Ressourcen; zwar existieren in Marktwirtschaften durchaus Preismechanismen, die solche Knappheiten anzeigen könnten, die Preiseffekte setzen aber systemar zu niedrig und zeitlich zu spät an. Eine dem Vorsorgeprinzip verpflichtete Umweltpolitik, die auch die Kosten und Nutzen heutiger Handlungen für zukünftige Generationen berücksichtigt, muß frühzeitig und umfassend die relativen Preise verändern, um Anreize für ressourcenschonende Produktionsprozesse im Wirtschaftssystem zu installieren.
3. Es besteht derzeit keine ausreichende gesellschaftliche Kontrolle über die Wahl von Technologien; angesichts der kollektiven Risikoübernahme, die bei heutigen Technologien fast schon

Normalität ist, reichen betriebswirtschaftliche (Senkung der Produktionskosten) oder volkswirtschaftliche Beurteilungskriterien (Wachstum, Exportfähigkeit) für technologische Innovationen nicht mehr aus. In vielen Bereichen der technischen Entwicklung ist die Bereitschaft zur Übernahme der Risiken in der Bevölkerung nicht mehr vorhanden; die entstehenden Nutzen werden geringer bewertet als die potentiellen Opfer. Daß dies nichts mit Technikfeindlichkeit zu tun hat, sondern mit einem durchaus rationalen Verhältnis zu den relativen Nutzen der Technik, haben zahlreiche Untersuchungen gezeigt (vgl. Fuchs 1987; vgl. auch Pfaff, Jaufmann, Kistler in diesem Band).

Aber auch bei staatlichen Interventionen ist die interne Logik des wirtschaftlichen Handelns zu berücksichtigen. Mediale Verschiebungstendenzen sind ja in hohem Maße durch staatliche Maßnahmen erst entstanden. Steuerliche Maßnahmen in den Bereichen der Ressourcenbepreisung und bei der Behandlung von negativen Externalitäten im Produktionsprozeß selbst sind vom Wirtschaftssystem besser bearbeitbar als eine Politik der Ge- und Verbote im „Command-and-control"-Stil. Die Entwicklung von integrierten Technologien erfordert Zeit, die bei einer solchen Art von Politik zumeist nicht zugestanden wird (Huckestein 1989, 83f.).

Die Möglichkeit der unternehmensinternen Entscheidung zwischen Steuerlast und Vermeidungsstrategie ermöglicht erst eine langfristige Planung der umweltbedingten Investitionsentscheidung. Restriktionen sind hier sogar eher im Bereich des Politisch-Administrativen-Systems zu erwarten, da derartige dezentralisierte Anpassungsprozesse den Ermessensspielraum von Bürokraten verengen oder aufheben, aber auch ziemlich ungeeignet für die Stimmenmaximierung der jeweiligen Regierungspartei sind; Ge- und Verbote ermöglichen ein präzises Timing der umweltpolitischen Erfolge, wogegen mittel- und langfristige Anpassungsprozesse des Investitionsverhaltens im Hinblick auf Risikominderung und Umweltfreundlichkeit nur marginal dem Erfolgskonto der jeweiligen Umweltpolitik zugeordnet werden können, zumindest aber keine Sicherheit besteht, daß sie vom zeitlichen Anfall her und infolge ihrer relativen Geräuscharmut auch wählerwirksam werden.

An den Preisstrukturen ansetzende Politiken sind in jedem Fall geeigneter, die in der Wirtschaft latent vorhandene Bereitschaft zu verantwortlichem Handeln in konkrete Handlungsfähigkeit zu transformieren. Der Anpassungsdruck veränderter Ressourcenpreise und – möglicherweise – eine partielle Kostenübernahme bei integrierten Technologien könnte postmaterielle Einstellungsmuster der Führungskräfte in Unternehmen erst aktivieren. Eine Diskrepanz zwischen Handlungsbedarf und Handlungsfähigkeit ließe sich damit beseitigen, Verantwortung für Natur und Gesellschaft besäße damit auch eine betriebswirtschaftliche Grundlage.

Weiterhin sind Inventionen und Innovationen frühzeitig nach ihrer Ausgestaltung und ihrem Risikopotential zu bewerten. Uns ist allerdings derzeit noch keine effektive Methode bekannt, Anreizstrukturen für das wirtschaftliche System zu schaffen, die an gesellschaftlichen Präferenzen orientierte Technologieentwicklungen forcieren, ohne betriebswirtschaftliche Selektionsmechanismen erheblich zu stören. Die erhöhte Sensibilität in der Bevölkerung aber verweist auf einen existierenden Problemdruck. Erste Ansätze mit der Enquete-Kommission des Deutschen Bundestages zur weiteren Entwicklung der Energieversorgung und die problematische bis unzureichende Diskussion um ein Gesetz zur Kontrolle der Gentechnologien sind aber dem Problemdruck kaum angemessen. Die Energie-Enquete war zudem in einem Bereich angesiedelt, der noch relativ leicht bearbeitbar war; das grundlegende Entscheidungsproblem läßt sich auf die einfache Frage reduzieren, ob man denn nun mit oder ohne Kernenergie leben will. Die verschiedenen Energiepfade sind mit der Methode der Planungszelle von den verschiedenen Gesellschaftsgruppen beurteilbar, womit eine an den jeweiligen Wertstrukturen orientierte Politik etabliert werden könnte. Der Modellversuch führte hier zur Entscheidung, auf weiteren Zubau von Kernkraftwerken zu verzichten, die bestehenden aber bis zum Ende ihrer Lebensdauer weiterzubetreiben (Renn et al. 1985).

Bei bestimmten Innovationen kann mittels des Technology Assessments eine Wahl zwischen der Verwendung als Technik oder Technologie erfolgen. Die Mikroelektronik ist ein Beispiel dafür:

Der Personal Computer auf dem Schreibtisch stellt ein Werkzeug und somit eine Technik dar, mit der man sich viel Zeit und Mühe erspart; gesellschaftliche Organisationsprozesse und komplexe systemare Infrastrukturen sind aber keine Voraussetzung für eine derartige Verwendung. Datennetze mit Zentralrechnern, die nur exklusiven Zugriff bieten, stellen dagegen eine Technologie mit all ihren gesellschaftlichen Problemen dar, wie die Diskussion um die Volkszählung oder den computerlesbaren Personalausweis zeigte. Solche ambivalent nutzbaren Innovationen eröffnen darüber hinaus Handlungsspielräume für unternehmerische Aktivitäten und bieten damit auch die Möglichkeit, Großunternehmen als überlegene Organisationsstruktur infolge höherer Rentabilität zunehmend obsolet zu machen. Dies wäre ein weiterer Punkt zu den zuvor genannten Einflußmöglichkeiten auf Unternehmensethik: Alternative Verwendungsarten von Innovationen als Techniken beziehungsweise Technologien eröffnen die Möglichkeit von Diskussionsprozessen in den Unternehmen selbst, in der Gesellschaft, aber eben auch zwischen Unternehmen und Gesellschaft mit dem Ziel einer Vermittlung von Zweckorientierung und wertgeleitetem Denken. Hier könnte staatlich organisiertes Technology Assessment sozusagen als Initialzünder für gesellschaftliche Diskussionsprozesse wirksam werden.

Bei der Gentechnologie handelt es sich demgegenüber um ein vielschichtiges Technologiebündel, das aufgrund seiner Komplexität wohl kaum nur durch allgemeine Normsetzungen beherrschbar ist. Die von einigen Autoren geforderte Beurteilung von Technologien anhand ihres Potentials hinsichtlich der Risiken und Nutzen (Joerges 1979) ist hier nur schwer vorzunehmen: Die Risiken der Kernenergie sind bekannt, das Gefahrenpotential ist recht gut erforscht, weil diese Technologie existiert; Technology Assessment in vorsorgender Weise dürfte dagegen zu einem der schwierigsten Steuerungsprobleme der Industriegesellschaften werden, überzeugende Ansätze jedenfalls stehen derzeit noch aus.

Festzuhalten ist, daß in den Interventionsbereichen, die wir diskutiert haben, eine Erhöhung der Steuerungs- und Durchgriffskapazität des politisch-administrativen Systems wohl nur über die dezidierte Einflußnahme der Öffentlichkeit möglich sein dürfte. Vergleicht man die Zeitpräferenzen der verschiedenen Akteure, so sind unter dem Vorsorgeaspekt und bei intergenerativer Interessenberücksichtigung staatliche Akteure allein eben für eine solche Aufgabe denkbar ungeeignet – sie agieren notorisch kurzfristig und kurzsichtig (Vgl. dazu in empirischer Analyse Zimmermann 1988, 218ff.). Auch hier ist letztlich die Wertstruktur der Gesellschaft und deren Mobilisierung in politischer Aktion und, wenn es sein muß, in politischem Widerstand entscheidend für öffentliche Handlungsorientierung und -reichweite.

Also doch – Unternehmensethik?

Liberalen marktwirtschaftlichen Ökonomien sind zwei Grundwidersprüche zu eigen:

1. Es besteht ein Grundwiderspruch zwischen individueller Freiheit und distributiver Gerechtigkeit. Die Harmonisierung zwischen dem „anybody" und dem „everybody" gelingt nur kompromißhaft (Vollrath 1987, 32); Privatisierungsdebatten und Solidargemeinschaften, Divergenzen zwischen betriebswirtschaftlicher und volkswirtschaftlicher Rationalität sind unmittelbares Resultat dieses Dilemmas.

2. Der Zweck der Güterproduktion, Knappheit zu beseitigen, führt allzu häufig zu dem Resultat, neue Knappheit im Ressourcenbereich zu erzeugen (Luhmann 1986, 117f.); auch dies ist ein Grundwiderspruch, dem nur kompromißhaft mit Ressourcenschonung und Recycling begegnet werden kann. Beides ist wesentlicher Ansatzpunkt der Wachstumskritik in den letzten zwei Jahrzehnten gewesen.

Angesichts der bestehenden und zu erwartenden Fortschrittsprozesse bietet die bundesrepublikanische Gesellschaft heute ein ziemlich heterogenes Bild: Verbraucherverbände, Bürgerinitiativen und kritische Aktionäre thematisieren in teilweise unkonventionellen politischen Aktionen ein janusköpfiges Bild des technischen Fortschritts. Ob im Straßenbau, bei der Kernenergie oder bei plastikverpackten Konsumgütern, allenthalben wird der Nutzen des technischen Fortschritts in Frage gestellt, werden die Risiken und unerwünschten Nebenwirkungen in den Mittelpunkt einer Diskussion gestellt, werden die bisherigen Wachstumsvorstellungen von Wirtschaft und Bevölkerung kritisch hinterfragt. Wenn es richtig ist, daß nur 20 Prozent der Führungskräfte der deutschen Wirtschaft mit den Zielen ihrer Unternehmung übereinstimmen (Noelle-Neumann, Strümpel 1984, 34), die „restlichen" 80 Prozent aber ein größeres Gewicht des Umweltschutzes, der Dritten Welt oder der Persönlichkeitsentfaltung im Zielsystem der Unternehmung wünschen, dann läßt sich auch ein deutlicher Bewußtseinswandel in den Spitzenetagen der deutschen Wirtschaft konstatieren (von Rosenstiel, Stengel 1987). Daß dieser Bewußtseinswandel sowohl auf der Nachfrageseite als auch auf der Angebotseite zu verzeichnen ist, läßt zumindest die theoretische Möglichkeit einer konsensualen gesellschaftlichen Steuerung und eventuell auch Selbstbeschränkung des technischen Fortschritts zu.

Der Erfolg dieser Kritik jedenfalls ist in verstärkten umweltpolitischen Aktivitäten und in einer höheren Sensibilisierung der Wirtschaft für ökologische und technologische Gefährdungen zu sehen. Ohne die Protestbewegungen und die breite Aufnahme dieser Diskussion in den Medien wären diese Entwicklungen zumindest mit geringerer Geschwindigkeit und Intensität verlaufen. Die Verantwortungsübernahme für diese Gefahrenlagen in der Wirtschaft und in den staatlichen Instanzen stieg mit der Relevanz dieser Probleme bei dem Gewinn von Wahlen beziehungsweise dem erfolgreichen Absatz von Produkten.

Die zuvor diskutierten konkreten Ansätze werden allerdings die genannten Widersprüche nicht auflösen können, einige Erfolge sind aber in den herbeigeführten Kompromissen zwischen Güterproduktion und Ressourcenschonung wie auch in der Berücksichtigung von Risiken einiger Schlüsseltechnologien zu sehen. Entscheidend ist bei der Problemlösung in jedem Fall die Qualität der Kommunikation zwischen den gesellschaftlichen Teilsystemen; die Reaktionsgeschwindigkeit und -fähigkeit der Wirtschaft werden davon in entscheidender Weise beeinflußt.

Vom Staat selbst beziehungsweise staatlichen Regulierungen allein ist ohne den Druck der Öffentlichkeit dabei nicht allzu viel zu erhoffen: Den umwelt- und technologiepolitischen Entscheidungen staatlicher Akteure waren angesichts erheblicher Interessenkonflikte und mangelnder Implementation nur sehr beschränkte Erfolge beschieden; zu allem Überfluß sind staatliche Entscheidungen in Relation zu anderen Aktoren der Gesellschaft von neurotischer Kurzfristigkeit und Kurzsichtigkeit. Gerade das Menetekel Wakkersdorf läßt die Lernfähigkeit und die vorausschauenden Qualitäten der staatlichen Administration in einem düsteren Licht erscheinen.

Darüber hinaus sollte man – nicht hier, aber bei Gelegenheit – auch einmal darüber nachsinnen, was die deutsche Einheit wertstrukturmäßig für Öffentlichkeit und Politik bedeuted – wenn tatsächlich ca. 27 Prozent der Deutschen und deutschen Wahlbürger den fast schon als überwunden geltenden Standards des „alten" quantitativen Wachstums anhängen sollten, so kann dies wohl nicht gänzlich ohne Auswirkungen bleiben; als These. Es kann zu einer Reorientierung vom eigentlich zu forcierenden Zukunftsdenken zum Gegenwartsdenken hin führen, besonders aber in der Politik mit ihrem fatalen Hang zum Heutigen.

Also vielleicht doch – Unternehmens- und Wirtschaftsethik? Im großen und ganzen kann Wirtschaftsethik – Pioniere und Innovatoren wie Gottlieb Duttweiler einmal ausgenommen – doch eigentlich „nur" ein Reflex auf die Wertstrukturen und Wertveränderungen in der Gesellschaft selbst sein. Die Diffusion dieser Werte in das System Wirtschaft geschieht dabei über die Beschäftigten und Leitenden, über Menschen also und über die Verbindungslinien der Wirtschaft zur Gesellschaft, insbesondere den Absatz von Produkten und die Aufnahme von Kapital. Die Lösung für die ökologischen und technologischen Probleme in der Wirtschaft selbst und allein zu suchen, ist ebenso unsinnig wie der Anspruch, über politische Steuerung das Wirtschaftssystem ethisch zu „disziplinieren". Allerdings kann Wirtschaftsethik – in Form von gelebten Leitbildern oder Grundsätzen von Unternehmen – Wege öffnen: Wege zum verantwortungsbewußten Handeln derjenigen, die neue

Werte in das Unternehmen hineintragen und umsetzen wollen; daß dies besondere Anforderungen an Offenheit und Lernfähigkeit des Unternehmens als Organisation stellt, liegt auf der Hand.

Letztlich aber liegt die Lösung der Probleme wohl in einem fortschreitenden Bewußtseinswandel und einer damit einhergehenden Änderung des Verhaltens von Bürgern und Konsumenten, welches die Risiken technologischer Entwicklungsprozesse bei allen Entscheidungen, also auch der Kaufentscheidung, miteinbezieht. Damit würde dann auch das bisher latente kritische Potential in den Unternehmen aktivierbar – Offenheit und Lernfähigkeit vorausgesetzt: der Imperativ der Gewinnmaximierung wäre mit risikoarmen und umweltfreundlichen Technologien erfüllbar, und diese wären sogar Voraussetzung für die Realisierung von Gewinnen.

Aspekte des gesellschaftlichen Seins wie die Umweltzerstörung und die inzwischen kaum noch kalkulierbaren Risiken von Technologien haben diesen Bewußtseinswandel eingeleitet. Nun gilt es, durch dieses Bewußtsein das ausgesprochen riskante Sein unserer Gesellschaft wieder zu korrigieren – dies auch mit dem Zielbild eines in allen denkbaren Bedeutungen „anspruchsvollen" Unternehmens in einer Gesellschaft, die auf dem Prinzip des Eigennutzes basiert.

Literatur

Beck, U. (1986): Risikogesellschaft. Auf dem Weg in eine andere Moderne. Frankfurt/M.

Beck, U. (1988): Gegengifte. Die organisierte Unverantwortlichkeit. Frankfurt/M.

Fritzsche, A.F. (1986): Wie sicher leben wir? Risikobeurteilung und -bewältigung in unserer Gesellschaft. Köln.

Fuchs, D. (1987): Die Akzeptanz moderner Technik in der Bevölkerung. Eine Sekundäranalyse von Umfragedaten. In: K. Lompe (Hrsg.), Techniktheorie, Technikforschung, Technikgestaltung. Opladen.

Hartje, V.J. (1990): Zur Struktur des „ökologisierten" Kapitalstocks: Variablen und Determinanten umweltsparender technologischer Anpassung in Unternehmen. In: K. Zimmermann, V.J. Hartje, A. Ryll, Ökologische Modernisierung der Produktion: Strukturen und Trends. Berlin.

Heyder, U. (1987): Technische Steuerung oder soziale Innovationen – Was braucht die Gegenwartsgesellschaft mehr? In: K. Lompe (Hrsg.), Techniktheorie, Technikforschung, Technikgestaltung. Opladen.

Huckestein, B. (1989): Umweltabgaben als Instrument der Finanzpolitik oder als Mittel der Umweltpolitik? In: H.G. Nutzinger, A. Zahrnt, Öko-Steuern. Umweltsteuern und -abgaben in der Diskussion. Karlsruhe.

Illich, I. (1980): Selbstbegrenzung. Tools for conviviality. Reinbek bei Hamburg.

Joerges, B. (1979): Überlegungen zu einer Soziologie der Sachverhältnisse. In: Leviathan, 7, S. 124-137.

Kielmansegg, P. Graf (1988): Das Experiment der Freiheit. Zur gegenwärtigen Lage des demokratischen Verfassungsstaates. Stuttgart.

Klipstein, M.v., B. Strümpel (1984): Der Überdruß am Überfluß. Die Deutschen nach dem Wirtschaftswunder. München.

Koslowski, P. (1987): Market and Democracy as Discources. Limits to Discoursive Social Coordination. In: P. Koslowski (Hrsg.), Individual Liberty and Democratic Decision-Making. Tübingen.

Krämer, S. (1982): Technik, Gesellschaft und Natur. Versuch über ihren Zusammenhang. Frankfurt/M.

Leipert, C. (1989): Die heimlichen Kosten des Fortschritts. Wie Umweltzerstörung das Wirtschaftswachstum fördert. Frankfurt/M.

Luhmann, N. (1986): Ökologische Kommunikation. Kann die moderne Gesellschaft sich auf ökologische Gefährdungen einstellen? Opladen.

Mayntz, R., unter Mitarbeit von E. Bohne (1978): Vollzugsprobleme der Umweltpolitik. Empirische Untersuchungen der Implementation von Gesetzen im Bereich der Luftreinhaltung und des Gewässerschutzes. Stuttgart.

Meyer-Abich, K.M., B. Schefold (1986): Die Grenzen der Atomwirtschaft. München.

Noelle-Neumann, E., B. Strümpel (1984): Macht Arbeit krank? Macht Arbeit glücklich? Eine aktuelle Kontroverse. München.

Offe, C. (1980): Strukturprobleme des spätkapitalistischen Staates. Frankfurt/M.

Perrow, C. (1989): Normale Katastrophen. Die unvermeidbaren Risiken der Großtechnik. Frankfurt/M., New York.

Pearce, D. (1983): Ethics, Irreversibility, Future Generations and the Social Rate of Discount. In: International Journal of Environmental Studies. Vol. 21, S. 67–86.

Renn, O., G. Albrecht, U. Kotte, M.P. Peters, H.U. Stengelmann (1985): Sozialverträgliche Energiepolitik. Ein Gutachten für die Bundesregierung. München.

Rosenstiel, L.v., M. Stengel (1987): Identifikationskrise? Zum Engagement in betrieblichen Führungspositionen. Bern u.a.

Schatz, H. (1975): Staatsbürokratie im Wandel. Zum wechselseitigen Verhältnis von Steuerungs- und Lernperformance des politisch-administrativen Systems. In: W.D. Narr (Hrsg.), Politik und Ökonomie. Opladen.

Schmidt, M.G. (1984): Der Beitrag der „etablierten Politik" zur Entstehung der neuen sozialen Bewegungen. In: J.W. Falter, C. Fenner, M.Th. Greven (Hrsg.), Politische Willensbildung und Interessenvermittlung. Opladen.

Schulze, W.D., D.S. Brookshire, T. Sandler (1981): The Social Rate of Discount for Nuclear Waste Storage: Economics or Ethics? In: Natural Resources Journal. Vol. 21, S. 811–832.

Simonis, U.E. (Hrsg.) (1988): Präventive Umweltpolitik. Frankfurt/M., New York.

Spaemann, R. (1980): Technische Eingriffe in die Natur als Problem der politischen Ethik. In: D. Birnbacher (Hrsg.), Ökologie und Ethik. Stuttgart.

Ullrich, O. (1979): Technik und Herrschaft. Frankfurt/M.

Ullrich, O. (1982): Erkenntnisinteresse und Gegenstand einer kritischen Techniksoziologie. In: R. Jokisch (Hrsg.), Techniksoziologie. Frankfurt/M.

Vollrath, E. (1987): The Liberal Persuasion. Comment on James Fishkin. In: P. Koslowski (Hrsg.), Individual Liberty and Democratic Decision-Making. Tübingen.

Vossenkuhl, W. (1982): Private und öffentliche Moralität. Handlungstheoretische und normative Grundlagen einer Ethik. In: C. Hubig (Hrsg.), Ethik institutionellen Handelns. Frankfurt/M., New York.

Zimmermann, K. (1988): Time Preference and Budgetary Decisions. In: G. Kirsch, P. Nijkamp, K. Zimmermann (Eds.), The Formulation of Time Preferences in a Multidisciplinary Perspective. Aldershot.

Zimmermann, K. (1990a): Zur Anatomie des Vorsorgeprinzips. In: Aus Politik und Zeitgeschichte. Beilage zur Wochenzeitung *Das Parlament* B 6/90, 2. Februar 1990.

Zimmermann, K. (1990b): Umweltpolitik und integrierte Technologien: Der Quantitäts-Qualitäts Trade-off, In: K. Zimmermann, V.J. Hartje, A. Ryll, Ökologische Modernisierung der Produktion: Strukturen und Trends. Berlin.

Die Autoren

Daniel Barben, Dipl.-Soz.
Wissenschaftszentrum Berlin für Sozialforschung

Franz Böckle, Prof. Dr.
Katholische-Theologische Fakultät, Universität Bonn

Meinolf Dierkes, Prof. Dr.
Wissenschaftszentrum Berlin für Sozialforschung

Joschka Fischer, MdL
Minister für Umwelt und Reaktorsicherheit des Landes Hessen, Wiesbaden

Georges M. Fülgraff, Prof. Dr.
Präsident des Bundesgesundheitsamtes a.D., Staatssekretär a.D., Berlin

Volker Hauff, Dr.
Oberbürgermeister der Stadt Frankfurt am Main a.D., Bundesminister a.D.

Dieter Jaufmann, Dr.
Internationales Institut für Sozialökonomie (inifes), Stadtbergen

Guy Kirsch, Prof. Dr.
Seminar für Finanzwissenschaft, Universität Fribourg, Schweiz

Ernst Kistler, Dr.
Internationales Institut für Sozialökonomie (inifes), Stadtbergen

B. Nino Kumar, Prof. Dr.
Lehrstuhl für Allgemeine Betriebswirtschaftslehre,
Universität der Bundeswehr Hamburg

Martin Pfaff, Prof. Dr., MdB
Internationales Institut für Sozialökonomie (inifes), Stadtbergen, Universität Augsburg

Lutz von Rosenstiel, Prof. Dr.
Institut für Psychologie, Universität München

Insa Sjurts, Dipl.-Soz.oec.
Lehrstuhl für Allgemeine Betriebswirtschaftslehre,
Universität der Bundeswehr Hamburg

Ulrich Steger, Prof. Dr.
Institut für Ökologie und Unternehmensführung an der European Business School, Oestrich-Winkel

Burkhard Strümpel, Prof. Dr. (†)
Institut für Markt- und Verbraucherforschung, Freie Universität Berlin

Horst Tippelt, Dipl.-Pol., Dipl.-Volksw.
Mummert + Partner Unternehmensberatung GmbH, Hamburg

Eberhard Weise, Prof. Dr.
Bayer AG, Leverkusen, war bis 31. Mai 1990 Vorstandsmitglied, a. D.

Klaus Zimmermann, Prof. Dr.
Institut für Wirtschaftspolitik, Universität der Bundeswehr Hamburg

Verzeichnis der Abbildungen

Abbildungen

Weitere Titel der F.A.Z./Gabler-Edition

Ulrich Steger
Umweltmanagement
Erfahrungen und Instrumente einer umweltorientierten Unternehmensstrategie
1988, 352 Seiten, Geb. DM 68,–, ISBN 3-409-19120-8

Umweltschutz als „Klotz am Bein“? Das ist Schnee von gestern. Ein ökologisch orientiertes Management ist der entscheidende zukünftige Erfolgsfaktor. Den Umweltschutz in die Unternehmensstrategie einbeziehen, darin liegt die Chance für jede Innovation.

Leo A. Nefiodow
Der fünfte Kondratieff
Strategien zum Strukturwandel in Wirtschaft und Gesellschaft
2. Aufl. 1991, 491 Seiten, Geb. DM 68,–, ISBN 3-409-23927-8

Leo A. Nefiodow ist einer der renommiertesten Vordenker in Sachen Informationsgesellschaft. Hier bietet er eine Darstellung dessen, welche Möglichkeiten, Wege und Hindernisse sich für Unternehmen und Volkswirtschaften auftun, mit der neuen Ressource Information gewinnbringend umzugehen.

Renate Zillessen
Umweltsponsoring
Erfahrungsberichte von Unternehmen und Verbänden
1991, ca. 320 Seiten, Geb. DM 68,–, ISBN 3-409-19156-9

Eine kompetente Darstellung, wie Umweltschutzverbände einerseits und umweltbewußte Unternehmen andererseits in der Praxis zusammenarbeiten – kurz: wie Umweltsponsoring optimal funktioniert.